遠藤知巳 編

フラット・カルチャー

現代日本の社会学

せりか書房

フラット・カルチャー——現代日本の社会学　目次

II　フラットな快楽

III　私的空間の圏域から

IV　ネット／メディアのなかの文化

V　言論の多重と平板

フラット・カルチャー——現代日本の社会学

序論

フラット・カルチャーを考える

遠藤知巳

1　フラット・カルチャー：その問題の位相

一九八〇年代以降、とりわけ一九九〇年代半ばあたりから、日本社会にある興味深い文化変容が生じているように見える。この文化変容は、経済成長の不調と「格差」への喧《かまびす》しい警鐘にもかかわらず分厚さを増していく高度消費社会の展開、あるいはまた、それと密接に連動している、戦後的大衆教養文化の転形といった描像によってさしあたりピン留めできるような社会・経済的状況を背景としている。同時にそれは、私たちの日々のコミュニケーションや、その地平としての「社会」をめぐる意味＝感覚《センス》の屈折としてさまざまな場所に出現し、それらの堆積がコミュニケーションや「社会」の事実性へと循環的に回帰していく。

たとえば、戦後的あるいは日本的とも呼べる社会慣行が、さまざまな局面で想定していた行動の斉一性に対して、留保がかけられるようになった。八〇年代における「国際化」

のかけ声あたりを皮切りに、九〇年代後半に入ると、目指すべき価値あるいは承認すべき事実として「ライフスタイル」や「ライフコース」の多様性が称揚されるようになる。それとともに、「みんな」が当然共有しているはずの定番的な趣味や知の領域は空洞化し、選択の多極化と自由とが明示的なかたちで出現してきた。[1]

そのなかで、いろいろなものが急速に蒸発しつつある。単一的な価値規範の想定や特定のイデオロギーを背景にした「べき」論は背景に退く。ハイ・カルチャーとポップ・カルチャーの区分もかなり消滅しかかっている。区分がないかのようなふりをして低位文化に低回してみせる身振りを「高級」だと思うのは、もはや笑い話にもならない。そしてまた、社会の営みを社会の外から俯瞰して語るという知識人的ふるまいの説得力も、これらとともに大いに低下している。

だが、こうした表層の少し下では、かなり錯綜とした事態が進行しているように見える。局所的に濃い領域がいくつも横並びになっているのを、私たちは至るところで目にする。各領域の輪郭は十分すぎるほど明確である、言い換えれば、そこに参入したい者は特定の既存のコードに従うことしかできない。そんなかたちで「ジャンル」化されていると同時に、もはや誰にもそれらの領域の総和、全貌が見えない。だから正確には横並びとすらいえないが、にもかかわらず、すべてが並列されているし、されるはずだという感覚だけは自明視されている、といえばよいだろうか。なぜそうした感覚がもてるのか、考えてみれば不思議なのだ。好むと好まざるとにかかわらず、それが私たちの生きている地平である。

それは、毎年大学に入ってくる若者たちが閉じこめられている意味の地平でもある。大学教育に携わる者は日々それにつき合わされているわけだが、それと社会（科）学を架橋する言葉がなかなか見あたらない。社会の全体を知りたいという強い欲望（錯覚というべきかもしれないが）が成立しにくくなっているということもある。それぞれの局域は、それ自体ですでにかなりの厚みをもっており、とくにその外部を考えなくても生活できる。社会一般を説明するかのようにみえる言葉ならいくらでもあるのだけれども、それらは、真に人を説得することもなければ、激しい反発を引き起こすのでもないようにして、独特のかたちで流されてしまう。

これらはすべて、ある偶有的な社会条件の内部で成立した現象である。その条件を考えることは、現代社会の社会学的考察にとっても、もっとも重要な問いの一つだろう。しかし、まさにこうした局域の連続体に、社会学に関わる人々も日々接触しつづけるがゆえに、そうしたあり方自体はひどく対象化されにくい。大部分の人にとって、自分たちの姿を知りたいというのが社会学に興味をもつ主要動機であるにもかかわらず。「歴史」感覚の摩滅を筆頭に、その要因はいくつか考えられるが、社会学が現代社会の解析を目指しているとすれば、これはそれなりに危機的なことではある。

さまざまな文化形象が分厚く蝟集し、とくに強い価値的なヒエラルキーを伴うこともなく併存することが構成する実在感《リアリティ》。諸領域を平板にサーフィンできてしまうことが発生させる、横並びをあてにしたある種の感覚の成立。そして、かかる併存の事実性が社会の領野にもたらす、複数的な効果の広がり……。自分の生以前から連綿と続いている歴史があるという感覚をもちにくいのも、その一つの構成要素であり帰結でもあるのだろう。

このような文化様式を、かりに「フラット・カルチャー」と名付けよう。[2] もちろん、どんな社会も、簡単には解消できない多くの差異を抱え込んでいるが、多様性の社会的承認の特定の形式が、逆説的にも、ある種の平板な風景をかたちづくる。そうした書き割りめいた風景、そしてまた、そんな風景のもとにある文化様式といえばよいだろうか。意味深い懸隔も抵抗もなく、フラットに接続できることの自由と不毛、浅くひたれることの喜びと透明な倦怠。たぶんそれとともに、あるいはその少しだけ向こうに、私たちにとっての「社会」があるのだが、それまでもフラットかどうかは分からない。本書は、そうしたさまざまな局域を描きながら、フラットな文化様式を社会学する。

後述するように、局域の「すべて」は名指せない。むしろ、局域の横並びという事態を、超越論的な機制によって説明することなく、とりわけ、喪失や隠れた疎外をもちだして過度に人間学化するという使い古された手に頼らずに論じる必要がある。平板さを支える何らかの深い秩序があると先取り的に前提しないで、現象をいわば自覚的にフラットに論じるとき、俯瞰視点の取れなさというリアルにかえって近接することができる。そうした方法的な感覚をゆるやかに共有しつつ、ある程度以上の数の観察拠点を取れば、フラット・カルチャーの厚みを出現させることができるだろう。

*

本書の眼目は、具体的な領域や対象を分析する手つきを示すことにあるのだが、もちろん各項目の背後には、執筆者各人の社会学的思考が潜んでいる。本書を編むにあたって、筆者はまず、フラット・カルチャーという鍵語をめぐる問題の所在を考察した序論を書き下ろして、執筆者たちに送付した。この種の企画で序論を先に書くというのは、かなり珍しいやり方だと思う。それぞれの項目の背景にある社会学的思考の文脈は、それに対する応答として形成された側面がある。結果として執筆者諸氏は、筆者が予想もしくは期待した以上に、序論のさまざまな記述や論点に反応するかたちで書いてくれた。その反応の多様さ自体が、フラット・カルチャーの必ずしもフラットならざる多面性を浮かび上がらせるものとなっている。それらをさらにフィードバックするかたちで加筆修正したものが、この序論である。

プロの社会学者を最初の読者に想定したので、以下の議論は、社会学の理論に慣れていない人には少し抽象度が高いと映るかもしれない。その場合には、序論を後回しにして、興味をひかれた項目から入っていただきたい。そういう読み方でも十分に役に立つようにこの本は作ってある。各項目の背後にあるより大きな文脈について考えてみたい人や、社会学の方法論的な諸問題に関心のある向きは、この序論から読まれるとよいだろう。

2　フラットに「見える」局域／見渡せない全体

フラットな文化様式の全体は直示できないとはいえ、フラットさは意外と多重的なかたちで私たちの社会の意味空間を規定している。社会のさまざまな場所でそうした平板さを発生させる複数の作用とはどんなものか。そして、それらを「自覚的にフラットに」論じるとはいかなるふるまいなのか。こうした点については、論理的にある程度指し示すことができる。そして、それによって、記述される対象と記述それ自身という両方の水準で、かなり厄介だが、社会理論的には興味深い問題の地平が——多重的で、かつフラットに——開かれる。整理すれば、以下のような問いになるだろう。個々の局域がフラットに見えることは、いかにして構成されているのか。局域の見渡せない蝟集ぶりと、全体性や社会をめぐる現在的感覚とはどんな関係にあるのか。そして、この二つの問いはどのような関係を切り結ぶのか。

　ある領域あるいは現象がフラットに「見えること」、もしくはフラットという「見え方」。これはかなり微妙な表現だが、それは、一つの社会的秩序のように（あるいは、それが共有されることで社会的秩序が形成されると）考えれば固定的にすぎる何かである。「見え方」はいわば、流動する霧のように事象の周囲を取り巻いている。ベンヤミンに倣っていえば、もしかしたら「見え方」とは、いずれはより安定的な社会論理へと結晶していくだろう何かの予感のごときものとして出現するものなのかもしれない。

　現象が平板に見えるとき、そのようにして、「平板」を「平板」として関知する何らかの気づきが働いている。典型的には、かつてはそれなりの本質性や深さをもっていたものがそうではなくなったとされるケースだろう。いうまでもなく、そのときには、「本質性」や「深さ」を天下りさせるのではなく、それらがどのような要素の配置によって構成されていたかを分析しなくてはならない。少なからぬ場合において、「かつての本質性や深さが失われた」というのは、事後の視点から投射された描像である——あるいは、「ポストモダン」言説が代表的だが、そうした像を提出することで「事後」が事後的に構成されている――可能性がある。だが、それだけではなくて、事象が「平板さ」という新たな見え方のもとで捉えられる仕組みを考える必要がある。その仕組みも複数的でありうるが、たとえばジャンルをジャンルたらしめる境界線に関していえば、ある特定の局域が、そのなかで自足しうる完結した意味世界となるというよりも、まさにジャンルの一つとして、（潜在的に）他の複数の局域との関連のもとで捉えられているとき、フラットさが出現する。言い換えれば、外部から見る視線をどこかで仮構的に計算に入れたかたちで、局域を営むあり方が自然化する文化においては、フラットな雰囲気が蔓延するのである。

第二に、局域の横並びとその総和の見えなさとの関連で発生する意味論《ゼマンティーク》の水準がある。もはやその全貌を見渡せないかたちで局域が蝟集しているとき、それら全体を観測もしくは把握すると主張する言葉の現在的位相が問題となる。1節で触れたように、明らかにそうした言葉の説得力は下がっているが、だからこそ無害な符丁として回り続けているともいえる。そのなかに入れば生の意味のかなりの部分を備給してくれるような、それなりに充実した厚みをもった個々の局域が、共約可能とはいえないかたちで並んでいる。にもかかわらず、それでも「社会」一般について語ることができるし、そうすることが必要であるという感覚をもてる。そうした事態がいかにして成立しているか。これは、現代の社会／社会学にとってもっとも中核的な問いの一つだが、フラットさへの気づきや見えは、横並びの事実性と全体の見えなさのもとでもなお、全体を想像してしまう所作と大きく関わっているのである。

すぐわかるように、「フラットな見え」の成立と全体への現在的想像力とは相互に密接に連関している。局域への内在と外部視点の仮構とを、それぞれが別の方向から辿っているといえそうだからだ。より正確には、お互いがお互いを抱え込んでいるかのように、どちらかの様相が問われるとき、もう片方の様相が多重的に見いだされる。そのなかで、さまざまな連結の論理がありうる。以下では、いくつかの具体例を挙げながら、その論理を考えていく。

3　趣味の意味変容

手始めに、趣味という現象を例にとってみよう。もともと趣味は独個的な性格をもつ。つまり趣味は、それを追究したい人が勝手に追究するものであって、理解や経験や習熟や獲得困難性をめぐる深さ／浅さの差異は、本人もしくはその趣味を共有する人たちにとってのみ、有意味な問いでありうる。周知のように、それをめぐって趣味サークル内で競争が編成されることが少なくないのはそのためだし、そこにはしばしば、ある種の求道的な精神主義の匂いがつきまとったりする。だが同時に、特定の趣味を信奉している人にとっては重要な浅さ／深さの弁別は、その外部にいる人にはどうでもよい。そして外部の人にとってそれがどうでもよいことが、内部の人にはどうでもよい。このようなかたちで、趣味の境界は一種の結界性を有している。

趣味のこうした性質は今も変わっていないが、ただ、いくつかの条件が緩んできている。

たとえば、趣味の対象であるアイテムが豊富になり、その気になりさえすれば容易に入手可能なものとなったとき、深さ指向はかなり揺らぐことになる。趣味へのあの追究の仕方よりこの仕方の方が、――あるいはまた、この趣味よりあの趣味の方が――より深い精神性を有しているという信憑を成り立たせている背後条件はいくつかあるが、そのなかで小さくないものの一つが、アイテムの希少性やアクセスの困難さであるからだ。もちろん、この条件が緩められても、アイテムと交渉する過程のなかに精神性を読み込んだり、分かる人には分かるかたちで凝ったりすることはできる。そのようにして、深さ(のようなもの)を創出している人も少なくないだろう。しかし、深さや希少性への執着を留め置く先が薄くなれば、そうしたふるまいに意味があると見なされる度合いも必然的に減少することになる。同時にまた、アクセスの容易さは、商品性の論理への接続と循環している。「深さ」を指向しているファンにしても、その恩恵を否定することはできない。そして、商品性と接続する以上は、ライトなファンにも「わかりやすい」「とっつきやすい」ものであれという要請を外すことができない。かくして、対象へのアクセスが整った意味世界における趣味には、いわば計算された「浅さ」がついて回ることになる。趣味共同体の内部では、たぶんそのこと自体をはじめから計算に入れたうえで――それもまた「お約束」的なものとして快楽の一つの資源とするかたちで――「深さ」へのゲームが持続しているのだろう。

このようなかたちで個々の趣味の結界性がゆるむと、趣味の序列もかなりの程度まで揺らぐことになる。ある意味では、すべての趣味が「浅く」アクセスできるのだから、どの領域がより精神性が高いそして／あるいは修得困難かということをめぐる社会的了解が成立しにくくなる。いわゆる文化資本的な、ある種の保守的なイメージのなかで維持される漠然とした序列は現在もなくなったわけではないが、特定のジャンルが上であるとつよく主張する行為自体が、何らかのイデオロギーなり主観的バイアスによるものではないかと疑われやすくなるといった方がいいのかもしれない。

このようにして、趣味という領域では、その内容においてフラットさを許容することと、複数の趣味が序列なくフラットに並んでいることとが循環する。社会理論の観点からみてより興味深いのは、序列なく並んでいるように「見える」ことの効果である。趣味の独個的性質自体はそれほど変わっていないのだから、特定の趣味の内部からは、いろいろな趣味がフラットに並んでいるようには見えないか、もしくはそれは意味をもたないはずだと考えることもできる。たしかに、何らかの趣味のなかにいる人の意識はそんなものだろう。だが、アクセスの容易さは、参入の意志のある者にコードを伝える親切さを伴う。誰でもその気になりさえすれば、その趣味の勘どころをだいたい了解できる。より正確には、そんな気になれるし、なってよいのだという雰囲気が広く許容されているというべきだろうか。

もう一つの特徴を指摘すれば、趣味領域の境界付け自体が、かなりの自由度をもつようになっていることだ。たとえば、ヒップホップを一通りおさえるのではなく、あるグループの、それも二〇〇〇年から二〇〇五年までの活動記録だけ熱狂的に収集する、あるいは、特定のアニメ作品とある小説家のみをチェック対象とするなどのように、複数のジャンルの一部分をピックアップして取り合わせる（そのあいだの連関が示唆されることも、とくに言及がないこともある）、といったふるまいである。所与のジャンルの真正性を前提にする立場からは、これは過度の、もしくは恣意的な、細分化やそこへの閉じこもりと映るだろうが、たぶんそれだけではおさえられない。境界づけの生成にかなりの自由度があり、にもかかわらず、領域を仕切るための読解コードがそれなりに理解可能なかたちでばらまかれているという、二律背反的でもあり相互依存的でもあるような事態が成立しているのである。

特定の領域への到達可能性がフラットになる意味空間にあっては、閉域に立てこもるどころか、自分も含めた各領域が平和共存していることがどこかであてにされている。自分が調査しうるかぎりの候補を一覧したうえで、特定の領域が選ばれているわけではないが、かといって、外からは容易に窺い知れないかたちでかたく閉ざされた結界があるとも想定されにくくなっている。そのようなかたちで、閉じていると同時に開いている、あるいは、開きつつ閉じているような、数多くの領域が並んでいる。領域の境界づけの自由度も含め、相互の観察可能性を担保しながら、局所に局在することができる。部分しか見ていないのに、全体をあてにしているかのようなある種の感覚もしくは錯覚があり、そのことが部分への憑依を可能とする。

こうしたことは、何もいわゆる趣味にかぎらない。どの領域をとっても、概形を浅くつかむことができる。ちょっと気の利いた人なら、特定の領域の参加者／入門者向けにすでに準備されている既知の読解コードを適宜利用して、その領域とそれを生み出した社会との関連を論評することすら難しくはない。少々意地悪な見方をすれば、外部からの観察が、そこではもはやことさらに研究者の特権ではなくなっているともいえる。たしかにそれは、知へのアクセスの開放ではある。インターネットの大衆化以降、ある水準まで調べることが圧倒的に楽になっているのはたしかだろう。まさにそれゆえに、調べる権利が十全に行使されるというより、誰でもいつでも浅く触れられるという安心感だけをもたらしたりする。

いくらでも浅く触ることができるが、どこまでいっても浅くしか触れない……。なんというかのっぺりした意味空間が、社会を広く薄く覆っているのである

4　教養主義の「崩壊」と「現代思想」の果てに

大学世界においてしばしば嘆かれる人文学的教養主義の「崩壊」もまた、こうした仕組みのなかの出来事である。問題は、事実としての教養水準の低下ではない。昔の学生が現在より本を読んでいたわけではない（苅部直『移りゆく「教養」』、二〇〇七年、NTT出版）。平均的に共有されている知識の厚みという意味では、この社会はむしろ一貫してかなりの「教養」水準を維持しつづけてきたと主張することすら可能だろう。崩れたのはむしろ、教養主義の意味論《ゼマンティーク》の方である。教養主義は、まっとうな人間（を目指す者）にとって必須であるような何かの知の権威に対する社会的承認によって支えられてきたが、裏返せば、その実態は、それさえ押さえておけば通用するような比較的少数の（種類としては少数だが、みんなにばらまかれているという意味では稀少ではない）アイテムの集合であったということもできる。そうした信憑を前提として、知の権威と、認められたアイテムを押さえている（ふりをする）

ことが取引関係に入る。教養主義はそのようにして維持されてきた。

だが、趣味や知のフラット化が進行する状況下では、深さ浅さの序列をあてにして特定の領域を特権化すること、より正確には、そうしたふるまいの積極的意義を示すことが、必然的に困難になる。幅広い教養の諸連関のなかで複眼的に掘り下げていくような態度と、特定の興味対象のみに、ある意味で露悪的に集中するおたく的《フェティッシュな》こだわりとが区分しにくい。あえてそこに区分の所在を主張しようとしても、そうした態度自体が「おたく的」と見なされてしまいかねない。

いうまでもないが、この二つが本質的に同じわけではない。「教養」に対する社会的承認如何は、教養それ自体にとってはごく外在的な事態だろう。教養主義の「崩壊」は、あくまでも社会的な了解形式という水準において生じた移行にすぎず、それが「崩壊」しようが、本物の教養志向の持ち主ならびくともしないはずだ。逆方向からいえば、「おたく的」こだわりが教養の等価物に昇華すること、より正確には、それによって「教養」のかたちが変わることがありうる。大衆的なサブカルチャーがすでにそれくらいの厚みを獲得していることも、フラット・カルチャーを構成する一要素である。ただし、そのときには、「おたく的」こだわりが、趣味と娯楽の閉域に安住するのを自覚的に一時停止して、その局域的知に徹底的に準拠しつつ、外部の人間にも通用しうる新しい説明の言葉を編み上げる意思をもつ必要があるだろうが。

そのとき現れるものは、現代思想や現代哲学や社会科学の術語をまぶして知的権威を横流しするという、よく見られるやり方でもなく、既存の教養の正典《キャノン》を新興ジャンルにおける対応物へと、単純に書き換えや入れ替えを行うこととともちがう。おそらく、非‐言語記号と言語記号（による説明）とを往還する、一種の超‐文法学のようなものになるだろうか（ついでにいえば、それはメディア論的思考にとって見果てぬ夢でもあるだろう）。

こうしたすべての論点を含みこみながら、しかし、社会的な了解形式が大きく屈折しつつある、もしくは屈折してしまったということは、受け入れなければなるまい。重要なのは、そのような条件下で、正統的な教養の在処やフラットな「教養」の可能性を考えることの方である。

＊

この関連でいえば、八〇年代の日本におけるいわゆる「現代思想」（それ自体は多分にマスコミ的なレッテルであり、その中身はかなり多様だったが）の流行が何をしていたかを概観することは、私たちの議論に一定の補助線を与えてくれる。さまざまな言論や思想を一種偽悪的なまでに図式化してみせるそのスタイルは、フラットな横並びの感覚を、いち早く先取りするものだった。だからこそ、現在との差異が重要である。

しばしば「ニューアカデミズム」と称され、旧弊なアカデミズムの対抗者と見なされてもいたが、現在の視点から見れば、現代思想は人文学的教養主義の最後尾をなしていた。現代フランス哲学を筆頭に、選ばれる人名こそ多少風変わりなところがあったとはいえ、偉い思想家の大テクストに対する信頼が前提とされていた。教養主義が、ゆっくりと移り変わる、比較的少数の人名＝アイテムの集合から成り立っていたことを想起すれば、大量の新奇な人名の導入と、それによる、従来の「ビッグネーム」の再解釈の試みは、教養主義の更新と拡大という方向性をもはらんでいた。その意味ではたしかに、「ニュー」アカデミズムはニュー「アカデミズム」でもあった。

とはいえ、従来型の教養主義を延長するだけだったならば、現代思想が言論市場においてあれほどはなばなしい成功を収めたとは考えにくい。新進気鋭の若手知識人のマスコミ的イメージが消費されたという側面を脇に置いても、現代思想は教養主義の意味論を脱臼させてしまったのであり、おそらくそれが、その成功の肝だった。現代思想は、新旧入り乱れた数多くの人名を登場させたが、特定の思想家を精読するというより、むしろあるテクストの特定の部分を別のテクストの特定の部分に結びつける、そしてまた、テクストの解釈とテクスト外部の社会状況の解釈とのあいだを往復する自由度が称揚されていた。

しかし、すでに承認された人であれ見慣れぬ名前の持ち主であれ、「思想家」と呼ばれるほどの書き手ならば、どの一人をとっても、彼／女の著作群を一通り読みこなすにはそれなりの辛抱と経験が必要である。複数の書き手をあつかうならばさらにそうだろう。旧来のアカデミズム世界から揶揄と反発をないまぜにした視線を向けられたのもそれが大きかったし、じっさいその疑念は、半分は当たっていた。現代思想の担い手たちのなかには、複数の思想家を語るに足る学識を備えていた人もいたが、見るからにあやしげだった人も少なくなかった。だが、まさにそうした自由度が広く受け入れられたことが、残りの半分は誤りであったことを示している。たとえば八〇年代以降、人文・社会系の少なからぬ学問領域において、学説史的研究の説得力が下がっていったように見える。このことは、現代思想的なものを前面に押し出していった何らかの意味＝感覚《センス》の屈折と、深いところで連関している。正統《オーソドックス》とされる知の伝統を結局はなぞり直すかたちで、特定の誰かの思想にいわば没意味的にこだわることの意味自体が急速に蒸発していったのである。

　けれどもそれは、必然的に自己消尽を運命づけられた運動でもあった。複数のテクストを連結していけばいくほど、それぞれのテクストや思想の固有性は消されていく。テクスト間の異質性をどれほど強調しようが、それらを繋げられると考えることの自由度それ自体が、ある平板な超文脈を構成してしまう。「実体から関係主義的差異へ」、「コスモスからカオスへ」、「デカルト主義的言語＝理性中心主義《ロゴセントリズム》からの離脱」、「言語論的転回」、「脱中心的思考」、「西欧中心史観への懐疑」……。どのようなスローガンを与えてもそのことは変わらない。これらの複数の標語があっさり共存すること自体が、超文脈の所在を証し立てていた。

　テクストをテクストの外部に連結させるときにも、同じことが生じる。テクストの内在的読解がどこまで指向されていたかは微妙なところがあり、立ち止まって読み込むべきものとしてのテクストの身分の主張が、内在的読解というポジションを代補していたというのが最大公約数的な要約だろう。だが、少なくともテクストとその外部との緊張した関係の様式を問題化することにおいて、たしかにそれは、テクストを社会的実体へと回収できることを疑わない素朴社会学主義を越える瞬間をもちえていた。しかし、一方で、テクストの文言を解釈するふりをして社会や時代の文脈をもぐりこませ、他方で、社会状況をテクストそれ自体の暗喩《メタファー》の位置に代入するとき、テクストの内部／外部の横断が反復される。

この運動はテクストという位相空間を必ず擦り切れさせていく。「テクストしかない」と言ってみても、繰り返し横断できるというまさにそのことが、テクストの内と外とを同時に眺めることのできる超越的視点のもちこみと同型的に機能する(遠藤知巳「文学/批評と社会学」、『思想地図』vol.5、二〇一〇年、NHKブックス)。

言論商品としての現代思想の成功は、自らが内包していたこの擦り切れのさらに向こう側でもたらされた。きらびやかな論考の陰に潜んでいる(かもしれない)多くの労苦に打たれ、自らも思想家と格闘することを目指すというよりも、さまざまなテクストを連結させる自由さのみを受け取った読者が多かったというのが実情だろう。現代思想のスターたちは、ときに高級ブランドに身を包みながら、ハイ・ブラウな「知」と消費社会/ポップ・カルチャー的現象とを自在に往還してみせたが、どんな高級な知に言及していようが、みんなの知る現象についての気の利いたおしゃべりと受け取られる。その意味では、それ自体があからさまに消費社会的現象だった。

しかし同時に、たとえマクラにすぎなかったにせよ、難解な哲学や文学や経済思想を背景にしているという構えが不可欠だったともいえる。成熟を拒否した「スキゾ・キッズ」たちは、鈍重な旧式のアカデミズムを越境する「軽やかな知」を標榜したが、裏返せばそれは、正統の権威に正面から挑戦するという正統的な父親殺しの戦略を採用し(でき)なかったことの現れでもある。今からみれば、そのような一種中途半端な様式で、人文学的教養主義の平面との接続を確保しつづけたようにも映る。そして、それは明らかに、この時点ではまだ、「西欧」へのアクセスが比較的限られており、それゆえ輝かしい舶来品でありえたこととも関係している。

むしろ、その点も含めて（八〇年代的な）消費社会的事象だったと表現すべきなのかもしれない。ハイ・カルチャーに関する該博な知識もポップ・カルチャーへの親近も、知という身分においては同等であるかのような雰囲気をふりまきながら、じつは高級／低級という区分が、どこかでしっかり担保されていた。俯瞰できないからこそ偽悪的に図式化してみせ、そのことで結局は俯瞰するというあの身振りも、たぶんこれと陸続きである。このようにして、現代思想は、ハイ・カルチャーの領域において、九〇年代以降のフラットな横並びの直接的なはじまりの一つとなっている。それは、人文学的教養主義に接続しつつ、しかしおそらく当初の意図を裏切るかたちで、その内実を摩耗させていかざるをえなくなったのである。

そしてそれ以降、本当にフラットな意味空間が到来する。ハイ・カルチャーがなくなったわけではない。ただ、高級文化／大衆文化という区分が重要視されなくなる。かりにこの区分を密かな思考の跳躍台として語ったとしても、そうしたふるまいにことさらに深い意味があると見なしてもらえない。そして同時に、それは、偉大な思考の冒険者たちの固有名詞の輝きが消滅する時代、テクストにつき合わないし、そうする必然性そのものが理解できない「読者」たちが多数派を占めるフラットな時代のはじまりでもあった。

それを嘆いてみても始まらない。しかし同時に、過度に諦める必要もない。そうした条件のただなかで考えつづけるしか途はないだけのことだ。

5　全体社会のイメージの系譜(1)：管理社会論

周知のように、九〇年代後半以降、人文学の低落傾向と軌を一にして、社会科学とくに社会学が奇妙な活況を見せている。フラットな意味空間の成立と並行して、あたかも教養主義の「崩壊」を代補するかのように、「社会（学）」がせり出しているのである。

社会（学）という記号は、各人の身の回りの極小の圏域や自己の生活—趣味領域をてんでに指し示している。たとえば、人文学的アカデミズム／教養主義に対する自信を喪失した大学において、サブカルチャーをあつかうカルチュラル・スタディーズ系の講義に対する需要が高まっているけれども、いざ開いてみると、期待していたほどの反応がこない。無視されるわけではない。領域を狭くすればするほど、それに対する関心を共有している受講者は減るが、少人数のマニアだけを相手に熱く議論するなど、もはや禁じられた贅沢である。そのかわりに、その領域の特殊知識をもたないし、もたなくても教えてもらって当然という顔をして大人数が座っている。おそらくこうした風景が、全国の大学で繰り広げられていると思われる。

社会（学）の記号は、アカデミックな共同体が社会学（的）と考えるものからかなりずれたところで発生している。今も昔も両者は本質的にずれるものだから、それで別にかまわないという考えもありえようが、職業としての社会学者の一定の隆盛がそこを基盤としている以上、無視するわけにもいかない。社会学も社会のなかにある以上、フラットな社会の記号と社会学とは、どこかで循環しているはずだ。それは、社会学自身の薄気味悪い鏡像になっているのではないだろうか。何よりも、こうした鏡像関係を思考の対象に据える必要がある。

＊

この点についてはいろいろ考えることができるが、とりわけ重要になってくるのは、全体社会のイメージの現在的位相との関連である。周知のように、社会学は、各部分社会（＝社会制度）の総和に還元不能な全体社会を措定することで社会科学から自律した。2節で論じたフラット・カルチャーの社会理論的含意の第二の水準、つまり、局域の総和の見えなさにもかかわらず「社会」が想定されつづけることの機能や効果は、あたかも社会学的知のこうした性質の、一つの現実態になっているかのようだ。特定の制度の作動を対象とする社会科学では、社会の一般的イメージをつかむことに対する幅広い社会的需要に対応しきれない。戦後日本社会における社会学は、「社会」の大衆的イメージとの境界をしばしばだらしなく融解させつつ、良くも悪くもそれに応えるかたちで定着していった[3]。そう考えると、フラット・カルチャーの社会学は、意外と深いところで社会学の社会的普及の社会学にもつながってくるのだが。

それはともかくとして、七〇年代の管理社会論からはじまって、八〇年代に流行した記号論的な消費社会論、九〇年代以降に登場したサブカルチャー論や情報社会論など、全体社会のイメージを提供する記述モデルが重層／継起してきた歴史がある。これらは相互に絡みあいつつ、それぞれの内部で変容しながら現在でも受け継がれている。これらの系譜をたどり、あるいはその一部を適宜参照しながら議論することもできるが、むしろ、こうしたモデルが措定してきた社会イメージの一定の有効性とその限界とを、具体的な対象を記述するなかで指し示すことが重要だろう。そうすることで、従来のモデルが、性急なかたちで社会の全域を観察する視点を仮構してきたさまが見えてくる。

たとえば、管理社会論は、(1)管理主体／管理の対象＝客体という区分が権力関係に沿って配分されており、さらに(2)そうした権力関係が、究極的には中央集権的政府（や大企業）といった単一的源泉に由来することを前提としてきた。ただし、(3)この権力関係は、日常的な行為者の意識には隠蔽されているとされる。というか、日常世界を(3)のような前提をとって記述することで、(1)―(2)への疑念を浮上させる書き方をとることが多い。この系統の理論は、現在ではしばしば「監視社会」論という形態をとっているが、情報化と情報のシステム的管理という要素が、おもに(2)を構成する部品として加わるものの、議論の骨子はそれほど変更されてはいない。たしかに、国家や政府が容赦なく権力を発揮する瞬間があるのは今も変わらないけれども、管理主体／管理対象をそのようなかたちで単純に区分し、社会内に配分するような分析の有効性は、現在では大いに減少しているといわざるをえない。

なるほど、ユーザー・フレンドリーなコードの備給は、人々の気分や快適さに配慮しながら柔らかくコントロールする様式が社会内に幅広く定着したことと明らかに連動している。社会について反省的思考を働かせる人ならば、そこに何らかの居心地の悪さを覚えるのは当然だが、こうした事態は管理＝監視社会論的な構図によってはうまく批判できない。特定のきわめて強い前提をとらないかぎり——つまり、人々が余すことなく権力に騙されており、管理社会論の論者以外は誰もそのことに気がついていないという——、「快適さ」が人々自身の選択であることを否定できなくなるだけではない。たとえば、アカウンタビリティやインフォームド・コンセントの制度化は、国なり専門機関なりに対して自分が一方的に管理される場合においてすら、そこで用いられる専門的な技術や知がかなりの程度まで公開されることを要請している。その一方で、大量の情報の集積は、特定の少数者がその全体を的確に俯瞰できることまでも信じがたくさせる。管理する／されるという実感だけはあるが、誰が管理しているかははっきり名指せない。漠然とした不安と不満が、繋留先をもたないまま平板に回転する。さらにいえば、管理主体が国や専門機関であるともかぎらない。インターネット技術が典型だが、管理のツールは——ユーザー・フレンドリーに簡便化されながら——人々のあいだに広くばらまかれてすらいるのである。

6　否定的媒介による全体性イメージとその現在

そもそも管理社会論は、否定的媒介を通して全体社会を措定するタイプの議論の典型である。そうした議論のなかで、広く定着した最初期のものだといえるかもしれない。大きな文脈を取るならば、この背景には、マルクス主義的社会理論と社会（科）学との対抗と誘引の歴史がある。社会の必然的な歴史的発展法則（下部構造決定論）という発想から出発したマルクス系の理論は、社会の外に立つ客観視点を、――自分たちだけが――取れると主張する。少なくとも、いずれはそうした視点に到達できることを前提として議論する。社会法則が一つに決まり、それを正しく把握する客観的な視点が一つだけだとすれば、その視点を保持する機関に社会運営を任せるのがもっとも合理的だろう。強力な中央集権政府の「指導」のもとで遂行される設計主義的社会統制（全体主義と計画経済に代表される）は、少なくともその理念においては、近代の一つの極限なのである。

それに対して、「西側世界」の社会学を含めた社会科学は、まさに諸社会科学であることにおいて、社会の唯一の客観視点の取れなさを体現していたが、同時に、そうした客観視点の幻想にどこか憑依される。自由主義社会においては、「産業化」やそれと実質的に等値である「近代化」、つまり進歩と技術革新、豊かさや快適さの増大が、いわば肯定的媒介を通した全体社会のイメージとして機能していたし、社会科学にとっても、それが一種のゆるやかな共通の土台《プラットホーム》そして／あるいは目標でもあった。しかし、この肯定的な全体社会の描像は、社会主義のような強力なヴィジョンとなりにくい。さまざまな部分社会のなかで思い思いに提唱され、導入される革新や改善の試みは、しばしば相互に矛盾をはらみながら積み重ねられていくのだし、最終調整者／責任主体としての中央政府のもつ力は自ずと限定される。社会という営みは、美しい理念によって（権力的に）秩序づけられているのではなく、やむをえない現実主義的取引と妥協の集積になる。[4]

そして、まさに自由主義社会の地平が、こうした中途半端な設計主義の継ぎ接ぎとして出現するがゆえに、社会主義的設計主義の理念が全体社会の否定的媒介として機能する。

この否定的な全体性のイメージはある意味でひどく混乱しており、資本主義の外部にある、貧しいがより公正なはずの社会状態として漠然と理想化される一方で、とりわけ大衆的な物語の水準では、人権を徹底的に抑圧する中枢管理機構のディストピアの悪夢という姿をとって、くりかえし回帰する。より現実的な水準でいえば、それは自由主義的な政治批判の独特の流儀とつながっている。設計主義が局所的に作動しているからこそ、その部分的作動に管理の「理不尽な」過剰を感じて「全体主義」的だと論難すると同時に、別の局面では、全体に行き渡れないその不十分さを、「弱者切り捨て」という管理の過小としてあげつらう。否定的な全体性は、そのようなかたちで、資本主義の美しからざる事実的「秩序」への不満を吸着する。とりわけ戦後日本社会ではその傾向が強い。同じ人がある箇所では管理の過剰を、別の箇所では過小を見いだして、一緒くたに「批判」することに矛盾を感じないというのは、よく目にする光景である。

　つまり、管理社会論は体制内批判として、近代化／産業化論のいわば裏ヴァージョンとなっていた。その意味で、これが本格的に登場したのが七〇年代なのも偶然ではない。こうした言説はつねに「疑念」と「警鐘」の文体を取るし、そうすることしかできない。すぐ分かるように、5節で述べた(1)―(2)（管理主体／対象の権力的配分と権力の源泉の措定）と(3)（日常意識における権力関係の隠蔽）は、下部構造／上部構造というイデオロギー論的構図の焼き直しだが、にもかかわらず、日常世界の記述から始めざるをえない。結局、下部構造決定論を取れないのである。[5] 裏返せば、管理社会論が有効に見えたとすれば、実証の対象ではなく、信じられる対象としてだった。(3)の水準が(1)―(2)によって成立しており、しかもそれが(3)において完全に隠されているとすれば、そのことはそもそも実証可能ではないからだ[6]。

だが、外から社会を俯瞰する視点に漸近しようとするのではなく、むしろ社会の内部視点を取らざるをえなくなったとき、当事者の意識や評価を、その「本当の」意味が権威者によって高所から解釈されるものとしてではなく、いわば社会の素材として、――ある意味では過度に――「文字通り」に受け取ることへの社会的期待が高まる[7]。「快適さ」や「ユーザーフレンドリネス」の積極的出現は、管理社会論的文体が信じられなくなっていったことの端的な現れなのである(ついでにいえば、それとともに、近代化／産業化論的文体も、複数の意味で空洞化している)[8]。その意味で、戦後日本社会の屈折として根付きつつあるフラットな文化様式が、ある側面においてはポスト冷戦期という世界史的条件の内部事象でもあることは否定しがたい。さらにいえば、それは、「歴史の終焉」としてくくられている、資本主義的な事実的秩序の「勝利」の自堕落な確認と市場主義へのあのドライブだけでは語れない。設計主義の政策的限界はそのままに、「設計すること」の意味がある種のかたちで社会学化(あるいは、システム論化というべきか)する。つまり、どこまでが設計可能でどこからがそうでないかを区別したうえで、その区別自体、あるいは区別のこちら側は設計可能であると考えようとするのである(典型的にはギデンズ)。ここでも、ポスト冷戦期におけるフラット・カルチャーの出現と、社会運営の論理の内部化＝社会学化とのあいだに、一定の必然的な連関を見いだせる。

＊

とはいえ、否定的媒介によって全体社会を出現させるやり方は、いまだに手を変え品を替え流通しつづけている。社会のイメージを描き出す、それだけ便利なやり方だということだろう。現在では、世代間や都市／地方間での格差の拡大やグローバル化の負の作用、戦後型社会体制の空洞化や崩壊が論じられている。もちろん専門分野では、能力主義と公正な財の配分とのあいだに多重的均衡解を見いだすための、慎重でねばり強い実証研究が重ねられているけれども、しばしばそうした検討抜きで、古くからあるイシューが新しいものであるかのように発見される。みんなが「格差は問題だ」と口にするが、誰がどのような犠牲を払って社会をどのようにしていくべきかについては語りたがらない。「格差のない社会はない」が「自己責任」の押しつけだとして、その言説的効果のみを告発の対象とするのも、これと同じ系である。それによって納得したい特定の人々だけを納得させるものとして、否定的媒介による全体社会の「説明」が反復的に産出されていく――これも「言論」という名の、フラットな風景の一つではあるが。

そしてまた、自分たちの社会のだらしなさをくっきり否定してくれると思える魅力的な「外部」が非常に見いだしにくくなったことに応ずるように、非中枢的なまま中枢化するかのようなコンピュータの網状の超管理システムへの誘惑と疑念とが繰り返し煽り立てられる。サブカルチャー的ファンタジーの世界では、資本主義の他者をあてどもなく探し求めるかのように、仮想化されたアポカリプスのさまざまな変奏《ヴァリエーション》が提出される。このように補助線を入れると、批評的想像力において、一見現実的に見える「格差」への言及が、アニメーションのヴァーチャルな「戦争」や「終末」への誘引と少なからず結びつくのがなぜかも見えてくるだろう。

7　全体社会のイメージの系譜⑵：消費社会論とその分散的転形

一方、消費社会をめぐる言説は、いかなる社会イメージの起伏を形成してきただろうか。八〇年代における消費社会論は、地球上でアメリカに次いで二番目に、日本が消費社会段階へと突入した[9]という事実に対応し、新たに生起しつつあるその社会状態に対する記述モデルを供給したというだけの理由で、あれほど流行したのではない。前節の整理に関連させれば、それは、肯定的な媒介を通した全体社会の像の発展形態を提供している。

正確にいえば、それは産業化の単なる拡張的継承ではない。否定的媒介のさらなる否定ともいうべき論理も働いていた。消費社会論は、消費における擬似的平等の感覚が全域化できるかのようにふるまうことで、ディストピアとしての管理社会論が隠しもっていた社会主義的ユートピアという陰画《ネガ》を、もう一度裏返すようなことを行っていたのである。そこでは商品は、唯物的《マテリアル》＝物質的基盤をもつというよりも、記号的にモジュール化されたモノとして、資本主義経済のなかを流通するととらえられる。商品というモノは、個人の感覚や欲望を分節する。それと同時に、本来は個体的であるはずのそうした感覚や欲望が、売り上げ／選択の社会的分布として配置されると論じられていた。そしてこの分布は、消費を介した意味世界を構成する。こう考えると、モノの分布と記号＝意味の分布とが同型的になる。

このようにして消費社会論は、モノの消費が構成すると同時にそれにしたがって生起するだろう記号の（超）秩序へと、全体社会を写像する／移し替えることをくりかえしていた。その（超）秩序は、行為者＝消費者がモノやその消費に対して行う意味づけや解釈と、ほぼ重なるものとされた。感覚を媒介項とすることで、モノを記号ととらえる回路が成立し、こうした回路のなかで、感覚の個体性自体は消される、そんな操作が働いていたと表現することもできるだろう（内田隆三『消費社会と権力』、一九八七年、岩波書店）。記号論的な消費社会論があれほど人口に膾炙したのも、こうした見え方が新鮮だったからであり、だからこそ、新鮮さが賞味期限を迎えると、あっけなく収束したのだ。言説の配置としては、社会主義的ユートピアを背景としていた管理社会論的な文体が、冷戦終了以降は必然性を失っていったことも関係しているが、現実的な水準でいえば、九〇年代以降の日本社会が、消費社会論的な記号＝意味秩序の確認などもはや必要としないほど消費社会になったのである。

九〇年代の終わりごろには、こうした語り口は、消費行動の社会心理学的分析やマーケティング／消費者動向調査的なものへと、その座を譲っていく。これは、すでに指摘した、人文学的な意味解析モデルの退潮と社会（科）学モデルの前景化という、より大きな文脈のなかの現象でもある。しかしそこでも、社会と同型の（超）秩序へと社会を写像できるかのような想像力が作動していないかを考える必要がある。ルーマン的に表現すれば、マーケティングとは、要するに売れる／売れないという区分による世界観察の形式である。マーケティングである以上、徹底的に売れる／売れないだけを語るべきだ。言い換えれば、それ以外のものについては自覚的に沈黙しなくては本物ではない。このような語り方は、本来、意味の解釈の有意味性を蒸発させる。正確にいえば、沈黙を忘れて意味解釈の領域に接触したとたんにその有意味性を蒸発させるはずだが、生じたのはむしろ、売れる／売れないと意味／無意味とを曖昧に野合させることができるかのようなポジション取りであろう。

付言すれば、マーケティング的言説が浮上した背景には、調査主体の拡散がある。かつては国やマスコミ等による、専門的な学術的手法を援用した、比較的公式性の高い調査が世論を捕捉するとされていたが、そうした寡占（への信頼）が崩れている。さまざまなかたちで私企業にかかわる各種リサーチ機関が簇生する。インターネット投票が気軽に繰り返され、世論のようなものの短期的モニタリングが恒常的に行われる。統計ソフトの個人レベルへの普及のもたらしたさまざまな効果もそこに加わるだろう。これらの多くは学問的な厳密性や客観性に乏しいし、そこに商売のためのやらせや情報工作が混在していることすら珍しくはない。しかし、だからといって潔癖に拒絶されるわけでないことの方が、むしろ興味深い。ある程度の厳密さと客観性を確保して調査するには費用と時間が必要であり、それゆえどうしても間隔が空いてしまう。もっと手っ取り早く手軽に、「今の」状態をつかみたい。かくして、短期的「調査」がひっきりなしに報告しつづける数字の海のなかに、公式性の高い定期的調査の結果は溶け込んでしまい、日常的な意識のなかでは、両者はとくに区別されずに受け取られ、そしてすぐに忘れられる。じっさい、短期的「調査」のさまざまな出力結果が実態をどれだけ反映しているのか、いかに心許ないにせよ、それらは、社会の気分が気まぐれにゆらぎつづけるものであることだけは、しっかりと伝えている。これらの数字が公式調査に影響を及ぼすことも珍しくない。

社会に分布する嗜好や消費動向を俯瞰的に把握する視点は存在しないが、まさにそれゆえに、売れる／売れない（人気がある／ない）に憑依する。さらにいえば、マーケティング的言説の薄い呼び出しが平板に定着するのは、そのような観察形式に人々がアクセス＝検索できると信憑されていることと循環している。社会内で生起消滅する「情報」のすべてを知ることなどできないし、その必要もないとわかっているのに、そのどれかに接続したとたんに、いわば浅く知り、浅く反応することをやんわりと強いられつづけるといってもよい。「すべては売れるか売れないかだ」と宣言するふりをしながら、そのじつ、意味／無意味に対する「批評」的解釈行為とだらしなく接合することを許しているものも、おそらくこの系である。

＊

二〇〇〇年以降、社会を俯瞰して語れるかのような位置取りへの誘惑は、この他にも分散したかたちで見いだされる。たとえば、情報社会／ネット系をめぐる議論でいえば、アーキテクチャをめぐる問題系の扱い方。アーキテクチャ自体は、コンピュータ／ネットワークの技術論のなかで、古くから論じられている。ただし、ネットの分散型管理をめぐるかつての物語は、管理者やサーバの相対的希少性を前提にしていた（ついでにいえば、アーキテクチャやプロトコルの設定権をめぐる事実的《デファクト》＝商業的寡占に対するラッダイト主義的反発が、そこに加わる）。それに対して、たぶん現在では、管理ツールや簡易サーバの普及による利便性の向上と、その環境としてのアーキテクチャの所与性との関係が主題化されている。とはいえ、プロトコルのフォーマットを必須の共通基盤におくコンピュータの世界とちがって、社会には単一のアーキテクチャなど今も昔も存在しない。ネットユーザーが大衆化しようが、それはかわらないのだが、コンピュータの仮想空間を現実の社会へと比喩的に接続することで、それを曖昧に消去する。一見新しい用語系のもとで、「アーキテクチャ」によって全体社会を代補させるような想像力が働いているように見える。そうでなければ、結果的に、ネット中毒者たちのコミュニティを全体化するのとほぼ同じになってしまう。

「格差」の議論の多くが「郊外化」の文化分析《カルチュラル・スタディーズ》と組み合わさって現れているのも興味深い。「格差」の拡大という否定的媒介を通した全体化が行われているようでいて、そのじつ、商品の選択における、いわばコンビニ化された小さな自由や快楽、そして快楽を縮小再生産する、退屈な近郊都市めいた意味的囲い込みは、必ずしも否定しきれないものとして語られている。たしかにそこには、それなりのリアリティ感覚が働いているのだが、管理社会論的否定性をアップデートしたものとしての消費社会論的言説が、ダウンサイズされた否定性に中途半端なかたちで再接続されている。この種の議論が、感覚世界の世代的切断という前提をしばしば導入するのも特徴的だ。世代を呼び出すという妙に古典的な戦略は、共感が働く「仲間内」の領域を、他を排除するかたちで強く設定しつつ、その外部に広がる社会に対しては、あくまでも部分的たることを運命づけられる。その意味でも中途半端なのである。そういう中途半端さというリアリティ自体は、それなりに興味深い主題だが（→8節を参照）、そうするためには、もう少し広く、そして接合の社会論理をもう少し深く考える必要があるのではないか。

　これらの議論は、消費社会論の流行のあとに登場したサブカルチャー論の地平に属すると考えることもできる。それ以前にくらべて、たしかに局域の局所性《ローカリティ》というか、局域としての輪郭が色濃くなっている。だが、局域への（ときには排他的な）安住が、空虚なことが露呈しつつある全体性を、空虚なものであるがゆえに脳天気に貼り付けるような所作をもたらす。物語領域におけるセカイ系という命名は、これをなぞっているのだろう。特定の局域から一気に「全体」を語ろうとするために、その領域やその周辺にいる人々しか説得できない。いや、そうした人々すら、本当の意味では説得されていないのが、たぶん計算済みになっている。「他の局域がある」ことをそれなりに認識しているが、それらの「他」をきちんと見るという手続きをふっとばして語ってしまう。そして、そのことがどこか自覚されている。「メイン」をあてにした「サブ」、「世界」ほど大きくないことが名称に上書きされている「セカイ」。そのうえで、その「サブ」や「セカイ」にいたいというのだから。そこに居直ることはもちろんできるが、ふっとばして語っていること自体は消去できない。そのようなかたちで「全体語り」ができることそれ自体が、局域の横並びの、何というか圧倒的な厚みをあてにしているように映る。自覚しつつも結局は他を無視して語れてしまう程度に、全体性が収縮していると考えることもできるが。

筆者も含めて、こうした仕組みから逃げきれる人は誰もいない。しかし、フラットさに寄りかかって局域から「全体」を語るかぎり、フラットさそのものは思考することができないだろう。孤高の観察者しかアクセスできないからではない。むしろ、あまりにも自然なかたちで私たちの生を取り巻いているからだ。

8 フラットさの何を考えるべきか

社会学もまた、こうした言論／感覚の空間に巻き込まれている。全体社会を安易に措定することの空虚さがさまざまな箇所であらわになっており、にもかかわらず、この概念を手放せば、社会学というポジションを維持する必然性自体がなくなる。そして、こうしたジレンマなど知らぬげに、全体も社会も関係なく局所にひたる人々の生活が広がっている。

管理社会論や消費社会論が提示してきた全体社会のイメージと同じ場所に、現在の社会学がとどまっているわけではない。社会学内部で、全体社会をめぐる困難にいかなる対処の試みが行われているかに関しても、さまざまな議論が可能だろう。こうした論点については、ここでは踏み込まない。全体社会をめぐる従来の記述様式《モード》の破産を宣告するといったことはどうでもよい。重要なのは、そのうえで社会の何が具体的に書けるかということの方である。

たとえば、管理社会論系の議論でいうなら、むしろ、「快適さ」（その内実がどういうものであれ）を賭金とした、管理への同意と随順（お好みなら正常化《ノーマライゼーション》と呼んでもよい）の、あるいは相互に管理しあい、管理されあうことへの大衆的欲望の所在こそが語られるべきだろう。もっというならば、現状におけるその欲望の独特の中途半端さが注目に値する。社会のルール的な運営形式が、ここ何年かでかなり急速に社会の一定領域に着床しつつある。少なくとも、その必要性が広く叫ばれている（「個人情報」「コンプライアンス」「コミュニティ形成」「裁判員制度」……）。ユーザー・フレンドリーなコードの備給、管理規則の公開や同意調達といったことがらもまたこの関数である。日本近代は、掛け値なしに近代的なものになりつつあるかのように見える。社会制度の公式的水準では、個人がそういう意識をもつと設定されているといってもよい。

とはいえ、もともとこの社会は、社会の実在性に対する近代の自生的感覚を内包しているわけではない。いやおうなく主体を拘束するだけでなく、主体がそこへと創発的に働きかけ、組み替えていくことができる社会が「ある」ことへの自然な信頼をもつ人は、今でもかなり少数派だろう。実質をもった「社会」として感覚される唯一のものが「社会人」という記号であることが、それをよく示している。経済的な自立／従属と、身分的に保護されている／保護されていない（子ども（と専業主婦）／就業している人間）という二重の即物的区分と重なってしまう点で、近代社会の感覚からはほど遠い言葉が、真正《オーセンティック》なものとして流通してしまう社会なのだ。あるいはここに、「社会」というコトバ＝タテマエ／現実の身分移動＝ホンネという使い分けを見るべきだろうか。この社会において「社会」は、新聞や社会学の教科書に書いてある単なるコトバめいた、どこか薄っぺらなものでありつづけている。

たとえば、冒頭で取り上げた、生活の多様性という言説と現実。高度成長期やその余波の何年かの時期と比較すれば、たしかにここ十四、五年のあいだに、「ふつうとちがう」生き方が多数派の論理によって押しつぶされる度合いは少なくなってきている。ふつうではなくある権利を当事者がアピールすることが必要だろうが（こうした申し立てにはそれなりのコストとリスクとがつきまとう）、それを無視しようとすればかなり強く非難される程度には、社会はそうしたあり方に対して繊細であろうと努めるようになってきている。とはいえ、学校と労働市場との接続において、入学／卒業年次が大きな意味をもちつづけていることを見れば分かるように、この社会の組織原理《フォーマット》は、成員のかなりの部分が斉一性や同期の論理に従って動くことを、あいかわらず前提もしくは期待している。その意味では、斉一性や同期の自明視に対する留保だけが生じているともいえる。

あるいはまた、公共性の感覚。九〇年代後半以降に流通しはじめている、妙に公共的な「社会」の言説にしても、やはり主体の「外から」降ってくるのはかわらない。社会運営がルールに基づくことを本気で受け取るという近代の自然的態度からどこかずれたところで、ルール主義的な運用の実績が重ねられる。手続き的に見れば、ルール指向や事前の意思や合意《インフォームド・コンセント》を重視する度合いはたしかに高まっているが、そもそもあるルールがなぜ存在するか、それをいかに変更しうるかについての「市民的」合議が活発化するというよりも、妙に従順にルールを守る身体化された道徳主義や、「ルールだから守れ」という気短さが、ある意味ではかえって顕在化しているようにも見える。わかりやすい言い方をすれば、確率論的なリスク／安全とコストとのバランスの冷徹な計算ではなく、心理的補償（気休め）としての「安心」に、大多数の人々はあいかわらず情緒的につなぎとめられている。誰もが安全を求めるが、それに付随するコストが自分にかかってくるかもしれないということには目を向けたがらない。

「ルール」と「安心」のこうした貼りあわせによって、行為・責任主体の輪郭はあいもかわらずぼんやりとしたまま、当事者の意思を事前に確認するための制度的手続きが増えただけだと言いたくなる局面も少なくない。その意味では、これこそが一種の超大衆化された「管理社会」であるということもできる。そこでは、権力中枢《パワー・エリート》の恣意でもなく、快適さへ流れていく大衆化でもなく、中間管理者の管理疲れが隠れた深刻な問題になるだろうが。中枢がどこにあるやらはっきりせずに、責任も報酬も不明確な「中間管理者（的作業）」をやらされる危険がだらしなく広がっていくといってもよい——だから「名ばかり店長」や「クレーマー対策」が、多くの人の琴線に触れるのだ。

留保のコストは上がるが必ずしも現実化しない、ルールというが、ルール主義的態度が明確化するわけでもない。現代社会を主題化するのであれば、むしろこうした中途半端さのリアリティを主題化するべきではないか。あるいは、中途半端さのなかでしか出現しない、変わりつつある（かもしれない）何かを、中途半端さのただなかで感知することが必要だ。そのためには、俯瞰や超越的反省とはちがうかたちで、対象とのあいだに距離をしつらえなくてはならない。正面から見える像を念頭に置きつつ、斜め横から透かし見てみるような視線といえばいいだろうか。あまりにも身近に取り巻いているものの様相は、たぶんそのときにふっと立ち現れるのである。

9　フラット化と日本近代の変容

今までの議論を、別の角度から観察しなおしてみよう。

私たちの生きている社会は、おそらくフラットさが相対的に一番進んだ近代社会だが、そのことを日本近代という固有の軌跡から捉え返すとどうなるか。「気持ちを分かり合う」共同性へと近代的な組織の論理を吸収する、あるいはむしろ、そうした共同性の擬制の上で近代組織を動かすのが戦後型の日本近代だったとすれば、フラットな文化がその自然な延長線上にあるのか、それとも決定的な変容のはじまりなのかは興味深い問題である。

戦後日本社会は、典型的には以下のような社会運営の形態をとっていた。理念をタテマエとして立てておき、ある種プラグマティックな現実主義によってそれを柔軟に吸収する。通常時におけるタテマエの運用範囲には相当の可塑性をもたせながら、現実的な判断として、いつものやり方ではまずい（そうすれば、被害をこうむる人がかえって増える）という気分が「みんな」のあいだで成立する場面では、うってかわってタテマエを厳格に適用する。そのことによって、ときに犠牲者を出すこともある——その場の空気を読めなかった、あるいは不幸にしてそこに居合わせられなかった人たちであると、それこそ共同体的に納得しながら。

そうすると、これまで述べてきた現象は、共同性をバッファーにするこうしたやり方が、複数の水準で急速に利きにくくなっていることの現れと考えることができるかもしれない。

一つには、制度的な手続きをどこまで本気にとるかはともかくとして、手続きをかませることだけは公式にルール化することで（一種のタテマエのメタ化といえばよいだろうか）。あるいはまた、「気持ちが通じ合える」交際＝交渉の局面を社会的に分割したり、そうした複数の局面を使い分ける操作能力を行為者にゆだねたりすることによって。趣味／文化領域の多様化は、その原因であると同時に結果なのである。隣の人が何を考えているかが分からないし、分からなくてもいいものになったとき、自己の行動に対する他者の受け取りが、自分の期待の範囲内に収まることを当たり前に期待することはできない。

とはいえ、私たちの多くにとっていまだにかなり近しいものであるこのタテマエ／ホンネ（≒現実主義）の縦横無尽な運用形式に、日本社会はきっぱりと別れを告げようとしているといいきれるのだろうか。行為者に最大限の自由を与えるかわりに行為の全責任を彼／女に負わせる、近代のあの徹底した明るさと冷たさ。現実にはどんなに理不尽さや差別が放置されていようが、ルールを全関係者に周知することで公平さを確保することを社会的な至上命題とする、あの明快さと融通のきかなさ、そしてある意味では強烈な欺瞞。日本社会がそこに辿り着いた、もしくは辿り着こうとはっきり目指しているとも、今のところは見えない。そのあいだでたゆたっているかのような、フラットな／フラットであることの自由、その独特の「ゆるさ」と「ぬるさ」――。

いや、もしかしたら、むしろこの「ゆるさ」や「ぬるさ」は、近代をいわば事後的に追認し、ずるずると事実的に漸近していくような過程のなかに私たちの社会があることを暗示しているのだ、と表現した方がよいのかもしれない。たぶんそうなのだろう。だとすれば、「ゆるさ」や「ぬるさ」はむしろそれによって発生していることになる。社会が近代を意識的に選択することによってではなく、中途半端な手続きの事実的な集積が、何となく戦後型ではない社会をつくっていく。論理的にいえば、そのとき、そうした集積と「社会」（の感覚）とを本質的に区別するのが難しくなるはずだ。だからこそ、フラットさの感覚が、これほどまでに社会的広がりを見せるともいえる。全体社会が把握できるとする言説が奇妙に空虚に回っているなかで、局所だけがくっきり見えるという事態も、より深いレベルでは、この論理系なのかもしれない。

もちろん、フラットな文化様式の成立が、現在の日本社会のすべての位相を要約しているわけではない。重要な要素は他にいくつもあろうし、「フラット・カルチャー」以外の切り口でくることも当然できる。だが、それが日本社会のこうした変容と密接につながっていることだけは、確かなのである。

10 「ゆるさ」の快楽とともに：社会学的批評の可能性

以上、私たちの社会の現在における「フラットさ」のいくつかの位相、その「ゆるさ」や「ぬるさ」の多重性の所在を素描してみた。「フラットさ」、「ゆるさ」、「ぬるさ」といった語を用いているが、そこには必ずしも否定的なニュアンスは含まれていないことに注意しよう。それは私たちの社会の、否定しようのない生の営みなのだから、何らかの理論的立場から断罪しきれると思う人がいたら、その方がどこかおかしい、とすら思う。本書で論じられている文化のさまざまな局域に、私たち自身が平板に接触しながら生きているのであり、その退屈な快楽を手放す必要はどこにもない。

だが同時に、そこには浸りきれないからこそ、それがフラットに見える。そのこともやはり否定することはできない。平板に接触している以上、超越的視点が幾重にも立たない。むしろ積極的にそのなかにありつづけ、そうした様態を記述すること、それによって、記述がいわば遂行的に反省と似た瞬間をもつ点を探りあてること。あるいはまた、一見したところ素朴に実体的に映るこれらの局域——ジャンル化した局域は、必然的に実体的な輪郭をもっている——やその快楽をあくまでも具体的に追尾しながら、その輪郭を一瞬ゆるがせる、あるいはねじれさせる可能性を模索すること。あえて人文学的にいえば、そうした一種の批評的距離を、社会学的な言葉で定着することが、ここで目指されているのである。

注

1　この点については、遠藤知巳「『八〇年代』の遠近法」、『大航海』No,68、二〇〇八年。

2　「フラット」をキーワードにした作品は、すでにある程度存在している。たとえば、トーマス・フリードマンの『フラット化する世界』（二〇〇六年、日本経済新聞社）を想起する読者がいるだろう。この本は、アメリカ合衆国から見たグローバル化を詳細に取材し、それに「フラット化」という要約を与えて評判になったが、後論からも分かるように、本書の焦点はこれとは相当に異なる。この関連で、インターネットにおける「フラット化」を論じるものも散見されるが（佐々木俊尚『フラット革命』二〇〇七年、講談社など）、視角はかなり限定されている。

また、永江朗の『平らな時代』（二〇〇三年、原書房）は、アートや芸術表象におけるフラット化に着目した好著である。ただし、主題的に当然ながら、アートから観察される世界感覚の変容に議論が集中している。もう一つ、「ロスト・ジェネレーション」という現在的な世代論への傾斜はあるものの、エッセイとしての文体世界を構築する反時代的な意思が読みとれる酒井信『平成人（フラット・アダルト）』（二〇〇七年、文春新書）をあげることができる。しかし、本書のように、このキーワードを用いて、複数の観察地点から日本社会の現在的屈折のさまを社会学的に考察する試みは、筆者の知る限りではまだない。もっとも、フラット・カルチャーという呼称に、分かりやすいタグ以上の意味をもたせるつもりはないが。

3　社会学／社会科学という分節に関していえば、社会科学はより厳密な経験科学研究として、社会一般に気軽にアクセスする社会学の「粗雑さ」を軽蔑してきた。とはいえ社会科学の方法論としても、特定の制度の外部に社会があることを否定できない。粗雑な一般論を垂れ流す社会学があることで、自らをより厳密な部分社会の研究として自己限定できるという相互依存関係もあった。たとえば、経済学における合理的人間のような社会科学の方法論的前提を疑うと、「その通りだけど、それをやると、『経済学』ではなくて「社会学」になってしまうので」とやりすごされる、というように。

付言すれば、言論界における社会学の優勢が見え始めた二〇〇〇年ごろから、社会学研究の内部では、経験科学化の指向が目立つようになる。社会科学に対して、全体社会の措定を強く主張することで存在証明をする必要に、かつてほど迫られなくなったわけだ。それは一方でたしかに社会学の方法論的洗練化の所産だが、その果てに、社会学を社会学たらしめた何かが空洞化していかない保証はない。

4　東西「世界」の比較については、Susan Buck-Morse, 2000, *Dreamworld and Catastrophe: The Passing of Mass Utopia in East and West*, the MIT Pr.

5　そのかぎりでは、たとえばフーコーの主体化論／権力論にも管理社会論的な側面がある。ただしそこでは、(2)が明示的に抹消されることで、権力現象は複数的でしばしば不可視の制度の諸連関に近接する。管理主体を実体化しない努力を例外的にかけつづけた点が評価されるということになろう。フランクフルト学派の批判理論の一部にも、そうした傾向がある。資本主義を真正面から「批判」するというよりも、「批評」へと流れていってしまうときに、対象の否定のしがたさに触れるというかたちで。

6　いうまでもなく、アルチュセールの国家のイデオロギー装置論が、もっとも洗練された形態においてこの論理（の失敗）を形式化している。

7　カウンセリング的なものの前景化を見れば分かるように、隠蔽されたもしくは無意識的な欲望や意図に対する解釈の水準がなくなったのではない。たとえば解釈されることへの主体的アクセスの確保というかたちで、その位相がずれたのである。同時に、解釈への欲望が分散化してばらまかれるのがフラット化の一つの様相であるともいえる。

8　この点については、佐藤俊樹「近代を語る視線と文体」（高坂健次・厚東洋輔編『講座社会学1　理論と方法』、一九九八年、東京大学出版会）を参照。

9　消費社会の定義はいろいろあるが、ここでは大まかに、労働人口に占める第三次産業の就業率の高さに加えて、GDPにおける国内消費の割合（五〇％を越えているのはアメリカと日本だけである）、それらと密接に関連しているが、自国産業が国内消費をどれだけ占拠しているかなどによって測ることができる諸特徴を備えた社会と考えている。

10　これまで素描してきたフラット化のさまざまな様相は、たぶん現代の先進国社会群において、多かれ少なかれ共通して発生している。フラット・カルチャーの比較社会学は本書の外部にある重要な課題だが、あえていうならば、たとえば階級性の強弱や消費社会化の進展の程度、あるいはそれらと相関したエリート主義的権威の効力の強さなど、フラット化をブロックするいくつかの要因を数え上げることができる。これらの関数がどのように組み合わされているかによって、特定の社会のなかでフラットな文化が前景化される度合いのちがいを、おおまかに予想することができよう。その意味では、フラットさがもっとも円滑に進行する条件をもっており、現にそうである社会がたぶん日本社会であろうことは否定しがたい。

I　社会の風景

ある意味で私たちの生活は、さまざまな局面で、あらかじめ準備された所与の選択肢を選ぶことの連続からなっている。自分の求めるものを独力でしつらえようとする／しつらえられる人は多くないし、何よりも、欲求のパターンにかなりの程度対応するべく開発された、それなりにリーズナブルな商品や設備やサービスを準備してくれるような社会に私たちは生きている。いうまでもなく、そこでは、それらを提供するための労働力が調達されつづけるし、さらにいえば、サービスの受益者と提供者とが（ユーザー・フレンドリネスを要求する人とそのために苦労する人とが）かなり重なる社会だともいえるが。

いずれにせよ、そうした社会環境のもとで、人はいろいろなものを選んだり選ばなかったりしながら、それらを自分なりに意味づけている。といっても、自分にとっての意味を意識しつづける、鋭く収斂する主体的な意思が選択をつねに先導しているというわけでもない。豊富な選択肢のなかからとりあえず何かを選ぶ／選ばないことの積み重ねとして、意味＝感覚《センス》の漠然とした広がりが構成される。こう表現した方が、私たちにとってのリアリティに近いのではないだろうか。

そして、これら個々人の小さな意味＝感覚の集積として、社会的な意味＝感覚のようなものが出現する。イルミネーションの電飾の点滅が、ひとつの情景を描くように、つまり、人々のあいだに強く共有されている実体的な共通感覚というよりもはるかに仮想的な何かとして。だが、にもかかわらず、その集合的な選好のありさまが、個々人に差し出される選択肢を変形させる。このようにして、都市空間のイメージやささやかな街角の表情、施設の諸形態、たまり場の様相、企業の興亡とそれに向けられる視線など、さまざまなものがゆるやかに移り変わっていく。それらは、いわば風景として人々の生活を包み込んでおり、彼ら彼女らの意味＝感覚の揺籃となっている。

これらの局所の変容を貫いている単一的な社会論理があると考えないようにしよう。それぞれの局所には、その特質に見合った独特の論理がしつらえられており、その論理において屈折していく。じっさい、マイホーム・ブームと誰もが求める消費財をめぐる平等な競争が巻き起こった六〇～七〇年代や、ステータス・シンボルとしてのブランド消費の意味論が、都市部を中心に大規模に大衆化した時代（八〇年代半ば～九〇年代前半）のように、社会の全域を巻き込んで、多くの人々を一定の方向に向かわせる運動はもはや見いだしにくい。特定の世代や階層を相当程度覆うブームすら、それほどは生じていないだろう。より正確にいえば、多数派的選択やブームの事実としてのある／なしよりも、「自分たちを方向づけている運動がある」という方向感覚《センス》自体が成立しがたくなっているのであり、だからこそ、個々人の意味＝感覚《センス》の分散という出来事性が浮上したのだ。そして、この分散の集積がある種の社会の風景を織りなしているという見え方も。

こうした意味＝感覚の分散にある意味で翻弄され、局所はかたちをかえていく。それぞれが、それなりに特色をもちながら。とはいえ、それらのどれも、とくに突出しているわけでもない。それらを統御している単一的なしくみを名指せなくなっているのに、「個性」的な差異として並ぶそれらは、奇妙なことに、ある種の既視感を与えるのである。いわば、豊富な単調さともいうべきものが環境化する――その意味でも、それらは社会の「風景」を形成している。

記号としての「カフェ」

西野淑美

1 「カフェ」という言葉

「自由が丘に来たらこういうおしゃれなカフェに入らないといけないのかな。」お笑いコンビのさまぁ〜ずが、おしゃれとは言えない〝モヤモヤ〟したものだけを取り上げる街歩き番組「モヤモヤさまぁ〜ず2」である店の前を通り過ぎた。中から若い店員が「うちの店、超モヤってますよ」と声をかける。「えー、全然モヤってないじゃん、素敵ですよ。」「でもうち、喫茶店なんですよ、カフェじゃないんで……大竹さん、うちの店ってカフェですか?」

「カフェ」というカテゴリは不思議だ。「たかが喫茶店《サテン》じゃねえか」(『タイトル』〇一年二月号)とつっこまれるように、「カフェ」とはどこかで喫茶店との位置関係が意識された呼称である。しかし結局定義はよくわからないまま、勝手に「カフェ」と呼んだり呼ばなかったりしている。実際、シアトル系カフェ、ラウンジ系カフェ、リビング系カフェ、隠れ家カフェなど「カフェ」を冠する店は、これまでの喫茶店区分と重なりつつも、それを超えて広く浅く増殖している。インターネット喫茶はネットカフェ、メイド喫茶もメイドカフェという言い方に変わった。加えて和カフェ、猫カフェ、キッズカフェ、コミュニティカフェ、サイエンスカフェ、ワールドカフェ、出会いカフェ…飲食をしない場合にまで広がる。そしてカフェめし、カフェミュージック、雑貨・家具など、カフェにあるアイテム群のステレオタイプが生まれ、それらを集めて自宅で「おうちカフェ」をするにいたる。

事業所としての喫茶店の数——カフェと呼ばれる店舗も多く含まれる——は、一九八一年の全国一五四、六三〇店をピークに一貫して減少している。二〇〇六年には八

一、〇四二店とほぼ半減した（事業所統計調査）。にもかかわらず、「カフェ」という言葉を目にする機会は九〇年代後半からうなぎのぼりに増えた。

典型的な機会は雑誌である。大宅壮一文庫の雑誌記事索引で「カフェ」のキーワードに分類されている記事は、一九八〇年代後半から一九九四年までは年に五件くらいしかない。ところが一九九五年は一八件、二〇〇〇年は七四件で、カフェブーム真っ只中の二〇〇一年は一四二件になる。その後は概ね百件前後で高値安定している。

新聞では未だ増殖が続く。朝日新聞で「カフェ」という文字列を含む記事は、一九九〇年代前半は年間一一〇本前後だったのが一九九六年に一七九本と増え始め、以降二〇〇〇年に七〇八本、二〇〇五年に一五二八本となり、二〇〇九年には一七六七本に達する。関連の薄い記事も含まれてはいるが、「ネットカフェ」「ジョブカフェ」「カフェイン」という語は集計から除いている。

いわゆる「カフェブーム」の時期は一九九九年〜二〇〇二年頃とされる。しかし言葉としての「カフェ」は、ブームのあとも定着しているか、むしろ増殖を止めていない。人々は様々な店や事象に「カフェ」を見出し、次々に「カフェ」と呼び替えているのである。

ただ、増殖の「広さ」「速さ」に比して、知識の「深さ」を競うという行為には、カフェはなじまないようだ。「コーヒーの味」ならば、求道的な店主のステレオタイプ、自家焙煎珈琲店の増加、高品質豆を使うスペシャルティコーヒーの広がりなどで、その味が「好きか嫌いか」以前に「良し悪し」を議論できるという了解ができつつある。しかし、カフェで重要なのはコーヒーの味よりも「空気感」である。しかも、その良し悪しの基準が主観に委ねられていることがむしろ肯定される。「店の空気がそのときの自分の気分とマッチしていた場合は、『ああ、いいカフェだな』って思います」（カフェ研究家川口葉子、『婦人公論』〇一年四月七日号）。

「このカフェはわかってる」と思えるカフェのかけがえなさを、各自が「深さ」として語ることはある。だが、基準が無いのでお互いの「深さ」の正しさは決まらない。相手のセンスへの主観的評価があるだけで、ジャンル全体をふまえて基準の理解度の「深さ」を競う形にはならない。焙煎や抽出技法や味の判定をめぐって体系化が進む「コーヒー」というジャンルとは近そうで異なる。

この敷居の低さ、そして低いにもかかわらず自分らしさを語れるフラットさは、「カフェ」という言葉の大増殖と無関係ではないだろう。だからこそ社会の多数派の、自己呈示と空間選択における選好を、「カフェ」という記号の動きは物語る。以下観察してみよう。

2 カフェブームへの道

カフェの定義に今のところ共通了解はないわけだが、多くの人が連想するとされるのが、フランスのカフェに範をとるオープンカフェ、「スターバックスコーヒー」(以下スターバックス)に代表されるシアトル系のセルフ式コーヒーショップ、そして二〇〇〇年前後に急速に増えた個人経営のカフェ群である。

カフェブームまでの展開としてよく見かける説明は次のようなものだ。一九八九年に渋谷にフランス式カフェ「ドゥ・マゴ　パリ」が、一九九三年に広尾にオープンカフェの「カフェ・デュ・プレ」がオープンし、一九九〇年代前半はフレンチカフェの全盛期となった。続いて、一九九六年にスターバックスの日本一号店が銀座で開店し、マクドナルドの日本上陸時を優にしのぐ、五年二ヶ月後に三百店突破というペースで展開。「スタバ好きのコーヒー嫌い」という言い方すらあるが、コーヒーが苦手な人に、エスプレッソベースのバリエーションコーヒーの楽しさを教えた影響は多大だ。また、一九九七年に駒沢に「バワリーキッチン」が登場し、同年に表参道に「ニューズデリ」が開店してチェーン展開するなど、フード重視のカフェの流れが生まれた。並行して京都でみられたカフェの動きを重視する説もある。

そして二〇〇〇年頃にカフェブームと言われる事態になる。その中心は、川口葉子氏の語を借りれば、フランスでもシアトルでもなく「東京カフェ」とでも呼べる、店主の嗜好とセンスで勝負する個人経営のカフェである。セルフ式ショップにはない個性的でくつろげる空間と、お茶・食事・お酒など各自が好きな用途に利用でき、女性一人での夜カフェにも違和感が無いような自由さが売りである。音楽やデザイン関係者など不規則な時間で働く人たちが自分達の集まれる場所として開いた店がブームの先駆けとされたため、感度の高い人に受け入れられる音楽・雑貨・インテリアで演出された「カフェでのくつろぎ」が憧れの対象になったとも指摘される(『日経トレンディ』〇一年九月号)。

この展開の前には日本の長い喫茶店の歴史がある。論旨に関連する点だけ押さえよう。コーヒー豆の民間輸入が一九五〇年代に再開されると、喫茶店は一気に復活・増殖した。六〇年代にはジャズ喫茶が全盛となり、喫茶店は若者文化の中心とされた。「いい店と聞くと電車に乗ってまでコーヒーを飲みに行ったあのころ、ジャズを聴き、友人と議論をした喫茶店には、確実に〝文化〟と〝青春〟があったように思います」（『週刊宝石』八九年十一月九・一六日号）。ただし、当時コーヒーの値段は高く、喫茶店はまだまだ非日常の空間だった。

それが七〇年代に入ると、コーヒーの値段はもりそば並みまで下がってきた。「カフェ・コロラド」「ぽえむ」「珈琲館」など「珈琲専門店」のチェーン展開が始まり、個人営業の店とともに、街中の喫茶店が空前の勢いで増え、喫茶店は日常空間となった。そして、一九八〇年には原宿に「ドトールコーヒーショップ」（以下ドトール）一号店がオープンする。当時一杯三〇〇円前後だったコーヒーを一五〇円で提供し、価格破壊を起こした。

カフェ・コロラドとドトールを創業した鳥羽博通氏は、六〇年代までは「純粋にコーヒーを楽しめるような喫茶店は数少なかった。（…）店内に一歩足を踏み入れると、人の顔も見えないほど薄暗く、若い男女が何をしているか分からない。そんな店が多かった」（同氏『ドトールコーヒー「勝つか死ぬか」の創業記』）とふりかえる。喫茶店の日常化、そしてドトール等セルフ式ショップの浸透は、喫茶店の「暗」からカフェの「明」への、のちのイメージ転換のいしずえを築いた。ただし、街中の個人経営喫茶店の数は、セルフ式との競争と、バブル期の地代と人件費の上昇で、八〇年代後半に激減していく。

現在のカフェブームに「アフタヌーンティー・ティールーム」が与えた影響を指摘する人も多い。一九八一年に渋谷にオープンした第一号店からショップにカフェが隣接し、ヨーロッパの素敵な日用雑貨に囲まれてお茶をいただく時間への憧れを、当時の〝オリーブ少女〟たち——現在の三十・四十代——に刷り込んだ。好きな雑貨を選んで自分だけの空間を作り上げるという価値観に、現在のカフェの経営者世代も消費者世代も長く接してきたのである（永井宏『TOKYOカフェジェネレーション』）。ちなみにスターバックスの日本法人は、米国スターバックス社の国際事業部門子会社と、アフタヌーンティーを経営する株式会社サザビーリーグとの合弁会社である。

3　くつろぎの上演

二〇〇〇年代の話に戻ろう。「友達の家に来たように、自宅のリビングのようにくつろいでほしい」——個人経営カフェの定番フレーズである。オーナー達は自分達の商品の本質が、空間、またはその空間にいることの意味であることを認識している。「お客さんはコーヒーやお酒プラス、インテリアや音楽、すべてを含めた空間、時間を買いにきている」（「カフェ・アプレミディ」オーナー橋本徹、『東京人』〇〇年五月号)、「お客さんの本当の目的は、おそらくここにいること」(「ロータス」オーナー山本宇一、『別冊談』〇一年)と発言する。

しかし、ブームに対しては悪口も起こる。「カフェではなく、カフェでくつろいでいる自分が好きな『カフェバカ』」「カフェバカルール①ソファ席に座ったら、思い思いの姿勢で、できるだけ深く腰をかけよう。これで『くつろいでる感』をアピール」(『スパ!』〇一年五月二・九号)、「カフェめしにボサノヴァにイームズチェア、右向け右のブームはもういらない!」(『サイゾー』〇一年十一月号)などだ。ブームおよびブーム語りの平板さにはオーナー達すら憤ったほどだった。

ただ、「くつろいでほしい」といいつつ排他的だとの悪口は一考に値しよう。「入店すると、店員さんが『こんにちは』と爽やかに案内してくれましたが、他の客に値踏みされているような気がして落ち着かず、自分も他の客を値踏みしてしまって気が抜けず」(『スパ!』同上)、センスのいい空間に似つかわしい自分を演じて、店の「空気感」を壊さないように客達が無言で気遣い合う「非常に演劇性の高い空間」(音楽プロデューサー松尾潔、『スパ!』同上)だという指摘である。

日常的でありたいと願いつつ演劇的な現在のカフェ。ただし、その記号は、喫茶店と断絶しようとする場合でさえも、やはり喫茶店文化の堆積の上で成立している。例えばカフェオーナー達の「自分が好きな物を集めたらこんな空間になった」という語りや、喫茶店を無視した「欧米ではカフェが生活の一部だ」という語りが繁茂することは、以前からの「街中の喫茶店」「学生街の喫茶店」は自分達の「日常」ではない、という対抗的な意思表示でもあろう。その一方で、演劇性の系譜も喫茶店の歴史にはある。六〇年代の喫茶店で小難しい本を開くことや、ジャズ喫茶で眉間にしわを寄せて黙ってレコードを聴くことも、八〇年代のカフェバーで背伸びをすることも、その空間にいる自分のイメージを買うという点では現在のカフェと同じだったはずだ。

街の中に断片的に存在する空間商品の中から自分にぴったり合う空間を選び出す嗅覚を、都市生活者は長年発達させてきた。カフェもその連続性の中にあるが、自己呈示のキーワードが今は「くつろぎ」なのである。

4 「カフェ」という呼称のとりあい

ここまでは基本的に利用者の視点でカフェブームを見てきた。一方、商売としての喫茶店/カフェは、「ゆったり」「ゆるい」というカフェ的な形容詞とは裏腹の厳しい競争の中で生き残りを目指す。その過程で「カフェ」という人気の呼称を、多種多様な店と業種が好き勝手に名乗っているようだ。「サロン的に、人が集まって食事ができて、のんびりできるところを『カフェ』と呼ぶならば、うちも『カフェ』ですね」（山本宇一、『東京人』〇〇年五月号）といった曖昧さで。

一方の「喫茶店」は、「この言葉が古臭い」と店主達自身が漏らし、老舗の「喫茶室ルノアール」さえ「ニューヨーカーズカフェ」を展開し始める状態だ。「カフェ」と呼び替えるのがためらわれる店だけがあえて「喫茶店」と呼ばれ、「昭和の」「レトロな」という形容詞がつき、「懐かしい雰囲気が新鮮 喫茶店がカフェ世代に人気」（『日経トレンディ』〇二年九月）といったエキゾチシズムにまで行きつく。

ただ喫茶店の側にも、豆の鮮度にこだわるなど、コーヒーの専門性で対抗する動きがある。「カフェは、スタートの段階から、コーヒー店とは業種を異にする食堂であったにもかかわらず、コーヒーに関連するような、曖昧なイメージも付きまといました」（堀口珈琲研究所堀口俊英、珈琲店経営情報誌『珈琲と文化』〇五年秋号）と一線を画す。この文章では「大まかに、喫茶店はソフトドリンクの売り上げが五〇％以上、カフェは食の売り上げの比率が五〇％以上と定義」しているが、これなら今度はレストランやファーストフードも堂々とカフェを名乗れる。ハンバーガーチェーン「フレッシュネスバーガー」では「カフェとしても使ってね」との垂幕を見かける。「カフェ」とは何なのかはますます混乱する。

セルフ式コーヒーショップも差異化が不可欠だ。二〇〇九年末現在で店舗数一位（一一一九店）のドトールが老若男女向けに巧みな位置取りをし、レギュラーコーヒー最大手UCC系列の「上島珈琲店」が団塊世代をコアターゲットに「古き良き時代の喫茶店を現代風に再興する」（高井尚之『日本カフェ興亡記』）のに対して、同店舗数二位（八七五店）のスターバックスがあくまでカフェとして振舞う戦略をとってもおかしくない。ただし、その戦略はメニューや内装にとどまらない。自分達は空間の意味を価値として提供しているということを意識的に伝えるところ、むしろそれがスターバックスの最も「カフェ」的な側面だろう。個人経営のカフェと同じ言動なのである。

有名なのは、スターバックスが「サードプレイス」たることを自分達のあるべき姿として提示していることだ。サードプレイスとは米国の社会学者レイ・オルデンバーグが一九八九年の著作“The Great Good Place”で提起した言葉で、ファーストプレイス（自宅）、セカンドプレイス（職場）に対し、コミュニティ生活の拠点や広範な出会いのきっかけになる場所としてその価値を提唱した。カフェ、床屋、個人商店、バーなどを例に挙げている。磯村栄一が都市の匿名性の中の「なじみ」を交えて一九五〇年代から唱えていた「第三の空間」を思い出さずにはいられないが、その異同にはここでは踏み込まない。

　スターバックスは、空間の意味を提供すると自称する点で日本のカフェブームの「正統な」トップランナーなのかもしれない。

5　手の届く「カフェ」

　ところで「東京カフェ」は、当初原宿・渋谷・代官山周辺、下北沢・吉祥寺あたりに偏在した。最初に見た「カフェ」という言葉の増殖力に比して、現実のカフェに日常的に通えた人などほんの一握りだろう。ならば、カフェの直接の客になれない人たちは、代替の方法でカフェブームを消費したのではないだろうか。

　その一つの方法は、カフェのレシピやインテリアを紹介する「カフェ本」に範を求める「おうちカフェ」だ。店に行けなくても、一品のメニューや一点の食器や一枚のBGMのCDが換喩として機能し、自宅が「カフェ」となる。「リビングのようにくつろいでほしい」というカフェのメッセージを、逆に「リビングをカフェのようにくつろげる空間にする」と変換して消費できる。

　もう一つの手軽な方法は、結局「スターバックスに行くこと」ではないだろうか。「手の届く贅沢」の提供を目指すとするスターバックスこそが「手の届くカフェ」だという人は、大都市郊外には多いはずだ。また長野県では、二〇〇三年の進出の前にスターバックス誘致運動が起きていたという。以前からの喫茶店は減ったし入りたくない、セルフ式低価格チェーンはある、でも自分達が買いたい空間を持つカフェはない、という人達の願望を受けとめたからこそ、チェーン式飲食店へのアンチテーゼでもあったはずの個人経営カフェブームさえ、スターバックス増加の追い風になったのではないだろうか。

　カフェの演劇的くつろぎに共感しつつ通えない人たちが、身近な場所にカフェの空気を軽々と取り入れる――それが「カフェ」という記号を増殖させた原動力に映る。

6　ブームで終わらないもの

「自宅のようなカフェ」と「カフェのような自宅」。この反復作用を経て、自宅とプロが売る空間との上下関係、ひいては家と都市空間——もちろんカフェ自身も換喩としてしか都市空間を表さないが——の関係は、以前より少しフラットになったのかもしれない。それは第一の空間たる家と第三の空間の関係の微妙な変化でもある。

　スターバックスがサードプレイスを表現する際は、意図してかせざるか、オルデンバーグの議論が含むはずの公共空間での人的交渉がスルーされている。「ご自宅や学校、勤め先とは違うくつろぎの空間。美味しいコーヒーの香りに包まれて、なぜかほんの少し幸せな気分になれる場所……。スターバックスが目指すのはそんな第三の場所、〝サードプレイス〟です。」「友達と語り合いながら、一人で静かに読書しながら、大好きな人と視線を交わしながら過ごす、とっておきの時間。」（スターバックス コーヒー ジャパンのサイトより）。ここでは自宅・学校・勤め先以外の広範な他者との交わりは強調されない。一人または選択した相手との、閉じたくつろぎである。だがこの少しだけずらした提示によって、「サードプレイス」という語は、元の意味と現実とのずれを許容範囲におさめつつ、あるべき「カフェ」の表象として活きる。

　さらに「おうちカフェ」までいくと、ファーストだかサードだかもうわからない。しかしこれらの良し悪しを問う気はない。人々が第三の空間たる非家・非職場空間に求める性質自体がスターバックス的にずれたサードプレイスのような距離感へと変わり、同時に第一の空間たる家にも第三の空間における上演性と緊張感を求める感覚が浸透したと考えられる、ということだ。

　とはいえ、二〇〇四年頃には「カフェブームは終わった」と書かれ、実際に多くの店が閉店してきた。それはある程度予見されていた。ブーム初期に川口葉子氏は「雪の結晶のように溶けやすいカフェのかけら」を今のうちに採集しておくと記している（同氏『東京カフェマニア』）。カフェはお金にならず、儲からなくても続ける意味を見出している店しか続かないと、多くのオーナーも当初から指摘していた。一人勝ちしたようにみえるスターバックスも店舗展開が頭打ち気味だという。

　だが「生活のにおいがしないくつろぎの空間」を求める感覚自体は、「カフェ」という表現を見出す前の状態に簡単に戻るようには思えない。店としてのカフェは淘汰を繰り返しても、「カフェ」という言葉自体は、我々の空間への感覚を反映し、それを肯定する記号として機能し続ける限り、これからも増殖力を保つのだろう。

【ユニクロ】

二〇〇〇年代的ファッションの位相

中村由佳

1　氾濫するユニクロ

テレビや雑誌、インターネットではユニクロに関する記事や広告が溢れ、街中でもユニクロの新しい店舗が次々とオープンしている。二〇〇九年一一月三〇日付日経新聞掲載のインターネット簡易調査によれば、ユニクロで「頻繁に」買い物している人は全体の九％、「ときどきしている」が五四％にのぼり、実に六割以上の人がユニクロで定期的に買い物をしているという（二〇代以上の一〇三二人）。

気がつけばユニクロは〝国民的ブランド〟と言われるようになっていた。過去の日本におけるファッション史を振り返ってみても、例えばジーンズやミニスカートなどのようにあるスタイルが大流行したり、一部の人たちの間で流行したブランドなどはあっても、ひとつのメーカーの製品がこれほど広く買い求められるという例をみつけるのはなかなか難しい。多くのファッションブランドは買う人／買わない人、あるいは買える人／買えない人という線を引き、差異を作り出すことでブランドとしての価値を成り立たせている。そもそも、ファッションという現象そのものが、そういった差異への欲望の同一性によって顕在化する集団のある種の階級的なあらわれとして弁証法的に定義される。

しかし、ユニクロにおいては全ての人に向けて同じ商品を提供することで〝ファッション〟として受け入れられるようになった。もちろん購入の動機や着こなしは様々だが、お洒落な人もそうでない人も、一〇代も三〇代も五〇代もみな同じ商品を買い求める。確かにベーシックでシンプルかつ安価な品揃えで誰もが着やすい服だが、それこそイトーヨーカドーや西友、イオンなどの衣料品売り場のラインナップに近い。けれども今選ばれるのは圧倒的にユニクロだ。

今、なぜ私たちはユニクロを着るのだろうか。ユニクロというひとつのブランドのあり方を通して今日のファッションの位相を考察してみたい。

2　ユニクロと2つの郊外化

ユニクロの拡大が最もビジュアルにあらわれているのは、何といってもその圧倒的な店舗数だ。今では全国に大小合わせて九〇〇の店舗を構えるユニクロだが(二〇一〇年二月末時点)、第一号店のオープンは一九八四年まで遡る。東京ではDCブランドが流行り出しファッションが高級ブランド志向に向かっていたとき、広島市内に一号店を出店したユニクロは、中小のアパレルメーカーから大量に仕入れたノンブランドの日常着を安価で販売するという都会の流行とは異なるベクトルのビジネスモデルで広島市内に店舗を増やしていった。

九〇年代に入ると、商品企画から素材の開発・調達、デザイン、生産、物流、販売までを自社で一貫して手がけるという現在の生産販売方式(製造型小売[SPA方式])へとシフトしている。メーカーからの買い付けで発生していた中間流通コストを省き、かつ、中国を中心としたアジア諸国に下請け生産拠点を設けることによって低価格商品を提供する仕組みを確立した。また、郊外にチェーン展開をはじめたのもこの頃である。バブル崩壊後の地価の下落によるロードサイドの商業施設開発ブームに乗ったことで、九〇年代後半には西日本の郊外を中心に直営店舗数を現在の半分近くである三〇〇店超に増やした。

ところが〇〇年代を目前にして、今度は若者ファッションの中心地である原宿・明治通り沿いへの出店(九八年)を皮切りに、渋谷や銀座など都心のファッションエリアに次々と進出していった。デフレ不況が引き起こした都心部の物価(地価)の下落や空き店舗の増加などに後押しされて、この時期同じようにドラッグストアのマツモトキヨシや家電量販店ビックカメラといった〝ロードサイド安売り店〟というイメージが強い郊外的な商業施設が都心部に流入している。「都心の郊外化」とも捉えうるこの変化は、都会と郊外の境界を徐々に曖昧にし、都心の風景を少しずつ変えていくことになる。

3　八〇年代的なものの成熟と拡散

改めて言うまでもなく、六〇年代から七〇年代の高度経済成長を踏まえ、七〇年代から八〇年代にかけて日本は消費社会化が加速した。特に、西武や同系列のパルコ、東急系列のＳＨＩＢＵＹＡ一〇九やＢｕｎｋａｍｕｒａなど個性的なファッションブティックを集めた商業施設が渋谷に立ち並ぶようになり、渋谷におけるファッションの実践は八〇年代的消費社会の象徴として捉えられるようになる。それまでの百貨店とは異なり、ブティックを寄せ集めた空間では個々のファッションイメージが〈差異＝個性〉としてひしめき合い、「ＤＣブランド」と言われ流行したデザイン性の高いブランドほど個性を表現する手段として注目されるようになる。

このような新しいタイプのファッションビルの開発は、ファッションと都市空間の親和性を高めた。例えばパルコは、周辺の街路やそこを歩く人たちまでもを含めて街そのものにファッショナブルなイメージを与え、ファッションの実践を促すような空間的仕掛けを施していった。そのディズニーランド的仕掛けによって、都市空間に、ただすれちがうだけの見知らぬ他者同士でも互いの装いの〈差異＝個性〉を目視で批評しあうような〈見る／見られる〉関係を持ち込んだ。〝すれちがう人が美しい　渋谷＝公園通り〟というパルコのオープン時のキャッチコピーは、まさにそのような当時の都市空間におけるファッション体験をビビットに言い当てているが、雑誌やテレビ等マスメディアでの広告表現においても〈差異＝個性〉が求めるべきものとして消費者の前に可視化され、消費の対象として定着していく。都市空間での双方向的な視線のエコノミーは、〈差異＝個性〉への欲望を再生産し消費社会の持続を下支えしてきた。しばしば「第二の皮膚」と比喩されるように、それぞれの身体の表層を覆うものとして（一応は）誰にでも参加の機会が与えられている（はずの）ファッションは、他の商品カテゴリーよりもビジュアルで分かりやすく、誰もが関心事として自分に引き寄せやすかったのかもしれない。こうしたファッションをめぐる一連の現象については、当時の消費社会を最も明快に語る言説のひとつとして、また今日の消費社会のルーツとして今もなお引用されつづけている。

さて、八〇年代を通して成熟した九〇年代以降の消費社会では、差異の網目はより複雑かつ高度に細分化されてゆく。九〇年代に創刊されたファッション誌の種類の多さや、それらの記事や広告表現の中にも反映されている通り、ファッションはスタイルのバリエーションが細分化されると同時に、ひとつのスタイル内でも差異が細かく追求されるようになる。同時に商品の回転が速度を増し、少品種少量生産で展開するブランドや、国内外の様々なブランドの商品を少しずつ集めた「セレクトショップ」といわれる店も目立つようになった。あるいは六本木ヒルズや表参道ヒルズなど二〇〇〇年代に入ってできた一連の複合型商業施設も含めて、いずれもファッションイメージの空間を提供しているという意味において八〇年代的＝パルコ的なものの延長に捉えることができる。

しかし一方では、ユニクロのように差異のゲームの枠内には位置づけにくい大量生産型の商品文化が広がりをみせ、そのことは〈見る／見られる〉の視線の強度や消費社会のあり方そのものにも変化をもたらしている。

4　欲望からニーズへ

ユニクロは大量生産であるという点でそれまでの差異の論理と一線を画している。郊外の風景に溶け込んでいた頃のユニクロは、多くの大量生産品がそうであるように流行の二番煎じのような、どこか野暮ったい印象を免れなかった。実際に、安かろう悪かろうのセルフイメージを自虐するCMやキャンペーンを敢行した時期もあるなど、どうやらユニクロ自身も垢抜けないイメージに自覚的だったようだ。しかし、都心進出を機に商品の種類がオーソドックスなものに絞り込まれ、クオリティも底上げされた。縫製などの品質向上のほか、フリースやヒートテックなど素材の機能性が高い商品や美脚効果など身体の見栄えを追求した商品がヒットしていることからも分かるように、機能面を重視した商品展開で他のブランドと差別化してきた。サイズ感や色・柄のバリエーションといった点においてはトレンドが押さえられているため、全身ユニクロで揃えてもそれなりに今風のスタイルが出来上がる。この細部に対するマーケティングと生産技術力が大手スーパーの大量生産品と差をつけている。

商品だけでなく、先鋭の広告会社やクリエイターを起用しスタイリッシュで先端的な広告技術を用いることによってブランドイメージそのものも刷新する。転換点は九九年に放送されたフリースキャンペーンのテレビCMで、それまでのユニクロのイメージを見事に払拭し、ファッショナブルな新生ユニクロを方向づけるものであった。それは、定価一九〇〇円のフリースジャケットを、年齢や職業の異なる様々な属性の人に着せては自分のライフスタイルを語らせるというもので、俳優や文化人などと並んで学生やサラリーマンなど消費者と等身大の人々も登場し、それぞれが洗練された着こなしをみせている。いわゆるファッションと言われるものがそうであるように商品そのものの個性を示すのではなく、それを着る人の方にこそ個性があることを強調することでユニクロというブランドを差異の論理に再配置し、単なる大量生産衣料からファッションの領域へと引き上げた。商品自体はマスを対象としながらも、プロモーション戦術の狙いはファッションへの参加度や性年代を越えて様々な対象に個別的に訴求する戦略は今日まで引き継がれているが、それにより、ファッションに疎い人に対しては〝なんとか格好がつく服〟として、お洒落に気を遣い今までユニクロに見向きもしなかった人にも〝それなりに使える服〟として、どちらにせよ「ダサ」くはないだろうという安心感を与えることに成功している。だからこそ、機能とデザインの両方を備えた安価な衣料品が都心でも地方でも同じように陳列され、誰もが手に入れられることに意味がある。

ただし、購買のモチベーションはブランドへの憧れから沸いてくるものでは決してなく、その点においてもユニクロの商品価値は八〇年代的なものとは異なるポジションに置かれている。八〇年代的＝パルコ的なものを振り返ってみると、DCブランドブームもまさにそうだが着る人を選ぶような「尖ったもの」「新しいもの」あるいは「そこでしか手に入らないもの」が志向される傾向にあった。ファッションのみならず八〇年代的な市場は、先端的なものの獲得あるいは近さによって得られるスノッブ的な優越感とそれがもたらす階層性を再生産し、それぞれの階層において手の届かないものとしての〝ワンランク上〟を憧れ続けるというある種の権威的なヒエラルキーの構造とスノビズムからくる欲望のメカニズムによって成り立っていたと言える。また、渋谷の公園通りに代表されるようなファッションの舞台として装置化された街、あるいは雑誌や広告などのメディアの効果も手伝って、先端性をめぐって互いに見せ競い合うゲームに参加することがファッションにおける共通の欲望としてリアリティを持っていた時代でもあった。もちろん、それぞれの人にとって何が新しくて何が尖っているかの感性の差や、実際にそういった競争の土俵に参加できるかできないかの技術的な差もあっただろうが、ファッションへの欲望が社会全体として一定の強度を持っていたのである。

一方、ユニクロの商品は機能的でベーシック、そして何より手頃な価格であることから購入までの物理的な障壁が非常に低く、様々な人の購買欲に最大公約的に応えている。ユニクロというブランドに向けられる欲望や期待の度合いは拡散的でありながらも、誰もが気軽に買えてしまうという点においては平等だ。「ここでしか買えない先端的なもの」を求めた八〇年代的な欲望と対比するならば、手軽さが勝るユニクロが満たすのは、ファッションへの「欲望」というよりは「ニーズ」に近いものではないだろうか。「欲望」と「ニーズ」の違いは広告表現にもみられる。パルコ的広告表現が欲望を刺激する極めてイメージ的なものであるのに対し、ユニクロの広告は、最も現代的な最新の広告手法を用いたモダンなセンスで個性の多様性を表現しているものの、個性への強い欲望やブランドへの高いロイヤリティを喚起するものではなく、最後には決まってその商品の価格が強調される。

八〇年代以降のファッション産業が価値の差異化／多様化の原理によって欲望市場を産出し続けてきたなかで、ユニクロは「ニーズ」をめぐってはマス市場が存在することを(再)発見した。二〇〇六年以降は海外進出も本格化し、中国、韓国などのアジア市場のほか、ニューヨーク、ロンドン、パリなどの海外ファッション都市にも展開、さらにはロシアやインドといった巨大なマス市場でのシェア獲得に乗り出している。差異化された価値を飲み込むユニクロ的マーケティングが今日優位に立っている理由は、「不況」や「デフレ」だけに集約されるものではない。

5 希薄化する装いの空間

こうやってユニクロ的生産／消費の軌跡を追ってみると、もちろん街はまだ装いの場には違いないが、しかしながら今日の都市ではもう八〇年代的なファッションへの熱度は冷め、人々はファッションと幾分かクールに付き合うようになったとも言えるのかもしれない。この温度差は何を示すのだろうか。

ファッションは自分が何者であるかを外見として表出させるものであり、ファッションへの欲望は、ともすれば他者のあいだに埋没してしまいそうな自身を何とか引き上げるためのアイデンティティをめぐる実践として捉えられてきた。ただすれ違うだけであっても、そこに他者と関わっているという社会性が意識されれば、他者の中に自己を位置づける手段としてファッションへの欲望は喚起される。都市的な現象として逸早くファッションに注目したジンメルは、むしろ他者の匿名性が高い都市空間でこそ、ファッションが自己呈示メディアとして重要であることを指摘している。人が自分の装いに気を払うのは、匿名であれ身近な関係であれ他者の存在を意識したときなのだ。「ここでしか買えない先端的なもの」をめぐって様々な商品が次々と生産され、〝他人と違う〟ということが消費を通じて強く要請された八〇年代の都市空間は、まさにそういった匿名の他者を強く意識するある種社交の場であった。

ところが、色・柄の違いだけの商品が大量に棚にずらりと並ぶようなユニクロ的商品は、〝他人と同じ〟である可能性は了解済みで消費される。ユニクロの服を着ることによってありふれた今どきのスタイルを手に入れるのは容易だが、街中でぱっと人目を引くようなファッションをするために敢えてユニクロは選ばれないだろう。それでもユニクロが売れているという事実は、装う空間、とりわけ匿名的な他者と出会う都市的空間において他者への意識が希薄になっていることの裏返しとしてみえる。価値観が多様化し、そもそも〝みんな〟に認められること自体が難しくなっているなかで、すれ違うだけの人たちを相手に自己呈示することは、資金や労力に比して配当の低い賭けをするようなもので、むしろ悪目立ちしないことのほうが優先されている。実際、ユニクロのヒットに追随し、国内のメーカーだけでなく海外のSPAメーカーも都心に立て続けに出店しているが、それらは新しいファッションを提案するというより、ファストファッションと呼ばれ、既にアーリーアダプターの間で流行しているデザインを逸早く低価格市場に届ける役目を担っている。

八〇年代的な都市が〈見る／見られる〉という関係において他者と繋がる社会だとする議論（吉見俊哉『都市のドラマトゥルギー』）の先に今日の都市空間を捉えるとするならば、対面する人々の「他者」としての視線に敏感でなくなったという意味において都市が社会的な場であるという感覚が薄れつつあると言えるのではないか。一方、「社会」のリアリティが現実空間から移行しつつあることを暗示するかのように、ヴァーチャルと言われるもうひとつの空間では、ツイッターなどインターネット上での相互的で気楽なコミュニケーションサービスの普及とともに、他者との表層的で緩い関係性が広がりを見せている。

6 それでも消えない他者の視線

しかしながら、ユニクロ的ファッションの消費において、他者の視線が全く介在しなくなったというわけではない。若者のあいだでは、ユニクロを着た者同士が鉢合わせてしまうことを指す「ユニかぶり」や、自分の着ている服がユニクロだと他人に分かってしまうことを指す「ユニバレ」といった些か自虐的な言葉が流通している。これらの言葉には、「衣服は個性的であるべき」というファッション観が今もなお共有されていることが示唆されているとともに、ユニクロを着ることによってファッションという土俵から〝降りている〟ように見られることへの懸念と、それでもユニクロのお手軽さの方を選んでしまうファッションへの開き直りが見え隠れする。こんな言葉で一蹴してしまえる程度のジレンマではあるが、それでも「ユニバレ」や「ユニかぶり」を回避しようと、ユニクロの商品にワンポイントのプリントや刺繍、ワッペンなどを施し自分流にアレンジするなど、やはりユニクロにも何かしらの「個性」を付け加えようとすることが新たなブームになっている。それを受けて、実際に大手手芸チェーンがユニクロの傍らに店舗を構える戦略に出たり、ユニクロでも自社製品にワンポイントを加工できるサービスが始まっている。あるいはユニクロよりもデザイン性が高い海外ファストファッションの人気も、ベーシックなアイテムだけでは満足しきれない消費者のニーズを捉えた結果であろう。

「ちょっとした個性」を志向する消費への流れは、それが微弱で緩やかなものであったとしても、他者の視線が介入しなければ衣服がファッションとして成立しえないことを証明している。今日のファッションとは、一見横並びに見えるような無難な装いに、安さや機能性に還元できないほんの些細な「自分らしさ」を付加することで、他者の緩慢な視線の網目からそつなく身をかわしていく技術なのだ。

【ショッピングセンター】

モール化する世界

若林幹夫

1　ショッピングセンターの現在

「ショッピングセンター」という言葉から連想する場所や風景は、年齢や生活環境によって様々だろう。

高度経済成長期以前に生まれた人なら、「ショッピングセンター」というと、比較的古いタイプの団地の中などに設けられた、さほど大きくないスーパーマーケットと小規模飲食店、診療所、ガス店、銀行の営業所や特定郵便局などが集まった施設を思い浮かべるかもしれない。郊外の住民なら、一九八〇年代後半から九〇年代前半に増加した大規模スーパー、安売りの酒店や靴店、ホームセンター、一〇〇円ショップ、ファストフード店やファミリーレストランなどが単一の敷地や隣接する敷地に集まったものを思い浮かべるかもしれない。『広辞苑』では「ショッピングセンター」は、「数多くの商店が集中した区域や施設」とされ、この定義だと通常の商店街も「ショッピングセンター」ということになる。

流通業界で、「ショッピングセンター」の定義が定まっていないというのではない。ディベロッパー、テナント、賛助企業など一〇〇〇社以上が加盟する財団法人日本ショッピングセンター協会によれば、「ショッピングセンターとは、一つの単位として計画、開発、所有、管理運営される商業・サービス施設の集合体で、駐車場を備えるもの」で、「その立地、規模、構成に応じて、選択の多様性、利便性、快適性、娯楽性等を提供するなど、生活者ニーズに応えるコミュニティ施設として都市機能の一翼を担うもの」であり、同協会が定める「ショッピングセンター取り扱い基準」では、ディベロッパーにより計画、開発され、小売業の店舗面積が一五〇〇㎡以上、施設の核となるスーパーなどのキーテナントを除くテナントのうち小売店舗が一〇店舗以上で、キーテナントが面積の八〇%を超えず(ただし、他テナントのうち小売業の店舗面積が一五〇〇㎡以上の場合には、このかぎりではない)、テナント会があって広告宣伝や共同催事などの共同活動をおこなっていることをもって「ショッピングセンター」として扱われる。同基準に従うなら、ショッピングセンターの数は現在、全国で三〇〇〇以上にのぼる。

この「取り扱い基準」に従うと、東京の大手町ビルヂング(開業一九五八年)や東京駅名店街(同一九六四年)、名古屋地下街サンロード(同一九五七年)、京都タワー名店街(同一九六四年)、大阪のホワイティ梅田(同一九六三年)やなんなんタウン(同一九五七年)などの「名店街」や「地下街」も「ショッピングセンター」になる。パルコや109やラフォーレ原宿のような「ファッションビル」、イトーヨーカドーやダイエーのようなテナントスペースのある大規模スーパーも、羽田空港や関西国際空港のターミナルビルも、「ショッピングセンター」である。

ショッピングセンターの現状を網羅的かつ統計的に把握したり、業界内の連携を進めたりするためには、こうした一般的で包括的な定義や基準が必要なのはいうまでも無い。だが、現代のとりわけ都市郊外に生活する多くの人びとにとって、「ショッピングセンター」という言葉からすぐに思い浮かぶのは、かつての団地のショッピングセンターでもなければ、オフィスビルの名店街や駅周辺の地下街でもなく、イオンタウンやららぽーとのような、主として郊外に展開する大規模ショッピングセンター、ないし「ショッピングモール」だろう。上記協会発行の『ショッピングセンター用語辞典』によれば、「モール」は「元は木陰道や遊歩道」を意味し、「近年は歩行者専用にデザインされた繁華街の遊歩道や、ショッピングセンターの中央通路や計画的に配置された遊歩道」を指すようになり、「またショッピングセンターそのものを指す場合」もあり、「道路の両側に店舗を連ねて、人工的に路面商店街の雰囲気を出したショッピングセンター」は「モール型SC」——SCはShopping Center の略——と呼ばれるとされる。「ショッピングセンター」と「ショッピングモール」が互換的に使われることが多いのは、大規模なモール型ショッピングセンターが近年増加していることを示している。

従来こうした大規模商業施設は、周辺の小売業者を保護するため、大規模小売店舗の事業を調整することを目的として一九七三年に制定された「大規模小売店舗における小売業の事業調整に関する法律」(=「大店法」または「旧大店法」)にもとづき、地元の商工会議所や商工会に置かれる商業活動調整協議会で出店規模や営業時間・日数等が審査され、その出店が事実上厳しく規制されていた。この旧大店法は日米構造協議で日本市場の自由化を求めるアメリカの要求を受ける形で、一九九八年に制定、二〇〇〇年に施行された「大規模小売店舗立地法」（＝「大店立地法」または「新大店法」）に取って代わられた。新しい法律では商業活動調整協議会を設置する必要がなくなるなど大規模店舗の出店が容易になる一方で、まちづくりや環境の観点から出店者に①駐車・駐輪場、出入り口確保などの交通問題、②リサイクルの推進や廃棄物の減量化、③歩行者の利便性の確保、④防災、⑤騒音、⑥廃棄物の適正管理・処理、⑦街並みづくりへの配慮が求められる。これにより二〇〇〇年以降、イオンタウンやららぽーとに代表される巨大ショッピングモールが、各地に建設されるようになっていったのである。

　上記協会の資料によると、二〇〇〇年～〇九年に開業したショッピングセンターは八四九、そのうち一六三店舗が新大店法施行の二〇〇〇年にオープンしている。もっとも、一九九〇～九九年の開業数は一〇三〇、それ以前の八〇年代は五九四、七〇年代が四七五で六九年以前が一三三だから、上記基準でショッピングセンターとされる大規模商業施設の急増は九〇年代に始まっていたわけだ。また、二〇〇〇年以降、新規に開業したショッピングセンターの六～七割は郊外に立地しており、九〇年代を通してもやはり六割以上は郊外に建設されている。

　現代の都市近郊を代表する風景のひとつである大規模ショッピングセンターは、一九九〇年代以降のグローバリゼーションの産物として生み出されていったのだ。

2　閉じられた空間？

近年東京近郊にオープンした巨大ショッピングモールのひとつで、二〇〇八年に埼玉県越谷市に開業したイオン・グループのイオン・レイクタウンは、商業施設面積二一八四八三㎡、テナント数五五〇店舗以上、八二〇〇台分の駐車場と六二〇〇台分の駐輪場を擁し、端から端までのモール総延長距離が一㎞ほどにも及ぶ、日本最大規模のショッピングモールである。

　三層のフロアの両側に大小さまざまな規模と業種の店舗が立ち並び、大店立地法の趣旨を踏まえるかのように環境問題への取り組みを示す展示が各所に設けられたこの巨大商業施設に車で近づく人は、まるで巨大空母が陸にあがったかのような壁面が、取り付く島もないように続く建物の姿に驚かされるかもしれない。駐輪場の近くには無論出入り口が何箇所もあるし、隣接する駅からアプローチすればエスカレータで接続する玄関のような入り口もあり、屋外の駐車場に面した部分には路面店舗も開いてはいるのだが、全体としてみればこの〝巨大なハコ〟は周囲の空間に対して閉じている印象を与える。

イオン・レイクタウンほど巨大なモールでなくても、イオンタウンやららぽーとのような大規模なショッピングセンターやショッピングモールは、メインエントランス以外の出入り口は屋外・屋内の大規模駐車場からの出入りのためのものが多く、それらの出入り口はたいてい通路《モール》からは目立たない設計になっているので、周辺の街路から徒歩でアクセスしようとすると思わぬほど長い距離を歩かねばならないことがしばしばである。同じような大規模商業施設でも、デパートの多くが正面玄関以外にも周辺街路や地下道などへの複数の出入り口をもち、徒歩で訪れる人びとの出入りや通り抜けに対して開かれていることが多いのと、それは対照的だ。古くからあるデパートが繁華街中心部の表通りに面して建っていることが多いのに対して、郊外型のショッピングセンターやモールの多くは、巨大な壁や広大な駐車場によって街路から隔てられ、周囲の空間に背を向け、その内側に「街路」のような通路とテナントの並ぶ〝街並み〟を擁しているという点で、既存の商店街の内側と外側をひっくり返したような空間構造をもっている。デパートが〝街の中にある〟とすれば、巨大ショッピングセンターは〝中に街がある〟のだ。

閉じているのはそれらの空間構造だけではない。ショッピングセンターに出店している店舗は「テナント会」を作ってセールやキャンペーンを開催しているけれど、それらの店舗はディベロッパーから賃貸するスペースに入っているだけで、古くからある商店街のような通りや街に根ざした〝お隣さん〟関係にあるわけではない。アパートやマンションに住む住人同士が互いに干渉しあわないように、商店街の店舗よりも薄い壁で仕切られた個々のテナント同士は実はそれぞれに閉じていて、それぞれ異なるテイストのファッションやライフスタイルを提案している。

さらに、複数のショッピングセンターやモールを訪れてみると、ヴィレッジ・ヴァンガードやザ・ボディショップ、コムサイズムやユニクロ、ZARAやGAP、ABCマートやムラサキスポーツ、コールドストーンや鎌倉パスタ等々、複数の施設に共通して入っているブランドや店舗が数多くあることがわかる。それはショッピングセンターやショッピングモールが個々別々に閉じているのではなく、それらを越えた関係に開かれているということでもあるが、同時にまたそれらが複数の特定のブランドや店舗に、それゆえそれらを経営する特定の資本の下に閉じているということでもある。実際この閉じ方は、奇妙な言い方だが地球的《グローバル》でもあって、日本だけでなくそれ以外の国のショッピングセンターやショッピングモールで共通して出会うブランドや似たような店舗があり、それらはどこでも似たような空間構成の建物の中にある。もちろんそれは、ショッピングセンターやショッピングモールの特性という以前に、ナショナル及びグローバルに展開する現代の資本の特性であるのだが、ショッピングセンターやショッピングモールという現代的な商業施設を理解するうえで、それらが、現代の資本が具体的な形をとって地球的な規模で同じような商品やブランドやスタイルを提供する媒体《メディア》としての空間であり、そのための空間形態やコンセプトがグローバルに類似しているということは重要なポイントだ。それは、私たちの消費生活の少なからぬ部分が国民的《ナショナル》に、そして地球的《グローバル》に均されたフラットな空間を介して成立していることを示している。

しかし、重要なことは、ショッピングセンターやショッピングモールが閉じているということ自体ではなく、それがどのような〝閉じ方〟であるかということだ。次節で述べるように、ショッピングセンターやショッピングモールは閉じているだけでなく、社会や空間にある種独特の〝開け方〟を生み出しており、その独特な閉じ方と開け方が、私たちの生きる社会と文化のある側面を示しているからである。

3 開かれた世界

角田光代は二〇〇二年の小説『空中庭園』で、舞台となる町にある「典型的郊外型巨大ショッピング・モール」を、「この町のトウキョウであり、この町のディズニーランドであり、この町の飛行場であり外国であり、更正施設であり職業安定所である。」と、登場人物のひとりで郊外の「ダンチ」に暮らす女子高校生に説明させている。

彼女がショッピングセンターを「トウキョウ」や「ディズニーランド」であり、「飛行場」や「外国」ですらあると言うのは、主として団地と戸建住宅地と田畑や雑木林からなる郊外の町でも、そこに行けば東京や、ものによっては多分アメリカその他の外国にもある〝有名なブランド〟の商品を買ったり、〝有名なお店〟の食べ物を食べたりすることができ、郊外の日常から抜け出してカップルや家族で一日を過ごすことができるからだろう。現代では主要な飛行場はたいてい、巨大なショッピングモールを併設している。それは、飛行場から飛び立つ「外国」が、様々な有名ブランドや有名土産品が購入できる消費の場であり、飛行場がそのための通過空間であると同時に、そうした「外国」の濃縮された場所でもあるということである。また、「更正施設」や「職業安定所」でもあると語るのは、高校を卒業したものの大学にも専門学校にも進まず、これといって将来の見通しのない地域の子どもたちがアルバイトをしたり、ローンを背負った主婦たちがパートで働くことを可能にしたりする場所でもあるからだ。それは、都会に働きに出なくても、地元で日本中、さらには世界中にあるお店の従業員として働くことができるということだ。

先に私は、どのショッピングセンターやショッピング・モールにいっても同じ（ような）店があり、同じ（ような）商品があることを、「閉じている」という言葉で表現した。けれども、角田が女子高生に語らせた言葉は、郊外に暮らす人びとにとっては団地や住宅地や田畑や雑木林の外側の、有名ブランドや有名店へと繋がり、そこに行けば東京のような都会やディズニーランドのようなテーマパークや外国の観光地で味わえるような消費の楽しみや、そうした楽しさを他者と共有する悦びに出会うことができる、「消費社会への開口部」のような場所として、郊外型の大規模ショッピングセンターやショッピングモールという巨大な閉じた空間が存在していることを示している。

記号論的に言うなら、この「トウキョウ」や「ディズニーランド」は〝東京のような都会〟や、〝ディズニーランドのようなテーマパーク〟や〝外国〟を換喩《メトニミー》として表現している。換喩とは、表現しようとするものの部分をもってその全体を示す比喩表現である。そこには、東京のような都会や海外にある有名な店やブランドがあり、ディズニーキャラクターを売る店やアミューズメント施設もある。そうした〝都会的・東京的なもの〟や〝ディズニーランド的なもの〟、〝外国的なもの〟の断片の集積と配列をもって、その彼方に「東京」や「ディズニーランド」や「外国」が見える、言うなれば東京やディズニーランドや外国の〝見本帳《カタログ》〟のような空間として、現代郊外のショッピングセンターやショッピングモールは存在している。昭和初期から戦後高度経済成長期にかけて、「〇〇銀座」と名づけられた各地の商店街がそうであったような位置に、現在の大規模ショッピングセンターは位置している。部分から全体を指し示す換喩的見本帳である以上、それは決して本当の東京にもディズニーランドにも、飛行場にも外国にもなれないのではあるけれど。

さらに言えば、ここで換喩によって指し示される「東京」や「ディズニーランド」は、「東京」という都市や「ディズニーランド」というテーマパークそれ自体ではなく、「最新流行」や「おしゃれなライフスタイル」や「かわいい世界」といった、「東京」や「ディズニーランド」の属性としての消費の意味論のコードの下にある生活像や自己像を示している。ショッピングセンターやショッピングモールに入っているテナントの少なくない部分が、一定のコンセプトやテイストの下、複数ブランドの商品をライフスタイルと共に〝提案〟するセレクトショップであることからも、この施設と空間が上記のような生活や自己のイメージをめぐる意味論のコードの下に編成されたある種のカタログを提示する〝情報メディア〟であることが見て取れる。

こうして現代の大規模ショッピングセンターは、「ショッピング」や「お出かけ」や「デート」といった小さな非日常を可能にし、それを通じて「都会的なライフスタイル」や「かわいい私」や「家族思いの父親」などの日常生活の形についての情報やイメージを発信し、人びとが商品とともにそうした情報やイメージを購入する場所として存在している。それは、「トウキョウ」や「ディズニーランド」や「飛行場」や「外国」のような非日常的な外部の換喩を日常の中に開き、そんな外部性の記号を日常の時間と空間の中に組み込み、人びとの生活と意識をそんな消費社会の日常へと馴致してゆく場所なのだ。

4　モール化する社会

1で述べたように、戦後日本で「ショッピングセンター」という言葉が意味してきたものは、イオンタウンやららぽーとのような現代の郊外型の大規模ショッピングセンターに還元することのできない、歴史的な広がりと深度をもっている。現代でも、いわゆる〝エキナカ〟に代表されるような都心部のターミナルステーションや空港のショッピングモール化、オープンエアのモールが主流の各地のアウトレットモールなど、ショッピングセンターは多様な展開の様相を呈している。だが、こうした歴史と広がりが今、ここで見てきたような現代の郊外型大規模ショッピングセンターが体現する〝ショッピングセンター／ショッピングモール的なもの〟に侵食され、覆われ、再編されようとしているのもまた事実なのだ。

『空中庭園』の女子高校生は、彼女の町のショッピングモールを「トウキョウ」で「ディズニーランド」で「飛行場」で「外国」だと述べたけれど、逆に言えば東京も、ディズニーランドも、今やモールが併設されているのが常識の飛行場も、観光旅行の主目的のひとつがショッピングだったりする外国も、グローバル化した資本の下で日々更新されつつ〝提案〟される、生活や自己のイメージのカタログのような空間になっている。旧大店法の時代以来、既存の商店街とショッピングセンターは対抗的な図式で捉えられてきたけれど、それなりの規模の町の商業地区には、今ではユニクロやＧＡＰ、スターバックスやＡＢＣマート等々、ショッピングセンターと変わらぬテナントとブランドが並んでいる。この章の２で、郊外型の大規模ショッピングセンターやショッピングモールの空間は既存の商店街の内側と外側がひっくり返ったようだと述べたけれど、今やそれが再度ひっくり返って、〝街の中〟にある商店街の方がどこかショッピングセンターのようになっている。またエキナカのように、そもそも空間の内側と外側の区別がつきにくい中間領域のような場所にすら、ショッピングセンター／ショッピングモール的なものが入り込み、駅の通路を〝モール〟にし、駅という場所を事実上「モール型ＳＣ」にしてしまう。

　ショッピングセンターの中に「トウキョウ」や「ディズニーランド」や「飛行場」や「外国」を見る私たちは、知らない町の街角やビルの名店街や地下街で、あるいはテーマパークや観光地や飛行場や外国の町で、身近なショッピングセンターにも入っているテナントやブランドを見つけては、ちょっと気安い気分になってしまったりする。それなりの町の、それなりの商店街にはスターバックスやＡＢＣマートやユニクロがある時代。日本や地球のどこに行っても知っている店やブランドがあるように見え、それらを「知っている自分」でいられる世界。もちろん本当は、「どこに行っても、知っている店やブランドがある」などということはない。だが、「知っているもの」を選好する多くの観光客＝消費者は、あらかじめ情報として仕入れた「知っている場所」ばかりを訪ね、それ以外のものに出会っても了解の背後に追いやってしまうので、「知らない場所」はそもそもないも同様なのだ。

　視界をふさぐ巨大な壁とそこに開かれた出入り口などなくとも、私たちの社会はショッピングセンター／ショッピングモール的な空間と商品と情報が織りなす日常と非日常へと開かれ、そして閉じられつつある。

【ファストフード・ファミレス】

ひとりで食べるひとたちの場所

宇城輝人

1　ファストフード・ファミレスの現在

わたしたちに馴染み深いファストフードやファミリーレストランラン（以下ファミレス）のチェーンは、その多くが第二次資本自由化（一九六九年）を受けて登場したものだ。日本初のファミリーレストランといわれるスカイラークが府中市の国道二〇号線沿いに一号店を開いたのは七〇年七月（後にすかいらーくに変更。現在はガスト）。同じ年に外資系ファストフードのケンタッキーフライドチキンとダンキンドーナツが日本に進出し、翌七一年にマクドナルドとミスタードーナツがつづいた。七二年にはロッテリアとモスバーガーが創業。すかいらーくとともにファミレス御三家と呼ばれたロイヤルホストは七一年、デニーズは七四年。吉野家と元禄寿司（元祖回転寿司）がその少し前の六八年にチェーン展開をはじめていたけれども、以上からわかるようにファストフード・ファミレスが国土全体に浸透していったのは一九七〇年代から八〇年代である。それは高度成長の終焉の、そしてその後の風景として、わたしたちの目の前に現れた。

二〇一〇年四月現在、ファストフードとファミレスの店舗数は、それぞれ九一一六、一万五九三一を数える（日本フードサービス協会、外食産業市場動向調査）。そしてこれは両業態以外も含む数字だが、九〇年代後半以降外食全体が縮小したにもかかわらず、飲食店と料理品小売業をあわせた市場規模は堅調に推移し十八兆円を超えている。このかんファストフードが着実に成長しているのと対照的にファミレスは売上高でも客数でも低迷している。外食率は九〇年以降漸減傾向にあるが、食の外部化はむしろ四〇%強で高止まりしており（外食産業総合調査研究センター調べ、二〇〇九年）、食のスタイルの趨勢が、外食と中食（家庭外で調理された食品たとえばコンビニ弁当や持ち帰り総菜などを家庭内でとる食事形態）の境界線の複雑化にあると推察される。基本的に小規模な地場の自営業であった飲食業が「外食産業」へと変貌したことの外枠は、ひとまずこのように説明される。

しばしば指摘されるようにファストフード・ファミレスの発展は、モータリゼーション、郊外化、生活のアメリカ化と結びついている。戦後経済成長のある種の達成のようにも思われる。けれどもすでに示唆したように、それはことがらの半面でしかないだろう。こうした業態が、主婦や学生の安価な非正規雇用の大量使用やフランチャイズ制の採用など、産業（労働関係）のネオリベラルな転換の先駆けであったことを忘れてはならない。ファストフード・ファミレスは労働と食事という人間の集団生活のふたつの規定要因の現代的変容の縮図といえるだろう。だからそれは、人間たちが自分たちの作り出した豊かさを享受するスタイルというよりも、豊かさというものに直面して人間たち自身が変容してゆく適応過程を表しているように思われる。

2　レストランの誕生と独りになること

ところで、ファストフードとは何だろうか。ファストフードとはハンバーガーや牛丼といった個々の料理（ディッシュ）のことを意味しない。それは、食事をとることにまつわる決まり事や作法のほとんどを省略できる食事形態のことだ（セントラルキッチンなど調理の側面も同じく重要なのだが本稿では割愛せざるをえない）。「早くて安い」とは、集団的秩序ないし規制から離脱しうる――すなわち面倒くさくない――ことを意味している。つまり個人的な都合に発するまったく独りの行為として完結しうる可能性に立脚した食事形態であるだろう。

だが、そのような形態を成り立たせる条件は複雑なものである。たとえば、家から離れたところにある田畑に出た農夫が作業の合間に家からもってきた食べ物を独りで食べるのは太古の昔から当たり前の光景であるし、部族社会で広く見られるつまみ食い的な間食も正規の食事とは違って単独行動であるのがふつうである（昆虫食など。嗜好品的な楽しみの場合もあるが、蛋白質摂取の主要な手段である場合もある）。しかしながらそうした独りでする食事は共同体的な食習慣から自由ではない。むしろそれを補完し集団的規範を際だたせるものというべきであろう。独りであることの様相は多様であり、独りで食べているからといって個人的な食事であるとはかぎらない。食事は、家族にせよ集落にせよ職業にせよ共同体生活の核心にあって、その共同性を表現し再確認する手段であり、それに抗する個人的な食事は長らく文化的にも物質的にも困難であった。おおざっぱにいえば共食のイメージ、顔見知り大勢が一堂に会して同じ料理を分けあって食べるといった場面を想起すればよいだろうか。

個人的という意味での独りの食事は、一七六〇年代パリにおけるレストランの発明とともにはじまった。図式的にいえば、レストラン形式（高級店から場末の安食堂にいたる）とは次のような特徴を備えた食事形態とその空間を意味する。(1)共同体の時間リズムから解放されており、基本的に他人に合わせることなく自分の都合のよい時に食べることができる（営業時間内ならいつでも食事ができる）。ここから食べることの目的ないし動機が個々人で異なる状況が許容される。(2)料理が複数の選択肢として用意される（アラカルトのメニュー）。つまりなにを食べるかは食べる側で自由に選択できる。ここでも共食の共同体的規範からの解放があり、会食者それぞれが違う料理を食べることが許容される。(3)したがって独りで、もしくは独りの拡張としてその都度自由に集まった少人数で食べることが基本形となる。会食者が選ばれる理由も個人的な選択によるのであって共同体的規範が介在する余地は小さくなる。この空間では大勢のひとが食べているが、個々人は個人的につまりばらばらに独りで食べている。そのような事態に不自然さがないのがこの空間だ。

こうした個人的な食事が可能になったのは、根本的にいって、食べることが共同体的な宴から商品化された料理の消費へと変容したからであろう。旅人や外国人などの他所者そして独身者にとって便利な空間が創出されたのだ。ここでは共同体内部の人間も外部の人間も同じ条件で取り扱われる。いいかえれば共同体的に意味づけられない匿名の一個人として人間は存在する。人びとはこうして個人となる。だが、このような機能を帯びた空間はレストランだけではない。その前身として十七世紀後半にカフェが、また十九世紀後半にはデパートやホテルといった場所も、同じように消費を媒介にして近代的都市性を生み出すだろう。これらの空間装置は、ただ共同体から個人を析出するだけでなく、水平な社交をつうじて新しい社会組織を胚胎する社会化の装置としても機能する。飲みかつ食べる人びとの囲むテーブルが自由討議と連帯の象徴となる（アレント『人間の条件』）。こうして、食べることとその空間は都市における個人化と社会化の結節点として枢要な地位を占めるにいたる。

独りで食べることの条件がこうして成立したのだが、それは都市的な公共性および連帯と一体をなすものとして誕生した。ファストフードが離脱したのは、たんに共同体的秩序というだけでなく、そうした個人化と社会化の結合した都市的環境であるだろう。ファストフードに照応する個人性は、したがって、畔に腰をおろす農夫とも自由討議する平等な市民とも異なる像を結ぶだろう。

3　日本の都市で食べる

しかしながら、レストランが十八世紀に誕生したと聞かされてもピンとこないかもしれない。じっさい日本における外食文化の歴史は深く長いのである（「外食」という言葉自体は、一九四一年に戦時食糧統制の一環として、米穀配給通帳制とともに外食券制が実施されたことから普及した）。

日本においてレストラン形式に相当するのは、明暦の大火（一六五七年）をきっかけに江戸で大きな発展を見た「一膳飯屋」（あるいはたんに飯屋）や「煮売茶屋」であるだろう。一膳飯屋は、丼鉢に飯を盛り切りにし、それに野菜や魚や豆の煮物などのおかずを添えて供する料理屋である。こうした商売の多くは当初きわめて零細で屋台店と大差なかったが、江戸の食文化の完成期である文化文政時代（一八〇四―三〇年）までには階層分化して高級料理屋が出現するなどし、量的にも質的にも高度な発展を見た。また路上では寿司、天ぷら、蕎麦などの屋台が昼夜を分かたず立ち食いの食を供していた。それ以外にも振売と呼ばれる行商人が出来合いの料理を人家の戸口まで売り歩くのもありふれた光景であった。もちろん屋台や行商による食べ物商売は世界中どこでも見られるのであるが、重要なことは、いったいに江戸という都市が十八世紀にはすでに自炊しなくても暮らせるほどの外食文化の厚みをもつ消費都市であったということである。

江戸が高度な外食文化をもつにいたったのには、ひとつ大きな要因がある。それは簡単にいえば、出稼ぎ職人や参勤交代の江戸詰武士といった単身男性がたえず人口構成上大きな割合を占めていたことである。江戸は世界最大級の人口（約百万人）を擁しながら、男女比が最大で男性が女性の一・五倍と推計されるほど特殊に男性過剰の都市であった。自炊できない、そして／あるいはしたくない状況が外食需要を増幅し外食文化の発展を促した。むろん下層民や出稼ぎ労働者の暮らしはいつでもどこでも似たようなものだ。じっさいパリのレストラン誕生においても地方出身の独身者が一定の役割を果たしていた。だからこれは相対的な程度の問題であるだろう。しかしこの都市は、東京と名を改めた後も一貫して日本中からの厖大な出稼ぎ労働力を飲み込みつづけた。むしろ近代化によって人口流入が加速さえしたのであり、したがってこの街の基調として単身男性——しかも出稼ぎ的な単身男性——の優位が揺らぐことはなかった。このことが日本における都市的な食事形態の大きな規定要因となったのである。

じっさい明治以降の外食形態は、江戸期のそれの延長線上にあり、それを更新してゆくかたちで展開する。幕末に本格的に入ってきた西洋料理は、明治後期から大正にかけて大衆化し、「一品洋食」(コロッケ、カツレツ、ハヤシライス……)というかたちで、当時バーやカフェと称した洋食屋で、さらには屋台の立ち食いでさえ供されるようになった。洋食は煮魚などと同列のおかずとなり江戸以来の食事形態に完全に同化し定着した。関東大震災(一九二三年)後に登場した「大衆食堂」は、洋食をおかずメニューに取り込んだ一膳飯屋といってよいだろう。戦中戦後の衰退期をはさんで高度成長期にさらなる発展を遂げる大衆食堂は、都市化した地方都市にも広がり、農村的生活様式から離れたばかりの若い工場労働者やサラリーマンたちの暮らしの不可欠な部分をなすだろう。

和洋中あらゆる料理を取り込んでおかずとし、それを白飯に添える大衆食堂が提供する食事形態(脇役として麺類、丼物がおかれる)は、現代日本の外食(のみならず食事一般)の基本形である。あとはその応用形として理解可能だ。ファストフード・ファミレスも、まったく異なる経営組織を採用しているとはいえ、そして立地の地域性とは無縁な標準化された空間という点で決定的な違いがあるとはいえ、食事形態という意味ではこの基本形を踏襲したものであることが理解できるだろう。というより、この基本形を逸脱して広く受け入れられた事例はほとんどないのではないだろうか。

4　単身者が食べる

独りで食事をすること。一膳飯屋ないし大衆食堂的な空間ほどそれにふさわしい空間はない。一膳飯屋ないし大衆食堂はレストランとは違う。なぜならそこは男の世界であり、男たちが黙々と(しかし全員でカウンター近くのテレビ画面を眺めながら)食べる場所だからだ。そこでは独りでいることに心理的、社会的な圧迫をまったく感じないですむ(男であるなら)。そこに展開される社会関係はレストランのそれとは異なるといわなくてはならない。わたしたちはファストフード・ファミレスという食べる空間とそこでの食べる行為について考察している。歴史を迂回してきたのは、そこで独りになることの日本的特殊性を考慮に入れるためであった。大衆食堂の静かさはなにを意味するのか。

圧倒的な農村社会であった日本における都市の底の浅さは、多くの論者が指摘している。おおざっぱにいえば、ヨーロッパのように中心たる都市の外縁に農村が広がるというよりは、農村からはみ出したものが吹きだまる「世間の外」として都市があるというのが適切であろう。日本の都市は旅の恥がかき捨てられる場所だ。神島二郎は日本の都市の脆弱性を、その「単身者本位」の成り立ちに求め、そこから発生する心性を「単身者主義」と呼んだ。都市住民が単身者であるのは、すでに示唆したように、その大半が農村からの出稼ぎ労働者ないしは出稼ぎ的な移住者だからである。かれらが移民的でなく出稼ぎ的であるのは、いずれ元いた農村に帰るという半身の姿勢で都市に所属するからである。荻生徂徠が武士の江戸暮らしを「旅宿の境界」(『政談』)と表現したように、かれらは自分の身をおく都市の当事者だという意識が薄い。そしてそのぶんだけ「生活の拠点」を都市にもたないか、あるいはもっている現実を自覚できない。出稼ぎの良し悪しが問題なのではない。単身者本位にできた都市空間それ自体が人にそのような姿勢を強いるのである。都市における物理的な近さが社会的な近さを醸成しないようになっているのだ。都市は定義上孤独なものだが、日本では無慈悲が付け加わる。

農村的共同体から離れたところにあり、しかし都市的共同体を作るにはいたらない。そうした宙に浮いた状況が日本的な都市性すなわち日本的な「自由」をもたらす。単身者主義とはそのような身軽さを身上とする生活様式である。都市にいるかぎり共同体(地域、家族)を維持するコストを免れるゆえに、気楽でもある。神島は、だから生活の拠点として都市を再獲得するために結婚することの意義を説く。「独身者気分の核心はなにかといえば、家庭という生活の拠点作りにたいする無関心と無責任ということです」(『日本人の結婚観』筑摩書房、一九六九年、三八頁)。神島の提案の是非はともかく、その含みから理解されるのは、気楽な身軽さを完結させるのは「便利さ」であり、それが都市的つながりを阻害するということである。そして、わたしたちはファストフード・

ファミレスが大衆食堂の便利さ、その空間の気楽さを純化したものであることを知るのである。そこでは会話を交わす煩わしさからさえ解放されるのだから。

　二〇〇〇年代のファミレス業界の不振は「ファミリーレストラン」という概念に内包されていた皮肉を露わにしたといえないだろうか。かつて三人以上であった一回当たりの平均利用客数がいまや二人を下回っている。「ファミリー」とは「家郷喪失者たち」によって「郊外に設営された小さな家郷」（見田宗介「新しい望郷の歌」『まなざしの地獄』河出書房新社、二〇〇八年）の別名であっただろう。家郷喪失者はしかし本当に共同体を欲したのだろうか。単身者であるかれらが築いた優しく便利なファミリーは、神島二郎が危惧したように、いかなる苦境に陥っても「絶対に割ってはならない生活の単位」たりえない「単身者の寄り合い」だったかもしれない。ファミレスもまたファミリーが単身者の寄せ集めであるぶんだけ独りのための場所なのである。同じ時期に大衆食堂風のチェーン（大戸屋、まいどおおきに食堂）が伸長してきたのは偶然ではないだろう。

5　古い習俗の新しい形態

現代日本都市で独りで食べることは、古い単身者主義と新しい個人主義が相互に増幅しあう関係のなかに成立している。ファストフード・ファミレスの意味を理解するには、その複雑さを検討しなくてはならない。

　高度成長の後とりわけ八〇—九〇年代に地方に波及した都市化は、ファストフード・ファミレスおよびその複合体である郊外型ショッピングセンターを中心にすえた都市化であった。これによって地方と大都市なかんずく東京との生活様式の落差はほとんどなくなった。大袈裟にいえば、それは一種の福音のように享受された。シャッター街と化した旧商店街のことを気に病むのは商店主を除けば行政と都会の人間だけである。

　ヨーロッパの文脈ではマクドナルドに象徴されるファストフードは、近代都市およびその具現であるレストラン（カフェ）への脅威として警戒され批判される。都市空間を均質化し地方文化を画一化し、かつそのことによって都市的秩序を解体し個人化してゆく、と。しかし日本の文脈ではこの「正論」は空虚に映る。なぜなら日本的都市においては、戦前戦後の近代化でも、ポスト戦後の消費社会化でも、たえず単身者主義というフィルターをとおして産業労働、市民社会、高度消費文化を受容してきたのだから。そこにあるのは単純化していえば単身者主義の拡大深化であり、都市と反都市の対立軸を見えにくくする。

　かつては大都市部にしかなかったものが、農村の事実上の消滅のゆえに、また現実としての都市への出稼ぎの消滅（人口動態における大都市部への人口移動の減少）のゆえに、いやむしろそれにもかかわらず日本の隅々まで浸透していったのだ。田舎のほうが都会よりも都市化された――ただし日本的な都市に――といえるぐらいに。江戸時代さながらの出稼ぎ文化の持続が、反都市と批判されるべき高度消費文化の個人化を都市的なものと正当化し加速させてゆく。と同時に、高度消費文化の個人化が、出稼ぎ的な単身者主義を再認し強化するのである。こうしてどんな田舎にも浮遊する単身者の群れが出現した。高度消費文化の担い手として。

　長く圏外にいた女性たちも単身者主義化しつつある。たとえばかつて牛丼屋に女性が独りで入ることは皆無であったが、現在まだ少数しか見かけないとはいえ驚きとはいえなくなった。このことは男性文化であった外食文化の大きな変化であるといってよい。けれども、それ以上に興味深い社会関係の変容がそこにはある。独りで外食できることを自立の証ととらえる女性（がいるとして）にとって「自立」とはいかなる様態のことがらだろうか。独りになることでなにが可能になるのか。ここでもジェンダーをめぐる問題の横に民俗的基層が近代化の意匠のもとに立ち現われているように思われる。

　わたしたち単身者は都市化のなかで多くを手にした。解放、享楽、そして豊かさ。しかし手にできなかったものがある。都市的社交と連帯である。農村的共同体から解放された単身者は、都市的なつながりの可能性も必要性も顧みなかったかのようである。そのことが競争的で個人主義的な消費文化に人びとがからめとられるのを許容したのであった。社交であれ連帯であれ規律であれ集団性から切り離された状況、いいかえれば単身的に自足する個人性が食べ物をファストフード化する。いやファストフードが人間を単身者にするのだ。

　食の外部化が四〇％の現在、食べることは社会的分業に深く組み込まれている。どんなひとでも規範的には毎日三度食べる。そのたび社会的分業のなかにいる事実に直面せざるをえない。食べることは社会の生成原理でありうる。ひと時の充足と引き換えに単身者であることを忘れるためではなく、単身者であると覚醒するための場所に、ファストフードのあの固い椅子が、ファミレスの奇妙に深いボックス席がなることがあるだろうか。

【ネットカフェ】

メディア都市の公共性

田中大介

1　二〇〇〇年代の象徴？

街を歩いたり、郊外を車で移動していると、市街地の雑居ビルやロードサイドの片隅に漫画喫茶やインターネットカフェ（以下ではネットカフェと省略する）の派手な看板がしばしば目に入る。漫画喫茶・ネットカフェとは、全国平均一五〇坪の規模の店舗内に設置された漫画やパソコン等を、一時間四五〇円平均（パック料金であれば一晩一三〇〇円程度）で自由に利用できる空間のことである。ネットカフェや漫画喫茶を運営する法人で構成された複合カフェ協会によれば、協会に所属する店舗数は二〇八法人一二五八店舗（二〇〇九年一一月現在）、加盟店以外の店舗をあわせると都市・郊外地域を中心に三〇〇〇店舗前後存在すると考えられている。

私たちの社会にいつのまにか紛れ込み、根を張っている漫画喫茶やネットカフェだが、その存在が最も脚光を浴びたのは「ネットカフェ難民」という言葉がユーキャン流行語・新語大賞のトップテンに入った二〇〇七年だろう。二〇〇七年一月、ドキュメンタリー番組「ＮＮＮドキュメント’07ネットカフェ難民〜漂流する貧困者たち」が放送されてから始まったこのブームは、二〇〇六年に小泉純一郎が首相を辞めて新自由主義の歪みの指摘が前景化し、「格差社会」という言葉が二〇〇六年流行語・新語大賞のトップテンに入ったことの延長線上にある。ネットカフェという場は、二〇〇〇年代後半に社会現象となった「格差社会」を集約する象徴へと押し上げられたのである。

「ネットカフェ難民」は、ネットカフェや漫画喫茶で生活している住居をもたない人びとを指している。なかでも注目されたのは、ケータイやインターネットを通して短期や日雇いの仕事を得る不安定就労層であり、ネットカフェの個室に紛れ込むことで見えにくくなる「遍在する貧困層」として——しばしばドヤ街、寄せ場、貧困地域と対比されながら——取り上げられた。こうした報道に後押しされるかたちで調査に着手した厚労省は、全国に五四〇〇人のネットカフェ難民が存在すると公表する。現在では、自治体ごとにネットカフェ難民への一時貸付金や住民票発行という対策も打ち出されている。実際、この原稿の一部を執筆した都内のネットカフェ店舗内には「『頑張るしかない。でも家がない！』そんなあなたを応援します」というTOKYOチャレンジネットのポスターが掲示されており、パソコンのディスプレイには様々なアルバイト募集のリンクが貼ってある。

「漫画喫茶難民」、「個室ビデオ難民」ではおそらくヒットワードにならなかったことを考えれば、「ネット」と「難民」を含んだ言葉として「ネットカフェ難民」は〇〇年代後半の気分をとらえていたのだろう。そうした意味領域のズレを接続して問題圏を顕在化させ、対象を語りやすくする新語の意味作用を否定するつもりはないし、すでに蓄積されている調査や対策が不必要だというわけではない。

ただし、「ネットカフェ難民」という新語が、「格差社会」という意味を突出させつつ、その背後に抑圧しているのは、オールナイト利用者の七％とされるネットカフェ難民以外のネットカフェ利用者であり、ネットカフェや漫画喫茶という場の捉えがたさや語りにくさであり、一九九〇年代からの短い歴史を経て二〇〇〇年代前半にほぼ完成形となった「複合カフェ」（ネットカフェや漫画喫茶などの関連業態の総称）というもうひとつの新語である。とすれば、漫画喫茶・ネットカフェを分析して〈二〇〇〇年代の都市文化〉の一端を明らかにするためには、「難民」とそれ以外の人びと、あるいは二〇〇〇年代前半と後半、双方に共通する記述平面を——その捉えがたさや語りにくさとともに——取り出す必要がある。

2　ネットカフェの現在——情報ネットワーク社会の謎

一九九〇年代に「インターネットカフェの流行は束の間のものである」（『シティ・オブ・ビット』彰国社、一九九五年）と予言したウィリアム・J・ミッチェルは、二〇〇〇年代に入ってからも「ネットワーク化されたコンピュータ」が自宅にあれば、インターネットカフェに行く必要はなくなり」、「さらなる技術的変化により取り残された電報局やドライブイン映画館と同じ運命を辿ることとなった」（『サイボーグ化する私とネットワーク化する世界』NTT出版、二〇〇三年）と断言している。

日本でも、一九九六年に三・三%だったインターネットの人口普及率は、二〇〇一年に四六・三%、二〇〇五年に七〇・八%になり、二〇〇九年に七五・三%にまで伸び、また、パソコンの世帯普及率も一九九五年に一六・三%だったものが、二〇〇一年に五八・七%、二〇〇五年七五・八%へと伸びている（総務省「通信利用動向調査」）。一方、日本複合カフェ協会（JCCA）によれば、日本の複合カフェは、一九九五年から二〇〇五年まで毎年一〇%から一五%程度の店舗増を繰り返しながら二五〇〇店舗を超え、二〇〇〇年代後半に伸びは鈍化するものの二〇〇八年には二八八七店舗を数えている（二〇〇八年度版『複合カフェ白書』）。

ミッチェルの予測によれば、パソコン、インターネットの普及率は、ネットカフェの総数と逆の相関だったはずなのだが、パソコン、インターネットの普及率と複合カフェの店舗数はどちらも上昇し、正の相関となっている。この矛盾を複合カフェ経営者は以下のようにいう。

> 最新のゲーム機を購入して持っている人は何万人もいますし、また、ゲームソフトも売れています。パソコンの普及率は相変わらず伸びていて、インターネットサービスへの加入者も増え続けています。ということは、まったく所有欲がなく、ハードも、ソフトももっていない人は別にして、多くの人は「自遊空間」に出かけなくても、自宅で同じ楽しみを味わえるということになります。（中略）しかし不思議なことに、ゲームやパソコンを自宅に持っているのに、わざわざ「自遊空間」にゲームやパソコンを楽しみに来るお客様がいることも事実。（田中千一『インターネット・まんが喫茶を発明したのは私です。』しののめ出版、五四頁、二〇〇三年）

住居や職場にパソコンやインターネットがあるにもかかわらず、都市・郊外地域にネットカフェ／漫画喫茶が増えていく。本稿では、身近に処理可能なことを、その外部で処理しようとする欲望を分析することで、ネットカフェ／漫画喫茶の現代性を明らかにする。

3　カフェの近代

都市社会学者・磯村英一によると、住宅、職場、盛り場等へと機能分化した近代都市のカフェは、「地位・身分・教養も問題にされない、匿名を押し通せる、その意味できわめて〈自由〉で〈平等〉な人間関係の場」である第三空間のひとつとされる。

　また、ユルゲン・ハーバーマスによれば、カフェは近代都市を代表する公共圏のひとつでもあった。一七世紀以降のヨーロッパにおいて、国家権力と市場経済のあいだに批判的・討議的性格をもった政治的機能を担う公共圏が現れた。なかでもサークル、劇場、クラブ、サロン、カフェ等が集まる「都市」に成立した文芸的公共性は、一八世紀以降の活字メディアの読者層によって、市民的公共性へと結実する。

　日本でも、一八八八（明治二一）年に「可否茶館」が東京下谷に開店し、一九一一年には文人、知識人、芸術家の社交サロンとしての役割を期待された「カフェプランタン」が銀座にオープンしている。戦後になると、歌声喫茶、名曲喫茶、ジャズ喫茶などの音楽を通じたコミュニケーションを楽しむ場が現れ、一九八〇年代には漫画喫茶が登場する。これらのカフェ・喫茶店は、飲食代を支払うことで、特定の目的を享受することができる場であり、一九九六年に登場したインターネットカフェも、飲食代と引き換えにインターネットを利用させるものだった。ただし、この時期のインターネットカフェは、パソコンやインターネットを各家庭に普及させるためのパイロットショップであり、図書館、公民館、大型家電量販店などの空きスペースに設置されている。そのため、各家庭にパソコンやインターネットが普及するに従い低迷した。この時点では、ミッチェルの予言は正しかった。

　しかし、一九九七年になるとインターネットカフェと漫画喫茶が融合し、滞在時間ごとに支払い料金を設定した――しばしば「時間消費型ビジネス」とされる――業態のカフェが増加しはじめ、二〇〇一年には「日本複合カフェ協会」が組織された。

　ハーバーマスの立場からすれば、複合カフェに至る過程は、自由で平等な音声コミュニケーションが抑圧されることで政治的機能が消失し、娯楽的機能だけが強化された歴史といえる。つまり、近代から現代にいたる「公共性の衰退」の帰結として複合カフェを記述できる。

　しかし、本稿では、規範的理念として構築されたハーバーマスの公共性を無理に当てはめるのではなく、ネットカフェ・漫画喫茶を通して現代の「公的なもの／開かれたもの öffentlich」のかたちを記述する。

4　不定形な空間――漫画・ネットから複合へ

　一九九〇年代までの漫画喫茶・ネットカフェは、漫画やネットを利用するための空間、つまり特定目的の空間であり、情報機器や漫画のマニアやオタク層をターゲットにしたマーケットとして成立していた。

しかし、一九九〇年代末以降の漫画喫茶・ネットカフェは、漫画、パソコン、インターネットを基礎にしながら、それぞれの店舗のスペックや顧客のニーズにあわせて、ビリヤード、卓球、カラオケ、エステ、ネイルサロン等、多様な娯楽機能を適宜付加し、さらにはシャワー、洗面用具、食料品等の生活用品まで取り揃えはじめた。ほかにも、フットサル、ダーツ、バッティング、マルチコート、釣堀、ボウリング、アーケードゲーム、プリクラ、UFOキャッチャー、日焼けサロン、フットバス、酵素バー等を設置している店舗もある。その際、漫画喫茶・ネットカフェは、女性を含めた広い層をターゲットにし、すでに述べたように業界として「複合カフェ」という名称を用い始める。

「複合カフェ」という名称は、重要な意味をもっている。「〇〇カフェ・喫茶」の〇〇の部分に特定の名詞や動詞が入れば、目的の限定された空間になるが、そこに「複合」を入れることで、概念上、なんでも代入できるメタ空間になる。この効果は、携帯電話が「ケータイ」という略称で定着し、会話以外のコミュニケーションのプラットフォームになった過程に似ている。つまり、二〇〇一年以後の漫画喫茶・ネットカフェは、複合カフェを自称することで、娯楽・生活機能の集積、組換え、排除を自己目的化でき、その結果として、カフェという言葉が不要と思えるほど、正体不明の空間となるのである。

情報のデータベースという深層に蓄積され、要素化された情報の組換えによって成立する表層（＝シュミラークル）の消費を「データベース消費」（東浩紀『動物化するポストモダン』講談社現代新書、二〇〇一年）というが、それに倣っていうならば、複合カフェとは、多様なメディアそのものを選択肢として加算／減算し、娯楽装置や生活ユニットを集中させるデータベース的空間といえるかもしれない。ただし、それらは網羅的でもなく、体系化されているわけでもないため、状況に応じてだらしなく、かつ大胆に着脱するという意味では、かなり不定形な空間といえるだろう。

5　個室化するカフェ——居間としての遊園地

この不定形な領域としての複合カフェを運営側は以下のように位置づけている。

> お客のニーズに合った空間を切り売りするサービス版のコンビニエンスストアであり、自宅と職場の間

のサードプレイス（第三の居場所）をコンセプトにした事業です。また、家庭にある日常的なものを越えるサービスという視点で、「超日常」のサービスを提供することを心がけています（『Venture Club』二〇〇一年一月、八〇頁）。

> 漫画だけでは生き残れない〝ひまつぶしのコンビニ〟のような感覚が広がれば（毎日新聞二〇〇〇年九月二四日東京版）
>
> 第二の居間（『Franja』二〇〇三年一月一日、二七頁）
>
> コンビニエンス・ディズニーランド（Fuji Sankei Buisines 二〇〇四年七月二日、三三頁）

「コンビニエンス・ディズニーランド」という言葉は、局在空間や日常生活の内にヴァーチャルな遊戯装置を集約して閉じ込め、フランチャイズシステムによって、都市-郊外地域へと広域的にネットワーク化することを指している。したがって、複合カフェは単なる非日常ではない。複合カフェは、二四時間いつでも、さまざまな場所で利用可能になることで、非日常と日常の境界が曖昧――「超日常」とは日常を超えるという意味とも、強化された日常ともとれる――になっている領域といえる。

ただし、複合カフェは、人びとの継続的交流のなかで成立する「馴染みの空間」でもない。二〇〇〇年以前の漫画喫茶は、複数の大小のテーブルが存在する普通の喫茶店に大きな漫画の棚が置かれているだけで、利用者は肩寄せ合って漫画を読んでいた。しかし二〇〇〇年前後の漫画喫茶・ネットカフェは、席ごとの仕切りを導入し、個室化し始めることで、住居以外の場所において、パーソナルな領域を確保する内部に開かれた外部となる。

> 個室の席は、扉を閉めてしまえば完全に自分だけの空間になります。他のお客様の視線や動き、スタッフの往来などに邪魔されることなく、一人の時間を楽しむことができます。また仕切りによって区切られた一人分のスペースは、広すぎず狭すぎず、落ち着いて座り続けられるように綿密に計算されています（田中前掲書、二七頁）。
>
> ……椅子にもこだわりがあります。ゆったり座れるソファー、マッサージチェア、リクライニングチェアなど、長時間を快適に過ごしていただくために必要だと思われるものはできるだけ取り入れるようにしています（同上、四〇頁）。

時間制料金を導入した複合カフェの生存領域は、「快適空間の時間消費」（『Franja』二〇〇三年一一月、三二頁）とされるが、快適さの追求は、カフェの「馴染み」になることではなく、一人籠もることができる「個室」の導入や、履物を脱いで上がり、寝そべることができる「フラットシート」の導入と増加へとつながっている。

東浩紀は、ミシェル・フーコーとジル・ドゥルーズの権力論を対比しつつ、二つの権力を区別している。規律や訓練を通じて価値や志向を人びとの意識に内面化させ、特定の主体性を成立させる「規律訓練型権力」と、建築物・施設・装置等の物質的環境を工学的に配置・操作することで、人びとの意識や主体性に強く訴えることなく、身体を操作する「環境管理型権力」である。後者の例としてファストフード店の椅子の硬さが挙げられ、客の回転率を上げ、流動性を高めることが意図されているという。

一方、時間消費型ビジネスとして快適性を追求する複合カフェは、長く定着させるテクノロジーを発達させることで、人びとの滞留性を高めている。ファストフード店とは逆に、複合カフェは、娯楽装置、生活用品、ブースが集積した空間を、利用者が個室にぺたりと横たわりながらフラットに享受し続け、〈外に籠もる〉ことを促す環境管理型権力なのである。とりわけ「ネットカフェ難民」が、複合カフェに流れこむ人びとのなかで、いつのまにかそこから出られなくなった層を指すとすれば、そこには単なる排除とは異なる力学が働いている。

6　情報ネットワーク社会のスキマ

ここまで、二〇〇〇年代前半における複合カフェの成立を分析してきた。では、この複合カフェは、二〇〇〇年代後半に問題化した「ネットカフェ難民」とどのような関係にあるのか。

「ネットカフェ難民」を住宅問題として論じた亀山俊朗によれば、公的な住宅保証もなく、労働市場から周縁化・排除され、家庭や地域にも居場所を見出せない人びとの先に、ネットカフェが住居として立ち現れる。一方、複合カフェを利用する動機の第一位は、「暇つぶしのため」である。友人同士ですることがない、終電に乗り遅れた、待ち合わせまで暇がある――そうした時間のスキマに利用される複合カフェは、「家庭・地域・会社等の組織からの「逃げ場所」」（朝日新聞一九九八年二月五日）になる。

多様な目的や動機に従って「複合カフェ」を欲望する消費者、そして「ネットカフェ難民」と名指される不安定就労者、両者に共通するのは、家庭や職場の外側を空間的、あるいは社会的に移動中であり、そうした中間領域を内側として利用したい／せざるをえないという点だろう。したがって、漫画喫茶／ネットカフェ／複合カフェの共通平面とは――現在、東京都で条例化が検討され、複合カフェ協会でも推進されている本人確認が二〇一〇年代の複合カフェにどんな影響をもたらすかはまだわからないが――そのような主体以前の中間的で、匿名的な移動中の個体をフラットに許容する〈スキマの時間‐空間〉としての様態である。複合カフェがさまざまな遊戯装置や生活用品を大胆に着脱し、正体不明の空間になったのは、移動途上の中間的な人びとの曖昧でアモフル（多形的）な欲望に適応しようとした結果ともいえる。

そもそも複合カフェは、外食業、宿泊業、風俗業、遊戯施設等の既存の産業領域の間隙をぬって成立し、不定形なニーズに適応しながら変貌してきた。たとえば複合カフェの個室のドアや天井に開いたスキマは、部屋を完全に個室化せず、風俗営業法の取り締まりを回避するためのものだ。つまり、スキマへのニーズが、カフェや喫茶という既存の経営形態に寄生しているだけで、複合カフェにしてみれば、そのかぎりにおいてしかカフェや喫茶という形態へのこだわりはないともいえる。

複合カフェには、「一人で部屋にいるのは寂しい。でも、他人に干渉されるのはいやだ」（朝日新聞二〇〇〇年八月二一日、埼玉版）という内と外のあいだでゆれる利用者の両義的心理が存在している。つまり、複合カフェとは、他者と交流することなく、個室の壁や仕切りのスキマ、人びととのすれ違いを通じて他者の存在を――「他にも籠もっているひとがいる」という仕方で――触知できる場所なのである。近代初期のカフェでは、労働者・家父長・私有財産者等の主体が私的領域（private space）から外部に開かれる（öffent/open）。一方、複合カフェは、既存の集団・組織から解放／疎外される個的領域（personal space）への開かれ（öffent/open）の集積なのだ。

インターネットの普及により滅びるはずだったにもかかわらず、いつの間にか根を張っていたネットカフェの謎。しかし、この謎は、モバイルコミュニケーションの成長とともに家庭・仕事・娯楽の棲み分けが曖昧＝フラットになり、移動中に多様な活動を処理せざるをえなくなりつつある私たちにとって、それほど不思議なことではない。都市‐郊外地域という外部へパーソナルな内部を拡張するネットカフェは、「モバイル＝フラットであること」を欲望する〈私〉たちとともにある。

【東京】集積の零年代

平井太郎

1　東京をめぐる冗舌と沈黙

今東京を語ることにどういう意味があるのだろう。

このことは『一〇+一』といった建築・都市系の雑誌でもくりかえし問われてきた。そこでは東京を語ることの意味づけにくさが何度も再確認されている。

それだけではない。東京は今どれだけ関心を集めているだろう。あるいはみなさんが日常、目にし耳にする世界について何かを感じ考え、それを誰かに伝えようとするとき、ことさら東京の出来事として語るだろうか。

東京への五輪招致は、そもそもとりあげるメディアも少なかった(『週刊東洋経済』〇九年一〇月三日号)。「東京」をタイトルに掲げる情報誌も、商品やサービスの紹介でカタログ的に埋められている。言わば、語ることの終わりが告げられた空白を情報の羅列が埋めている。それが、東京を語ることの偽りなき現在だ。

だとしたら逆に東京の今は、この「終わり」や「空白」自体にある。東京を意味づける新しい切り口を探しつづけても(『建築雑誌』〇九年一〇月号)、中途半端な意味に溢れた情報の海に消えてゆく。また東京を都政に置き換えてみても(雑誌『世界』一〇年一月号)、格差社会といったどこか違う一般論に話が横滑りする。

語られることの「終わり」が問われるべきこと。

こう考えたきっかけの一つは、〇八年六月の秋葉原通り魔事件だった(大澤真幸編『アキハバラ発』岩波書店ほか)。この事件でははじめ、犯人がネット上に残していた大量の言葉に注目が集まった。そこに問われるべき「謎」があるように思われた。宮崎勤事件やオウム事件、そしてサカキバラ事件などと接するうちに、語りの謎解きにいつしか慣れてしまっていたのだろう。だが謎は残されていなかった。東京と地方、労働のかたち、あるいは世代をめぐって周囲で際立ちゆくさまざまな格差、そしてつながりをめぐる不安など、そこで語られていた言葉はむしろわかりやすいものだった。

わかりやすいはずの動機と突飛さを残す行為は、たしかに結びつけにくかった。だからこそ、わかりやすく感じた動機について事実の確認が行なわれた。すると謎とは違う、単純な疑わしさが浮び上がってきた。東京とのかかわりではまず、彼はある意味上京者の一人ではあっても、非正規労働者として「地方」の生産拠点を漂流していた。また、秋葉原に宛がわれた「オタクの聖地」という象徴性も、誰もが認めはしなくなりつつあることは、多少情報を集めればわかる事実になっていた。

こうした事実への気づきから、動機と行為を結びつけたり、さらに動機を確かめたりすること自体への疑いまではあと一歩である。その距離は、犯人の語りがわかりやすいほど、また過去の似たような事件と比べるほど縮まる。実際、この事件にかんする外からの語りは、先行事件に比べ少なく、また速やかに収束していっていた。

けれども、犯人が残したわかりやすい語り方自体は、この事件に直接ふれないかたちで増えつづけている。その後の中央大学教授刺殺事件（〇九年一月）でも、さまざまな格差に引き付けた語りが、瞬間的にではあったが呼び戻されていた。さらに個別の事実から離れたところでは、そうした語りの現実化さえ図られつつある。格差があるかどうか、格差という捉え方が妥当かどうかで立ち止まらず、法制度や人びとの工夫や配慮をとおした格差の具体的な処理が摸索されはじめている。しかも、そうした摸索は、ほぼ東京から語られていて、東京の出来事が知らずしらず暗示されてもいる。

言わば秋葉原通り魔事件では、わかりやすい語りの胡散臭さから来る沈黙と、わかりやすい話自体の上滑りとが交錯している。それはちょうど、東京を語る難しさを確認しつつ、新たな意味づけが探しつづけられてゆくのと似ている。そうしたあてどない探索は、事件をめぐる沈黙と上滑りと同じように、問うべきことを置き去りにすることになる。

2　東京という集積

問いを深める手がかりは、秋葉原事件で語りが滑ってゆくポイントにある。一つには、東京と地方の格差と労働形態をめぐる格差とが、するりと重ねあわされているところだ。このような重ねあわせは、みなさんも見覚えがあるだろう。私にもある。

一九九〇年代前半、私が東京を意識しだした頃、すでに「格差」という言葉は耳になじんだものだった。当時「格差」と言えば、東京と地方との間に見出されていた。「東京問題」という語り方もあった（八田達夫・八代尚弘『東京問題の経済学』東京大学出版会、ほか）。そこでは東京への一極集中とその過密化が問題にされていた。今こうした語り方はほぼ見当たらない。東京への集積は依然として続いている。では何が起きているのか。

こういう記事を覚えていないだろうか。〇六年正月早々、足立区の生活保護率や学業支援率が高いといったことが新聞で報じられた（朝日新聞〇六年一月三日朝刊）。続いて、東京都区部でもおおまかに西南と東北とで、職業や所得の格差が大きいことなどが雑誌でも伝えられていった（佐野眞一「ルポ下層社会」『文藝春秋』〇六年四月号ほか）。このような目の向け方は、東京と地方の格差を東京の内部の格差に折り畳んで見つけ出すものだ。こうした一種のすりかえがおかしくなく感じられるのには、体験的にみて大きく三つの過程がかかわっている。

第一は、東京自体が、極端に言えば日本と近似できるだけ、巨大な集積になったことである。東京一都三県の人口は三〇〇〇万人を超え、今後その比率はますます高まると推計されている。都道府県別の総生産をとれば、全国に占める割合はさらに大きくなる。

同時に、地方とのかかわりで重要なのは、この東京の巨大化が、地方からの人や富の流入に頼らなくなりつつあることだ。たとえば人では、ほぼ一九五〇年生まれを境にして、現在、東京に暮らす人に占める地方出身者と東京生まれとの割合が逆転している（松本康『東京で暮らす』東京都立大学出版会）。このことの意味は大きい。

東京と地方の格差というとき、豊かな少数者東京を頂点にして貧しい多数者地方へと広がる、格差のピラミッドが暗に想定されている。わかりやすい例が国会や全国知事会だ。そのように地方に偏ったメンバー設定をしてはじめて、地方との格差が話題に上りやすくなる。

そうでないと東京と地方の格差を見定めること自体が難しい。たとえば東京圏のへりで生まれ今まで暮らす私は、どうしてもライフスタイルやサービスの違いに目がいく。そして各種量販店やコンビニ、ドラッグストアが、地方にむしろ多いくらいだということを確かめる。また秋葉原通り魔事件の犯人が、進学や就職・転職の際に結局は上京していなかったことも気にかかる。

けれども、このように地方との絶対的な格差を見つけにくいこと自体が、東京の外が見えていないことの裏返しである。しかも東京では、そういう見方しかできない人が今や多数派になっている。「今や」というのも正確でない。東京生まれ東京育ちが多数になった世代は、すでに一九五〇年代に生まれている。これまで注目されてきた(宮台真司『まぼろしの郊外』朝日新聞出版ほか)「ロスト・ジェネレーション」(九〇年代に一〇代から二〇代へと年を重ねた人びと)にとどまらず、東京で生まれ育った人びとは分厚く積み重なっている。しかも東京では、同じように注意が促される「団塊」や「団塊ジュニア」の世代分けもはっきりしない。二つの世代の間も出生数の高止まりが続いていたからだ。

つまり東京はすでに半世紀近く、東京と地方の格差を実感しにくい人びとの集積として膨らみつづけている。日本と近似できるほど巨大なだけでなく、東京の外を感受しにくい集積なのだ。だからこそ内なる格差には敏感で、地方との格差を内部に折り畳んで見出してしまう。

第二に、東京の内部の格差が、東京の「歴史」とかかわっているかに見えることも無視できない。言い換えれば内なる格差を、東京自身の内側からたえず生み出されてきた格差と見た方がわかりやすい感じがある(東浩紀・北田暁大『東京から考える』日本放送出版協会)。

たとえば東京近郊で住まいを買おうか借りようかする。みなさんも、情報に目を通せば通すほど、たんに都心との時間では割り切れない、規則的な価格の歪みがあることに気づくだろう。およそ同じ利便性でも、都心からみて西南の地域の方が北東より明らかに高い。

この住まいの価格差を、住んでみて、そこに集う人の違いとして再確認した方も少なくないだろう。実際、足立区をはじめとする東京北東部はブルーカラーの多い「青い郊外」と、逆に世田谷区などの南西部はホワイトカラーの多い「白い郊外」と、住まいの価格差と職業・所得の格差との重なりを示すデータもある(倉沢進・浅川達人『新編東京圏の社会地図』東京大学出版会、ほか)。

データの検証は措くとして、東京で暮らそうとすると、少なくとも住宅価格の規則的な歪みに、日常的に向きあわざるをえないことが重要である。この規則は五十年、百年の単位で積み重なってきている。その意味では、特定の誰かの策略というより、東京に住み着いてきた人びとが、この規則を前提として住まいを選んできた(選ばざるをえなかった)と考えた方がいい。つまり、事実だけをみると、東京に人が集積しつづけてきたこと自体が、その内部に住む場所の違いによる格差をくりかえし生み出してきた、そう感じられてもおかしくないのだ。

しかも東京に人が密集してゆくことは、住む場所の違いが経済的、文化的な格差と食い違う、目に見えてわかる事例をどんどん消し去りもする。たとえば少し「歴史」に敏感な人は、東京には江戸時代から下町と山の手の区別があってと思うだろう。けれどももう少し「歴史」を知る人なら、下町に富豪の邸宅が少なくなかったことを指摘するだろう。よく考えればわかるように、江戸の豪商はみな店の裏に住んでいたのだし、清澄庭園や有馬小学校などに名残があるように、上級武家や戦前の華族・富商は人家の密集など気にせず邸宅を構えてもいた。

問題は、「よく考えれば」と言わざるをえないことだ。つまり反例となる証拠はどんどん消えてもいる。そう消えてゆくのに、人と富の密集とそれにともなう地価の高騰、さらに、それらをものともしない突き抜けた富豪の消滅などが、よしあしはともかくかかわっている。言わば東京への集積は、東京の内部で格差を再生産するだけでなく、そうした格差の食い違いを見つけにくくもする。

東京の内部の格差にはどこか胡散臭さがつきまとう。けれども、その格差をわかりやすく引っくり返せない。また、否も応もなく自分もそれに乗っている以上、胡散臭さを言い立てられない。東京の内部で見出される格差は、そのように堂々巡りして閉じてゆく集積の効果として感受されうるのだ。

第三に、地方との格差を内部に折り畳めるかのようにする東京の集積を、外からおかしいと実感できる視点がとりづらくなっている。そうした視点としてすぐに思いつくのは、一つにはすでに見た地方であり、もう一つには外国である。振り返ると、この二つの視点が絡まりあいながら、東京の集積をむしろ肯定してきた感がある。

まず、かつて語られていた「東京問題」を想い起すと、〈東京への集中＝日本経済の成長〉論と〈地方への分散＝再分配による底上げ〉論とが、すでに戦わされていた。今と同じである。跡づけ的にはさらに遡れる。バブルとその崩壊の原因の一つとされる、最後の全国総合開発計画（四全総・八七年策定）もそうだ。そこでは大都市再開発だけでなく、むしろ農山漁村でのリゾート開発に拍車がかかっていた。もっと遡れば、全総とともに高度経済成長期からくりかえされてきたことがわかるだろう。

こうくりかえされるのは、東京と地方の格差が解消されていないからだけでない。より深刻なのは、格差を解消しよう、再分配を図ろうという議論自体、人と富の偏りからしか出発できないことだ。つまり東京の集積がなければ、東京と地方の格差や再分配を問うことすら始まらない。その意味では地方という視点は、東京の集積を相対化し否定する見方を与えることができない。だからこそ、東京と地方の格差がくりかえし問題にされても、東京の集積を根本から見直すような手立てがとりにくい。議論が空転し有効な手が打たれてこなかったとしても、なぜ空転しつづけるのか。根っこで地方の視点と東京の集積とがもたれあっているからだ。

　他方、東京への集中や経済全体の成長が論じられるとき、そこで持ち出されるのが外国の視点である。国際競争に打ち勝つためいっそうの資本の集中が必要だという。今も時折目にする世界都市ランキングなどである。さらに重要なのは外国の視点に立てば立つほど、集積としてしか評価されないだけでなく、集積として肯定されて見えること、それに私たちも気づきはじめていることだ。わかりやすい例が〇九年一一月の『ミシュランガイド東京版』の刊行だ。そこでは東京の三つ星レストランが世界で最も多いことが話題になった。本国向けの外国メディアでも同じ話題のし方だった。しかも私たちはメディアや旅行をつうじ、ある程度この評価が妥当だと実感してはいまいか。その後、真偽の検証が報道されても、評価の再確認で終わっていたのが印象的だった（読売新聞〇九年一一月二五日朝刊）。

　こうした実感は九〇年代以降、徐々にはっきりしてきたのだろう。

　この間まず私たちは、バブルが崩壊しとんでもない不況だと言われつづけていても、大挙して海外に出稼ぎに行きはしなかったし、今もそういう動きはない。高度経済成長期まで二代続けて米国に移民を送り出した私の家では、それほど極端な想像ではないのだが。

　逆に私たちは互いにもたれかかりじっと集積を続けていた。そのうちに、六本木ヒルズにはじまる再開発ラッシュが始まり、やがて終わった。東京への集中とさらなる成長を図ろうとする規制緩和が続いていても、関係なく終わった。だから、不動産への資金の流れがたんに政策によるものでないこともわかってきている。言わば私たちはこの間、質的には大きく変わらずただ集積していた。また、そうしていたからこそ、〇〇年代初頭の世界的な不動産バブルに乗れたことに薄々気づいてもいる。

　今、ドバイでのバブル崩壊（〇九年一一月）が連日報道されている。どんなに持て囃されていても碌なことはないと確認するかのように。私たちにとって、下手に今ある集積をばらさずじっとしていることが、少なくとも「悪くない」選択だと再確認するかのように。

3　東京ゼロ

まとめよう。ここでは東京をめぐる語りの沈黙と上滑りとを、東京と地方の格差がその内部に折り畳まれて読み換えられる現象を起点に考えてきた。引き出されてきたのは、そうした読み換えが、①東京では集積と再生産が重なり、外をみる想像力が薄れてきたこと、②外を過去に求めることも、集積それ自体によって難しくなっていること、③外を地方や外国に求めることも、そう視点を定めることが集積の肯定と不可分であって難しいこと、この三つを条件としていることだった。

この集積を全体として捉える新たな外部視点を宛がうのは容易でない。しかも集積をかたちづくる人びとにとっては、自分たちの日常の営みの結果この集積がかたちづくられ、かつそれ以外に「悪くない」途がなさそうだとも気づかれはじめている。だからこそ集積にたいする批判は上滑りする。東京を語ることの空転とその先にくる沈黙とは、東京が今、輪郭のぼやけた自己肯定的な集積だということを逆に照らし出している。

最後に危うさを承知で、この集積の輪郭を言葉にする手がかりを探したい。

一つは「趣味」とのかかわりである。秋葉原通り魔事件では、秋葉原を「オタクの聖地」と見なすわかりやすい物語を犯人が設けていた。ある場所の風景に特定の趣味や、もう少し広くライフスタイルを読み取るのは、現在の都市では比較的簡単にできることになっている（三浦展『ファスト風土化する日本』洋泉社、森川嘉一郎『趣都の誕生』幻冬舎、ほか）。そうした読み込みの背後には、世界中至る所で街や建物の囲い込みが当たり前になっていることがある（平山洋介『東京の果てに』NTT出版）。

けれども秋葉原事件では、犯人の物語と現実とのずれこそ問題だった。今の東京では、風景と趣味とを重ねる語り方（祐成保志『〈住宅〉の歴史社会学』新曜社）に胡散臭さが感じられつつあるのだ（東・北田前掲書）。実際、下町と山の手の対照と括れる地価の傾斜から類推できるのは、住まいに宛てる資金の多寡にすぎず、ライフスタイルや趣味まではわかりにくい。しかも物理的な囲い込みも今のところどこにでもあるわけではない。その意味で東京は、ぼかしのかかった「目の粗い」集積なのだ。

だとすると、秋葉原通り魔事件を「小さな物語」と、郊外や超高層マンションを「ライフスタイルの囲い込み地」と括る前に、どうやって大きい小さいを、閉じている開いているを区別するのか、括ることで何かを語らないですませていないか考える必要がある。この裏側にあるのは、どうしたら趣味やライフスタイルがフラットに並列していると言えるのかという問いだ。たとえば、テーマパークなどの設計や情報誌の形式から接近しても、解釈がどちらとも言えないものになる(吉見俊哉・若林幹夫『東京スタディーズ』紀伊國屋書店)ように、東京の目の粗い集積は制作者や開発者といった特定の誰かに関係づけられた物語に収まりきらない。さらに、そうした物語に胡散臭さを感じる私たちは、その収まらなさ、目の粗さを前提に動きはじめてもいいよう。

そうした動きを感じる瞬間がある。

たとえば〇〇年代の東京は、平面的に果てしなく広がるだけでなく、二〇〇棟以上の超高層ビルが立ち並ぶことになった。これまで東京をふくめた近代の都市では、水道管や高速道路などのインフラが直接見えないように配置されていた。インフラは都市が農村とは違う機能を果たし、住む者がそこでしか得られない快適さを楽しむ、都市が都市であるための条件だった。だから「無意識」のように普段は目に付かないところに置かれていた(内田隆三『生きられる社会』新書館)。たしかに、昨日まで空を這っていた電線が地中化されると、あたかもなかったかのように忘れてしまう。

これにたいし殊に今の東京の超高層は、極端に言えば逆に、そうした秘密を自らさらして屹立している。超高層マンションを借りようか買おうかした人であればご存知だろう。東京の超高層ビルには対震構造から始まり、エレベータ、電気・ガス、給排水、回線、セキュリティに至るまで、複雑で高度な設備が埋め込まれている。その設備は、一棟で数千人が働いたり住んだりする以上、インフラと呼べなくもない。問題は、その設備・インフラが主要な商品価値になって不動産価格に反映されていることだ(東浩紀「東京という幸せな砂漠」『InterCommunication』〇七年夏号)。言わば私たちは、インフラの価値が商品である以上究極には将来ゼロになることを認めている。私たち自身、都市つまり私たちの集積の条件がゼロに向かうことを感じ取っているのだ。集積の条件 definition がゼロに向かうことは、目の粗さ low-definition の極限化であり、集積を語ること definition が滑り黙してゆくことでもある。東京に今立ち並ぶ超高層は、ゼロへと向かう集積を語る言葉をあてどなく捜すうちに積み上げられた、私たち自身の瓦礫である。そうして私たちはしばらく瓦礫を積んでゆくのだろう。

【自動車】

どこへも行ける／どこへも行かない

深澤 進

1 性能でもなく、安楽でもなく

自動車は夢というか、解放を託された商品であった。アメリカの都市交通の主役が馬車であった頃、自動車はその問題点を解消してくれるものとして受け入れられた。馬車の問題点は、主に馬が生き物であるというところから来ていた。馬は感情を持っており、思いのままにあやつれるとは限らないし、酷使の結果路上で死ぬケースもあった。そして何よりも路上に大量の排泄物を出し続けるので、その処理に莫大な費用がかさんだ。フリンクによれば、二〇世紀初頭、ニューヨーク市では馬を残すことによって発生する費用が、毎年多大なものになることが主張されていた（フリンク『カー・カルチャー』三六頁）。その馬車の代替物として路面電車があったのだけれども、それにはレールや架線やトンネルなどにかかる高額な設備費用を必要としていたし、馬車ほどの機動力がない。そこで受け入れられたのが自動車であった。自動車は電車ほど大掛かりな設備投資を必要としないし、馬のように道路に大量の排泄物を落としたりすることもない。しかも電車のスピードと馬の機動力を併せ持っている。自動車は「馬よりも清潔で安全であり、信頼性があり、経済的であると考えられていた」（同書、三八頁）。二〇世紀初頭にはすでに電気自動車も存在していたが、その製造コストの高さと、一回の充電で走れる距離の短さ、それに蓄電池の重量ゆえに普及することはなかった（同書、四八頁）。自動車は一〇〇年前、そのクリーンさを期待されて交通の主役に躍り出たのである。

もちろん、自動車が期待されるほどクリーンたりえなかったことは、すぐに露呈した。T型フォードに象徴される二〇世紀前半の自動車の大衆化を主たる要因として、自動車は馬の排泄物よりもはるかに有害な排気ガスを大量に出すこととなった。また、鉄道などの他の大量輸送機関よりも、自動車の一人当たりの経済的負担は大きいことも、次第に明らかになってきた（同書、四〇頁）。

しかし、とくにアメリカの場合、交通の主役は鉄道に切り替わらなかったし、多くの先進国でもいわゆるモータリゼーションが進行した。日本も高度成長期のシンボルとなるほど一九六〇年代に自動車の生産台数は急増し、とくに六〇年代後半には自動車の個人需要が加速したために、日本の自動車メーカーはトヨタ・日産を中心として、低価格車から高級車まで、あらゆるニーズに応える生産体制が整えられた（四宮正親『日本の自動車産業』日本経済評論社、一九八頁）。日本の自動車保有台数は二〇〇七年までは増加し続け、やや減少し始めている現在でも七九〇〇万台ほどである。

二〇世紀の間、とくに先進地域において、自動車がここまで社会に浸透したのはなぜかという問題は、産業史的な側面からはもちろん、文化的な側面からも古くから考えられてきた。

たとえばロラン・バルトが「新しいシトロエン」で自動車を論じてから、もう五〇年以上の時が費やされているる。バルトはこの時、シトロエンのDSという車を語るのに、今にもつながるような指摘をしていた。すなわち、

1　自動車は（ゴシックの大寺院のように）使用のみならず、イメージにおいて消費されるものである。

2　自動車は、速度や性能よりも、安楽さが重要なものへと変化している（速力の錬金術から、運転の美食趣味へ）。

現代の自動車に対する語られ方は、バルトの論旨と同じではないにしても、議論される道具立ては一般的な形で現在も続いていると言えるところもある。すなわち、実用かデザインか（あるいはその両立か）、運動性能か快適性か（あるいはその両立か）という対立図式などである。

道具立てが五〇年の時を経ても同じように見えるところもあるのは、モータージャーナリスト三本和彦も指摘しているように、こうすればいい車ができる、という自動車工学のセオリーがほぼ完成しているということがたしかに大きい（三本和彦『クルマから見る日本社会』一九二頁）。地球環境問題が自動車にとっての最重要テーマとして語られることの多くなった今日では、ガソリンエンジンにかわる動力がさかんに模索されている中で、電

気自動車に再び光が当たり始めているが、前述のように電気自動車そのものは、一〇〇年前からすでに存在していたものではある。自動車の基本骨格はもう完成して久しいといえるだろう。

そのことからすると、現在自動車をめぐって起きているさまざまなことは、すでに起きたことの延長線上にあるようにも見えるかもしれない。自動車というものは、ボードリヤールがメルセデスとヘアカラーの「ほんの少しだけ明るい色合い」を結びつけたように、消費社会における最小限界差異を比較的早い段階で尖鋭化させなければならない商品であったし、二〇世紀の産物としてある程度語りつくされているところも多いかのように、人に感じさせるところがある。さらに、欧米社会よりはやや遅れてモータリゼーションの起きた日本においても、自動車の保有台数七九〇〇万台という数字は、自動車の飽和、自動車を持つことそれ自体には憧れが必要なくなったことを意味している。

その点で自動車に対する興味が、人が持ちうる選択可能な趣味の一つにすぎず、特別なものではないことは、二〇世紀の終わるころにはすでに明らかだった。そのころ三本和彦は、日本の自動車専門誌が車についてはオタク的に詳しいが、他の社会的知識に乏しく視野が狭いジャーナリストたちによって作られていることを嘆いていたが（『クルマから見る日本社会』第5章）、自動車文化のオタク化は、自動車が飽和するプロセスの中では起こるべくして起こった現象であった。

だが、その飽和した自動車文化の中で何が起きているのかということは、あまり自明とはいえない。それは、自動車オタクもジャンルが細分化されすぎて何が起きているかが見えてこないということだけではない。

たとえば、日本でどのような車種が売れているのかという日本自動車販売協会の公開している統計を見ても、ここ二〇年弱で大きく様変わりしており、かつてのスタンダードであったセダンやクーペがそのシェアを落とし、その代わりに、ＲＶやミニバンとも呼ばれる、多座席で広い空間を持つ背の高い車が多くなった。実際二〇〇八年の軽自動車と輸入車を除く新車乗用車販売台数の統計を見ても、上位二〇車種の中にスポーツカーやクーペは一つもなく、各メーカーのミニバンに分類される車が何台も上位に入っている。自動車メーカーが家族向けをアピールすることの多いこの種の車が相対的に売れるということは、現在の少子化・非婚化、そして一世帯当たりの人員が減少している趨勢とごく単純にいって矛盾する。

ここを解き明かすには、自動車と家族とはどのような関係にあるのかを考え直さなければならないようにも思える。自動車が家族というものにどのような影響をもたらすかということに対しては、アメリカに自動車が広まり始めた時点で、すでに様々な意見が出ていた。一つの世帯に自動車があることによって家族の絆は緊密になるという見解もあれば、自動車が未婚者の付き合いを客間への招待からドライブに変えてしまい、家族は崩壊すると懸念するものもあった（フリンク、前掲書、一八三―四頁）。自動車が急速に普及した一九二〇年代において、アメリカの離婚率は上昇を続けていたということから、自動車が離婚率の上昇の一因になったという証拠はないけれども、親の権威を失墜させたことは議論の余地がない、なぜならば、若者たちが自動車を広く利用するようになり、移動と行動の選択肢が広がった上に、その選択は自由で、誰の許しを請う必要もなくなったからであるとフリンクは主張している（同書、一八四―五頁）。

　この一九二〇年代のアメリカの自動車と家族の関係のロジックが、日本のモータリゼーションと家族との関係に、どの程度当てはまるかは定かではない。ただ、仮にこのフリンクの説を連想させる自動車を日本で考えるとしたら、デートカーと呼ばれるジャンルである。これはホンダのプレリュード、トヨタのソアラやセリカ、日産のシルビアなど、車高の低い2ドアクーペで、後席はあるけれども荷物置き程度で実用に適さない、二人で使うことを想定した自動車であった。まさにフリンクの主張する仮説通りに使われうる商品であったわけだが、これらの車は一九八〇年代を中心に大いに流行したのだけれども、その売れ行きは急速に下落してゆき、二〇〇九年現在いずれの車種も製造されていない。

　このことは何を意味しているのか。フリンクの説明に乗るならば、一九八〇年代の日本は家族の崩壊の時代であり、そのことに自動車も何らかの形でかかわっていると見ることもできる。だが、それではデートカーの出現の説明に当てはめてみせることはできても、消滅を理由づけることができない。背の低いデートカーが消滅し、背の高いミニバンが近年はやや勢いを落としているとはいえ増殖している日本の自動車の現在は、少なくとも家族とその崩壊の図式からでは説明できないのである。

　それでもなお、従来からある自動車を語る言葉でこのことを説明することを試みるならば、先ほど取り上げたロラン・バルトによる、自動車は速度や性能よりも安楽さが重要になっているという論点を持ち出すこともありうる。自動車の居住性を考えた時、広い空間を持つミニバンが安楽であるという感性が広まったと仮定した場合、自動車の家庭的要素にも言及するバルトの議論は日本のこの状況にこそ当てはまるような気にもなる。

だが、ロラン・バルトが愛情を持って論じたシトロエンのDSという車は、たしかに力よりも安楽に注目が集まった車であったけれども、その安楽の内実はミニバンのような空間の広さのことを示してはいない。DSが高く評価されたのは、バルトも取り上げているデザインやインテリアの斬新さ、それに魔法の絨毯とも言われたその独特の柔らかな乗り心地であった。この安楽さと今日のミニバンの安楽とは、同じですなどとは到底言えない。

現在の日本においては、家族の幸福や崩壊とも、バルトのいう安楽とも異なるところで、自動車は存在しているということになると、今自動車はどうなっているのか。それを知るのには、自動車の快楽は現在どこにあるのかを見定めねばならない。

2　自動車の快楽

自動車はもっとも経済的な移動手段ではないと気付かれるまでさほど時間がかからなかったというのに、多くの国でモータリゼーションは進展した。それはその他の交通機関と異なる快楽があったからである。ヴォルフガング・ザックスは「単なる輸送手段たるとはおおいに違って、自動車には人生設計と世界像、欲望と願望が結晶化」(ヴォルフガング・ザックス『自動車への愛』一六二頁)すると指摘し、そのことが「本来は技術的な道具にすぎないものに文化的な意味を与える」(同書、一六二頁)と主張する。この文化の実質がどのようなものであり、どのような変遷をたどってきたのかということが重要なのであるが、この文化の語り口にはすでに一定の図式が出来上がっている。それはザックスが『自動車への愛』でドイツのモータリゼーションを題材にしながら論じているような展開、すなわち鉄道による大量輸送では犠牲になっていた個人を基軸とした移動の形式が、乗用車では個人やその家族の単位での輸送となることによって実現されるのだが、それが大衆化したことによって自動車の希少価値が失われると、個人が自由にどこへでもより早く遠くへ行けるというメリットは頻発する渋滞によって消失し、その結果自動車のメリットとそれに付随する欲望も弱まり、その文化も衰退するという図式である。これはザックスがエコロジストとしての側面を持っていることがかなり影響しているものであるが、移動の自由がモータリゼーションの中で不可能な夢であったことが発覚するというストーリーはよく聞かれるものである。

たしかに、自動車が人に移動の自由を与え、日常から解放してくれるといった夢には大きな制約があることは、早くから気付かれたことであった。しかし自動車は「単なる輸送手段」ではないということでいえば、移動や輸送のプロセスの中に生まれる快楽がとりわけ肥大したのが自動車であった。自動車が動く工業製品であること自体の持つ魅力が欲望を喚起することはいうまでもない。したがって、目的地への迅速な移動という自動車のメリットがなかったとしても、自動車が走るということだけで多くの人が惹きつけられたということは、自動車が発明されるとほどなくしてモータースポーツの歴史も始まっていることや、映画のカーチェイスシーン、自動車のビデオゲームのソフトが世界的に売れていることを見ても明らかである。

ザックスが指摘するような交通事故や渋滞に象徴される移動体としての自動車の限界は、日本でも高度成長期の段階ですでに問題化されていた。だがそれでも、少なくともその後二〇〇七年までは、日本では自動車の数が増加し続けた。自動車の現在を論じるためには、自動車を個人の移動の自由とその限界を軸として考えるだけでは見えないことが多すぎるのである。

それでは現在人は自動車の何に惹きつけられているのか。人が車離れ、とりわけ若者が車離れをしているという指摘が現在の日本ではされることが多くなってきた。これを自動車販売の不振や、前述の自動車保有台数の減少という点から論証することも可能だろう。東京モーターショーが活気をなくしたことを、現在の自動車の象徴と見る向きもあるだろう。だが、とくに自動車の文化的な側面を見たとき事態を複雑にしているのは、自動車もその他の文化と同様に、その全体像を見ようという所作が無効となるような局面に来ていることである。自動車が好きであるということだけで、人が互いに意気投合するとは限らない。自動車趣味も細分化されていて、それがフラットに並んでいるように見える。そこにそれぞれある自動車の快楽を同列に語ることは不用意なことのようにも思える。

たとえば、今日自動車文化を語る上で急速に注目され始めているジャンルに「痛車（いたしゃ）」と呼ばれているものがある。これはアニメーション、漫画、ゲームなどのキャラクターをステッカーで貼り付けたり、塗装を施したりした車のことであり、中には自動車全面がキャラクターで覆われているものもある。自動車好きの中にはこの痛車に眉をひそめる者も多いともいわれているが、この痛車ブームの中心的な担い手になっているのは、いわゆるオタク文化を愛する若者である。若者の車離れが言われる中で、若者が中心となる自動車趣味は珍しい。彼らはインターネット上や雑誌で、自らが手がけた痛車を公開しあったり、時には痛車を持ち寄って会合などを開いたりしており、数百台規模の痛車が集結するイベントが開かれることもある。痛車の広がりがどの程度のものになっているのかは、まだまとまった研究がなされていないが、少なくとも選択可能な自動車趣味の一つとして確立されてきていることは間違いない。だが、この快楽がいったい何を示しているのかを、自動車に即して考えるということは、容易ではない。

痛車趣味が何であるのかを考えようとするとき、最小限界差異の一形態として説明がつけられないこともないのは確かである。痛車を専門的に扱っている雑誌『痛G―痛車グラフィックス』は、Web上で「オーナーの個性が色濃く投影された華やかでスタイリッシュなクルマが街を颯爽と走る様は圧巻の一言。是非本誌でその「痛」ワールドを見ていただきたい」とPRしているが、この文言を素直に受け取れば、消費社会論の文法で事態を片づけることも可能ではある。

あるいは、痛車の担い手の多くがオタクの若者である以上、厚みを増しつつあるオタク文化研究の側からのアプローチによって、事態を解明するということもありうる。その場合、視点はオタクということになるので、車はオタクの個性を色濃く反映するディバイスの一つにすぎなくなる。たしかに痛さが楽しまれているのは乗用車にとどまらず、オートバイ（痛単車）、自転車（痛チャリ）にも及んでいる。陳腐化を嫌う趨勢によって、今後はたとえば、痛ビル、痛家（クリスマス・イルミネーションは広義の痛家かもしれない）へと広がってゆく可能性がある。

だがどちらにしても、痛さが広がりを見せたのは、なぜ自動車でなければならなかったのか、という問題は残る。そのことに少しでもせまるには、自動車の持っている快楽の現在をどうとらえるかにかかっている。だが、自動車の快楽についての統一された本質論を立ち上げることはもはや難しい。そのような時にしなければならないことは少しでも多角的に自動車に光を当てることである。

そこで考えてみたいのは、ビデオゲームにおける自動車のありようである。家庭用ゲーム機プレイステーション用の自動車ゲームソフト『GRAN TURISMO（グランツーリスモ)』は、一九九七年の発売以来二〇〇八年四月の時点で、全世界累計五〇〇〇万本が出荷された。このゲームソフトが従来までの自動車ゲームと異なっていたのは、これが「リアル・レーシング・シュミレーター」であり、「現実のクルマをゲーム上に再現し競争させるもの」(小沢コージ『クルマ界のすごい12人』一一頁)であったことであるとも言われている。小沢コージのインタビューによれば、このゲームを開発した山内一典は、実際のサーキットを自動車で走行した際、「グランツーリスモでやっているドライビングがあまりにもリアルなため」(同書、一二三頁)違和感がまったくなく、ある時などプロのレーシングドライバーを先生としてサーキットを走った時は、そのレーシングドライバーのタイムを上回る記録を出したという。

このゲーム開発者の証言の真偽は問わずとも、ゲームの自動車体験が、現実に近づき、時として現実を凌駕するという感覚(二〇〇九年の東京モーターショーにおける『GRAN TURISMO』のブースには「GRAN TURISMO 〉Real それは、現実を超えたクルマ体験。」というフレーズが掲げられていた)が、開発者のみならずこのゲームを楽しむ人の多くに持たれているものであるとするならば、人びとの自動車に期待する快楽が、またこれまでとは別の対象を求めてさまよい始めているのかもしれない。

この痛車やビデオゲームにおける自動車がもたらす快楽は、現代の自動車に託された夢のひとつの形であるだろうが、これらをどのようにとらえればよいのだろうか。自動車を移動のための道具ととらえた時、アニメーションやゲームが、人が部屋の中で過ごす、すなわち移動しないことによって楽しまれるものであるとすれば、これらは互いに対極に位置するものではある。したがってここではそのギャップが楽しまれているのだということもできるのだが、自動車が合理的な移動からはみ出した存在であり、どこへも行かずに同じところをぐるぐる回っているだけでも人を大いに楽しませることが可能な商品であることを思えば、そこにさしたるギャップはない。それではさらに踏み込んで、自動車は動かなくてもよいのかとなると、少なくともゲームの世界では違う。動かないクルマとタイムを競うことはできない。超えるべき現実が必要である。

自動車が動くということ。このシンプルな事実の現代的意味こそが、問われ続けねばならないのである。

【ＩＴ企業】

ＩＴ長者と宇宙ビジネス

青山賢治

1　宇宙からの愉楽と狂気

　宇宙開発には、ミサイル発射や軍事機密など、国防と密接な関わりがある。ロケットを宇宙へと飛ばすには、大きな予算と高度な技術も必要とされる。宇宙開発といえばそのほとんどが、国家予算を財源とするプロジェクトとして行われてきた。日本は、宇宙開発と軍事目的が切り離された珍しいケースといわれる。だが、やはり宇宙事業は国家主導である。

　そこへ、国家的な制度・組織・予算の一環として宇宙開発をするのではなく、それを新たなビジネスにしようとする企業が現れるようになってきた。国家プロジェクトとしての宇宙開発では、安全管理の自己目的化、組織の肥大化、特定企業との癒着など、競争が働かないゆえの硬直化が随伴しやすい。しかし、民間企業が徹底してコスト削減に挑むならば、低コストの宇宙輸送というビジネスが成立しうる。

　宇宙開発を国家事業から切り離して低コスト化できれば、自社衛星を打ち上げようとする企業が多数現れてくるだろう。宇宙旅行者も増えるだろうし、低軌道の弾丸飛行は、高速輸送手段に利用されうる。宇宙が近いものになる日というのは、ある宇宙飛行士が国民的英雄になる日のことであっただろうか。むしろ、国家的プロジェクトに関わりなく、民間企業の宇宙船やロケットが飛び交う日ではなかろうか。

　一九九〇年代、旧ソ連の崩壊を受けて財源を失ったロシアやウクライナの宇宙関連施設は、有人飛行や衛星打ち上げの受注をとりつけるといった商業化を迫られた。アメリカもまた、政府や軍の宇宙活動のなかに、商業ベースの企業活動を組み入れるようになっていった。たとえば、軍事衛星による膨大な情報の収集・管理にかえて、商業衛星によって収集された情報のなかから、必要な特定部分だけを軍が買い取るといった手法などがある。アメリカ航空宇宙局（ＮＡＳＡ）でも、ロケット打ち上げのコスト削減が課題となっている。こうした半官半民の事業を皮切りに、宇宙ビジネスの成立へ向けて動いている人々がいる。宇宙は、もはやかつてのように、超国家化していくための軍備や威信が賭けられているところではない。地球からロケットが打ち上げられていくとき、その先の宇宙は、いつの時代でも同じものであるわけではない。

　宇宙開発はまず、植民地の拡張として、軍事的覇権の争いとして進められ、そこに象徴的価値の配分をめぐる争いがあった。科学技術の象徴、軍事力の象徴、監視力の象徴、国際協力の象徴、等々。国家主導によって宇宙開発がなされている限りは、こうした象徴価値が多かれ少なかれ各国家に帰属し、国家間の競争や協調として意味をもつということである。

　次いで目的とされるものに、植民地化の延長としての産業的な使用価値がある。惑星における資源採掘や、微重力環境における物質の加工や生産などである。地球から遠い惑星への有人飛行を可能にするためにも、惑星上の基地といった地球外エコノミーのためにも、こうした使用価値が要請される。

　宇宙開発において実用化されてきた技術には、あまりに日常生活に溶け込んでいるがゆえに、宇宙という異世界をまったく感じさせないものもある。観測、測量、通信、放送といった各種の衛星である。衛星画像やＧＰＳでは、数十センチといった身体スケールの差異が把捉される。こうした技術のインフラは、高度数百kmから数万kmという彼方にあるにもかかわらず、あまりにも身近な技術となっていて、それが一種の別世界を介していることに気付かせない。

　こうした衛星の活動は、宇宙における各国家の力を象徴するものである。だが、反対に、そこから得られるデータ利用の仕方によっては、地上における国家の象徴価値をかえって相対化していく作用をもつ。軌道上にある衛星からすれば、地表のいずれの空間も、均しい価値をもつデータとして捕捉される。自然の地勢も人工の施設も、都市の街路も祭礼の場所も軍事施設も、いずれも区別なくデータのフローへと取り込まれる。こうしたデータ上の空間は、共同体における象徴価値に不関与なまま、商業的な情報として交換され、価値化されうる。既に、インターネットなどで閲覧が自由化されている情報もある。

他にも、別世界としての宇宙を垣間見ようとする体験を提供する宇宙旅行ビジネスなどがある。宇宙と称されるのは、地球から高度一〇〇㎞以上のところであり、国際宇宙ステーションなどは、およそ高度四〇〇㎞の軌道上にある。高度三万六〇〇〇㎞ほどのところに、多くの衛星がひしめく軌道があり、月はさらに遠く、およそ三八万㎞のところにある。宇宙旅行とひと口にいっても、その規模や内容はまったく違ってくる。

プライベートで宇宙飛行士になろうと望む人のために、スペース・アドベンチャー社はすでに二〇〇一年から、のべ八人を国際宇宙ステーションへと送り届けてきた。ソユーズ・ロケットによるこの旅行は、費用が二〇億円から三〇億円かかるとあって、今のところ巨万の富者の特権といったところである。格安宇宙ツアーとして近日就航が予定されているのは、ヴァージン・ギャラクティック社の「スペースシップ・ツー」である。これは高度一〇〇㎞以上に五分間ほど到達するもので、自由落下（フリーフォール）を味わうことができる。費用は二〇〇万ドルで、すでに世界中から約三〇〇人の予約があるという。宇宙ホテルなど、他にもビジネス構想はいくつもあるが、どこまでが実現しうる話で、どこからが空想なのかはにわかに定め難い。

地球を延長していく植民化。象徴をめぐる争い。地表データを作る技術。地表から飛び出していく旅行。いずれも、地球ではない別世界に向かうものでありながら、多かれ少なかれ、そこに擬-地球環境を複製していく。宇宙に直接触れることは、狂気と死である。

異星人との遭遇、惑星の反乱、時空を超えた旅など、かつてSF小説に描かれた未来の宇宙は、見たことのない異形の世界であった。だが、こうした異世界は、いまやSF小説そのものよりも、アニメーションやCGといった映像技術のもたらすショック、驚きへと移転させられた。アレン＝スティールのような今日のSF小説では、もはや宇宙は見たことのない世界であることを止めている。それはむしろ、近未来がおどろくほど近過去に似ているという、既視感に襲われるような世界である。

かつて宇宙飛行士が初めて月面着陸を果たしたときに、人々は「新たな宇宙時代」の到来を叫んだものである。だが、火星への着陸成功が伝えられる日もまた、「新たな宇宙時代」とくり返されることになる。結局、宇宙開拓は果てのないものであり、宇宙の尺度に親しむようになるほど、火星からの知らせも、一九六〇年代という近過去からの知らせも、既視感のなかで重なり合ってきてしまう。

今日、近宇宙の開発利用が実際に進んだことで、衛星を利用した技術はごく身近な情報や機器にまで入り込んだ。だが、それは異世界としての宇宙に向かうことではなく、むしろ近宇宙を地球環境のシミュラークルとすることである。シミュラークルのなかで、宇宙は見たことのない異世界であることを止め、未来としての宇宙は枯渇していく。今日、有人ロケットを月や火星まで飛ばそうとする計画には、意味のない莫大な浪費として、懐疑や非難が浴びせられる。それぞれの国家が、賛同を集められるような有人飛行計画を立てあぐねている。

一九六九年から一九七二年にかけて、アポロ計画で月面着陸が果たされてからというもの、地球の軌道を飛び出していく有人飛行は、絶えて行われていない。今日のわれわれは、近過去になし遂げた宇宙事業さえも果たすことができずにいる。近宇宙の開発は進むが、そこに見たことのない未来があるといった信憑は消えていき、宇宙産業におけるマネーの流れはつくられていかない。結果として、科学技術の水準からすればすでに達成しうるはずのことも、実行することができない。

アレン＝スティールのSF世界に、物理学的法則や生物学的法則を歪めるような空想はない。ただ、欲望に振り回され、自暴自棄になり、成功や挫折に一喜一憂するちっぽけな人間たちが、地球にも、そして火星にもいるというばかりである。その宇宙は、かなり凡庸なところでさえある。だが、それは宇宙が「人類」や「国家」を語るための舞台であることを止めたということでもある。人々が、プライベートにおいて宇宙に向かい合うようになった世界である。

宇宙をめぐる冒険と不安、逡巡と悔悟、そして生と死は、なぜ「人類」や「国家」といった名のもとにばかり語られてきたのであろうか。プライベートと宇宙が結びつく日が来るとなれば、それは超人でも異星人でもない、ありふれた人間の世界でありながら、かつこれまでに触れたことのない異質な時間を垣間見せるかもしれない。それは空想か現実かという問題ではなく、むしろマネーにかかわる問題である。

2　IT長者の挑戦

プライベートで宇宙飛行士となった人々には、いわゆるIT業界関連の人物たちが多い。Ubuntuの創始者、「ワード」の設計者、ゲームプログラマー、ITベンチャー経営者など。また、経営者として宇宙ビジネスに名乗りを上げている人々にも、やはりIT関連の人々が多い。イーロン・マスク（オンライン決算システム「ペイパル」）、ジョン・カーマック（ゲームプログラマー）、ジェフ・ベゾス（アマゾンコムＣＥＯ）など。日本では、元ライブドア社長、堀江貴文氏が積極的な参入を表明してきた。

インターネットは二〇年間ほどで新たなメディアとして急速に普及したが、宇宙開発もまた、新たなメディアの開拓にあたる。人工衛星による通信、放送、観測、測量は、コミュニケーションのインフラであり、ロケットや宇宙船は、有人・無人の輸送手段である。民間企業が宇宙を市場として開拓するとなれば、やがてインターネットと同様に、データ通信や交通の経路を変えていく潜在性をもつ。その市場が国家事業から相対的に分離されることになれば、マネーや技術の移転は、従来よりも大きな幅で膨張、あるいは縮小しうる。ここに宇宙ビジネスの機会があるというわけである。

もちろん、宇宙事業という構想、そしてそれに要するマネーは、容易に近づくことのできない規模のものである。元ライブドア社長の堀江氏の場合、宇宙事業への参入を表明していたものの、それを具現化していくよりも前に、東京地検特捜部からマネーの出所に嫌疑をかけられることになった。二〇〇六年一月、ライブドア本社に家宅捜査が入り、堀江氏は元幹部らとともに、証券取引法違反の疑いで逮捕、起訴された。二〇一〇年四月現在も係争中である。

コンピュータ・オタクであったひとりの青年は、ＩＴベンチャーの起業から、急速に事業拡大を遂げて、富や名声を手に入れた。だが、その急速な成功をもたらした手法に、違法性の疑いがかけられた。ライブドアは連結売上高（二〇〇五年九月期）の約六割が金融部門によるものであり、ライブドアの本業とされたポータルサイトは、連結売上高の一割にも満たないものであった。彼らはＭ＆Ａを繰り返しては、高い株価によって時価総額を増大させることを成長の駆動力としていたわけだが、幹部逮捕の報が伝えられると、市場はすぐに反応した。ライブドア関連の銘柄は連日のようにストップ安を続け、東京証券取引所はシステム処理能力の限界を露呈した。

ライブドアは、Ｍ＆Ａや株式交換などの手法によって急成長をとげており、いわば既得権益を解体し、再編しながら利益を上げていく若者集団であった。堀江氏は、貨幣の貪欲な追及を肯定し、それを憚ることなく明言していた。ある人々はそこに、硬直化した因習を解体する革新者をみようとした。反対に、何かが失われようとする時代の偶像をみる人々もあった。ライブドアをめぐる株価の上昇と暴落は、どこに幻像があったのか、誰が幻像を操っていたのかといった問いかけの連鎖を生み出していった。堀江氏を追及する検察、検察とそれに追従するマスコミ批判を行う堀江氏、堀江氏を批判するライブドア幹部、ライブドア幹部を批判する大小の株主、そして高株価の熱に浮かされた投資家たちの自戒。

もっとも、ライブドアが用いた金融の手法は、アメリカの金融業界ではすでに盛時を過ぎたものであり、半ば既視感をもって、日本版の企業再編を眺めている人々もあった。ライブドアをめぐる一連の騒動は、金融業界の前進とも、後退とも、単なるアメリカの反復ともとれるものであった。

渦中の堀江氏は、できることとできないことを区別せず、実態のない話を膨らませたとして批判され、宇宙への挑戦はその最たる例ともいわれた。もちろん、事件の虚実は、宇宙事業への挑戦に直接関わるものではない。世評は、今後もロケット開発の顛末について、元ライブドア社長の虚実といった文脈に関連付けて寸評しようとすることだろう。堀江氏は、ロケット開発への継続的取り組みを表明しており、各国の宇宙開発と併せて、今後の展開が注視されるところである。

ただ、ひとりの起業家、経営者として成功や失敗という結果が問われるのとは別に、何が情況に賭けられているのかを考えてみることができよう。ひとりの起業家は、宇宙開発をめぐる問いかけを発し、それを国家主導からビジネスへ移行させようと提唱した。だが、彼はビジネスの手法に関して、違法と脱法の境界に置かれることになった。法的立場、そして保有資産からしても、この起業家にとって宇宙はずっと遠のいたはずである。それでも、掛け声を引っ込めるどころか、むしろその賭けは競り上げられているようにもみえる。

今日、宇宙開発は遠大な集合的目標として構想されることが困難になった。シミュラークルにおける未来の枯渇は、宇宙の謎や驚異を信じることさえ、容易ならぬものにしてしまった。そんななか、起業家たちは、「人類」や「国家」のためではなく、個人や企業によるロケット利用を進めようという。その掛け声は、周囲の批判や反動にもかかわらず発せられたものであり、個人の意志によるものといえよう。

だが、個人の意志であればこそ、そこに疑いを向ける人々もいる。壮大な宇宙へ乗り込もうとするのは、極小のベンチャー企業である。それはハイ・リターンのための無謀な挑戦であって、崇高な宇宙をアリバイとするビッグマネーが目的である。また、誰でも宇宙へ行くことができる時代とはいいながら、結局その恩恵を受けるのは、富裕層が中心になることだろう。宇宙を介して、地球規模における階層の区別が確認されるだけのことではないのか。

あるいは、こうした旧来のイデオロギー批判よりも、ずっと現代的な揶揄もある。二〇〇九年末、宇宙航空研究開発機構（JAXA）の金星探査機「あかつき」に、歌曲自動再生ソフトで人気のキャラクター画を搭載しようとするネット署名がなされた。宇宙についての専門家とアマチュア、たんなるキャラクター愛好家といった区別は、そこにはない。これは宇宙への関心を広めるための署名であったということだが、「ミクオタ」たちの「痛衛星」打ち上げといった冷評もあった。約一万四千人から集められたという署名のうち、専門家でない者がどれほど宇宙への関心を深めただろうか。むしろ、そこにあったのはキャラクターへの没入であったかもしれない。そして宇宙をビジネス化しようとする起業家たちの掛け声も、ともすれば、こうした趣味の世界へすっと紛れ込んでいく。

IT起業家たちの宇宙事業構想も、人気キャラクターに投じられる一票も、どちらも個人的な趣味の世界にあるものかもしれない。少なくともロケット打ち上げに成功しなければ、事業モデルが構築されなければ、それは物好きな趣味のままであろう。だが、趣味を事業化するとなれば、それはすぐれて個人としての意志ともいえる。宇宙への挑戦は、マネーの貪欲な追及であろうし、また物好きな浪費でもあろう。ただ、そんな個人の賭けが、現代の賭けにまで競り上げられようとしているとあれば、その局面は記しておくに足る。

堀江氏はこれまで、貧困層を軽視し、富裕な強者の論理をふりかざしていると批判されてきた。これに対して堀江氏は、労働者と資本家、労働とレジャーといった区別の極そのものが失効していると踏む。誰もが起業し、個人事業主となれば、あるいは株主という立場をとれば、資本家による労働力の搾取といった批判は成り立たなくなるだろう。さらに、堀江氏の描く社会では、ベーシック・インカム制度によって、労働者と資本家、労働時間とレジャーといった区別の極が交換可能になっていく。

ベーシック・インカムによって、労働せずとも生活最低限の収入が保証されるとしよう。そこでは仕事が趣味としてなされるし、趣味を仕事にすることができる。より多く収入を得たいものだけが働けばよく、働かない者であっても、最低限の生活はできる。労働なくして好きに時間が使えるのであれば、多くの時間を仕事に割く富裕層よりも豊かな生活が送れるかもしれない。貧困や身体障害といったある特定の社会階層を対象として、社会保障が組み立てられるのではない。むしろ、雇用関係や階層にかかわりのない、仕事＝趣味の領域が、個々に局所化されながら増殖しやすくなろう。

こうした制度の問題点、矛盾、障害は、いくらでも列挙されるであろう。ロケット事業と同様、そこに描かれるのは素晴らしいビジョンかもしれないが、数多くの矛盾、直ちに顕在化しにくい危険等もある。実現の見通しもそう高くはない。ただ、こうした提案はいずれも、より多くの人々を、さらなる消費社会の加速、高次化へと招き入れようとする賭けの競り上げである。

階層の否定でもあり肯定でもあるベーシック・インカム制度は、かつての産業社会に似た冷徹な階層化と、社会主義の管理された水平化を、並行しながら再演するものかもしれない。それは見たことのない未来への希望というよりも、むしろ、未来の欠乏と過去からの既視が交錯するところとなるかもしれない。それでもこの制度の提唱は、実現の可否にかかわらず、局所的な趣味領域へと分散していくエネルギーを大きな賭けへ引き込み、現在の競り上げをもたらす。

堀江氏はこれまで、時事問題などについて意見や主張を述べてきた。その他にも、ガジェットを試し、性や美食を語り、ダイエットに苦戦するといった生活の様子を、好んでインターネットや雑誌等に晒してきた。ただし、逮捕劇以降は、テレビや新聞などマスメディアによって作られる社会的イメージを脱して、自らメディアのチャンネルを使い分け、ニュースに先んじて、情報のトラフィックを変えていこうとする。しばしば私生活が赤裸々に語られているが、それは疎外された自己の顕示欲というよりも、むしろ情報の速度に追いつき、追い越し、自らの生活を情報と化していく運動であろう。

マスメディアから一斉に批判を浴びせられた堀江氏だが、たんなるメディアからの疎外であれば、かつての近代文学の言語で語られうるものであったろう。賭けとは、個人の秘められた決意の重さによって、その軽重が暗示されるものであったろう。ところが、情報の動きのさなかで、速度のなかで、個人（をめぐる情報）の重さが変わり、賭けの軽重も変じられるとしたらどうであろうか。本人でさえ、宇宙事業に賭けられているものを言い当てることは難しい。

インターネットを介した速度の世界へ、誰しもが入り込むわけではない。それぞれの地域に、土地の時間がある。だからこそ、物好きなひとつの趣味領域から、現代を賭ける一手がどのように積み上げられているのか、記しておく必要がある。

【カリスマ、セレブ、イケメン】単独者なき卓越

若林幹夫

1 クリシェ化した卓越性

〝イケメンカリスマホストのセレブなプライベート〟。こんな言葉を雑誌の記事やテレビの番組欄に見つけたとしても、現代の日本人の多く、特に三〇代よりも若い世代の多くは、別に違和感などもたないかもしれない。イケメンのカリスマホストであれば、確かにセレブな生活ができそうだ。ホストでなくても「イケメンカリスマ美容外科医」でも、「イケメンカリスマトレーダー」でもかまわない。いずれにしろ、BMWやポルシェに乗り、ロレックスやブルガリの腕時計をし、都心の高層マンションの上層階の広々としたリビングで、高級ワインの栓を抜いてくつろぐ姿が見えるようではないか……と、ここまで書いてそのあまりのクリシェ（=紋切り型の決まり文句）振りに自分でも恥ずかしくなるけれど、それが陳腐な紋切り型に感じられるほど、「カリスマ」も「セレブ」も「イケメン」も、現代の日本ではごく普通に耳にし、目に触れる言葉である。日常会話ではそんなに使われないとしても、新聞や雑誌、テレビやインターネットなどのメディアのなかでは、これらの言葉とそれによって指し示される〝何か〟が日々流通している。

「カリスマ」も「セレブ」も「イケメン」も、「普通であること」に対する何らかの卓越性を意味する言葉だ。だが、そうだとすれば、「カリスマ」や「セレブ」や「イケメン」といった言葉がクリシェとして大量に流通する社会、カリスマホストやカリスマ医師やカリスマトレーダーだけでなく、カリスマモデルやカリスマ美容師、カリスマ店員やカリスマ主婦の話題に事欠かず、名士《セレブリティ》――

「セレブ」とは、「名士」、「有名人」を意味する〝celebrity〟を縮めた〝celeb〟という英語の名詞である――でなくとも「セレブな暮らし」や「セレブ気分」を味わえたり、〝一山いくら〟と言いたいくらい「イケメン」が何人も出演するドラマがヒットしたりする社会において、「卓越していること」とはいったいどういうことで、それは私たちの意識や感覚や欲望のどのような形を表わしているのだろうか。

　次節で見るように、「カリスマホスト」や「カリスマ店員」のような「カリスマ」という言葉の使われ方がメディアを通じて日常化していったのは、実はここ一五年ほどのことに過ぎない。「セレブ」や「イケメン」という言葉にいたっては、まだ一〇年ほどの短い歴史しかない。だが、かつてであれば「イカす売れっ子ホストの人もうらやむ私生活」とでも書かれたものが「イケメンカリスマホストのセレブなプライベート」と表現されるようになったとき、どこかで何かが変わったはずなのだ。それは言葉の用法や新語、流行語の出現といった、〝言葉の上〟の問題なのではない。ある社会における語彙と言葉の用法は、それを使用して世界を記述し、理解し、行為する人びとの文化と社会のあり方を形作り、それゆえ一定の規範性をもって人びとの感性や理性を捉え規範するという意味で、エミール・デュルケムの言う意味での「社会的事実」――ある社会に広範に分布し、個々人に対して外在的であると同時に規範的なもの――なのだから。

2　「カリスマ」の凋落、「セレブ」「イケメン」の登場

　そもそも「カリスマ charisma」は、ギリシア語で「非凡な神通力」や「奇跡を行い予言する神賦の能力」を意味する kharisma に由来するヨーロッパの言葉である。社会学や政治学では、マックス・ヴェーバーが「合法的支配」「伝統的支配」と並ぶ支配の三類型のひとつとして定式化した「カリスマ的支配」の概念が有名だ。

　支配の類型はここでの主題ではないので、ヴェーバーが「カリスマ」をどう説明しているかということだけ確認しておくと、それは「永遠に新たなるもの・非日常的なるもの・未曾有なるもの」として人を情緒的に魅了する「天与の資質」で、「とりわけ呪術的能力・啓示や英雄性・精神や弁舌の力」などに見出され、具体的には「北欧の『勇猛戦士《ベルゼルカー》』の狂躁的な発作も、何らかのインチキ予言者の奇跡や啓示も、クレオンのデマゴギー的資質も、社会学の立場からは、ナポレオン、イエズス、ペリクレスのごとき人びとの資質と同様に『カリスマ』なのであ

る」とされる(『支配の社会学I』創文社、一九六〇年)。ちなみに、「ベルゼルカー」は北欧神話の勇者、クレオンは古代アテナイの民衆煽動的な指導者だ。ナポレオン、イエズス、ペリクレスについては、いうまでもないだろう。

この〝古典的〟とも〝正統的〟とも言える「カリスマ」の意味と、その所有者としてあげられている人物像は、現代日本で「カリスマ」の語とそれが指し示す人びとに比べると、ずいぶんと大げさなものに思われるだろう。「大げさ」と言わずに「偉大」とか「英雄的」と呼んでもよいのだが、そもそも現代の日本語では、「偉大」や「英雄的」という言葉自体、なにがしかのてらい抜きには使い難い言葉になってしまっているのだから、やはり「大げさ」というのが現代の感覚に即している。

だが、試みに朝日新聞の記事検索で「カリスマ」という言葉を調べてみると、一九九〇年代までは政治指導者や経営者、芸術家などに関する記事でもっぱら用いられてきたことがわかる。体制や組織のトップに立つ指導者や、芸術表現において特異な才能を発揮して人びとを魅了する芸術家に対して用いられていたとき、まだ「偉大」や「英雄」の観念と結びついていたこの言葉の意味が変わり始めたのは、世紀の転換期の頃のようだ。

同じ記事検索データベースによると、雑誌やテレビで「カリスマ美容師」が話題になったのは一九九九年、「カリスマ店員」や「カリスマモデル」、「カリスマ主婦」といった言葉が出現するのは二〇〇〇年前後である。

同様のことは、日本経済新聞社発行の主要紙の記事データベースでも確認できる。一九九九年九月二八日の朝日新聞大阪版にはこのことを傍証するように、『カリスマ』が新語で流行?」と題された投書が掲載されている。投書した四四歳の会社員は、「カリスマ」という言葉は「いい意味に使われた印象がなく、どちらかと言えば、今世紀の悪語のようなイメージを抱いていた」と述べている。それは、ヒトラーやムソリーニ、スターリンや毛沢東など、二〇世紀の全体主義国家の「偉大な指導者」たちが、内外から良くも悪くも「カリスマ」と見なされてきた記憶があるからだろう。そしてこの投稿者は、「カリスマショップ」や「カリスマモデル」という言葉の流行に対して「不思議な印象を持っています」と述べているのだが、それから一〇年以上後の現在、そうした用法はもはや「流行」ではない、ごく普通の使い方になっている。

「セレブ」という言葉の出現は、この「カリスマ店員」や「カリスマモデル」とほぼ同時期だったようだ。一九九九年一一月一三日の朝日新聞夕刊文化面には「セレブ

〈私〉を託す虚構の偶像」という記事が載っており、その冒頭には「ファッション誌、情報誌、映画のタイトルにまで『セレブリティー』という言葉をみかける。縮めて『セレブ』。代表はあのダイアナ妃。」と書かれている。こうした説明が必要であったことは、「セレブ」という言葉もその意味も、当時はまだ、「新しい流行語」の域を出ていなかったことを示している。代表例として挙げられるダイアナ妃が「セレブ」であるのは間違いないが、叶姉妹やパリス・ヒルトンを「セレブ」の典型と見なす現代の感覚からすると、例としてはちょっと「古典的」すぎるかもしれない。「セレブが……」と「セレブ」を主語にした表現の初出は朝日新聞では上記記事の一九九九年一一月で、日経は日経MJ（流通新聞）の二〇〇三年の二月。形容詞化した「セレブな」の初出は朝日新聞が二〇〇一年七月、日経が二〇〇三年六月である。

　最後に「イケメン」だが、朝日新聞では二〇〇〇年一月に元力士のプロボクサー・デビューを報じた記事で引用の形で登場したのが最初。日経も同じ二〇〇〇年八月、「『いい男』を指して一部の若い女性の間で使われている」と、新語の紹介記事で取り上げたのが最初である。だが両紙ともにその二年後の二〇〇二年に、一三人の「イケメンライダー」たちがバトルロイヤルを繰り広げる『仮面ライダー龍騎』が主婦や若い女性に人気を呼んでいることを取りあげている。二〇〇〇年から二〇〇二年までの二年の間に「イケメン」の語が「一部の若い女性」だけでなく、より広範な男女が使う言葉になると同時に、記事を書く新聞記者の側も使う言葉にもなっていったことが、そこからはうかがえる。この年には、日韓共催のワールドカップで来日したイングランド代表のデビッド・ベッカムも「イケメン」として話題になった。二〇〇七年には『花ざかりの君たちへ～イケメン♂パラダイス』や『花より男子2（リターンズ）』、『有閑倶楽部』など、複数の「イケメン」を揃えたいわゆる〝逆ハーレム〟的設定の「イケメンドラマ」がブームとなり、『メイちゃんの執事』（二〇〇九）や『インディゴの夜』（二〇一〇）などに引き継がれて現代にいたる。仮面ライダーシリーズのイケメン路線も健在だ。かくして今や、かつてであれば「2枚目」とか「ハンサム」とかいわれただろう若手男性タレントが「イケメン」と呼ばれるのは、普通のことになっている（とは言え、そこに見逃せない意味論上の変化があるのは後述するとおりである）。

3　「偉大」から「普通さ」へ

現代における「カリスマ」の語の日常化や、「セレブ」

の出現について考えるうえで今もなお示唆に富んでいるのが、一九六二年に発表されたダニエル・ブーアスティンの『幻影の時代』（原題はThe Image。邦訳は東京創元社、一九六四年）における、「英雄」と「名士」、「有名人」についての考察である。

『幻影の時代』の考察の対象は現代の日本ではなく、主として二〇世紀半ばのアメリカ社会なのだが、ブーアスティンはそこで、アメリカでもっとも賞賛される国民的英雄であるフランクリンやワシントン、リンカーンなどにアメリカ国民のよせる尊敬は、彼らがカリスマをもっていたからではなく、彼らの体現する大衆的美徳によるのだと述べている。ワシントンもリンカーンも、またこの二人ほどではないがフランクリンも、わが国でも偉人伝の常連の〝偉い人〟だ。「何らかの行為によって偉大さを示した実在の、あるいは架空の、時にはその両方の人物」というブーアスティンによる「英雄」の定義にしたがえば、この三人をいずれも「英雄」と呼んで差し支えないだろう。だが、そのような「英雄」が、彼らのもっていたカリスマによってではなく、「普通人の性質」（ブーアスティン）によって尊敬され、敬愛されるのはなぜなのか。理由のひとつは、アメリカが建国時からその基礎としてきた民主主義の理念である。民主主義＝デモクラシーとは、「デモス＝民衆」による支配のことだ。ワシントンもリンカーンも平等・対等な国民の中から民主的手続きにより選ばれたのであり、彼ら三人のいずれもがその指導力や政治的才能の卓越によってよりも、勤勉、合理主義、個人崇拝の否定など、アメリカ人の多くが信じる国民的美徳を典型的＝代表的に体現する存在として尊敬されている。現代日本で用いられる言葉を使うと、彼らは抜きん出た政治的能力よりも「典型的アメリカ人」であることが人びとに与える「好感度」によって愛されている。そこには「典型的であること」、「特別でないこと」が「抜きん出て愛されること」の理由になるという構図がある。

ブーアスティンはまた、カリスマをもった古いタイプの偉大さによる名声に、現代では「セレブリティ」が取って代わろうとしていると指摘する。celebrityという言葉は「群集」、「名声」を意味するラテン語のcelebriasや、「しばしば訪れた」、「人口の多い」、「有名な」を意味するceleberに由来するが、二〇世紀のアメリカでは「有名人」、つまりマスメディアを通じて「有名なゆえに人によく知られた人」のことを意味するようになったと、ブーアスティンは言う。現代的な有名人を他の人びとから区別された者にするのは、そのカリスマや資質ではない。

彼／彼女らがなにがしかの理由でメディアを通じて多くの人に知られるようになったから有名であるという、同語反復的《トートロジカル》な存在。そんな有名人たちは、有名人同士で「お互いを作り出し、ほめ合い、宣伝し合」い、「彼ら相互の関係を知られることによっても、いっそうその有名人としてのイメージを強める」という。「有名人の友達は有名人」という、現代日本でも日々繰り返されている「友達の輪！」だ。

4　成功者としての有名人《セレブ》

ヴェーバー的な意味での「カリスマ」が、現代日本の感覚からすると「大げさ」なのは、私たちが感覚し、了解するこの社会のリアリティが、宗教的な指導者に導かれ、示される聖なる秩序でも、偉大な民族の指導者によって開かれる歴史の地平でもなく、市場で得る富とその消費によってできていて、私たちにとって有意味で現実的な卓越性がそうした富を得る能力や、得た富を華々しく消費する中に見出されるものであるからだ。

二〇〇〇年ごろから増えてきた「カリスマモデル」や「カリスマ店員」のような「カリスマ」たちは、古典的な意味での「カリスマ」というよりも、ビジネスの世界やファッションの世界、物販の世界や家事経営の世界という、それ自体は大衆的で多くの人がかかわる「普通の世界」において、誰にでもわかる「成功」を手にした「やり手」であるという「大衆的美徳」の体現者である。現代のカリスマは、「カリスマ経済評論家」勝間和代や、「カリスマ主婦」栗原はるみのようにそうした富の獲得と消費において卓越した才能を発揮し、そのことに関して人びとを導き、助けることのできる才覚《タレント》をもった人物なのだ。

先に見た新聞の投書の主は、「カリスマ」の語を二〇世紀の「悪語」と呼んでいたが、ソ連東欧体制が崩壊し、中国が改革開放路線をとって集団指導体制に移行していったことと、「カリスマ」という言葉が店や店員、美容師や主婦といった「普通の人びと」のなかの成功者に対しても使われるようになっていったことは、無関係ではないかもしれない。二〇世紀に「カリスマ」の語に相応しいとされたのは独裁的全体主義国家の指導者だけではない。ドゴールやチャーチルのような西側の指導者、ガンジーやネール、スカルノなどの植民地独立運動の指導者たちもまたしばしば「カリスマ」だった。だが、東西（＝社会主義と資本主義）、あるいは南北（発展途上国と先進国）のいずれの陣営にあったとしても、彼らは「世界史」という「大きな物語」（ジャン＝フランソワ・リオタール）を率いる「世界精神」（ヘーゲル）の体現者であるかのように見なされ、時に自らもそれを任じていた。だが、そうした世界史の主人公たちが退場した後で、指し示す対象を失い、それによって「偉大さ」や「英雄性」などの「大げさな」意味からも解放された「カリスマ」の語は、私たちの周囲で業界や店や私生活といった「小さな物語」の場を牽引する「リーダー」や「やり手」を指すことができるようになった。それはもちろん、「カリスマ」という言葉に対する私たちの感覚が、社会のあり方と相関して変容したということだ。

現代のカリスマたちは、その「小さな、大衆的なカリスマ性」がマスメディアを通じて繰り返し紹介されることで、大衆の間で「名の有る人」になるという点で、ブーアスティンの言う現代的な「名士＝有名人《セレブリティ》」である。彼らを成功者たらしめた才覚に直接接している人びとももちろんいるわけだが、それを圧倒的に超える数の人びとにマスメディアを通じて「カリスマ」として知られることで、彼らは誰もが知る「名士＝有名人《セレブ》」になる。彼らの「小さなカリスマ」は彼らが「有名人《セレブ》」になるためのきっかけであり、資源であるのだが、いったん彼らが「有名人《セレブ》」になってしまえば、その「カリスマ」（というより「才覚《タレント》」）を知らない大衆にとっても「カリスマ」として知られる人となる。ベンヤミン流に言うなら、カリスマにはその人と資質に直に接する人を魅了する「アウラ」があるが、現代の「有名人《セレブ》」には、その元となったカリスマや成功ももっぱらメディアに媒介された情報やイメージで知られるという意味で、アウラが無い。だが、私たちの多くにとっては「雑誌で／テレビで／ネットで有名であること」が重要な価値の指標なので、「有名であること」がカリスマとみなされる資質となり、そこに「有名人オーラ」が見出されたりもする。

さらに現代日本では、「セレブ」という言葉は「メディアを通じて皆が知っている有名人」という意味から、「豪華な（あるいは派手な）生活をする金持ちの有名人」という意味で「誤用」され、そこからさらに「金持ちの有名人のように豪華な（あるいは派手な）」という属性の一部だけが取り出されて、「セレブな」という形容詞的用法も現れる。こうした〝誤用〟においては、宝くじ当選や遺産相続をきっかけに「セレブな暮らし」をすることも不可能ではない。それは「セレブ」ではなく「成金」というべきものだが、ただの「成金」ではやはり「セレブ」ではない。メディアのなかの「セレブな有名人」たちが、現代の大衆にとりもっともわかりやすく、また共有可能な夢＝美徳である「お金持ちで豪華な暮らし」を体現する存在であるならば、「お金持ちになって有名人のような豪華な生活をする人」としてマスメディアを通じて有名になったとき、「成金」は「セレブ」に成るのだ。（「成金」から「成セレ」へ！）ホリエモン＝堀江貴文ではないが、たいていのものはお金で買える現代において、お金で名声《セレブリティ》（＝有名性）を買うことも夢ではない。

5 「イケメン」の示すもの

「イケメン」という、「カリスマ」や「セレブ」に比べるとちょっと迫力を欠いた言葉と、その言葉が指し示すおしゃれでちょっと線の細い感じの青年たちの出現については、ジェンダー論や青年論の視点からも説明されなくてはならないが、「カリスマ」が凋落し、「成金」が「セレブ」になることが可能な社会の到来とも、それは無関係ではない。

『仮面ライダー龍騎』をはじめとする平成の仮面ライダーシリーズがイケメンライダーで話題になったのは、主人公が美形だっただけでなく、複数の美形青年が揃えられていたからだ。自分がライダーだということを隠しつつ、ひとり世界の平和のために戦う孤独なヒーローではなく、お互いにライダーであることを知ったイケメンたちが、時に反目し、時に助け合いながら戦う世界。そこには、かつての「孤独なヒーロー」や「二枚目スター」のような突出した存在感をもった主人公はおらず、どの役を誰がやっても代替可能な選択肢のように、どこか似たような感じの青年たちがならんでいる。イケメンぞろいの男子校が舞台の『花盛りの君たちへ〜イケメン♂パラダイス』、女生徒それぞれにイケメン執事のつく女子校が舞台の『メイちゃんの執事』、ホストクラブが舞台の『インディゴの夜』なども同様だ。彼らはその美貌や能力において相対的に優れてはいても、物語の中でひとりだけ突出して他から超越することを禁じられているかのようだ。かつても「スター競演」などということはあったけれど、そこで期待されていたような個性のぶつかり合いは、現代の「イケメン」ドラマには希薄だ。映画やテレビのスターは現代の「有名人《セレブ》」の典型だが、彼らの有名性はその個別性において表象されていた。だが、「イケメン」たちは〝men〟という複数形が示すように集合的存在だ。他との比較を拒絶する単独者ではなく、相対評価されるべく並んだ一般者たち。彼らが示すのは、ひとりだけ突出しないことが「愛される理由」となり、「普通であること」が価値である、私たちの社会の文化の平坦《フラット》さである。

【大学教育】

美大論——専門教育の境界の融解

加島 卓

1 美大の語られやすさ

とりあえず進学したものの、勉強そのものはどうでもよい。それゆえ、卒業に必要な単位だけは首尾良くこなし、後はアルバイト。こうした学生にとって、大学とは「何を勉強したのか」というよりも、「いかに過ごしたのか」という時代のことであろう。そもそも大学への信頼が低ければ、わざわざそれを振り返る愉しみもなく、「旧帝大」や「早慶」といったお話も、その部外者にはどうでもよい。所謂「大衆教育社会」は、こうしてほんのり経験されている。

こうしたなか、美術系大学（以下、「美大」）は偏差値的な序列には回収されにくい、ある種の固有性を持っている。それゆえ、一般大学（以下、「一般大」）とは「何かが違う」と思われ、またそうだからこそ、大衆文化的な想像力が誘発される。なかでも「ムサビ」（一九二九〜、武蔵野美術大学）は、しばしば語られる美大だと言えよう。

例えば、視覚伝達デザイン学科を卒業したみうらじゅん（一九五八〜）にとって、「ボクは入学する前から、美大はヒッピーが通うところというイメージをもっていた。美大工房の裏ではマリワナが回され、校内はロック長髪族のコミューンみたいな所」が美大だったという（「膀胱炎と美大生」『美術手帖』美術出版社、一九九四年一〇月号）。

また、短期大学部を卒業した辛酸なめ子（一九七四〜）の親には、「美術系の男はみんなオオカミだから気をつけろ」と語らせてしまい、本人においても、入学から半年で「わかりやすい染まり方というか「美術系だから古着を着ないと」みたいな感じで、ベタな古着や汚いツナギみたいな格好をして」しまうコンサバ系美少女に、深い疑いを持つようになる（「ムサビ時代の作品アルバム」『たのしい中央線　2』太田出版、二〇〇六年）。

こうしたバリエーションは無限にあり、事実かどうかも問題ではない。「何か違う」と思われている限り、何を言っても紋切り型の落とし穴にはまり、またそれゆえに、どうにでも語れてしまう。一般大しか知らない者にとって、美大はこうした語り口の中にあるのだ。

ところが、状況はそんなに単純でもない。例えば、アートやデザイン、メディアやコンテンツなど、今までは美大にあった講座が、一般大にも導入され始めた（「プロデューサー元年：育成の現場から」『朝日新聞』二〇〇五年一月四日）。また、以下で述べていくように、美大の入試も多様化し、一般大と変わらない学生を募り始めている。つまり、これまで美大の領分とされてきたある種の専門性は、やや独特な展開を見せ始めている。そこで本稿は、こうした動きのなかの美大とその学生（以下、「美大生」）について述べていこうと思う。

2　デッサンの共同体

さて、美大と言っても、その名の通り「美術大学」となったのは、一九四九年の学制改革以後である（東京美術学校と東京音楽学校→東京藝術大学、帝国美術学校→武蔵野美術大学と多摩美術大学）。つまり、それまでは「美校」であり、その学生は「画学生」と呼ばれることが多かった（『画学生の頃』アトリエ社、一九三〇年）。また戦後になっても、画学生はそれなりに使われる一方で（「画学生の一日：西洋画科3年H君の場合」『武蔵野美術』第二四号、一九五七年）、もう少し射程の広い「美術学生」という呼び方とも共存することもあった（「壁に貼られた美術学生生活白書」『武蔵野美術』第二六号、一九五八年）。当時、「美大生」は一般的な呼び方ではなかったし、いつ頃から定着したのかも特定し難い。とはいえ、こうした流れこそ、現在の美大生を支える歴史である。

また、美大と言っても、実に様々である。大雑把に言えば、絵画・彫刻・工芸といったファインアート系、グラフィック・プロダクト・空間演出・服飾といったデザイン系、それに映像・アニメ・写真・ウェブ・メディアアートといった情報メディア系などがある。二〇〇六年の時点では、一一九校の美大（約半数は音楽部門を併設）に加え、一般大で美術系学部を有するのが二二校、学部内に美術関連学科を有するのが三三校、専攻課程を有するのが六四校あり、「美術系教育機関の多さは世界に抜きん出ている」ようである（「美術大学」『日本近現代美術史事の差異化を受験生に課してしまう傾向を持つ。これが群として画一的な「受験絵画」や「マニュアル絵」を生み出し、かえって創造性を妨げるというわけである（小泉真理『ジンクホワイト』）。代々木ゼミナール日本画科と新宿美術学院を経て、東京藝術大学日本画専攻に入学した村上隆（一九六二〜）によれば、「美大受験予備校の教育はアーティスト育成において「必要悪」」というのが業界の常識である（「日本の美術教育徹底討論」『美術手帖』美術出版社、二〇〇九年一〇月号）。

要するにデッサンは、それさえやっておけば大丈夫といった信頼を当てにしつつも、それ自身では、現代日本の美術に対する否定的な評価も供給している。まるでそれは学生に対して読書を奨励しながら、それ自身によって活字離れを延々と嘆き続ける、あの構図とも相同的である。とにかく、こうしたデッサンこそが、美大という円弧の大部分を成していることは歴史的な事実である。

3　描くか、見るか

ところが、このような美大に土足とは言わないまでも、かなり前提の異なる者たちが歩み入りつつある。例えば、一九九〇年代以降、ＡＯ（アドミッションオフィス）入試や自己推薦入試が導入され、デッサンを「選択肢」にし典』東京書籍、二〇〇七年）。つまり、多様な美術知が多元的に教育されているというのが、美大の現在なのである。

とはいえ、こうした美大を、私たちが当たり前のように一般大と区別してしまうのは、まずもって、その入口が異なるからであろう。その象徴が、「デッサン」という実技試験である。そのため、美大を目指す受験生の多くは画塾や美術予備校へ通い、輪郭やパースの取り方、光と影のバランス、構図や質感などをひたすらトレーニングし、コンクールと合同講評を繰り返しながら志望校を定めていく。そして入試当日には、わずか三時間から六時間で、「アルミホイルの上に与えられたモチーフを自由に構成し、鉛筆デッサンしなさい」（二〇〇九年度多摩美術大学日本画専攻）や「あなたの記憶している「カレーライスとサラダ」をモチーフにして、幾何学図形で構成し、描きなさい」（二〇〇九年度武蔵野美術大学基礎デザイン学科）といった課題を仕上げていく。こうした受験勉強としての実技は、美大生の多くが通る道であり、またそれゆえに、一般大生との区別を際立たせていると言えよう。

ところが興味深いことに、これほど入試で重視されているデッサンへの信頼は、驚くほど低い。試験時間内に仕上げることを目的にした画塾・予備校的なトレーニングは、相対的な審査において勝ち抜くために、表現上て、作品やプレゼンテーションで評価していく学科が増えつつある。また、中には色彩構成・立体造形・平面構成といった実技試験すら受けなくても、「これから上映するインタビューを、メモを取りながら視聴し、その内容を四〇〇字以内で要約しなさい」といった小論文で評価したり、さらにはセンター試験の結果だけでも、美大生になれる道が拓かれたのである（多摩美術大学芸術学科や、武蔵野美術大学芸術文化学科）。所謂「全入時代」を見据えた学部・学科の細分化は美大にも及び、入試そのものが多様化し始めたと同時に、美術予備校もこうした動きに応じて、実技よりも学科や小論文に特化したコースを設置し始めたのである。

こうした経路に従えば、美大生としての在り方も随分と変わってくる。それをやや単純化すると、「描く」か「見る」か、の違いとなる。なるほど、私たちは美大生と聞けば、先述した事情からして、ついつい「描く」人だと思いがちである。しかし、そもそも「見る」ことに特化した美大生がいても、おかしな話ではない。そこで、これまで一般大で取得されていた学芸員資格を、美大独自のお土産にしようというわけである。

この状況をより図式化すると、美大生としての在り方が「作品制作型」なのか、それとも「プロジェクト型」なのか、となる。作品制作型とは、実技を活かし、アトリエや工房で多くの時間を費やし、場合によっては留年も覚悟の上で、自分にしかできない表現に力を注ぐ道である（「卒業を前に美大生は何を思うのか」『ギャラリー』二〇〇八年三月）。あえて言えば、今あるものを最初から作り変え、どこまで徹底的に制作できるのかを詰めていく傾向を持つ。これに対して、プロジェクト型は、実技よりも知識としての関心が高く、美術を他者との連携において活かす道である（『ミュージアムの仕事』平凡社、二〇〇八年）。あえて言えば、文脈を変えながら、作品にどこまで新しい解釈を与えられるのかを詰めていく傾向を持つ。要するに、前者はアーティストやデザイナーを目指し、後者はプロデューサーやキュレーターを目指すのである。

4　自助の模索

なお、後者はどこか胡散臭く、前者から疑われたりもする。それゆえ、「かといって、アーティストがキュレーションするのと、キュレーターがキュレーションするのではやっぱり方向が違うんですよ。アーティストのキュレーションするものはあくまでそのアーティストの作品としてある」（「ヒリヒリ伝わってくるような見せ方とは?」、住友文彦・保坂健二朗(編)『キュレーターになる!』フィルムアート社、二〇〇九年)と、相対的な自律を強く語らされてしまう。しかし、こうした当事者間の結託だけでは、ある種の視野狭窄に陥る。それというのも、美術をめぐる外部環境の変化が、美大の在り方に効いているからである。

例えば、一九八〇年代の現代美術は「日本の現代思想」と相互参照することで、「描く」ことの素朴な序列化を拒むような語り口を生み出した。「近代美術の歴史が、一般に万人に対して普遍的であるように見えて、実際のところ、ひじょうに特権的な一部の人にのみ、その権利を委託されていた」ことがバレ始め、とりあえずの多様性を肯定すると同時に、こうした動きが「美術と音楽であるとか、音楽と映画であるとか、こうしたジャンルを隔てている壁そのものを打ち壊す」(椹木野衣『増補　シミュレーショニズム』)ようになったのである。

その結果、作品の横並びは急速に進み、それらに対する言葉も多極的に流通した(村上隆(編)『スーパーフラット』マドラ出版、二〇〇一年)。誰もが美術を語れるようになったが、誰も語り尽くせないのである。それゆえ、全体がない「かのように」振る舞いつつ、分解と再構成を支える全体そのものは疑わない語り口によって、個々の作品を無限に文脈化できる専門的な人材が必要になってきた(これからの博物館の在り方に関する検討協力者会議『新しい時代の博物館制度のあり方について(報告)』)文化庁、二〇〇七年)。そうでもしないと、公立美術館で購入・展示される作品の説明責任は果たせず、さらにはアーティストを目指す美大生の将来も守れないからである。つまり、外からの意味づけが頼りなくなった分だけ、批評は美大の内部へと水路付けられたのである。

また、景気後退に伴って私設美術館の閉館が相次ぎ(一九九九年にセゾン美術館、二〇〇一年に東武美術館、二〇〇二年に伊勢丹美術館)、独立法人化した国立美術館には情報公開と自己管理の強化が及び(二〇〇一年四月)、地方自治法の一部改正によって公立美術館には指定管理者制度が導入され始めた(二〇〇三年)。他方で、「もはや美術館は、少数の観客が展覧会をみるための特権的な施設ではなく、一般大衆に開かれた「参加型」の美術館に変貌し始めた」(「公立美術館の時代」『日本近現代美術史事典』東京書籍、二〇〇七年)とまとめられてしまう程、鑑賞者のニーズに対応した美術館の在り方が求められ、展示施設の専門家というよりも、社会教育施設における市民参加型ワークショップのファシリテーター的な役割が求められるようになった(鷲田めるろ「キュレーターにプロとアマがあるとしたら?」、住友文彦・保坂健二朗（編）前掲書）。美術館もまた、外からの手厚い支援を当てにできなくなり、自助の策を練り始めたのである。

「見る」ことに特化した美大生は、こうした動きのなかで必要とされたのであり、今や「描く」だけが美大生ではない。美大はその外部環境の変化に伴い、デッサンを手放した分だけおしゃべりになったのである。また、それゆえにインターネット公開に伴う著作権の管理や、所蔵品のデジタル・アーカイブ化（文化庁「文化遺産オンライン」）といった、美大内部からは生じない系も抱えることになり、「アートマネジメント」や「文化政策」が学ばれるべきことになった。要するに、誰もが従うような審級を当てにした分業の限界に直面し、美大はその外部を組み込むことで、ある種の自助性を得たのである。

5 相互浸透のできなさ

とはいえ、こうした試行錯誤は外部に殆ど知られることはない。というか、何かを当てにして知ってもらうこと自体が難しくなったし、また、誰に知ってもらえばよいのかも明確ではなくなった。それゆえ、美大生はそれぞれの日常生活においてその境界面に接し、場当たり的に、相互浸透のできなさを相互浸透させるようになる。

その典型は、就職活動である。当事者の話に少しでも耳を澄ませば、一般企業との接触において、不当なまでに「美大生」化させられてしまうことに、苛立っていることがわかる。「美大生だから」を殺し文句に、採用することも、しないことも、正当化されてしまうからである。とはいえ、当人においても、それはどこか気持ちのよいものらしく、筆記において「美大生だからあまり点を取れなくていいんだよね」といったフィードバックも得てしまう（中田敦子「就職活動体験報告から」『進路インフォメーション』（第二三号）、武蔵野美術大学就職課、二〇〇三年）。

もちろん、美大生を対象にした採用試験では実技やプレゼンテーションが重視されることもある。とはいえ、「美大ということで絵とか作品で自分を表現するということには長けていると思うのですが、就職に関しては、まず作品を持っていく前に書類で落とされるという現実」は無視できず（熊谷啓太郎「就職活動体験報告から」、前掲書（第一二号）、一九九九年）、ある種のペーパー試験コンプレックスは吐露され続ける。また、採用する側にとっても、「美大生というのは就職に対して非常にのんびりしていますね」といった印象は消し難く（高橋道春「百貨店のデザインマネージメント」、前掲書（第二号）、一九九七年）、美大の就職課においては、相互のコミュニケーション不全を解除していくことが毎年の課題になっている（「進路・就職プレガイド」、前掲書（第三六号）、二〇〇六年）。なお一九九〇年代以降、武蔵野美術大学で学生生活調査が実施された年の就職率は、四九・四％（一九九三年）、三九・七％（一九九八年）、三七・三％（二〇〇二年）、四六・三％（二〇〇六年）である。

また、友人関係も興味深い。再び耳を澄ませば、美大生としては当たり前の話題がバイト先で「オタク扱い」され、クロッキー帳を抱えて動物園に行こうとしたら「キモい」と言われたりもする。話題や視座のズレは日常的な風景であり、またそうだからこそ、「私からしてみたら、文系大学や理系大学の人が何を考え、どう行動しているのか、の方がよっぽど謎」と、閉じていく（武蔵野美術大学芸術文化学科、二〇〇九年度「メディアと表現」受講生六〇名へのアンケートより）。回収率二四・七％という前提付きだが、二〇〇二年に実施された武蔵野美術大学の『学生生活調査報告書』によれば、週に六日間通学する者の割合は四七・四％であり、授業時間以外の学内滞在時間が三時間を超える者の割合は一八・七％、四時間を超える者は二〇・〇％である。

要するに、美大はどんなに外部を組み込もうとも、それ自身では内部の上書きとなり、またそれしか選択肢が残されていないかのように、自らも動いてしまうのである。

それゆえ、結局のところ、大衆文化的な想像力も揺るがない。油絵科・陶芸科・彫刻科・建築科の学生とアーティスト崩れの美術史教員から成る漫画『ハチミツとクローバー』（羽海野チカ、全一〇巻、集英社）を、「あれは美大の内が現に見えづらく、知られていないからこそできる演出だ」と美大生は分かっていても、大学の広報担当者はその著書において、「ここにはごく普通の美大生しか登場しません。残念ながら「あの漫画」のような全員片思い逆走ラブストーリーもありません」（手羽イチロウ監修『ムサビ日記』）と、うっかり言及してしまうのである。

6 美大生なのに、絵が描けないかもしれない不安

本稿はここまでに、美大の語られやすさを指摘し、それを揺さぶるような動きを具体的に示しつつも、その揺るがなさを確認してきた。美大は、これまで一般大経由の人材との分業（学芸員の外注）を当てにできたからこそ、実技試験を経由した人材の育成に徹することができたのだが、その外部環境の変化に伴い、分業的な没入を解

除しつつ、自己管理の度合いを上昇させることになった。しかし、結局それも全体に対する部分として見えてしまうことは変わらず、またそれが多様化する美大生の進路選択や友人関係の意味論を上書きし、その変わらなさが美大の広報戦略としては効いてしまうのである。

こうした動きは、そもそも芸術を本気で理解するつもりのない外部としての社会が、その内部としての美大において芸術を馴致していく過程だと観察できるが、実はその内部においても、芸術の信じられなさがバレてしまっている過程だとも観察できる。そうでなければ、実技試験としてのデッサンを重視しつつも、それを「必要悪」と意味づけてしまうこともなく、また美大生が就職活動や友人関係において、他者からの意味づけに浅く悩むこともないであろう。内部化される芸術は、その分だけ社会を引き裂く方向にも動き、その両者が循環して私たちの前に現象するのである。

さて、最後にこうした動きのポジティブな面について一言述べておきたい。というのも、実技試験のない入学は、「最近の美大生といったら……」という否定的な語り口に誘われやすいからである。しかし、本稿が述べてきたように、実際はこのような嘆きを支える安全地帯そのものが吹っ飛んだのであり、またそうだからこそ、かえって頑張れてしまえるのが現在の美大生なのである。

例えば、ここまで述べてきた当事者には、「美大生なのに、絵が描けないかもしれない不安」が生じることがある。しかしその一方で、これが美大生を学業へと駆り立てていくこともある。つまり、一般大に対して美大という程良い閉じ方と稀少性があるからこそ、その前提を十分には踏まえていないという自覚が、逆説的に勉学の動機へと昇華されることがあるのだ。大学院への進学率だけが学業的な関心とはとても言えないが、それなりの数値を出してもいる(武蔵野美術大学芸術文化学科の場合、平成一四年度から六年間の単純平均で七・五四%)。

このように考えると、美大化する一般大で生じかねない「美大生じゃないのに、絵を描いちゃっていいのかな不安」よりも、一般大化する美大はその学生にそれなりの充実度を逆説的に与える可能性があり、またそれによって、「大衆教育社会」の凡庸さからもある程度の緊張感を保つことができるかもしれない。その意味で、本稿が述べてきたような美大生は面白いと同時に、落ち着きが悪い。しかし、その可変性を難じることなく、共に楽しめるようになれば、見渡しのきかない現在の平板さをある程度引き受けたということになるのであろう。

【スピリチュアル】消費社会のなかの宗教

貞包英之

1 モードとしてのスピリチュアリズム

パワーストーンやパワースポットなど近年、モノや場所に聖なる意味をみるスピリチュアリズムという現象が流行している。石をもつこと、または山や神社などを訪れること、それが不思議な力をもたらしてくれると信じる人びとがいるのである。たしかに現実に石を身につけ、また神社や山を訪れる人びとは限られているのかもしれない。だが占いやオーラ写真体験などのブースを集め超常現象にまつわる商品を販売する「スピリチュアル・コンベンション」(=「すぴこん」)と呼ばれるイヴェントを一例として、聖的なものへの関心が現代社会にすそ野を拡げていることも事実である。たとえば見田宗介(「近代の矛盾の『解凍』——脱高度成長期の精神変容」『思想』二〇〇七年一〇月号)も現代には精神世界への一定の回帰がみられることを指摘している。

もちろんこの現象の中身をすべてあらたなものとみなすことはできない。スピリチュアルなものへの関心には民俗的な根拠をもつものも多く、とくに神社や山にかんしてはそれが顕著である。この社会ではお札やおまじない、神社や山に対する興味がいまだひろく維持されており、経済的不況や家族の解体等に起因する社会の流動化がただ人びとをそれらの営みへと引き寄せているだけではないだろうか。山の服装にファッション性を求める「山ガール」など新規な風俗が注目されることもあるが、それもこれまでにないタイプの人びとがこの領域に参入していることの単純な結果なのかもしれない。

ただしそれだけでは現代のスピリチュアルの特色を充分あきらかにできないことも事実である。スピリチュアリズムは民俗や既成宗教からはみだす特徴をもち、それが現代におけるその流行に深い影響をあたえているのではないだろうか。たとえば現代のスピリチュアリズムに目立つ特徴として、貨幣の関与を挙げることができる。スピリチュアリズムはモノの購買、または余暇の消費の形式として展開されることを基本とし、それがそもそも都市の人びとの参入を容易にしている。

もちろんお布施や寄進、献金など旧来の既成宗教の場合にも多くの金の流れがみられることも否定できない。だが現代のスピリチュアリズムではたんに「聖なるもの」が商品化されているだけではなく、それがいわば「消費社会」の商品として展開されていることが大きな意味をもつ。「超常現象」、「前世」、「夢」、「カラーセラピー」、「ガイア」、「風水」、「魔術」、「エコロジー」など多数の現象が商品化され、既成の宗教をはみでる多様な信仰の領域がひらかれる。この多様性そのものがスピリチュアリズムの魅力になる。現代社会は都市化や消費社会化において既成の宗教によってはなかなか対応しがたい無意識的暗部を抱えているが、スピリチュアリズムは健康、恋愛、労働など生活全般にかかわる商品を展開することで、消費社会のこの無意識的欲望の拡がりに対応するのである。

それに加え商品の多様化が、それを信奉する者に数ある現象のなかから対象を自由に選択するという特別の力を付与することも重要になる。スピリチュアリズムは信者を「消費者」として編成することで、極端にいえば「教義」や「教祖」以上に、信者＝「消費者」を「聖なるもの」として祀りあげるのではないだろうか。この「消費者」としての信者とのかかわりがスピリチュアリズムにとって欠かせない特徴となる。消費者を肯定することでスピリチュアリズムは「クレーマー」や「モンスターペアレンツ」などとならぶ消費社会的現象としてあるのではないだろうか。

以下ではこのスピリチュアリズムの由来、構図、またそれが現代社会にもつ意義について近年の一定の歴史的経緯を辿ることを通して考えていく。それによってスピリチュアルなものへの関心は一見浅薄なものにみえるとしても、しかし同時にそれがこの「消費社会」を生きる人びとのある意味で切実な幸福や不幸にかかわる願いの領域を形成していることがみえてくるだろう。

2　スピリチュアリズムの構図：消費社会との対抗

　現代のスピリチュアリズムの「起源」をさぐるならば、直接的には七〇年代なかば以来の精神世界、ニューエイジ、新新宗教——新宗教の成長以後に一九七〇年代に台頭したあらたな宗教——などのブームにたどりつく。その時代、既成の宗教の枠組みを外れた「超能力」や「エコロジー」、「オカルト」や「生まれ変わり」といったテーマが流行し、雑誌やテレビでしばしば取り上げられた。それらがいまだ一定の変形を受けながらも、スピリチュアリズムの中身の大きな部分を構成している。

　七〇年代に始まるこの広義のスピリチュアルなものへの関心の特徴として、まずそこに厳密な意味での戒律がみいだしがたいことを挙げることができる。そもそも宗教の本質として戒律という問題を避けることはむずかしい。宗教が宗教であるために、人びとはすべてを自由にすることはできない。神や教義によってあたえられた思想や行動に対する制限こそ宗教の根本的な条件の一つとなるのである。

　だがスピリチュアリズムは逆に戒律を明確としないという特徴をもつ。スピリチュアリズムは通常、自己の潜在的な可能性や聖性を目覚めさせることを目的にし、またそれを実践する形式も比較的自由に選択される。スピリチュアリズムにかかわりの深い阿含宗や幸福の科学などの宗教が厳しい現世否定を要求し、ニューエイジやヤマギシ会などの信仰が都市を離れた自然の暮らしを信者に求めることも事実である。だが選択が少なくとも主観的には自己の好みの延長上に置かれているかぎりで、それらの信仰も自己の選択を前提とした広義のスピリチュアリズムのなかに位置づけられるのである。

　スピリチュアルなものへの関心にみられるこの自己肯定的特徴は、七〇年代以降の都市の成熟と消費社会化という社会的構造の変容を大きくは土台として発達した。都市社会で「自己」として浮遊する人びとの欲望や願いを満たし肯定するために「聖なる現象」が求められる。この意味でスピリチュアリズムは、従来の「戒律」を要請するばかりで個々の幸福や欲望に対応しないと考えられる既成宗教に対する「批判」としてあり、それゆえそれが俗世の文化に連接する傾向をみせたことも不思議ではない。スピリチュアリズムは聖性への目覚めの通路となるかぎりで現世的な俗な文化を排除しない。むしろ「自己」を肯定することにおいて七〇年代以降に大きな拡大をみせる大小の文化と一定の共通性さえもっていた。たとえばそのことは俗世を捨てることを要請した代表的団体としてのオウム真理教の教義がなおサブ・カルチャー――雑誌『ムー』で展開されたオカルト主義や『宇宙戦艦ヤマト』や『幻魔大戦』といったアニメなど――と深いかかわりをもっていたことによく示されている。

ただしこの俗世の文化との近さがスピリチュアリズムのその後の展開の軛となったことも忘れてはならない。考えてみれば、人びとを肯定しあるいは真の自己への目覚めを促すイメージやサービスは、スピリチュアリズムによってのみ供給されるわけではない。九〇年代のいわゆる「癒し」のブームを一例として、むしろその時代には消費者としての人びとを慰撫する高度なサービスやイメージの展開がみられる。問題はそれらを産みだす「消費社会」がスピリチュアリズムに大きな壁となることである。消費社会はそれが可能とするサービスやイメージに質量的に匹敵する商品を送りだすという要求をスピリチュアリズムに突きつけるためである。

統一教会、GLA、幸福の科学、コスモメイト、オウム真理教などのスピリチュアリズムに関わりの深いいわゆる新新宗教もこの消費社会との対抗関係を前提としたといえよう。それらは基本的には教団化を強めることで、スピリチュアリズム的要素の安定的な送り手となることを試みる。新興の教団だけではない。島薗進（「聖の商業化―宗教的奉仕と贈与の変容―」島薗進・石井研士編『消費される〈宗教〉』）によれば七〇年代以降、既成の教団組織にも横断的な変化がみられる。その時代に教団の任務は、戦後の創価学会や立正佼成会を典型とする地域ごとに信者をまとめることから、いわば「サービス」としての宗教を安定的に提供することへと変わっていく。その結果、教団と信者との関係もそれまでとは異なるかたちをとる。信者はいまでは教団に従属する「子」や地域共同体の一員として役割をになうわけではない。信者はむしろ教団の送りだす集会や書籍やDVD、あるいは教義そのものを購買する多数の「消費者」の一人として再編されるのである。

つまりスピリチュアリズムは消費社会化の深化に応じて、他のエンターテインメント企業集合体に匹敵する高度な組織体をつくりだすことが要求されるといえよう。この要請に最もうまく応えたのが幸福の科学であった。書籍や映画のかたちでスピリチュアリズム的要素を信者に供給する巨大な企業集合体をつくることで、幸福の科学は一九八〇年代後半以降、急速に勢力を拡大することに成功した。

だがそれら限られた例を除けば「宗教の商品化」、また「サービス化」はけっして容易に達成されたのではない。消費社会的商品の飽和に対抗するために、教団は他の一般企業に匹敵する施設と人材、またそれを運営する巨額の資金をそろえることを要求される。そのために教団の内部には信仰の秩序と一致しない俗世での能力や経歴を重視した集団が拡大し、そうして複雑化した組織を統御するために教祖がより多くのカリスマ的力をもつことが求められる。それらの結果として産みだされる緊張や対立のはてにオウム真理教の暴走も生じたのではないだろうか。たとえばオウム真理教は事件直前に外務省や防衛庁を持つ省庁制をとっていくが、それもたんに国家を戯画的に模倣したものとはいえない。宗教のサービス業化の要請にともない複雑化した組織をコントロールする一つの試みとしてそれも一定の意味をもったのである。

このオウム真理教のケースを極北として教団を基盤とする広義のスピリチュアリズムは九〇年代に入るとあきらかに限界を示していく。多様な商品を展開する消費社会の高度化が教団にとって乗り越えがたい壁として現れるためであり、だとすればオウムを代表とする教団が一般に外部社会に対する敵意を深めていったことも不思議ではない。個々の教義やそれを担った人びとの個人的資質に起因する以上に、それらの教団は消費社会化された社会を対抗的な敵とし、またそれに敗北していくことでよりいっそう迫害の意識を強めたのである。

しかしこの対立の構図はその後も長く維持されたわけではない。幸福の科学等の成功した例外を除けば九〇年代後半以降、スピリチュアリズムは消費社会を正面から越えるのではなく、むしろ対立をすり抜ける別の抜け道をみいだしていく。ではそれはいかなる形でだったのだろうか。

3 消費社会へのソフト・ランディング

九〇年代以降のいわば狭義のスピリチュアリズムの特徴として、それが教団や信仰を共有する集団を土台としないいわば分散状態のまま拡がっていくことを挙げることができる。それまでのスピリチャリズムはそうではなかった。初期には雑誌の読者や愛好者、後にはとくに教団によって教義には共同体的枠がはめられ、生産・消費も一定の仕方で方向づけられていた。しかし九〇年代なかば以降、スピリチュアリズムは真偽や教義の解釈を基本的に分散する消費者に委ねることになる。

個々の客がそれぞれお気に入りの霊能者を選ぶ「すぴこん」の状況は、この現在のスピリチュアリズムの多様化されたあり方を目に見えるかたちでよく示すといえよう。

このスピリチュアリズムの変容の契機として江原啓之の活躍を無視できない。雑誌『an an』(一九九二年〜)への登場や『えぐら開運堂』(二〇〇三年〜二〇〇五年)の放送を足がかりとして、江原は九〇年代後半以降、細木数子とともに時代を代表するメディアスターの座へと登りつめる。江原は弱気を叱責し自分のなかにいまだ気づいていない霊的力があることをたくみに示唆することで人気を集めたが、その意味で教えの「内容」は自己肯定を基本とする従来のスピリチュアリズムの延長線上をでるものではない。だが江原がその教義の「形式」において教団化を強く否定したことが重要になる。江原は弟子の採用をおこなわず、さらに名が売れるにつれ個人カウンセリングさえ拒否するようになったという(堀江宗正「メディアのなかのカリスマ」『現代宗教 二〇〇八』)。その代わりに選択されたのが雑誌や書籍、テレビ等のメディアでの活動であり、それらメディアを利用して江原は自身の教説をひろい層へと拡げることに成功する。

このメディアとの深い関係を江原に促したのはまず現実的にはオウムの破綻だった。一九九五年の地下鉄サリン事件の発生は、教義を信奉する集団をあやしげな「カルト」とみるまなざしを社会に蔓延させていく。カルトの排斥は宗教や神秘的な思想にも及び、たとえばオウム事件以降、それまで頻繁に放送されていたオカルト的・超能力的番組も一気に姿を消していった(石井研士『テレビと宗教』)。この宗教否定によって生じた空白を埋めたのが、江原啓之であり細木数子である。彼・彼女たちは教団化を否定し教義の信憑性を宙づることで、カルト・バッシングをかわしながら教説を広める道を縫うようにみつけていった。

だがスピリチュアリズムの近年の流行を、たんにオウム事件という一回的な出来事の影響からのみ説明することはできない。それはひとつの契機にすぎず、スピリチュアリズムの展開は消費社会との関係のより根本的な転換を土台としていたのではないだろうか。先にみたように八〇年代、スピリチュアリズムは消費社会に対抗可能なサービスを産みだすために組織の巨大化を要請される。それによって自由に教義を広めるための生産機構や自前のメディアを備えることが求められた。だが〇〇年代のスピリチュアリズムが選択したのは、それら教団化の道ではない。むしろ既成のメディアに依存し、みずからをそのなかで消費されるひとつの情報、あるいはコンテンツとすることこそ、スピリチュアリズムの理想となる。そうすることで生産や消費を枠付けるコストを極端に減らすと同時に、よりひろい層に教えを広めることができたのである。

このメディアとの同化は、スピリチュアリズムに社会に対抗せず拡大を遂げる道を示したことで重要な意味をもった。それは消費社会に直接対抗するのではなく、むしろその厚みを利用してみずからを拡大することを促すのである。しかしこの同化の道が逆にスピリチュアリズムの発展に根本的な制約をあたえたことも否定できない。端的にいえばスピリチュアリズムは教団といった基点を失うことで、メディアのなかの一つの情報、あるいはモードとして更新されることを基本的に受け入れざるをえなくなる。いいかえるならばスピリチュアリズムは「正当」な解釈や絶対の「真理」を伝えることを放棄することで、消費者の手にその選択を委ねていく。その結果として、スピリチュアリズムが被るモード化の現象を最もよく示したのが、皮肉にも江原啓之本人だった。そもそもその展開のモデルになった江原自身が〇七年以降、バッシングを受け、メディアでの活躍の機会を著しく減らしていったのである。

消費社会に内在するこのモードとしてのあり方は、「既成宗教批判」として開始されたスピリチュアリズムの行き着く先を示すという意味で興味深い。「聖なるもの」はいまでは消費者の恣意に委ねられ、自由に捨てることのできる対象にまで縮減されている。たとえば二〇一〇年現在ブームのパワーストーンやパワースポットも、もとはといえば〇〇年代初め頃に江原啓之に紹介されたことを直接の起源としていた。しかしいまではそれは江原を置き去りにし、よりひろい層へと流行を拡大している。つまり図式化すればスピリチュアリズムは、①八〇年代から九〇年代はじめの「教団」のサービスから、②〇〇年代半ばまでの江原や細木といった「人」への帰依を経て、③現在ではモノや場所へと「聖なる」対象の中心を移行させている（図1参照）。「教義」を信じることはできないが、自己の可能性を肯定する「人」、あるいは「石」や「場所」は信じることができる。そうしてスピリチュアリズムは、物を言わずいつでも捨てることのできる対象へといまでは縮減されているのである。

以上のようなスピリチュアリズムの現在は「宗教の商品化」や「サービス化」の行き着く先をよく示す。宗教

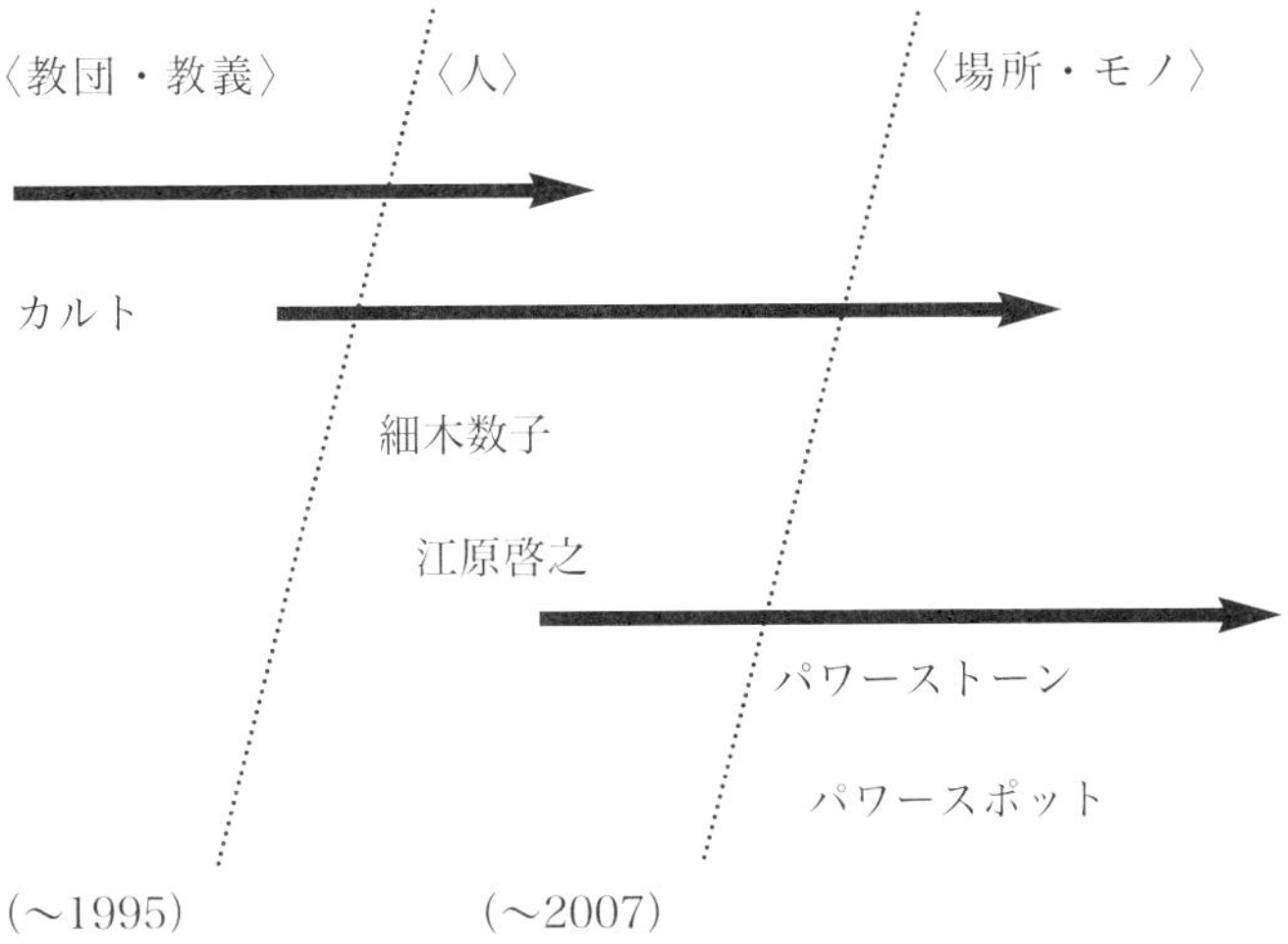

図1　スピリチュアリズムの構図

的意味を剥奪していくことで、スピリチュアリズムははじめて社会にひろく拡散していく。とはいえそれによってスピリチュアリズムから完全に宗教的意味が失われたわけではない。スピリチュアリズムは次々と対象を更新しながら「聖なるもの」の意味を相対化しているが、それは裏側からみればこの更新、すなわちモードそのものの運動を「聖なるもの」として高める過程としてあったのではないだろうか。スピリチュアリズムはつまり対象を次々と廃棄していく先にも、また別の「聖なるもの」がモードとして現れる可能性を保証する。だとすればスピリチュアリズムはこの社会の限られた人びとによって愛好されている特殊な実践とばかりはいえない。スピリチュアリズムは次々とモノを更新していくこの消費社会の「魅力」を宗教的意味から補強し、それゆえ消費社会への従属を促す。この意味でそれはなかなか消費社会の意味を肯定することができないわたしたちのこの社会に対する「信憑」を代行しているとも考えられるのである。

II　フラットな快楽

近代社会における快楽の一つの様相は、欲求不満という不快をできるだけ避け、必要なものが気軽に手に入る状態を社会に行き渡らせることだろう。現代の高度資本主義社会においてそれは、欲望の記号論的産出に驚くボードリヤール的段階すらとうに越えて、「親切でわかりやすい」のではないものが与える心理的ストレスの低減を当然のように要求する、現代的な快適さの論理へと至っている。それと連動して、マス／ポップ・カルチャーは、安価で心地のよい夢のさまざまなパターンを精妙に紡ぎつづけるし、それらを素材とした局所的応用／流用《アダプテーション》があちこちで咲き乱れる。

　とはいえ、欲求を満たすことだけで終わるのは底が浅い。近代的な快楽のもう一方の極にあったのは、いわば、「満たされない」という状態を文化的に馴致することだ。即自的快と主体とを距離化して、快楽をかえって二重化し、欲求の単純な充足の手前あるいは向こう側に快楽の経験を組織すること。趣味の貴族的陶冶から始まり、イロニーやパラドクスにおいて本質性の領域を希求するロマン主義を経て、一種の自律的禁欲の身振りが現代のハイ・カルチャーにも流れ込んでいる。「すぐれた知識・教養そして／あるいは鋭敏な感受性を有する一部の人」対「分からない大部分の俗世間」というハイ・カルチャーの構えは、貴族的文化選良主義《エリーティズム》のゆるやかな社会的拡張として成立した。たしかにそれは、欲求充足と快楽のあいだの境界を自分で設定し、維持できる個人たることを要請する。そうすることにリアリティを感じる人は、事実として比較的少数だろう。だからといって、無意味だと決めつけるのは逆の意味で傲慢だが。

　この両者の錯綜とした連関のなかに、現在のフラットな快楽の複数的位相が出現する。商品文化の全面展開により、かつてないほど多くのジャンルの豊富なアイテムが接近可能《オン・ザ・マーケット》となり、さらにそこから、ニーズに対応するかたちで、いくつものサブ・ジャンルが細分化していく。こうした横並びに飲み込まれることで、ハイ・カルチャーの境界作用は微弱化する。従来型の高級／低級という区分や、多数派や標準形を突き抜ける外部性に対する憧憬は、個人的動機としても「権威」への社会的要請としても消えたわけではないが、好むと好まざるとにかかわらず、「みんな」とはちょっとちがう「マイナー」志向という安全な囲い込みのなかに割り当てられるしかない。しかし同時に、ハイ・カルチャーですら、その気になれば、誰もがとくに構えることなくアクセスし、楽しめるものになってもいる。高級文化の諸領域で開発されてきたさまざまな技法のセットが、良くも悪くも没思想的にポップ・カルチャーにもちこまれることで、環境化《デザイン》された表層に対する平均的感受性が確実に向上していることも無視できない。

別の角度から言えば、ジャンルの細分化に合わせて、分かる一部／分からない多数という境界が、単一の平面上で多重化する。ハイ・カルチャーだけでなく、局所の小さな「権威」や「専門家」が自己定立しやすくなっている。そこには個人的な労苦や努力の経験が伴うことがあるだろうし、それとともに、受容と制作の両面で、快楽がそれなりのかたちで二重化する。たぶんそれは、マス／ポップ・カルチャーですら欲求充足の都合のよい幻想だけではできていないこと、自律的禁欲というには少々テーマパーク的すぎるかたちではあれ、「冒険」や「危機」の動機付けをばらまくし、ばらまかざるをえないが、そのことにどこか充足しきれないことと呼応している。

横断の自由と脱力、欲求充足とその不満。おそらくそこに、「楽しむ」私たちの姿がある。

【J-POP】
J-POPほどフラットなカルチャーはない

阿部勘一

1　はじめに

本章では、現代日本のポピュラー音楽であるJ-POPのフラットさについて論じる。もちろん、いわゆる歌謡曲や日本から見た洋楽等のポピュラー音楽は、そもそもフラットなカルチャーだと言われるかもしれない。だが、本章では、現代のJ-POPと呼称されるようになった日本のポピュラー音楽とそれらをめぐる状況こそがフラットなカルチャーなのだということを、①歌詞の綴られ方、②楽曲が聴取される状況という面から論じることとする。

2　フラットなメッセージ　歌詞から見たフラットさ

J-POPをフラットなカルチャーと特徴付けるものとして、歌詞の綴られ方が挙げられる。ただし、「歌謡曲からJ-POPへ」等という言説に対応して、J-POPの歌詞の綴られ方が変化したと言いたいのではない。歌謡曲もJ-POPも「売られる」音楽であるならば、作り手は意識的に時代状況を反映させた詞を綴る可能性があるだろうし、聴き手もまた綴られた詞を読み込み、共感しようとするだろう。また、広義の「流行歌」として考えれば、J-POPの歌詞にはフラットさを象徴するマンネリズムがあって然るべきである。

しかし、ここで問題にしたいのは、J-POPに特有のフラットさの存在である。見崎鉄は、J-POPにおけるマンネリズムの新しい型として、「自分の内面を延々と吐露する心理主義」(『阿久悠神話解体』二八九頁)を挙げている。その最も典型的な例として、GReeeeN の「キセキ」を挙げ歌詞の分析を行っているのだが、興味深いのは見崎の分析手法とその結果である。見崎は、歌詞専門の検索サイトで、「キセキ」の中に登場するフレーズあるいは単語を検索し、「キセキ」を綴る詞のほとんど全てが既にある楽曲の歌詞から構成されていることを指摘している。厳密な分析ではないものの、現代のJ-POPが詞の意味やメッセージ性以前に、よく言えばどの聴き手にも受け入れられやすい、悪く言えば「ベタ」な詞によって綴られているという指摘は、J-POP特有のフラットさを特徴付ける上で注目に値する。

J-POPという言葉が世間に浸透し始めた一九九〇年代前半、Mi-Keという女性三人組が人気を博していた。彼女たちが歌う楽曲の特徴は、グループサウンズの楽曲タイトルを歌詞に入れ込む等、確信犯的な「引用」を行うことにあった。「作詞」のクレジットが「順列組み合わせ」になっている「白い白いサンゴ礁」(一九九一年一二月発売)は、その典型である。Mi-Keを世に送り出したのは、音楽事務所「ビーイング」を率いていた音楽プロデューサー長戸大幸であり、作詞(順列組み合わせ!)も長戸によるものである。長戸が世に送り出したZARDや大黒摩季、WANDS、T-BOLAN等、俗に「ビーイング系」と呼ばれていたアーティスト達による楽曲は、CMやテレビドラマとのタイアップによって認知され売上を伸ばしたという特徴がある。タイアップを前提とした音楽は、クライアントに合わせた規格品でなければならず、しかも必ずしも楽曲の最初から最後まで聴かれることを前提としない。特にCMの場合、一五秒や三〇秒の時間内に商品を印象づけなければならないことから、まず「サビ」を紡ぎ出し、他のメロディは後で付属品のごとく付け加える(順列組み合わせ!)といったような楽曲の作成手法が用いられる。「ビーイング系」の楽曲は、このような作成手法の下に多くの成功を収めたと言われている。

先のGReeeeNの例は、「ビーイング系」の楽曲の特徴と重なり合う。アーティストやプロデューサーは、意識・無意識を問わず、聴き手が共感する最大公約数の世界(フラットな一枚岩の世界)を楽曲の中に展開させる。作り手は、よく言えば聴き手の目線でマーケティングしている、悪く言えば受動的な聴き手と同化しているだけである。あるいは、作り手が、他の楽曲で使われている心地よい詞を「参照」しあう再帰的な状況を呈する。その結果、J-POPの詞は、特定の言葉に収斂せざるを得ないのだ。その意味では、J-POPの詞《うた》は、「世につれ、世は詞《うた》につれる」のではなく、「フラット化した世の詞《うた》につれて」いるだけなのである。

3　フラットな聴き手　音楽配信と無差別な消費

J-POPのフラットさを特徴付けているのは、楽曲というテクストそのものだけではない。J-POPが商品として消費されている状況においても、フラットな特徴が見られる。

消費の過程において、J-POPのフラットさを特徴付けている要素は大きく分けて二つある。まず、商品としての音楽を流通させているメディアをめぐる状況である。J-POPに限らず、現在、音楽はCD等のパッケージ型メディアのみならず、インターネット・携帯電話を中心とするネットワーク型のメディアによっても提供される。もちろん、CDは存在しているが、音楽産業はネットワーク型のメディアを看過できない状況にある。このようなメディアの種類の変化は、音楽の聴かれ方にも影響を与える。音楽配信サービスは、一曲から購入できる等購入に際しての自由度が高い。しかし、一曲から購入できるということは、例えばアルバムのように、収録順の意味や、収録された曲を貫くテーマといったアルバムに内在するアーティストのメッセージを受け取るような聴き方を、もはや前提としていないことになる。

カセットテープの時代からあったことだが、楽曲を集め自分でカスタマイズする聴き方は、それぞれの楽曲の存在意義を無効化し、聴き手が嗜好するアーティストは、経済学で言う無差別（indifferent）であることを意味する。すなわち、心地よい断片を感じることができれば、洋楽でも邦楽でも、アーティストも楽曲も何でもいいのである。CD等のパッケージ型メディアでは、このような無差別状況を逆手に取るかのように、既存の楽曲を特定のテーマに沿って編集したコンピレーション盤が売上を伸ばした。コンピレーションとは編集といった意味であるが、現在では特定のテーマに沿って収録された楽曲からなるアルバムCDのことを指す。コンピレーション盤のテーマも、各年のヒット曲を集めたものから、「feel」（EMIジャパン）「Fine」（BMGジャパン）等、特定のテーマの下に楽曲を集めたものもある。ただ、後者の場合、収録されている楽曲は、過去にCMやテレビドラマの主題歌となったものも多く、タイアップとの関係は切り離せない。作り手が「編集」したものを消費者がそのまま受け入れるというのは、消費者が音楽あるいはアーティストに対する欲望を満たす基準を個々に持っていないことを意味するだろう。コンピレーション盤がよく売れるのは、消費者の音楽に対する嗜好が無差別であり、消費者の欲望の「編集権」を作り手に白紙委任していることを意味しているのだ。

聴衆における嗜好の無差別さから、J-POPのフラットさにかんする二つ目の特徴が見えてくる。すなわち、音楽に対する聴取の態度である。一般的に考えた場合、商品としての音楽は、聴くという体験を通して効用が得られるものである。換言すれば、消費者は、聴くという体験を通した効用に対して価値を認め貨幣を支払うはずである。しかし、現代の聴衆が、購入した音楽を果たして「聴いて」いるのかという問題がある。売られている楽曲は、最初から最後まで「聴かれる」ことを前提とし、消費者は最初から最後まで聴くことによって効用を得ていると一般的には考えられる。しかし、実際には、この想定は必ずしも成立しない。例えば、携帯電話の着信音は、聴くために入手しているわけではない。酒井法子が逮捕された時、iTunes Music Storeで『碧いウサギ』のダウンロード数が急激に増えたが、果たして『碧いウサギ』は「聴かれて」いたのかという疑問も残る。また、一九九〇年代にカラオケが隆盛した時には、カラオケで一緒に歌える楽曲が売れていたとされている。着信音にしても、カラオケにしても、「CDを買って聴く」といったような一般的に想定される音楽消費の目的からは、もはやずれている。この場合、音楽は「聴かれる」ものではなく、例えば互いにおそろいのアクセサリーを揃えることによって、スタイルを共有したり表現したりするコミュニケーションツールとして消費されている。これは、消費社会における消費現象の典型ではあるのだが、使用目的そのものが体験的なことを前提とした音楽の場合、「聴く」という体験さえも削ぎ落とされることによって、どの音楽もフラットな地平の上に置かれることになるのである。

4　J-POPを通したフラットな「〈私〉探しゲーム」

消費行動においてある商品を選好する場合、その選好には何らかの理由があるはずである。商品としての音楽でも、消費者ごとに何らかの理由があるだろう。それは、先に述べたように「聴く」という目的を超え多様化しているのだが、それ以上に、フラット化しているJ-POPシーンでは、自らの選好を正統化する必要が生じる。音楽の場合、この正統化は、しばしば「ホンモノ／ニセモノ」という議論に落とし込まれる。例えば、X大学のある学生は、「商品としてのHIP HOP」という卒業論文の中で、以下のように語る。

二〇〇五年の年間アルバム売り上げランキング（オ

リコン調べ）では、一位、二位、四位を邦楽HIP HOPが占めている。ちなみに一位はORANGE RANGEの「musiQ」で…、二位がケツメイシの「ケツノポリス４」で売り上げ枚数が約二〇〇万枚である。（ORENGE《ママ》 RANGEは、HIP HOPではないと思うが、RAPを使っているのでHIP HOPというジャンルにしておく。）（Y．K．「商品としてのヒップホップ」要旨より。傍点引用者）

この学生は、ヒップホップ（厳密にはラップミュージックであるが、以下ヒップホップとする）に分類されている音楽の売上の大きさに触れながら、「HIPHOP musicはとてつもない経済効果を持っているといえるであろう。」等と、ヒップホップがいかに社会的影響力のある音楽なのかを主張している。

　この学生による一生懸命な正統化には興味深いものがある。例えば、「……というジャンルにしておく」という主張からは、オレンジレンジは偽物のヒップホップであり、価値の低いダメなアーティストと決めつけたいニュアンスが滲み出ている。オレンジレンジを偽物とみなすことで、自ら嗜好するアーティストがとにかく本物であることを強調したいかのようである。あるいは、オレンジレンジのように「売れている」アーティストは、多くの人々に消費し尽くされ、価値がないと見なした結果、オレンジレンジをスケープゴートにしているとも解釈できる。だが、この学生が嗜好している（リスペクトしている！）アーティストが「売れる」ようになったら、恐らくそのアーティストは、「ヒップホップではなくなる」だろう。

　ただ、問題は、この学生のようなある種の消費行動を、現代のＪ-ＰＯＰの消費者たちが無意識のうちに行う傾向があることだ。「オレンジレンジはヒップホップではない」の「オレンジレンジ」部分は、リップスライムでも湘南乃風（ＤＪあり）でも嵐（櫻井翔のラップ！）でも、他のそれらしき楽曲を歌うアーティストと代替可能であり、逆にオレンジレンジがヒップホップでないと否定する基準はどこにもない。特定のアーティストや楽曲がフラットではない特別のものだと価値付けざるを得ないこと自体が、Ｊ-ＰＯＰのフラットな状況に他ならない。

　音楽を消費している聴き手にとっては、カラオケでのノリの共有や着メロでの誇示、話題の共有等、様々な次元で快楽という効用を得られれば、音楽の内容と関係なくその嗜好は無差別である。にもかかわらず、聴衆は、嗜好するジャンルが他のものよりいかに秀でているかについて正統化しようとする。この学生が、「オレンジレンジはヒップホップではない」と主張し、ヒップホップという音楽ジャンルを通して自ら嗜好するアーティストを真正化（神聖化！）しようとする行為が、まさにこれである。

しかし、J-POPにおけるジャンルの分類は、音楽を売り出す産業側によって行われている。音楽を売る側が、（アーティストの意向や内容とは関係なく）音楽を売り出す際に便宜上分類しているに過ぎない。CDショップでは、商品を陳列する際に分類が必要であることを逆手にとり、店（の店員）が、音楽情報の発信源として分類を創り出すこともある。その典型的な例が、一九九〇年代初頭、大型CDショップHMV渋谷店の売上チャート上位の常連アーティストが、「渋谷系」と称されるようになったことである。当時、HMV渋谷店でよく売れるアーティスト（当時の事例ではオリジナル・ラブ）を、「SHIBUYA RECOMMENDATION」（渋谷のお薦め）という商品棚に区別して販売するとよく売れたことから、「渋谷系」というジャンルが生まれたと言う（詳細は、烏賀陽弘道『Jポップとは何か』一四四～一五二頁参照）。HMVよりも先に渋谷に出店していたタワーレコードも、「渋谷系」発祥の地の一つとされている。

「渋谷系」が典型であるように、J-POPにおける音楽ジャンルは、売る側によって意味を書き込まれた記号として存在している。その意味では、「渋谷系」の系というのは、明らかにマーケティングにおける分類の言葉であり、「渋谷系」をはじめとする音楽ジャンル自体が、「メディアによって表象される身体とモノのウェブ」（難波功士『族の系譜学』三八三頁）として広がっていることを象徴している。

シニフィエゼロ（意味が空っぽ）な音楽ジャンルを発明し、作り手ないしは送り手がそのジャンルに意味を書き込み続けざるを得ないほど、J-POPはフラットなカルチャーである。にもかかわらず、聴衆は、「マーケッターからの託宣」（難波前掲書三八四頁）によって意味を書き込まれた音楽ジャンルによる差異化のゲームに、自ら積極的に巻き込まれている。J-POP自体が、フラットなカルチャーであることを前提に成立しているからこそ、聴衆もまた、「マーケッターからの託宣」をもとに、自ら嗜好する音楽あるいは音楽ジャンルに意味を書き込まざるを得ない。

意味を書き込まれた音楽ジャンルは、その意味すなわち価値がゼロであることを避けるための「闘い」、つまり他の音楽ジャンルよりも優れていて価値があるという意味付けを行い続けなければならないのである。この意味付けは、マーケティングではもちろん、現代では、聴衆によって無意識のうちに行われていると言える。ボードリヤールが言うように、現代の消費が言語活動であるならば、消費者個人が消費している商品の価値は、他者との関係性によって決められる。その場合、消費者自身が、自らの嗜好を他者との関係の中で認められる価値に同一化（identify）しなければならないことになる。同様に、消費者は、「マーケッターからの託宣」によって書き込まれた音楽ジャンルに対して、無意識のうちに自らの嗜好を同一化することもあるだろう。その結果、聴衆である消費者は、個々の楽曲やアーティストに真正性（authenticity）を見出し、消費する価値を実感し続けようとするのである。

先の学生のように、聴衆は自らが消費している音楽あるいはジャンルを権威付けする「批評」を通して、自らのアイデンティティを正統化しようとする。自ら消費している音楽が、いかに正統的であり、かつ自らがその音楽を理解する能力があるかを誇示するのである。例えば、ヒップホップは、「クール」で「イケてる」ものであると主張すると共に、ヒップホップへの理解度が、自らのアイデンティティとなる。しかし、その主張は、音楽産業によって作られたジャンルの真正性と、自らの消費対象の真正性という二つのゲームに巻き込まれているにすぎない。また、音楽の真正性の基準自体が、消費社会において典型的な現象である「商品の差異化」と、差異化に対する抵抗に基づいているとも言える。「オレンジレンジはヒップホップではない」という主張には、オレンジレンジが多くの人々に知られていることによって価値が陳腐化していると判断していることが見え隠れする。先物買いの音楽あるいは他人がまだ知らない音楽であることは、他者との差異化という聴き手の欲求を満足させてくれる。この場合、聴き手は、音楽の内容よりも、消費し尽くされていないことに対して真正性を見いだしている。その意味では、オレンジレンジがヒップホップであるか否かという問いは、もはや意味をなさない。ジャンルの真正性をありふれた言葉で正統化しながら、アーティスト（商品）を弁別する快楽自体が、消費対象に他ならないからである。これは、「私だけが知っている」アイドルの先物買いや、自らの消費対象を他者の消費対象から分かつことと何ら変わりはない。

このような快楽を消費の対象としながら、真正性に基づく「〈私〉探しゲーム」（上野千鶴子）が展開されている状況こそが、現代日本のポピュラー音楽であるJ-POPという文化のフラットさに他ならないのである。

5　おわりに　フラットなJ-POPへの自覚

かつてアドルノは、複製技術の発達等によって、音楽が大衆化し商品化することに対してある種の憂いを抱いていた。その憂いとは、要約すると①楽曲の形式化・規格化と資本家（企業）による音楽の「分配」経路の支配、②①の結果として、人々が音楽を娯楽的に聴取したり、音楽に対して無関心になることである。だが、アドルノの憂いとは裏腹に、ポピュラー音楽は、商品として売られ消費されることを前提に発展してきた。もちろん、現代の聴衆も音楽産業が押しつける音楽を従順に消費しているわけではなく、自らの嗜好に合わせて消費する成熟した聴衆になっているはずである。

しかしながら、J-POPは、そもそもフラットな地平の上に広がっているだけであり、その聴衆は、フラットな平面の上で真正性に基づく差異化のゲームをし続けているだけである。聴衆の間で繰り広げられるアーティストに対する賛辞はもちろん、ウェブ上のブログや掲示板等で日々繰り広げられている「批評」も、聴衆が自らのアイデンティティを再帰的に（reflexive）構築しているにすぎないとも言える。しかも、現代では、音楽はもはや「聴かれる」という目的を持った商品でもなくなっている。にもかかわらず、聴衆自身が、（意外なほど）ナイーブに真正性を語ろうとし、成熟した聴衆あるいは文化の担い手であろうとするのだ。

現代日本におけるポピュラー音楽をめぐる状況を、一世紀前まで戻ってアドルノのように憂い嘆くことは、もはや何の意味もなさない。ただ、聴衆自身が、真正性のゲームに巻き込まれていることに自覚的であることは必要である。聴衆が、「私だけはわかる」音楽あるいは「評価された価値のある」音楽であることを正統化し続けても、その正統化は必ずしも正当ではない。むしろ、真正性を主張すること自体が聴衆にとっての快楽なのである。聴衆は、音楽を通して自らのアイデンティティを確認する真正性の基準自体が、消費社会の現象に典型的なものであることに自覚的でなければならない。そうでなければ、フラット化しているJ-POPを語ることはできない。

いわゆるJ-POPと括られる現代のポピュラー音楽は、これからもフラットな位相にあり続けるだろう。そして、「自分は××の音楽を理解できている」という妄想を抱く快楽を需要している状況もまた、フラットカルチャーとしてのJ-POPのシーンなのかもしれない。

【クラシック音楽】

クラシック音楽受容の現在

田代美緒

はじめに

クラシック音楽が話題を集め、固定的なファン以外の聴衆を広く獲得する、ということがこれまで何度か起こっている。一九八四年のショパン国際ピアノ・コンクールで優勝したスタニスラフ・ブーニンが来日した際の人々の熱狂ぶりは「ブーニン・シンドローム」と呼ばれ、アイドル並み、もしくはそれ以上の騒ぎとなった。二〇〇六年には漫画『のだめカンタービレ』がテレビドラマ化され、関連のコンサートやCDとともに人気を集めた。

クラシック音楽は、数ある音楽ジャンルの中でも「高階層の人が聴くもの」というイメージを強くまとっているジャンルと了解されてきた。そのため、それ以外の人々を巻き込み、旧来のイメージに反するような形でその音楽が流通・消費されるときには、「親しみやすい」「難しいものではない」「敷居が下がった」など様々な語りが誘発される。それらの語りは、クラシック音楽の流行を「高級」というイメージの無効化として捉えているといえる。

これを「フラット化」の一側面とみることはもちろん可能である。実際、クラシック音楽とそれ以外の音楽を対象とする研究の多くは、クラシック音楽を「高級／低級」というコードに対応させ、そのコードがいかに変容しているのか／いないのかを論じてきた（輪島裕介「クラシック音楽の語られ方――ハイソ、癒し、J回帰」渡辺裕・増田聡ほか『クラシック音楽の政治学』）。しかしながら、流行現象をめぐる聴衆と演奏家の語りに目を向けると、また異なった「フラット化」の様相が浮き彫りになってくる。

そこで本稿では、九〇年代以降に流行した演奏家の語られ方を糸口として、現代日本におけるクラシック音楽の「フラット化」の様相を明らかにしていくこととする。

1　流行する演奏家の語られ方

一九九九年にNHKで放送された『フジコ――あるピアニストの軌跡』というドキュメンタリー番組によって、それまで無名であったピアニストのフジ子・ヘミングが一躍脚光を浴びた。彼女は、スウェーデン人建築家の父と日本人ピアニストの母の下に生まれ、ピアニストとしての実力を指揮者のレナード・バーンスタインをはじめとする巨匠たちに認められつつも、聴覚障害の発症によってその道を断念せざるを得なかったという背景をもつピアニストである。

番組は、下北沢の雑然とした部屋の中でフジ子が煙草を吸いながらピアノを弾いたり語ったりするという、ごく普通の日常を映したものだ。演奏スタイルも、舞台上で演奏している途中にもかかわらず衣装の袖を直したり、「間違えちゃった」といって弾き直したりするなど、独特なものであった。彼女の振る舞いは、一般的な「クラシック音楽の演奏家」のイメージとは異なるものであったが、それでも多くの人に支持された。デビューCD『奇跡のカンパネラ』はミリオンセラーとなり、その後も米国デビューや、自身のレーベル作成など、活動の幅を広げている。

この、いわば「フジ子・フィーバー」について、音楽ジャーナリストの伊熊よし子は「聴衆は、彼女のことを〝カッコイイ〟と言う若者から年配の人まで多岐に亘り、ファン層の広さを示している。フジ子は日本のクラシックを『ある種の限られた聴衆だけが聴く音楽』という観念から解き放ち、『一般の人々が聴く音楽』へと変貌させた」と述べる（『文藝春秋』二〇〇三年五月号）。また別の記事では、「ドキュメンタリーでは、なによりも彼女の経験的な人間像が描かれ、それに演奏が加わる。人間としての魅力が大きければ大きいほど、その演奏を聴くものの思い入れも強くな」り、フジ子自身が「ドキュメンタリー化」されたという（『音楽現代』二〇〇一年十二月号）。演奏のみならず、彼女の人間性も注目されたのである。

彼女の場合遅咲きであったことや、いわゆる「超絶技巧」の演奏家ではなかったことなど様々な意外性に注目が集まったが、別の形で話題となった演奏家達がいた。一九九八年のロン・ティボー国際コンクールでピアノ部門二位を獲得した梯剛之、二〇〇九年のヴァン・クライバーン国際ピアノ・コンクールで優勝した辻井伸行の両氏である。彼らがともに全盲であることも手伝ったのか、「海外の音楽コンクールで日本人が入賞した」というトピックとしては、普段以上の報道がなされた。

この両氏も、ブーニンやフジ子の場合と同様に、普段クラシック音楽を聴かない人の支持を集めた。そして注目すべきは、彼らの音楽に対する語りが、他の演奏家たちの音楽に対する語りとは位相を異にしているようにみえる、という点である。

たとえば梯の演奏に関して、杉本秀太郎は「もしも私たちすべてが盲目であったら、今聞いているピアニストを盲目と誰が察しただろう……梯剛之のピアノによって私たちは身も心も洗われた状態に引き戻された」「このピアニストからの贈り物には沈黙によって感謝を表すのが、いちばん、ふさわしかったかもしれない」と述べる。そして宇野功芳は梯の音色の美しさに関して、「汚れを知らぬ純潔な魂が宿っていた」「通俗の感情で汚されていないショパン」と評する（梯剛之『梯剛之・プレイズ・ショパン』キングレコード所収のブックレット）。

辻井に関しても同様である。「作為がなく、誠実で、また深い人間性にあふれたもの」「人類への希望や信頼を与えてくれるような、聴くものに幸せをもたらす演奏」（『中央公論』二〇〇九年八月号）、「辻井の中には絶対音感の他にもう一つ、『純粋音感』とでも呼ぶべき美の基準が宿っている」（『AERA』二〇〇九年一〇月二六日号）、「視覚にとらわれることのない心の中の『絶対色感』」（『日経ビジネス Associé』二〇〇九年八月四日号）。以上のように、彼らをめぐる批評には、演奏家の「神聖性」や「純粋さ」などを強調する言葉が盛んに使われた。いわば、大衆的な「神話」として聴衆側に受容されたのである。

2　演奏家の論理

こうした流行現象をめぐる語りからは、現代の聴衆は階層性、高級さなどといった変数に必ずしも影響を受けず、自由にクラシック音楽を享受しているという印象を受ける。しかしながら、受容される側である演奏家自身の語りに目を向けてみると、もう少し複雑な事態が浮き彫りになってくる。

一般に、クラシック音楽の演奏において重視されているのは、作品を残した作曲家の意図をいかに再現し、表現するか、ということである。それに対し、前節でみたクラシック音楽の流行現象は、演奏家の「人間性」や「バックグラウンド」に注目を集める形で起こっていた。「フジ子・フィーバー」に関していえば、先の伊熊は、「フジ子・ファンはあくまでも〝フジ子のピアノ〟を聴くことに興味があり、他のピアニストには関心を示さないようにみえる。ピアニスト本人のファンであり、クラシック音楽を幅広く聴くファンにはなりにくいようだ」と指摘している（『文藝春秋』二〇〇三年五月号、傍点引用者）。このように、「音楽そのもの」以外の要素に注目が集まることは、演奏家にとって必ずしも歓迎される事態ではない。

ピアニストの中村紘子は、映画『シャイン』を端緒とするヘルフゴット現象や、梯剛之の語られ方などを取り上げ、これらを音楽「プラスアルファ」の演出による感動の多様化であると述べる。そしてその「『プラスアルファ』は『人間のドラマ』であり、感動を呼ぶ『人生』そのものとなってきたのではないか」、だからこそ、音楽コンクールのような場において「音楽的感動の原点を守」っていくことが重要だという（中村紘子『コンクールでお会いしましょう』、傍点引用者）。

また、辻井の師でもある横山幸雄も「辻井君の他の人とは異なるバックグラウンドに興味を持って、応援してくれている人はたくさんいると思う。だけど本来はクラシックの演奏家であれば、まず作曲家ありきであるはず。……バックグラウンドが前面に出すぎると、せっかくの本物の音楽もゆがんだ形で伝わってしまうこともある」（『ショパン』二〇〇九年九月号）と警鐘を鳴らす。

以上のことから、演奏家たちは、「人間性」や「バックグラウンド」などの「音楽そのもの」以外の要素は、クラシック音楽への入り口にはなり得ても、それが継続して注目されることは好ましくないと考えていることがわかる。流行現象をめぐる演奏家と聴衆の見解は一致しておらず、音楽が「音楽によって」評価されることを望んでいる演奏家は、流行現象をめぐる語りに対して一定の距離を保っているのである。

3　クラシック音楽をめぐる二つの階層性

まとめよう。以上のような流行現象をめぐって、聴衆側は演奏家の「人間性」や「バックグラウンド」によってクラシック音楽を評価していたのに対し、演奏家側は、クラシック音楽は「音楽そのもの」によって評価されるべきだと考えていた。つまり、両者は同じ対象をめぐって異なった意味づけをしているのである。

本稿にとって、どちらの意見が正しいかはさほど重要ではない。もちろん、音楽の専門家である演奏家の意見は、聴衆にそれなりの説得力をもって受け入れられる可能性はある。もしそうであれば、聴衆が「人間性」などの音楽以外の要素によってクラシック音楽を受容することは「間違った」こととして、正されることになる。

しかしながら、聴衆と演奏家の語りに起こっているのはそのようなことではない。演奏家が何を言おうと、「音楽そのもの」以外の要素によって音楽を評価する形で流行現象は起こり続けているからである。つまり、「クラシック音楽」の評価をめぐって、演奏家と聴衆が全く異なった意味づけをしているにもかかわらず、クラシック音楽のコミュニケーションは問題なく成立することができる。クラシック音楽がどのようなものである(べきな)のか、聴衆と演奏家の間で誤解や意見の不一致をはらみつつも、両者のやりとりは齟齬をきたすことなく駆動することができるし、循環していくことができるのである。

そして、この循環の効果としてあるのが、クラシック音楽の「フラット化」である。演奏家が何を言うかに関係なく、大衆的な「神話」は広範に受容される。そのことによって、簡単に縮まるはずのない演奏家と聴衆のあいだの距離が縮まっていくかのようにみえること。それが本稿の考えるクラシック音楽の「フラット化」である。

ここでいう演奏家と聴衆の距離とは、端的に言って、多大な経済的投資を必要とする職業演奏家養成の特殊さによって生じるものだ。コンサーティストとしての演奏家になるためには、幼少期から一貫した専門的な音楽教育を受ける必要がある。具体的には、単に楽譜の読み方や指の動かし方などを教わるのではなく、肘や肩などの身体の扱い方や、呼吸法などを手取り足取り教わるといった、いわゆる「習い事」としての音楽教育とは全く異なるものである。このような奏法は、身体の発達過程とともに身体に覚え込ませることが必要とされるため、早期教育が重視される。その他に、設備投資にも経済的な条件は影響するが、ここで重要なのは、このような専門的な音楽教育は、大衆的な「神話」とは異なる論理、すなわち、音楽を「音楽によって」評価すべきという論理を形成することと繋がっているという点である。音楽の意味づけにおける階層性と、経済的な階層性はリンクしているのである。

つまり、大衆的な「神話」が受容されることでおこる「フラット化」は、クラシック音楽に対する意味づけの階層性が無効化されるような現象にみえることはあっても、経済的な階層性が無効化されたということを意味しない。むしろ、本稿が述べたような「フラット化」は、距離が維持されていることでしか実現しえない。演奏家の希少性の高さは、外部にその他大勢の聴衆がいることによってのみ成立するのであり、全ての人が専門的な音楽教育に参入できる経済的な条件が整うのであれば、言いかえれば、全ての人が音楽を「音楽によって」評価できる素地が整うのであれば、両者の間の距離は無くなるからだ。それこそ「フラットな」クラシック音楽を実現したことになるのだろうが、おそらく、そのときそれを「クラシック音楽」であると名指すことの意味は失われるだろう。

4　「フラット化」し続けるクラシック音楽

以上では、九〇年代以降の日本社会に焦点を合わせ、クラシック音楽の「フラット化」について論じてきた。その上で音楽史に目を向けてみると、同様の現象が一九世紀のヨーロッパにおいても起こっていることがわかる。たとえば宮本直美は、J・S・バッハの再評価をめぐる運動を例に挙げながら、一九世紀ドイツの批評家や現代の音楽学者たちが、作者の人間性と作品の美的価値を疑うことなく重ね合わせてきたことを指摘している（宮本直美『教養の歴史社会学――ドイツ市民社会と音楽』）。「音楽そのもの」の聴取を重視し、音楽の「自律性」を説いてきた近代美学においても、作者の人間性は作品の価値に直結されていたのである。

バッハのみならず、「偉大な作曲家」をめぐる語りは、「人間性」や「バックグラウンド」の逸話に事欠かない。音楽家にとっては致命傷にもなりうる耳の障害のさなか《第九》を作曲したベートーヴェン、若くして病死した／下品な冗談を好んで言ったモーツァルト、祖国ポーランドへの愛にみち、病弱だったショパン、などがよく知られている例であろう。

それにもかかわらず、一節で取り上げたような現象は、クラシック音楽の商品化という枠組みの中に置かれることで、主に現代的な現象として語られてきた。渡辺裕は、本稿の冒頭で触れた「ブーニン・シンドローム」について、作曲家でピアニストであったフランツ・リストの有名なカリカチュア（ピアノを弾くリストに貴族の夫人達が熱狂している様子を描いたもの）を引きながら次のように述べる。「娯楽」として音楽を聴く態度は、一八世紀後半に「真面目」に音楽を聴くことを目指す聴衆によって排除されたが、そのことによって「音楽家は『スター』であることをやめ、精神的な『巨匠』となった。一八世紀に成り立っていた『真面目』と『娯楽』との間の微妙な均衡関係が破れ、振り子が『真面目』側に大きく振れた」。それに対して、「ブーニン・シンドローム」は「こうして極端に一方に振れた振り子の揺り戻し現象と解釈することができる」（渡辺裕『聴衆の誕生――ポスト・モダン時代の音楽文化』）。

もちろん、「音楽聴取の作法」に関していえば、そのような側面も少なからずあるだろう。しかしながら、本稿にとって重要なのは、渡辺のいう「スター」に対する語りは、「精神的な『巨匠』」としての作曲家に対する語りと質的には同様のものであるということだ。「巨匠」をめぐる語りがいかに「真面目」なものであろうと、それが「人間性」と結びつくことはありうる。渡辺自身も、「真面目」な音楽の代表格である「意思の人」としてのベートーヴェン像がいかに「捏造」されたものであったのかを分析してもいる。誤解を恐れずにいえば、一九世紀のヨーロッパから現代の日本に至るまで、クラシック音楽をめぐる語りは同じ循環を繰り返し続けているにもかかわらず、流行が起こる度に「新奇な」ものとして語られるのである。

ただし、循環を支える聴衆と演奏家のあいだの距離、すなわち経済的な階層性のあり方は異なっている。地位を自らの資本のみで維持することができた、かつての貴族やブルジョワのような「お金持ち」が存在しない現代では、自身の地位を維持するためにはある程度の利益が必要だからだ。それを反映するように、演奏家養成の現場では「一生どうなるかわからない音楽にお金と時間を使うよりも医者か弁護士になる道を志す。だから優秀な人は音楽家にならない」（『ショパン』二〇〇二年九月号）という事態も起こっている。つまり、演奏家は、大衆によるCDやコンサートのチケットの購入からの利益を得ることで、その地位を維持し続けることができる。そして、それは大衆的な「神話」があってこそ実現することなのである。

したがって、演奏家と聴衆のあいだの距離は縮まらない。さらに、上述の投資や消費などの経済的な出来事が、音楽に対する意味づけの語りに横滑りして、大衆的な「神話」として語られることで、距離が縮まらないということそれ自体は隠蔽され、そのまま循環していく。だからこそ、クラシック音楽は「フラット化」し続けるようにみえるのである。

おわりに

本稿では、九〇年代の流行現象を糸口にして、クラシック音楽の「フラット化」とはいかなる事態なのかを記述することを試みてきた。今日、クラシック音楽を受容しようとすれば、何らかの形で上述したような循環に巻き込まれざるを得ないだろう。その意味で、筆者は「フラット化」の様態を批判するつもりはないし、できない。しかしながら、「その他大勢」の聴衆のうちの一人として、クラシック音楽の流行が似たような形で繰り返されること、にもかかわらず聴衆が増えているようにはみえないことに、素朴な奇妙さを覚えたのもまた事実である。

もちろん、量的な変化が全くないわけではない。総務省統計局の『社会生活基本調査』の「余暇活動の種類および男女別行動者率」によれば、「音楽会などによるクラシック音楽鑑賞」の割合は一九八六年から二〇〇一年の間で五・七％から九・三％に増加している（男女計）。ただし、ポピュラー音楽・歌謡曲（一三・六％）、美術（一〇・八％）、演芸・演劇・舞踏鑑賞（一六・三％）と比べてみると依然として低い値である（すべて二〇〇一年の値）。流行するクラシック音楽をめぐる語りから受ける印象ほどには、聴衆は増えていないのである。このことからも、クラシック音楽の「フラット化」はあくまでも「語り」の循環の先にある「見え方」の一つであるといえる。

ただし、「語り」の循環が一九世紀以来あり続けているとしても、ヨーロッパと日本の「高級／低級」コードは同じ内実を持つと考えれば短絡しすぎだろう。ヨーロッパ的な階級社会においては、ノブレス・オブリージュに象徴される身体化された振る舞いをも前提とした形でコードが成立している。それに対し、日本のクラシック音楽をめぐる語りからは、少なくともそのような要素は脱臼されているような印象を受ける。だからこそ、「高級」という言葉の内実が、もっともわかりやすい経済的な階層性のみに落とし込まれるということがあったのである。輪島の分析では、クラシック音楽が「オシャレ商品」として消費された八〇年代には、クラシック音楽の「高級文化」としての側面は強化されていると指摘されていた（輪島裕介、前掲書）。この指摘は重要だが、日本における「高級／低級」コードの内実が、ヨーロッパのそれとどのように同じでどのように異なっているのかを慎重に測ることではじめて、経済的な階層性に先鋭化した形でクラシック音楽が流通されたことの意味を分析することができるのではないか。それは、本稿で述べたようなクラシック音楽をめぐる語りの循環と、その先にある「フラット化」の様相を記述することで有意味な問いとなるだろう。

【アート】

アートにおけるフラットさ

杉平 敦

1 なぜ「アート」なのか

今日、「アート」がブームであると言われる。町おこしのアート・フェスティバルからオークションでの高値落札まで、メディアでの取り上げられ方も様々である。アート・フェスティバルなら民家や店舗まで展示場所になり、企業や行政の取り組みなら街角や公共施設でも作品を鑑賞できる。我々の行動範囲で目に触れる作品は、確実に増加している。

しかし、今日「アート」と呼ばれるものは、一九七〇年代までは殆ど「芸術」「美術」と呼ばれ、市井の生活者にとって馴染みの薄い「ハイ・カルチャー」だったはずである。加えて、「アート」と言えば通常は「現代アート」のことであり、古典芸術や近代美術と比べて、価値づけも意味づけも不明確なものである。かように先端的で専門的な（はずの）ものが、我々の趣味や生活の一部となっているのはなぜか。また、今日の「アート」は、かつての「芸術」「美術」とは何が違うのか。本稿は、この問いを出発点に、現代日本のアートをめぐる諸現象、その歴史性と現在性を明らかにしていく。

2 「芸術」から「アート」へ

「アート」や「アーティスト」という言葉は、ジャーナリズムで使われ始めた時期と、専門家（作家・評論家など）が言い始めた時期と、一般に普及した時期が異なっている。例えば、大野左紀子の『アーティスト症候群』によれば、『美術手帖』に「アーティスト」という書き方が出てきたのは一九八〇年頃であるが、その後もしばらくは、多くの作家が「美術家」「作家」を自称したという。

本稿の目的は、「アート」「アーティスト」の発生時期を厳密に特定することではない。しかし、この些細な変化は、日本の美術界に留まらず、欧米（主にアメリカ）の美術におけるモダニズムの展開と終焉の歴史とも連動している。歴史と地域を行き来しながら、「アート」「アーティスト」という呼び名の持つ意味を見てみよう。

クレメント・グリーンバーグによれば、モダニズムは、ある芸術領域が他の領域から借用している要素を排除することを目指した。例えば絵画においては、絵画固有の性質である平面的な表面、支持体の形体、顔料の特性といった、それまではできるだけ見えないようにしてきた要素を、認識されるべき積極的な要素と見做したのである。

これに対し、二〇世紀の中頃には、こうした「純粋性」を排し、「絵画」「彫刻」といった領域を横断する傾向が見られた。それが一九五〇年代の抽象表現主義の幾つかの実践や、一九六〇年代のポップ・アートである。なお、ポップ・アート以降、それまで「〇〇イズム」として分類されていた美術の諸流派が、「〇〇アート」と称されるようになった。旧来の芸術分野が意味を成さないほど表現方法が多様化したためである。これは、後の日本で「アート」と言われるようになったのと同じ事情である。

ポップ・アートは、大量生産・大量消費社会を背景とし、マス・メディアを通じて大量に流布する通俗的なイメージを、作家自らも複製技術を用いながら反復するものであった。これは、社会のエリート層に主導された旧来の芸術へのアンチテーゼであった一方、物質的な豊かさや工業的な質感に、作る側と見る側の双方が魅惑された部分もある。例えば、ポップ・アートの代表者の一人であるアンディ・ウォーホルは、自らの工房を「工場」と呼び、分業による大量生産を指示する一方、自らの特徴的な容姿（整形手術など）や事件（一九六八年にテロリストから銃撃を受けた）をメディアに晒し、アーティストとしてのイメージを作品の販売に活用していた。つまり、大量生産・大量消費社会のイメージを借用するばかりではなく、自らも商業主義と意図的に結託し、ビジネスとしての芸術を展開したのである。

これに対し、美術の「純粋性」を高める方向へ向かう動きもあった。一九七〇年代にはコンセプチュアル・アートやミニマル・アートを通じ、「芸術とは何か」という問いが美術の前面に表れたが、ここでも「〇〇アート」という呼称は踏襲されている。

その後、この「純粋性」と芸術への問いの閉塞性に対する反動として一九八〇年代の欧米に登場したのが、ポストモダニズムやニュー・ペインティングであった。同時代の日本では、この動きと名称を部分的に取り入れ、絵画とデザインやイラストレーションとの境界を曖昧にする動きが生じた。具体的には、パルコ主催の「日本グラフィック展」「日本オブジェ展」で、新傾向の作品が話題を集め、そこから「アーティスト」を名乗る人々が登場してきたのである。作品が絵画かイラストか分からないのと同様に、作者も画家かイラストレーターか分からない。こうして、芸術と隣接領域の境界に多数発生した作品・作家に対して「アート」「アーティスト」という呼び名が付されて後は、「〇〇アーティスト」という呼称が芸術の周辺へと拡大していった。

今日の日本のアートの特色として、アニメやマンガとの間で境界が曖昧になっていること、商業主義と結びついたりマス・メディアに話題を振りまいたりしていることなどが、指摘されている。しかし、以上に見てきたように、「アート」「アーティスト」は、日本における発生の当初から領域横断的なものであり、旧来の「芸術」「美術」を乗り越えることを目指して、そのように呼ばれたものであった。また、アートがビジネスとして通用するようになったのも最近ではない。日本では一九八〇年代の「アート」「アーティスト」の発生から、欧米では一九六〇年代のポップ・アートから見られた傾向である。そしてそれは、少なくとも当時においては、意図的な宣伝の方略までも含めて、大衆文化を反映したものであった。

現在の「アート」は「芸術」「美術」よりも広い領域に渡っており、表現がイラストやポスターなど芸術周辺の領域のものと近接するだけでなく、ビジネスやサブ・カルチャーなど芸術以外の領域とも関わる傾向を帯びている。そしてそれは、「アート」が「芸術」から差異化を図った当初から持っていた傾向である。

しかし、その一方で、アートの「純粋性」を確保したがる当事者たちの言葉も、無視してはならないだろう。例えば、持ち運びに容易なサイズで、一般の購入者にも分かりやすいテーマを、見た目にも美しく描いた絵画は、美術関係者の間では「売り絵」と呼ばれ、「売り絵」で利益を追求することへの反発は、現代日本の美術界にも少なからず存在する。しかし、芸術家たるもの、金銭的な利益から距離をとり、「美」と「芸術」の探求に専心すべしという信念の内にこそ、これほどまでにアートがビジネスやサブ・カルチャーと接近した時代状況にあって、それでもなおアートを旧来のハイ・カルチャーとしての芸術の高みに留めようとする傾向が見て取れないだろうか。美術関係者が、「絵は本来、売るためのものではない」と規定することで、金銭的価値に還元されない美術作品の「高さ」を守り抜いている可能性は、考慮されるべきである。少なくとも、徹底したアートの消費化が為されるとき、それでも貨幣に換算されない美が残るはずだという確信こそ、他の何物にも置き換えられないアートの芸術性を保証するものではある。たとえ、その確信が真であろうとも、偽であろうとも。

3 「アート」の拡張と鑑賞法

ここまでは、戦後の美術史を振り返りつつ、現代日本で生じているアートと周辺領域の混交、アートのビジネス化について述べてきた。しかし、この歴史の中で、商品化しがたい作品を作る傾向を含め、アートが多様化していることは、触れておかなければならない。作家の行為、観客を含めた現場の状況、音や風景までも、今や作品として扱われうる。これらを含め、現代日本の美術界に併存する多様な作品が、一様に「作品」と名指されるのはなぜか。それらを作る営為を「アート」と呼ぶのはなぜか。

さきに述べたように、現代アートは「絵画」「彫刻」といった分野ごとの区切りが通用しない状況になっている。それを何とか区分しようとすれば、「○○イズム」「○○アート」という流派で捉えるのが一般的である。そして、それぞれの流派は、多くの場合、前の流派を否定して新しいものを作るという運動性を持っている。したがって、「アート」という概念は、時代が下るにつれて拡大していく。

藤枝晃雄はロラン・バルトの近現代文学論を参考に、現代芸術の「否定の完遂の不可能性」ということを言った。ある芸術を否定しようとする動きが芸術化し、それをも否定しようとする新しい動きが出てきて、結局は否定しつくすことができないということである。しかし、これは芸術の諸流派の間に、一応の「最先端」のようなものがあった頃の話である。最も新しい流派が、それまでの「芸術」という全体を否定するような動きを成しえたからこそ、このようなことが言われうるのであり、今日のように流派が細分化して、殆ど芸術家ごとに「芸術」がある状況では、芸術概念全体の転覆などはありえまい。

菅原教夫は、こうした時代におけるアートとは何かを問い、「ある文化がある対象をアートと認識するとき、それはその社会で慣習的にアートになりうる」（菅原教夫『現代アートとは何か』丸善ライブラリー、一九九四年）という結論に達している。新しいアートは、従来のアートの定義を更新していくものなのである。それゆえ鑑賞に際しては、「アート以外の価値観」を積極的に動員せねばならず、鑑賞者は従来の見方にとらわれず、あらゆる知見を総動員して解釈すべきである。菅原の推奨するこの鑑賞法は、鑑賞者それぞれが作品を前にして解釈と判定を下すというものであるが、上記のような状況を踏まえるまでもなく、現代アートは実際にそのように鑑賞されているだろう。

それでは、ここでいう「アート以外の価値観」として、どのようなものが考えられるか。菅原自身は直後の記述で、科学や哲学を援用した解釈について述べている。しかし、鑑賞者各々が判断しなければならない現状を逆手に取れば、鑑賞に際して特別な知識や教養は要らないということである。科学や哲学に関する知識があれば一層その良さが分かるという作品もあろうが、何をどの程度まで分かるかを別とすれば、何も知らない人にもその人なりの鑑賞法や判断が許されるのである。

4　見解を持つこと

「現代アートは自由に鑑賞できるので難しくない」ということは、入門書などで言われているが、同時に「現代アートが分かりにくい」ということも、鑑賞者の側から言われている。考えてみれば、見た目にも美しく価値づけや意味づけが確立されている古典芸術や近代絵画と比べ、現代アートは評価も解釈も一定ではないのだから、「良さ」が分かりにくいのも当然である。前提となる知識・教養を持たなくても自由に楽しめるのが現代アートの身上の一つである（と言われる）が、模範的または一般的な見方が確立された芸術に慣れている我々にとっては、自由な鑑賞こそが難しい。

しかも大抵の作品には、カタログやパンフレット、入門書や論文集などで、様々な「解説」のようなものが示され、現代アートにも一定の見方があることを予感させる。その内容は、面白いものや作品の良さを引き立てるものばかりではない。窪島誠一郎は、評論や評論家を「私たちから『絵』にすなおに感動し、そこに描かれた世界に自由に共鳴する娯しさ、歓びをうばっている最大の悪者」（窪島誠一郎『絵をみるヒント』白水社、二〇〇六年）とさえ断言する。それでも、作品に言葉が付けられて紹介されるのはなぜか。

作品に言葉が付随する状況は、モダン・アートの発生当初から継続している。ニコス・スタンゴスによれば、一九〇〇年頃に始まったモダン・アートは、伝統に挑戦して新たに差し出すべき何かを見出すための実験であり、その特徴は運動性と観念性にあった。そして、挑戦すべき対象を喪失し、運動性が失われてしまった今、観念性だけが残ったという。

しかし、今日のアートに伴う言葉の数々は、伝統と自らの立場の違いを示すものばかりではない。作品のコンセプトを示すもの、作品が受けてきた評価を宣伝するもの、その作家独特のものの見方を示すものなど、様々である。挑戦すべき伝統は曖昧、同時期の実践も多様で、全体の中での各々の立場が分からない状況では、こうした多様化も当然であろう。しかし、作家の名声や作品の商品価値とは関係のなさそうな場合、例えば街角の小規模な画廊などで扱われている作家・作品のカタログ・パンフレットにさえ、殆どの場合に何らかの言葉が付されていることを、どう捉えるべきか。

これらの言葉は、作家自身が記すこともあるが、他の関係者が担当する場合が多い。そこで考えられるのは、こうしたものは作家自身のためにあるのではないかということである。自分の作品にどのような意味があり、どう見られているかを知りたい作家は、それを適切な言葉にしてもらうことを喜ぶ。しかし、作品を見た後で、自分の意見を述べる鑑賞者は少ない。結果、職業的な評論家や関係者から付与される言葉を喜ぶことになる。

文芸批評などでは、作者も言葉を用いるため、作者の意図と評者の見解が異なることがままあるが、美術批評では多くの場合、評者が作者に協力的である。それに、評者がどう評価したところで、作者にとっては一介の鑑賞者の意見であり、「そういう見方もある」という程度のものである。自分が何を作ったのか作者自身が明瞭に把握できないことさえ生ずる現代アートにおいて、「解説」と見做されているものは一個人の見方にすぎず、模範的または一般的な見方を示すものとも、作者の意図や作品の実質を反映したものとも限らない。

つまり、あれらの文章は、模範的・一般的な見方を示すという意味での「解説」ではなく、あくまで一個人の見方を示す「見解」である。そう考えれば、鑑賞者が既存の見解にとらわれずに自分で作品を見て自分で判断するのは正当であり、他に方法はない。もし、作家・作品について、より多くを知りたい人は、画廊に赴き、作

図1
（千空間での個展『colony』［2001年］のカタログより）

家の話を多く聞いているはずのスタッフと話してみれば良い。運が良ければ、作家本人と直接に話すこともできる。その一例として、筆者自身が現代アートと接する契機となった体験を紹介する。

5　分からぬものの方へ

二〇〇一年春、筆者が代々木で浪人を始めた頃、予備校の裏で二階建ての小さな建物を発見した。窓一面が黒く塞がれ、白い壁と対照を為していた。画廊の名は「千空間」。今も洒落た建物だけ残っている。建物自体も人目を引くものだったが、小さなテラスに幾本もの小さな風車が刺してあるのが気になった（図1）。正面に回ってみると、黒く塞がれた入口に、「開いています。ご自由にお入りください。」という内容の紙片が貼ってあり、歓迎しているふうには見えなかったが、興味本位で覗いてみることにした。

入ってみると、室内は暗く、積み上げられたテレビの画面が光を放つ中に、数人の名前がスクロールされていた。交通事故の犠牲者の氏名を流しているようで、作品のみならず画廊の空間全体についても、やや薄気味悪い印象を持った（普段の千空間は大きな窓から光が射し込む明るい空間で、このときのこの雰囲気までも実は作品であった）。

積み上げられたテレビと滑っていく名前の質感は無機質ではあるが、この作品が人間の生と死に関するテーマを扱っていることは誰にも理解できる。ただ、どのような意味があって何を象徴しているのか、説明しつくすことはできない。一方はあまりにドライな名前の表示、他方は個人としての生死という、非対称な関係か。個人の生死は一大事ではあるが、集団として見れば、一つ一つの個体は数個の文字で表現されるだけのものであるという事実か。判断は鑑賞者に委ねられているし、判断を抜きにして質感を楽しんでも構わない。

この部屋を抜けて、先ほどの風車のテラスに出た。灰色のブロックの隙間に差し込まれて風に揺れる儚げな有様に、筆者は「賽の河原」を思った。スタッフに話を聞いてみると、多くの鑑賞者は意外にも「かわいい」と見るらしい。透明な羽根にグニャグニャした何かの写真がプリントされているが、それが何であるかは、気になった人が確かめれば良い。皮肉と見るか、遊び心と見るか、純粋な美的関心と見るか、それは自由である。

室内に戻って二階へ上がると、こちらも暗く、重厚なテーブルと本棚を配した部屋の壁一面に、「治癒証明書」が無数に貼られている（図2）。一枚一枚、全て発行者と対象者が違う（図3）。そして、本棚に納められた何冊も

図2
（千空間での個展『colony』［2001年］のカタログより）

図3
（千空間での個展『colony』［2001年］のカタログより）

の分厚いファイルにも、同じ書類が綴じられていて、手に取って眺められるようになっていた。圧倒的な数量で、ある個人が別の個人の治癒を証明している様子は、個々の証明・被証明関係の連鎖が群全体を覆いつくすようであった。しかし、この関係を示すのは、ツルツルした紙の上に印刷された個人の「名前」でしかない。一人一人の治癒は人生の一大事であるが、個の生命に見合った重さが、この展示にはなかった。むしろ群全体に取り巻かれるような、別種の重みを感じさせた。

　以上述べてきた三つの空間全体が、作間敏宏という作家の作品であった。本稿に添付した写真は明るく撮られているが、実際には不安になるほど真っ暗であった。そうした環境では、鑑賞者の意識が作品に集中し、多大な労力をかけて空間を作り上げた作家の情熱と対峙する。このように、空間全体を作品とした、鑑賞者の身体を取り込むような展示を、「インスタレーション」と呼ぶ。もちろん、なかなか売るわけにはいかないが、画廊や作家の希望は多くの人に体験してもらうことである。それは、作品が絵画や彫刻であったとしても、同じことであろう。

　もちろん、ここに書いたのも筆者個人の「見解」にすぎない。しかし、「解説」と見られている言葉を見る前に、画廊でスタッフや作家と話しながら、最初に抱いた印象が裏付けられたり裏切られたりして、自分なりの「見解」を導き出していくことの面白さは、現代アートならではであろう。しかも、上記の事例に見るように、知識や教養は特に必要ではない。読者に対しても、アートの現場への道はフラットに通じているはずだ。一介の愛好者の立場で作品を鑑賞し、アートや周辺の状況を論じられるのが、現代アートの醍醐味である。鑑賞者にはその人なりの鑑賞法と評価基準が認められており、知識や教養がなくても制作・展示している本人と対等に語り合い、多くを知ることができる。

　アートの領域はかつてなく広がり、何も分からない人々でもアートを楽しむ時代である。それを悲観することもできるが、「分かること」を強く求められないのは気楽なものである。分からないものを分からないと躊躇なく言えるなら、アーティストやギャラリストは、色々なことを教えてくれる。そればかりではない。むしろ彼等の方が他者の視線と見解を欲し、今日もあなたに対して画廊の門を開いて待っているのである。

【ヴィレッジ・ヴァンガード】

キッチュなマニア――フラット化した「趣味」の世界

清水学

世紀の変わり目、地元に「ヴィレヴァン」がオープンしていることを知ったときは驚きだった。商店街のランドマークとなっていたファッションビルの四階、大手輸入盤店の向かいにそれはあった。その「タワレコ」が出店したときもいささかニュースだったが、やや遅れて展開された「ヴィレッジ・ヴァンガード」の衝撃は、あまりあるものがあった。

「ラフォーレ原宿・松山」といういかにも東京資本のビルにテナントを構え、外資系CD店と同じフロアという、たしかにわかりやすい構図ではあった。しかしこんな都会的というか、サブカル的というか、要するに悪趣味を、理解するような「あそび」がこの地方都市にあるかどうか、疑念を禁じえなかった。

だが近年では、この店のことを知らないものの方が少ない。いまでは、どこの郊外にでもみられるような人畜無害のショッピング・モールの一角に、まるでなにかの罠のようにその空間は口を開けている。申し訳程度の輸入盤も揃えたCD店、おきまりのように顔を並べたアパレル系ショップ、小洒落たインテリア・ショップに無国籍風雑貨屋、大型書店や無印良品、ユニクロなどと並んで、それはふつうの顔をしてたたずんでいる。それと知らずに足を踏み入れたものは、きっとある種の違和感に後悔することだろう。

だがこの店が、このようなチェーン展開を始めたのは近年のことである。それにつれ、性格もいくぶん変わってきたようだ。いまではこの店を「ちょっと変わった便利な雑貨屋」と理解しているものも多かろう。だから、以前から知っているものにとって襲ってきているのは、別種の違和感である。

1　サブカルとキッチュ

創業者の菊地敬一が書店経営のノウハウを積み、名古屋市天白区に独創的な書店「ヴィレッジ・ヴァンガード」を開いたのは一九八六年一二月のこと。ロフト風の建物に、ビリヤード台や卓球台の什器を用い、書籍・雑誌と並行してアウトドア用品や雑貨を置く、ユニークな「書店」だった。それが1号店となり、ほどなく八八年に2号店、その翌年に3号店をオープンさせる。

名古屋のファッションビルに出店（九五年）したのが「ターニングポイント」となり、有限会社から株式会社へ組織形態を変更するのが九八年のこと。二〇〇三年には株式上場を果たす。現在にいたる、目を見張らんばかりの多店舗展開は周知の通りだ。二〇一三年三月時点で直営三四〇店舗。その他業態含めれば都合四〇五店舗の広がりをみせる。まさに北海道から沖縄まで、日本全国に拡散する「ヴィレヴァン文化」といってよいほどだ。

しかしこれは、みたように「東京発」のものではない（その意味ではいささか野暮ったく「ビレバン」と表記した方がよいのかもしれない）。あの「趣都」とは、はじめから距離が置かれていた。初期の立地はロードサイド。クルマ社会の名古屋ならではのこともある。大手ショッピングセンター内のインショップという形態が多い昨今の出店とは、だからちょっと印象が異なる。東京資本によらない、しかし一種の「都会性」をかもしだす独特のサブカル空間。それが出発点だった。

単純に雑貨の方が粗利率が高いといった事情もあるが、店内にグッズも多く揃えられているところから、この店を、王様のアイディアを筆頭とするノヴェルティ・ショップ、ソニー・プラザ（現プラザ）などの輸入雑貨店、Francfrancなどのライフスタイル・ショップ、ドン・キホーテなどのディスカウント・ストアなどと並べて理解するものも多い。しかしヴィレッジ・ヴァンガードは、あくまで「書店」である。

書店として画期的だったのは、新刊書にこだわらず既刊書中心の品揃えをしたことだった。「変な新刊よりちょっと前の売れ筋の方がはるかに売れる」（永江朗『菊地君の本屋』。以下、特記なき場合は本書による）。「一〇〇点を一冊ずつ」売るよりも「一点を一〇〇冊」売る方がはるかに楽と、定番主義とバックナンバーの重視によって、他の専門店とはひと味違う品揃えをめざした。

そんな「マニアックな書店」ヴィレッジ・ヴァンガー

ドは、だがけっしてマニア向けの「趣味の店」ではない。「サブカルにはこだわらない」と、菊地はいっけん意外な言葉を口にする（『商業界』二〇〇六年三月号）。「ぼくが好きな本を定番としているのがヴィレッジ・ヴァンガードだと思われているんじゃないだろうか」。もちろん商売である以上、あえて大衆に迎合するのだ。後に述べるように、これはキッチュとしてしごくまっとうな姿勢である。

しかし、どこか宿るサブカル魂もいぜん認められなければならない。店舗経営の実務では、現場にまかせ、趣味にまかせる部分もきちんと残されている。なによりそんな風土をよくあらわしているのが、店員こぞって書く、あの手作りの黄色いPOPたちだ。第1号店の菊地店長以来受け継がれてきた、これぞヴィレヴァンのトレードマークである。「POSは必要ない。僕がPOSだから」（自由が丘店店長・当時）と、自分がいいと思ったものを自分で仕入れ、それにコメントをつける。各自が自由に書いているようで、しぜんテイストが似通ってくる。顧客からアルバイト、そして正社員登用へという道筋のなかで「教育」されてきたがゆえのことでもある（『商業界』二〇〇六年三月号）。

象徴的なのが、「これはまずい！　罰ゲーム用」という伝説的なPOPである。「まずい」ものが「まずい」という理由で、売りになる。こういう売り方はほかにはない。ある店長はドリンク剤を試飲し、「めっちゃまずい。だからめっちゃ売れそう」と即断する（『店長の教科書』『商業界』二〇〇六年七月臨時増刊号）。これが悪趣味商売の基本だ。

ヴィレヴァンが全国区にした「ジンギスカン・キャラメル」は、一時、一般受けをねらったのか、味が「改良」されマイルドになっていた。だがまさにそれゆえ売れ足が鈍り、反省したメーカーはふたたび以前の「悪趣味」味に戻したという。そんなエピソードが、店の雰囲気にマッチしているのだろう、これまたPOPのネタにされたりもした。

自分で好きな商品を選ぶ。でも「いくら好きな商品でも全く客層に合わないものを仕入れたりはしない」（『商業界』二〇〇六年三月号）。その意味で、良くも悪くも「マニア」「サブカル」を「売り物」にしている。このキッチュ性がヴィレヴァンである。むしろ菊地のこの表現が正確だろう。「ヴィレッジ・ヴァンガードはやっぱり入門用だ。マニア、こだわり派への入門だ」。

2 ヴィレヴァン的空間——モノの詩学

もともと「書店」として出発し、いまもその業態にこだわるヴィレッジ・ヴァンガードは、「遊べる本屋」がスローガンである。だから、もはや「本屋同士のたたかい」の時代でないと、他業種が意識される。ライバルはむしろアミューズメント産業やカフェ、コンビニなのだ(湯浅俊彦『書店論ノート』新文化通信社)。

その姿勢は、従来の書店の「常識」をはずれた店舗運営にもあらわれている。ネット書店に押され大手リアル書店が不振をきわめるなかで、ヴィレヴァンのリアル書店としての存在意義は、こうした意識によってもたらされた店内の空間構成にある。

一歩足を踏み込めば、所狭しと並べられたアイテムたちが、ディスプレイとも商品ともつかぬまま、奇妙な説得力をもってせまってくる。さすがにドン・キホーテ的密集度とまではいかないが、そんじょそこらのオシャレな雑貨屋的な「余白の美」はそこにはない。ガラスケースに陳列されているのはジッポーのライターにアクセサリー。かたわらには怪しげなシェードのランプや、モアイ像のティッシュ・ケースが置かれ、ゲームやパーティ用品の数々が吊られている。奥には一〇〇連奏ＣＤジューク・ボックスが据えられ、これは売り物でもある。近年ではキャラものやぬいぐるみ、キッチン・バス用品まで揃っている。レジ周りには菓子や小物など、これまたあれこれ配置され、最後に「思わずもう一品」追加したくなる。

「うちはすべて飾りながら売ってますから」とは菊地の弁。「これって売り物?」と思うこともしばしばだが、それはじっさい売り物なのだ。なかには「応相談」などと書かれているものもある。「店全体がパフォーマンスしている。空間も含めた店全体が重要になる」。まさしく、店舗そのものがメッセージである。什器からして異色だが、店内に実物のバイクが飾られたり、天井から軽飛行機が吊されたりといった光景が圧倒してくる。

商品とともに空間を埋め尽くしているのは、さきにも触れた手作りのＰＯＰたちである。これがちょうどキャプションの役割を果たし、空間に「物語」を付与する。正確な商品説明など期待してはならない。この「個性的」なＰＯＰは、創業以来伝承され、店舗ごとに巧みに計算された誘惑の装置となる。

その異空間の魅力を、菊地は「アミューズメントスペース」と形容する。「ヴィレッジ・ヴァンガードに来るお客は、目的買いのこともあるけど、とりあえずライブスポットや喫茶店に行くような気分で来てくれる。探している本があれば買って行くし、なければ買って行かない。それだけの気楽な感じだ」。この「気楽」さが、立ち読みを許容する「本屋」ならではの文化でもあることを菊地は強調する。「滞在型」で「時間消費型」の店だからこそ、待ち合わせ場所としての利用も多い。だからインショップでビル本体が閑散としている場合でも、不思議とこの店のなかにはひとがいるのだ。

　同じ時間消費型でも「ドンキさんは役に立つものを安く売っていて、ヴィレッジ・ヴァンガードは役に立たないものを（笑）「定価」で売っている」（『商業界』二〇〇六年三月号）と菊地はいう。たしかにこの空間は、小売業というよりレジャー産業に近い。だからこそ、それにふさわしい業績をあげてもいるのだろう。

　「非実用性」にいろどられた「趣味」の空間。だから「遊べる本屋」、だからこそ「ライバルはレジャー産業」。「読者はヴィレッジ・ヴァンガードに本を買いに行くというよりも、ヴィレッジ・ヴァンガードに遊びに行こうという感じです」。そしてその記念、遊んだ帰りの「みやげもの《スーヴニール》」として、客はなにがしかを持ち帰る。なにも買わない場合には思い出を。

3　整然たる混沌——現代における「驚異の部屋《ヴンダーカンマー》」

　ひとはヴィレヴァンを訪れた「記念」に、カトちゃんメガネやラーメンドロップや目玉オヤジのフィギュアや自殺うさぎの本やバースディ・ハットやらを買って帰る。おそらく他人に贈与したり、景品に使用したり、あるいは自分の部屋の片隅をそっと飾るために。

　ヴィレヴァンにおいて「役に立たない」ことは大切である。この「非実用性」こそサブカルの肝だ。役に立たない、わけのわからない、意味のないもの。そんなものに価値を見いだす人間がたしかにいて、そこからはじまる文化があることを、ヴィレッジ・ヴァンガードはいまいちどわれわれに思い起こさせてくれる。

　おびただしい「趣味」というか「悪趣味」の世界。ピーター・ワードのいうように、「現代のキッチュがもっともたやすく確認できるのは、繁華街の往来のほこりっぽい街角や世界中の海岸沿いの大通りに立つ、みすぼらしい小さな売店のなか、いかに安くとも支払った対価に値しない、役に立たない小さな小間物においてである」(Kitsch in Sync, p.37)。ヴィレヴァンの空間は、こうして「キッチュ」によって特徴づけられる。

　基本にあるのは、すべてをひとしなみにグッズ、あるいは「ネタ」として眺める視線である。まさしく「ヴィレッジ・ヴァンガードではグッズも本であり、本もグッズ」なのだ。その陳列方法もまた独特だ。「編集作業」といわれる売り場づくりは、まるで自分の蒐集物を何度も並べかえては悦に入る、コレクターの手になるようだ。書籍、雑貨、アパレルを問わず、「連想ゲーム」的に関連しそうな商品が並べられる(『商業界』二〇〇六年六月号)。たとえばアウトドア用品の横には旅行カバンが置かれ、その隣には旅行ガイドやグルメ本、旅行記、そしてロード・ムーヴィーの数々が配置される。航空機や列車のフィギュアも、そっと加えられるかもしれない。

「昔ながらの十進分類法的な棚を、たかだか六〇坪の書店でやってもだめだと思う」と、菊地は指摘する。これが、他の書店などにおける売り場の秩序と大きく異なっているところだ。じっさい、ヴィレヴァンに足を踏み入れたものが最初に感銘を受けるのは、その雑然とした空間である。だがよく知ると、この演出された「雑然さ」の空間は、じつはかなり秩序だったものであることに気づかされる。迷路のような店内は、しかしまったく分類を欠いているわけではない。ひとは、そのボルヘス的な未知なる分類体系のなかをさまようのだ。

この点、たとえば量販店における大量の商品の密集が生む雑然さと、それはやはり異なっている。ドン・キホーテならそれなりに各コーナーがあり、仕分けがある。これは近代合理性に属するものである。あるいは雑貨店なら、近年その品揃えは豊富で広義ではあるものの、しかしいぜん「雑貨」の範疇にあるものしか置かれてはいない。整然とした配列がそこにはあり、定められたものは定められた場所にしかみられない。

しかしここヴィレヴァンでは、書籍はもちろん特定のコーナーに集められているが、他所にも置かれている。パーティ用品のコーナーはいつのまにやら生活雑貨のコーナーに移り、やがてキャラクター・グッズへ続く。よほど注意ぶかい客でないかぎり、その境界には気づかない。

まさに「おもちゃ箱をひっくり返したよう」な空間プロデュース。キッチュは、分類区分のような静態的秩序と無縁の空間に棲まう。たしかに、あらかじめお目当ての商品を探すような客には、不便なことこのうえない。しかしそんな不満が表面化しないのはもちろん、ヴィレヴァンではこの迷宮をさまよう体験こそがテーマだからである。

そこはまさしく「ヴンダーカンマー」的な空間である。むしろ「整然とした猥雑さ」のようなものが、そこにはある。機能がないのが、無意味なのではない。場違いな機能、多すぎる機能、矛盾する機能たちが「無意味」を生む(『無意味良品』ワニブックス)。悪趣味とはまた「場違い」の意でもあった。常識的な分類や区分を越えた前博物学的な世界が、そこには広がっている。「驚異の部屋」とよばれた、あのインスブルックの城のように。

全体性なきアイテムの増殖。悪趣味とは、そしてまたキッチュとは、多種多様なもののキメラ的混在と増殖でもあった。魚の下半身にサルの上半身を接ぎ木した「人魚」をみよ。小石や貝殻を積み上げたある郵便配達人の観念的宮殿を、あるいはジョン・ソーンの手になる偏執的蒐集物を。

キッチュは、「蒐集」と「蓄積」をその原理とする(アブラアム・モル『キッチュの心理学』)。それはいつのまにやら、机の上、戸棚のなか、テーブル上、あるいは壁に掛けられて、日常生活のなかに侵入してくる。フロイトそのひとの机の上を飾っていたように、いつしか部屋のなかは、わけのわからないがらくたで満たされる。

そして個々のオブジェの緩やかな連合による「連想ゲーム」が、総体《アンサンブル》として、キッチュというライフスタイルを売りに出す。整然とした迷路によって形成された、商品のジャングルのなかで。

4　フラットな「趣味」の世界

「ヴィレッジ・ヴァンガード」を構成しているのは、こうした差異ある無差異、あるいは無差異の差異たちである。「趣味」の問題は階級、そして差異と、つねに結びつけられてきた。しかしいままでは、趣味の良し悪しを見分ける明確な「差異」も、無数の襞のなかに折りたたまれ見えにくくなっている。この差異なき差異がキッチュの文化を生む(ジェーン&マイケル・スターン『悪趣味百科』、ピーター・ワード『キッチュ・シンクロニシティ』)。

ヴンダーカンマーの衰退が、ルネサンスからバロック、そしてロココへという時代趨勢のなかで、「蒐集という行為のなかに……趣味のよさという美学や整理整頓という理性が入り込」んだことと無縁でないと、小宮正安は指摘している(『愉悦の蒐集　ヴンダーカンマーの謎』集英社新書)。現代に復活したヴンダーカンマー、それがヴィレヴァンなのだろうか。

ともあれヴィレヴァンの店内を見回し、散策しながら、ふと感じることがある。これは、他人の本棚(ないし陳列棚)を覗き見しているときの、あの感触に近い、と。覗き見とはいいながら、じつは誇らしげに見せつけられているのでもある。まさしく蒐集家の一室に潜り込んだときのように。

蒐集に示されるのは世界の「癖」のようなものであり、「コレクションとは物に託された世界観にほかならない」と、春日武彦は指摘した（『奇妙な情熱にかられて』集英社新書）。本棚を見れば、意外な一面に触れもし、なんとなくその持ち主が理解できたような気もする。だからこその意外性と納得が、ヴィレヴァンにはある。

だが繰り返すように、ヴィレッジ・ヴァンガードはけっして「趣味の店」ではない。「ファンシー」な雑貨屋や「道楽」の店とは異なる。「B級とはディープにならないということだ。ディープになるとハマってしまう。ハマらず、とんがってはいないけど、とんがっているように見せる演出が重要だ」と菊地はいう。それはあくまで「趣味を売る店」なのだ。

いまやヴィレッジ・ヴァンガードは、日常のライフスタイルのなかに入り込んでいる。日常生活の趣味化、あるいは趣味の日常化としてのキッチュの時代が問われなければならない。近年では『タモリ倶楽部』や『熱中時間』にもみられるように、「趣味人」への視線も変化してきた。「趣味」はもはや売り物である。逆にいえば、それだけ「無趣味」が一般化しているということでもある。

そんなヴィレッジ・ヴァンガードが棲息するのは、「ニッチ」業界だといわれてきた。たとえばそれは、大学生世代をターゲットにした「卒業マーケット」であり、だから定番がいつまでも売れ続けると。たしかに菊地も「ビジネス最大のリスク。それは競争すること」と、ターゲットを絞ろうとする。しかし「我々がターゲットとする消費者が本当にニッチだったら、これだけ店を出してるんですからとっくにオーバーフローしていますよ」とも認識するのだ（『商業界』二〇〇六年六月号）。

その「趣味的」な世界は、たしかに「ニッチ」としかいえない。しかし現在、その「ニッチ」が広大に広がり続けている。がゆえに、かえってそこは住みにくい環境となってはいまいか。これがとりもなおさず、現代のサブカルチャーに残された生存課題にほかなるまい。

残念ながら、はじめに触れた店はもうない。二〇〇八年一月、耐震強度問題によるテナントビル閉鎖に伴い、タワレコは退去を余儀なくされ（これ幸いと？）この地から撤退した。そしてわれらがヴィレヴァンは、市内からいったん立ち去った後ふたたび別のモールに居を移し、〇九年再オープンの運びとなった。

もちろんいまでは、地方都市の郊外型モールのなかにふと「ヴィレヴァン」を発見したからといって、さしたる驚きはない。「サブカル」を感じることもない。

【カルチャーセンター】

カルチャーセンターの「深さ」と「浅さ」

元森絵里子

1 カルチャーセンターという学びのスタイル

習い事をしよう！ 仕事とは別の勉強がしたい！ すでに学校を出た大人がそう思ったとき、選択肢の一つとしてカルチャーセンターがある。たいていビルの一部に位置するセンターには、いわゆる教室から、アトリエ、キッチン、スタジオ、パソコン室、ジム、ときにはテニスコートなどが備えられ、そこはまさに「大人の学校」である。

有名校のパンフレットを開けば、美術や茶道、華道、歌、写真などの趣味・習い事、簿記やパソコン、カラーコーディネーターなどの実用・資格、源氏物語を読んだり心理学を学んだりする教養、語学、ヨガやテニスなどの健康・スポーツといった多種多様な講座が並んでいる。受講者は、個別の教室を探したり、試験を受けて学校に入ったりすることなく、受講料さえ払えば多様な講座の中から気に入ったものを受講できる。

運営母体は、しばしばマスコミ系、百貨店系と「友の会」形式の三種類が典型例としてあげられる。専任の講師は少なく、講師と講座単位で契約する形で運営されることが多い。教養系の講座では大学教授や著名人、趣味領域ではその領域で活躍する専門家が招かれる。テレビや雑誌で有名な講師となると受講料も高めに設定されている。パソコンやスポーツ、語学などは、専門の学校と提携していることも少なくない。趣味領域では、家元制度の師範や専門団体の認定講師を招くことで、その流派やスクールの中でスキルアップしていくことが可能な講座もある。

受講者は、センターの会員になり、三か月程度を区切りとする講座を前払いで受講する。複数講座をかけ持ちする会員もいれば、目的とする講師や団体の講座を受けに来ただけという会員もいる。大手企業が介在する分、個人教授にありがちな講師への謝礼などの不透明な出費や面倒な人間関係があまりなく、受講の更新さえしなければ辞められる。

このような高等教育でも資格予備校でもない場で学ぶこと、純粋な家元制度や専門のスクールとも異なる場で何かを習うことは、ある意味中途半端にも見える。それを、深みを欠いた浅薄（フラット）なものであり、気楽な消費と自己実現であると嗤うこともできるかもしれない。実際、「軽チャー」などとカルチャーセンターを揶揄する向きは絶えない。満たされない思いを抱えた主婦や居場所のない中高年、「自分磨き」にいそしむ未婚女性といった受講層のイメージもまことしやかに語られる。

しかし、逆に、学校や会社のような強制がないのに、あえて何かを習ったり学んだりすることに、浅薄な消費や自己実現志向とは一線を画した深い学びへの志向を見ることもできよう。そこに文化的、社会的な広がりを読み込む向きもあるし、教養主義や花嫁修業など真剣なものと見ることもできる。

もちろん、個々の受講者には、内容より友だちづくりが目的とか、とにかく何かやってみたいだけといった人もいれば、学習動機が明確で向上心にあふれた人もいよう。ただ、なぜ「何か」が習い事や勉強なのかを考えれば浅薄とは言い切れず、真剣なのになぜ専門機関ではないのかと考えると深いと見なすのもはばかられる。

加えて、筆者が接した範囲でも、まじめな花嫁修業だと言われると「そこまでは」と留保したくなるが、全く意識していないわけでもないという受講者は少なくない。子どもの自立や退職を機に道楽として始めたはずなのに、はまってお免状をとったり個展を開いたりしたという人もいた。「所詮カルチャー」と自嘲しながらかなり真剣に通っている人もいれば、真剣そうに見えたのにぱっとやめる人もいる。講師や受講生間の相性の問題などもあり、学びが気楽に終わるか深く広く展開するかは、事前に決められない。

カルチャーセンターは、それを語るのに、「深い」か「浅い」か同定しきれずに揺れ動くような場なのである。

2　社会現象としてのカルチャー

「カルチャー」なるものを社会現象としたのは、一九七四年に、朝日新聞社の文化事業として設立された朝日カルチャーセンターである。カタカナ語の「カルチャー」を冠した同センターは、新宿住友ビルの二フロアに開業する。一五教室に一三コース一四〇科目を備えた大規模なセンターには開講当初から受講希望者が詰めかけ、申し込みを受け付けた京王デパートでは八階から一階まで長蛇の列ができたことが語り草となっている。

同センターは、三年後には四万三七〇〇人の受講者を要する予算規模数十億円の企業に成長する（宮原誠一・室俊司「朝日カルチャーセンターと生涯教育」『月刊社会教育』二二（二）、一九七八年）。加えて、一九七八年にNHK文化センター、一九七九年に池袋コミュニティ・カレッジ（西武百貨店）、一九八一年によみうり日本テレビ文化センターと、大手企業が次々と参入し、一大市場が形成されていく。

ブームになったのは、高度成長が一段落し、生産一辺倒ではなく余暇や精神性を重視するムードが生まれた時期である。家電の普及で家事時間が減り主婦に余裕が生まれた頃であり、戦争で青年期を奪われた世代が中高年にさしかかった頃でもある。ブームの背景には、おそらくこれらが絡まっている。

カルチャーセンターの起源は諸説あるものの、基本的には、女性のための文化教室が起源とされてきた。とりわけ、一九三八年に、阪急東宝グループ創始者の小林一三が、「婦人のための教養クラブ」を掲げて有楽町日劇ビルに築いた東京婦人会館をあげるものは多い。お茶、お花、お琴、料理といったいわゆる花嫁修業を一所で習えるようにしたこの施設は、後に夜間の有職婦人部を設ける。戦局が悪化する一九四三年に自主解散するものの、一九五五年に再出発。二年後産経学園と改称され、徐々に技芸教室的なものから、趣味・お稽古事、教養、スポーツ、資格と講座の幅を広げ、男性の受講へも門戸を開いていく。

また、昭和三〇、四〇年代に各所に設立された大小の文化教室に起源を見る説もある。一九五五年の中国新聞社女性教室（広島）、一九五六年の毎日婦人文化センター（名古屋）、一九五七年の神戸新聞文化センター（神戸）などがあげられることもある。

ただし、教室の集合体という点では、花嫁修業系の文化教室を前史とすることも可能であるが、文化教室もやがて幅広い講座を備え始め、朝日カルチャーセンターが教養部門を打ち出すことでブームの火付け役となったとすると、婦人学級や青年学級などのいわゆる社会教育の流れの中に位置づけることもできそうである。

社会教育とは、家庭教育・学校教育と職場での職業訓練以外の（ときにそれらも含む）あらゆる教育・学習活動であるが、高度成長期頃までは、戦前の国策による民衆教化から戦後の共同学習サークルに至るまで、公民館や図書館、学校の社会学級等において行われるものを主に指していた。しかし、都市部においては、社会教育主事の仕掛ける講座や自発的な共同学習が成立しにくくなったり、それでは飽き足らなくなった層が出てきたりする。明示的に指摘されてこなかったが、カルチャーセンターは、このような地域コミュニティの結節点が担ってきた学習や趣味サークルの役割を、都市部で引き継いだ側面も持っていると考えられる。

いずれにせよ、ブームの前史には、学校と会社からはみ出す層を中心とする人々の、何かを学びたい・習いたい（学ばねば・習わねばならない）という思いが潜在している。それは、高等教育の教養主義への憧れかもしれないし、女子の教養主義ともいうべきお稽古事への憧れかもしれない。もっと実用的な生活科学へのアクセス願望かもしれない。もしくは、単に新しい交友関係を広げたいとか、現在の生活と違う世界に触れたいという希望かもしれない。高度成長以後の都市部において、それらのぼんやりとした欲望に場を与えたのがカルチャーセンターであったと言える。

3 「浅さ」に抗する初期カルチャー

学校や会社のように強制されるものでもなく、公的機関のように権威あるものでもないという時点で、カルチャーセンターに寄せられたその欲望は、深い学びにつながるのか浅く気楽に終わるのか、当人にも他人にも同定しづらいものになる。その結果、カルチャーセンターをめぐって、毀誉褒貶相半ばするようになる。

批判の代表格が、『週刊新潮』一九七九年八月二〇日号の記事「芥川賞で注目された『朝日カルチャーセンター』の『主婦難民』救済」である。記事は、家電の発達で家事が簡単になり、主人と子どもを送り出した後「さまよえる有閑夫人」が、有名人や友達を求めて内容そっちのけで集まっているのがカルチャーセンターであると攻撃する。

それに対し、批判の的となった主婦であり、小説講座から芥川賞を受賞した重兼芳子は、学校教育からも企業教育からもはじき出され、家事と育児に身をすり減らしてきた女性に勉強の機会があることに意義があると反論する。そして、主婦はむしろ、働くだけの社会から転換していく時代の最先端であるとまで主張する（「カルチャーセンター」朝日ジャーナル編『女の戦後史Ⅲ』朝日新聞社、一九八五年）。

また、より中立的に、主婦が人生を問い直す「脱主婦」の動きが、結婚制度の問い直しなどにはつながらず、「軽く横すべり」したのがカルチャーセンターであるとするルポもある（福本栄子「女性教室に集まる妻たち」『婦人公論』七四三、一九七八年）。

このように、受講層や学習意欲が浅薄なものと見なされ揶揄されたり、二級市民とされてきた人々が深く学ぶ機会であると称揚されたりするのである。

業界やその周囲は、朝日カルチャーセンターが「生涯学習と自己開発で明日の幸せを」というキャッチコピーを掲げたように、この構図に対して当時広まりつつあった「生涯学習」という言葉を与えていった。市井における教育の一形態であるという形で、深い学習や社会的広がりにつながる可能性が示唆され、それが、ある種正統化の論理となったのである。

しかし、深い学習や社会的広がりの契機を見ようとすればするだけ、そうなりきらない現実も発見されてしまう。ブームを受けて、余暇学や社会教育学の研究者を巻き込みながら、受講層や講座内容の調査分析が後追い的になされているが、そこでは繰り返し受講層の偏りや、卑近な動機、学習内容のレベルの低さが発見されている。

例えば、一九七五年に日本余暇学会が朝日カルチャーセンター受講者に行った調査では、女性が八八％、主婦が五五％を占めることや、本人や夫の社会的地位が高い層が多いことが指摘されている（緒方正一「『生涯学習』に集う人々」『社会教育』三〇（一二）、一九七五年）。また、受講の動機の第一位は「生活を豊かにするため」（五五％）であり、個人的動機が上位であった。

それに対して、阪神圏のカルチャーセンターを対象とした八〇年代の大阪大学調査では、主婦が二割から四割以下であると示され、「主婦のお稽古事」という「通説」が覆されている。有職者の割合が自治体の社会教育機関と比べて高いことも指摘され、それらに、生涯学習機関としての可能性が見出されている（山本慶裕「生涯教育機関としてのカルチャーセンター」『東海大学文明研究所紀要』七、一九八七年）。

しかし、同調査も、採算が期待できる都会で比較的裕福な階層向けにしか開講されないとか、非体系的で個人主義的な学習に終始しがちなどという問題を指摘している。その他、講座内容の調査も頻繁に行われているが、そのたびに、講座編成の偏りや、上級クラスがない、多様なレベルが混在するなどのクラス編成の限界が発見されている。

「生涯学習」という論理を掲げる以上、地域や階層に左右されない公益性を担保する必要が出てくる。また、学びを通じてネットワーキングする市民の創出や、それによる地域の向上なども目指されるべきものとなる。そのためには、受講層に偏りがないこと、動機が個人主義的なものでないこと、受け皿となる講座が充実していることが証明されなければならず、調査分析がなされる。しかし、深さや広がりの契機を見ようとすればするほど、受講者の動機が浅薄で受講者層や講座が限定的なものであることが発見されてしまう。そのため、さらなる可能性を求めて、調査は繰り返される。

ただ、当初は、業界が発展すれば、より広い層を受け入れられるし、深く広がりのある学習にも結びつきうると希望的に語ることが可能であった。発見される「限界」は、むしろ「改良の余地」とされたのである。

「深さ」とも「浅さ」とも同定しきれない人々の欲望にカルチャーセンターが場を与え、それを「浅さ」と揶揄する向きには、「生涯学習」という「深さ」を予感させる論理が正統性を担保する。このようにして、カルチャーセンターは発展していったと考えられる。

初の網羅的な調査がなされた『昭和61年度生涯教育事業調査報告書』(文部省社会教育局社会教育課編)によれば、一九八六年で、事業所数四二一、学級・口座数四万一一〇一、受講者数一三六万二七四九となっている。各種調査や論文でも、七〇年代後半から八〇年代にかけて多くの企業が参入し、札幌、名古屋、大阪、福岡などの地方ターミナルから荻窪、立川、藤沢などよりローカルなターミナルへと展開していったことが報告されている。

4 「深さ」の論理のゆくえ

ところが、この構図は、もう一段変容することになる。八〇年代半ばになると、各地の開校ラッシュが一段落し、乱立が懸念され始める。採算性の観点から、新規開校や特定講座の開講が不可能な地域が明らかになってくる。また、バブル経済による教室賃料の高騰、バブル崩壊後の倹約志向といった課題が浮上する。限られたパイをカルチャーセンター同士で奪い合う時代に入るのである。
しかし、「敵」はそれだけではなかった。一九八九年、カルチャーセンター業界は初の業界団体「全国民間カルチャー事業協議会」を設立するが、それと時を同じくして、文部省の生涯学習政策が動くのである。カルチャーセンター自体がその機運に乗ったように、七〇、八〇年代を通して、文教政策において「生涯学習」の機運が高まる。一九八四年に設置された臨時教育審議会が、柱の一つとして「生涯学習体系への移行」を打ち出したことを受けて、一九八八年、文部省に生涯学習局が設置される。そして、中央教育審議会の「生涯学習の基盤整備について」答申を経て、一九九〇年、「生涯学習振興のための施策の推進体制等の整備に関する法律」(通称、生涯学習振興法)が定められる。

社会教育機関の充実が政策目標となる中で、公民館がカルチャーセンターと同種のお稽古や教養の講座を設けるようになり、各地に生涯学習センターも設立される。公的な支えのある講座は、カルチャーセンターに比べて格安である。加えて、少子化が進む中で、大学も生涯学習講座(エクステンションセンター)を開設し始める。大学教員を利用した教養講座にとどまらず、お稽古事講座を始める大学も少なくない。

「深さ」とも「浅さ」とも言いきれない欲望に対して、カルチャーセンターは、「生涯学習」という「深さ」の論理を前面に出して正統性を担保しながら発展してきたが、その論理と受講者を、行政や高等教育機関に奪われるのである(瀬沼克彰と山本思外里の言葉を借りれば、「前門の生涯学習センター・後門の大学エクステンション」)。

ただ、九〇年代末以降、生涯学習行政や大学エクステンションも頭打ちの感もある。二〇〇〇年代半ば以降、有楽町の東京都生涯学習センターの閉鎖に象徴されるように、縮小・閉鎖の事例もある。長期化した不況の影響や、未成年の事件やゆとり教育を受けて文教政策の力点が学校教育へシフトしたことなども関係しているであろうが、「深さ」の志向で掬えるパイが飽和したとも考えられる。その中で、カルチャーセンターはむしろ、「生涯学習」という論理を手放し始めている。

5 「浅さ」の前景化

実は、八〇年代からすでに、受講者のニーズが多様化してきたことが各所で語られている。受講者の世代交代と時代の変化の中で、講座の内容にも形態にも多様性が求められるようになるのである。

しばしば指摘されるのが、お茶、お花、料理に代表されるお稽古事の衰退である。代わって、フラメンコ、フラダンス、フラワーアレンジ、ゴスペルといったカタカナ講座が人気になる。エアロビクスブームからヨガブーム、テレビドラマをきっかけとした手話ブームなど、講座にも流行り廃りが出てくる。教養講座も、俳句・短歌・源氏物語の王道三講座の希望者が減り、癒しや歴史の講座や、自分史などを自作・創作する講座、知識より体験に重点を置いた講座など、多様な講座に人気が分散する。不況を反映してか、資格取得のニーズもしばしば指摘される。

また、月四回三か月という講座よりも、月二回、月一回、単発といった講座へのニーズも高まってくる。まとまった統計がある九〇年代以降の状況を見ても(表参照)、九〇年代後半以降、事業所数が減少したわけではなく、むしろ学級・講座数や受講者数は大幅な増加傾向にある。カルチャーセンターの人気が衰えたわけではないが、「多品種少量生産」の時代となったのである。

この多様化するニーズにカルチャーセンター以外に応えるようになったのは、おそらくは公の生涯学習事業ではない。教育給付金制度にも後押しされながら発展した英会話学校やパソコンスクールや、ジムやミュージックスクールといった専業の業態である。それらの中には、そもそもカルチャーセンターが手薄であった資格関係の予備校もあれば、よりいっそう多様化するニーズを掬えるように、会員制で自由な時間にプログラムに参加できたり、チケット制・ポイント制で空いた時間に講座を受講できたりする業態もある。後者で先を行ったのはスポーツジムと英会話のNOVAであろう。お稽古事の領域にも、料理のabcクッキングやお花のhana-kichiなど、気楽さや楽しさを売りにしてフレキシブルに受講できる教室が出てきている。未婚のOLに主婦、さらにはカルチャーセンターに縁遠かったキャリアウーマンや壮年男性も巻き込みながら、新たな業態が増加している。

リクルート社の『ケイコとマナブ』が「脱勉強宣言」を掲げて創刊されたのが、一九九〇年である。それから二〇年。時間とお金を振り向ける先が教養やお稽古事である以上、依然として浅薄とは言い切れない。しかし、もっと自由にもっと気楽にという、従来揶揄され克服されるべきものとされてきた要望を衒いなく表出する人々に対して、「生涯学習」という言葉は不似合いである。カルチャーセンターを取り巻いていた、当人にも周囲にも

表　カルチャーセンターの変化

	1990	1993	1996	1999	2002	2005
民間の生涯学習事業所数	391	592	710	716	693	698
学級・講座数	55,279	54,950	86,135	168,37	138,534	190,998
受講者数	1,375,391	1,922,303	1,559,212	3,081,535	7,457,982	7,097,867

平成 2、5、8、11、14、17 年度の『社会調査教育報告書』より作成
（~H8 文部省大臣官房調査統計企画課編、H11~文部科学省生涯学習政策局調査企画課編）

あらかじめ「深さ」とも「浅さ」とも決められない欲望は、「深さ」につながる可能性に正統性を求めず、むしろ「浅さ」を前面に出して表出される（できる）ようになったのである。

なお、カルチャーセンター自体は、簡単には衰退しないように見える。教養講座やマイナーな趣味講座は専業の業態にできない強みであるし、多様化する消費者のニーズを掬いとれれば生き残れる。二〇〇〇年代半ば以降、業界内部でも「生涯学習機関ではなく消費者へのサービス業である」という意見が公的に表明され出している。敷居の低い講座を数打って集客しながら、深みにはまった人を囲い込む道も探られている。

カルチャーセンターという場は、人々の欲望に反応し続けている。その「深さ」と「浅さ」への志向の交錯と場の論理の摸索の様は、マーケティングの観点とは別に、現代文化の変容の一局面として考察されるべきものである。

【検定】

「できる」ことの誘惑——検定・脳トレ・勉強法

近森高明

1　消費される知的エンターテインメント

ある分野にかかわる知識や技能の習熟度を一定の基準によって測定し、合否や等級などを決めること——「検定」とはこのように、辞書的な定義からいえば何とも無味乾燥で堅苦しいものに見える。だが近年の「検定」ブームでは、その検定が明るく楽しげに、いわば躁的なテンションをもって迎えられ、メディア上でその流行の様子が報じられた。このブームの特徴は何よりも、英語検定（実用英語技能検定）や簿記検定など従来からの実用的な検定とは別に、趣味や教養、ライフスタイルなど幅広い分野にかかわる検定が続々と創設され、ある種の知的エンターテインメントとして消費されはじめた点にある。こうした動向は二〇〇〇年代に入ってから顕在化してきた。まずは「漢字検定（日本漢字能力検定）」（一九九二年創設）の受検者数が急激な伸びを示し、ついで「京都検定（京都・観光文化検定試験）」（二〇〇四年創設）の人気に便乗して各地に「ご当地検定」が拡大していった。さらにそれと並行するように、映画やロックなど個別的趣味のマニアックな知識を問う検定から、野菜ソムリエをはじめとするグルメ系の検定、アロマテラピーその他の健康・医療系の検定、さらにはまた「メイド検定」などもっぱら面白さや話題性を狙ったようなものまで、思いつく限りのジャンルに定位した「検定」が続々と誕生してきたのである。

ある面で、こうしたブームは一過性の現象に過ぎない、と切って捨ててしまうこともできよう。じじつ「ご当地検定」ブームの牽引役となった京都検定でさえ、二〇〇九年の段階ですでにピーク時(二〇〇五年)の半分にまで受検者数が減少している。ブームに追随して安易に創設された検定のなかには、受検者不足のためわずか数回で休止に追い込まれたものも少なくない。だがしかし、このように一過性とも見える検定ブームは、より広範なレベルで観察しうる、知ないし知的能力にまつわる類似の現象と深く接続しているように思われる。たとえば脳トレブームであり、勉強法ブームであり、あるいは雑学／雑学系クイズのブームである。

これらの現象に共通するのは、知的能力の向上なり知的達成なりを、ある種のゲーム的ないしは遊戯的な構えのもとに追求するという営みである。ハードルが低く気軽にチャレンジできる知的エンターテインメント――興味深いのはこれらの営みが、その意義や効能についてはは半信半疑で受け取られながらも、どこかしら奇妙に生真面目な反応を引き出してゆく点である。人びとは「検定」の実用性や、「脳トレ」の効果、「勉強法」の実効性に、いくぶんかの胡散臭さを嗅ぎつけつつも、思わず深く浅く没頭してしまうのだ。以下では検定ブームを中心的事例として、これら知的エンターテインメントの緩くも執拗な吸引力、その独特の魅力を支える仕組みについて考えてみたい。その考察はどこかで、近年に生じつつあるように思われる、知／知的能力に対する社会的信頼のモード転換――検定その他のブームはその現象形態とみなしうる――を問うことに結びつくだろう。

2　検定というフォーマットの無節操さ

そうした観点から興味深いのは、第一に、検定というフォーマットがあらゆるジャンルに急速に拡大していったその無節操な増殖ぶりであり、第二に、そのように増殖する検定に何気なく手を伸ばす人びとの曖昧な動機のあり方である。この二つの点はおそらく密接にリンクしており、このリンクこそが検定ブームの独特の厚みを支えているものと考えられる。まずは検定という形式の融通無碍な性格について検討してみよう。全国で二〇〇〇とも三〇〇〇ともいわれる検定の乱立状況は、しばしば玉石混淆と評されるが、重要なのは、こうした玉石混淆の状態を必然的に招くような運動性を、検定というフォーマットは当初から有している点である。検定のフィールドの範囲設定は自由自在であり、たとえば食という主題について、食品種別に限定することもできれば(フルーツ&ベジタブルマイスター)、地域で絞ることもでき(北海道フードマイスター)、あるいは単一の食材に注目することもできる(タコ検定、イカ検定)。要はそのフォーマットをあてがいさえすれば、何でも検定になりうるわけである。

個々の検定には、主催団体の信頼性、検定事業の歴史と実績、社会的認知や実用性、等々の点で実質的差異が存在する。だが検定ブームという現象のなかでは、そうした差異が見えにくくなる。野放図にあちこちで立ち上がる「検定」は、それが検定として宣言された瞬間に、種別とは関連なく同じフォーマットのもとで互いに並列し、受検可能なオプションのひとつへと収まってしまう。このとき個々の検定の実質的差異は揮発し、「アナウンス検定」「焼酎アドバイザー」「ナマハゲ伝導士」といった雑多な検定が、ただただ平板に並び立つ状況が現出する。じじつ検定入門書では、何百もの検定が互いの意味の強弱を感知させない形で列挙されている。こうした状況はいかにも無節操だが、しかしそこには「検定」の名のもとで各種の知がたやすく居並んでしまうことの、消去しがたいリアリティが現前している。

こうした検定のだらしない秩序には、それを支持し受容する、ある種の社会的了解が対応している。人びとはブームの存在を知ると、「こんなものまで検定になるのか」と、驚いたりあきれたり面白がったりしながら、しかしそれが「検定」として認知され消費されるという事態が生じていることを、どこかであっさりと納得し、その時点でもはや既定のものとして受け取っている。検定は何でもありだが、その何でもありのプロレスめいた状況を、人びとは一定の輪郭をもつ領域として認知している風なのだ。そうした認知や了解がすんなり成立してしまう事態と密接に相関するかたちで、検定ブームには、真面目な批判を失効させる構造が潜んでいる。というかそれを肯定的に称揚しようとする場合も、否定的に切り捨てようとする場合も、どちらも微妙に的を外してしまわざるを得なくさせる不思議な構造がある。

3 正面からの称揚／批判の届かなさ

たとえば主催団体の素性や検定の基準をめぐる怪しさ、あるいは実用性のなさを指摘して、検定ブームの表層性をあげつらうという類の批判がよく見られる。たしかに商工会議所や観光協会といった団体に混じって、ビジネス目的の悪質な業者が怪しげな検定を立ち上げていたりするし、また検定に合格したところで、就職やキャリアアップに直結するようなものはごく限られている。だがいくら検定の怪しさや実用性のなさを言挙げしたところで、そうした身振りはどこか空回りをしてしまう。人びとはむしろ検定にまつわる胡散臭さを十分に織り込み済みのうえで、遊戯的に、またはゲーム的に、それとつき合おうとしているからだ。たしかに「電子化ファイリング検定」や「セールススキル検定」など実務への応用を匂わせた検定もあるが、ブームの中心をなすのは「ロック検定」や「映画検定」など趣味性に傾斜した検定であり、それらについて、そもそも実用性や職業生活との結びつきが見込まれているとは思えない。またたとえばご当地検定のひとつ「越前カニ検定」は、三万円の検定料がかかるが、受検者たちのお目当ては、試験終了後に振る舞われる福井産ズワイガニのフルコースである（ご当地検定の大半はこのように、検定の名を借りた観光イベントとして成立している）。これらの検定のありようは、いずれもストレートな批判を脱力させ脱臼させてしまうだろう。

だが他方で、検定ブームを肯定的に称揚しようとする場合にも困難が生じてくる。何かの「役に立つ」という実用性の語法がどうしても回帰してしまいがちであり、だからこそ皮肉なことにそのアピールは、散漫で説得力に欠けるものとなってしまうのだ。たとえば二五八種類におよぶ大量の検定を紹介している入門書では、検定に挑戦することの「メリット」が、複数列挙されている——「脳トレにぴったり！」「新しい趣味を発見！」「特技ができる！」「話題が豊富に！」「仲間ができる！」「キャリアに役立つ！」（中村一樹監修『すごい検定258』）——のだが、しかし、いかにもアドホックな「メリット」が臆面もなく並べられている事実そのものが、そのどれとして実質的なメリットではありえないことを証拠立ててしまっている。このように正面から称揚するにせよ批判するにせよ、実用性という基準を立てた途端に足を踏み外し、的を射損ねてしまうのだ。

かといって検定がもっぱら純粋なエンターテインメントとして受容されているかといえば、そうとも断定できない。人びとはやはり「検定」という言葉に何かしらの反応をしている——いわば確からしさの影のようなものを感知しており、そこへの敏感な反応が、検定ブームの存立を裏支えしているように思われるのだ。ゲーム的かつ遊戯的でありながらも、どこかしら実用性の平面に触れているようにも感じられる——だからむしろ検定の秩序は、二つの拮抗する焦点を軸に編成されていると見たほうがよいだろう。一方には就職やキャリアアップに有利に働くか否か、または日常生活で活用できるか否かという実用性の基準がある。また他方では、ある分野に関連する自分の知識をテストにかけ、その達成具合を賭金とするゲームに興じようとする娯楽性の基準がある。

この二つの焦点のあいだで検定の秩序は緩やかに生起し、どちらにも定まらぬまま揺れている。

4 資格でもなくクイズでもなく

だがこうした不安定な秩序について、人びとは検定という名のもとで一定の輪郭をもつ領域をすんなりと認めてしまう。ということは、おそらくここには一種の既視感が作用しているのだ。検定の似姿となる隣接領域——ここではそれを「資格」と「クイズ」に求めてみよう。すなわち、これら既存の領域の既視感をもとに、人びとは、検定という融通無碍な形式に、それぞれ納得しうる意味の厚みを読み込みつつ受容しているのだと理解してみたい。

一方で「資格」を引き合いに出す点については、容易に了解されうるだろう。定義的な違いとしては、資格が、それにパスすれば特定の職務に就くことが法的に許される免許制度（ライセンス）であるのに対して、検定とは、ある特定の分野にかんする知識や技能の習熟度を測定する制度（バロメーター）である。だが「何ができるか（機能）」と「どれだけできるか（性能）」という両者の定義的な違いは、「できる（能力）」という分母で曖昧に通分され、いずれも知的パフォーマンス（知的能力／達成の両面を含む）の客観的指標として通用してしまう。要はどちらも「できる」ことの指標として、概括的に同じようなものとして受け取られ流通しているのだ。悪くいえば検定とは、資格をゲーム的に薄めた「資格モドキ」と呼ぶことができるだろう。資格ほど社会的に承認された権威はないが、しかしまるで権威がないわけではない。役に立たないかもしれないが、とはいえまったく役に立たないわけでもない——。けれども同時に検定という秩序には、そうした資格を基準とする本物／偽物という序列関係には収まらず、その序列を水平方向へとずらしてゆくような力線が走ってもいる。ゆえにそれは、むしろ資格の領域をひとつの極としながらも、もうひとつ別の極との中間に浮遊している秩序として把握したほうがよい。そこに見出しうる別の極が、すなわち「クイズ」の領域であるが、ここでは検定とクイズが近接する地点を、資格との差異を踏まえながら三つの観点（①実用性からの遊離、②ゲーム性、③ジャンルの構成）から探ってみよう。

まずは①実用性からの遊離について。資格が実地の職業生活と密接にリンクしているのに対して、検定の場合、実地とのリンクはさしあたり非関与的である。つまり実用性の地平から遊離していてもよく、ある分野の知識が実際の応用が見込まれないまま、それ自体として追求されても構わない（これは厳密には資格でも同じことで、だから使い道もないのに資格試験を受験し、タイトルを収集する「資格マニア」の行動様式が成立しうるのだが、ともあれこの傾向は検定の方により顕著にあらわれる）。ここに②ゲーム性が浮上してくる。クイズとはそもそも問い／答えの形式のもとで、脱文脈的な個別知識の量がゲーム的に競われる領域である。検定においても、実用性を括弧入れしたかたちでの、端的な知識量を問う課題のクリアとそれによるカタルシス（正解／合格の喜び）の享受に主眼が置かれる場合、その性質はクイズと近似してくる。そして③ジャンルの構成。一方で資格の場合には、そのジャンル区分は実地の職種の布置に即応したかたちで成立している。それに対して検定では、実務とのリンクを標榜する検定では職能に即したジャンル別があるものの、多くの検定が属するのは、趣味や教養、ライフスタイルなど個別分野の知識に準拠したジャンル分けである。その点でこの種の検定は、マニアックな趣味領域を主題とするクイズとほとんど区別がつかなくなる。

　それゆえ検定とは、資格とクイズという、作動原理の異なる領域を二つの極として、そのどちらにも着地しないまま浮遊するなかで、連綿と生成される秩序ととらえることができる。人びとは資格とクイズの似姿を重ね合わせつつ、その多層化した既視感のなかで検定を、両者に還元されない独自の領域として了解する。そしてまさにこうした構図のゆえに、検定という形式は、多様かつ曖昧な動機とニーズ（漢字や英語の力試しをしたい、オタク的知識を誇りたい、観光イベントに参加したい、何となくの好奇心から、等々）を旺盛に吸収し、ブームとして膨れあがったのだといえよう。

5　検定・脳トレ・勉強法

　こうした検定ブームは二〇〇五年をピークに、現在（二〇一〇年）の段階ではすでに陰りを見せ始めている。だが冒頭でも触れたように、重要なのは、この一過性ともみえる流行現象をそれ単体で考察することではない。同時期に、脳トレ、勉強法、雑学／雑学系クイズ、等々の互いに類似したブームが生じているのであり、検定ブームそれ自体の衰微傾向とは裏腹に、これら知的エンターテインメントの営みは総体として、ますます広範囲に分散し、新たなブームを多方面で発生させている。したがって必要なのは、以上のような検定ブームをめぐる考察を、今度はさらに、より広範なレベルにおいて散開的に推し進めることである。以下では紙幅の都合もあるため、これら複数のブームに即しつつ、考察の繋留点となる三つのトピックス（①わかりやすい「できる」の獲得、②半信半疑ゆえの没頭、③学校文化をめぐる既視感）について言及することで、いくつかの議論の展開可能性を示しておこう。

まずは①わかりやすい「できる」の獲得。遊戯的な構えのもとで知的能力の向上を目指す各種の営みのなかで顕著なのは、手軽に「できる」ことの実感を得たいという願望である。この願望に見事な解答を示して成功したのが、携帯ゲーム機用ソフト『脳を鍛える大人のDSトレーニング』（二〇〇五）の人気を契機に広まった脳トレブームである。計算や音読など、単純作業の反復による脳の活性化を謳ったこのソフトの人気の秘密は、とくに「脳年齢」が測定できるという特長にあった。これは脳の血流を画像化する「光トポグラフィー」で実証されたとする科学的装いのもと、知的能力を「脳年齢」というかたちで数値化したもので、その向上（つまりは若返り）をめざしてトレーニングにのめり込む人びとが続出したのだ。脳トレがもつある種の中毒性は、ミニマムな「努力／達成」の反復による可視的な「できる」の獲得というフォーマットに由来している。このさい重要なのは、このフォーマットが狙うのがあくまでも達成「感」であって、具体的な「達成」そのものではないという点である。それゆえむやみに難しすぎず、かといって簡単すぎもしない、ほどよい加減のゲームバランスが重要になる。「できる」ことの確かな手触りを与えることで、生真面目な反応を引き出すこのフォーマットは、同様に検定や雑学クイズにも共通している。いずれも絶妙なゲームバランスの設定によって、適度な達成「感」が演出されているのだ。

つぎに②半信半疑ゆえの没頭。検定が、資格とクイズという二つの領域を両極とする中間に漂う領域だとすれば、脳トレは、科学とゲームという二つの軸の中間に浮遊する分野だといえる。それゆえ検定がストレートな批判を脱力させたように、脳トレにもまた、実直な立場からの批判（「脳科学を誤用している」など）を失効させてしまう構造が潜んでいる。たとえば携帯ゲーム機の画面に脳年齢が五二歳と表示され、松嶋菜々子が「五二かよ！」と思わずツッコミを入れてしまうCM――このCMひとつで、そうした批判はあっさり脱臼させられてしまうだろう。「五二歳」という表示は嘘くさいが、しかし科学的手続きの匂いが一抹の不安を呼び起こす。つまり「遊びだから（嘘かもしれない）」と「遊びだけど（本当かもしれない)」のあいだの不確実なギャップが、半信半疑ゆえの没頭を誘発するのである。それは検定や勉強法にしても同様であり、いずれも実用性や実効性について疑念が差し向けられながら、その胡散臭さが「できる」を志向する人びとの願望とうまく野合を果たしてしまうのだ。

さいごに③学校文化をめぐる既視感。おそらく資格とクイズという検定の似姿にかかわる既視感は、また別の大きな既視感と結びあっている。そしてこれらが重なり合い共振することで検定の受容基盤をつくりだしているのだが、それはつまり学校文化をめぐる既視感である。たとえば試験に挑むさいの、誰もが経験したことのある独特の緊張感とそのあとの解放感。いくぶんかの郷愁も含みつつ、こうしたイベントとしての試験を追体験したいという思いも、検定ブームを支えるひとつの要素だろう。じじつその点は主催者側にも意識されており、たとえば各種の検定事業をプロデュースしている業者では、試験会場の空間演出について、それが趣味分野の検定であればなおいっそう、厳粛さの演出にきめ細かな配慮をしているのだという。写真を貼付した受験票をはじめ、教室のドアに張り出される案内、受験番号順の座席表、問題用紙と解答用紙、等々、大学入試会場さながらのディテールを入念に整備する。いわばそうした物質的配置のうちに精神性を宿らせることで、軽い気持ちで挑もうとした者も、いざ会場に入れば身体レベルで不意に生真面目な反応を引き出されてしまうのだ。

学校文化をめぐる既視感は、他の各種の知的エンターテインメントの営みにも通底しているだろう。クイズ番組のスタジオセットが教室空間を模倣し、解答者が似合わぬ学生服を着て、司会者を教師に見立てて教師-生徒の関係をなぞるというのも見慣れた光景である。教える-教えられる関係。出題者-解答者という関係。そのような関係性のフォーマットを目の前に差し出されると、私たちはつい、その後者のポジションを引き受けてしまう。そうしてたとえば電車の広告スペースに雑学クイズめいたものが示されると、思わず真剣に解答を考えてしまったりするのだ。

気軽に挑戦できる各種の知的エンターテインメントは、このように現在の生活空間のあちこちに散在し、私たちを「できる」ことへの誘惑に駆り立てている。検定ブームは、そうした現在的風景の一部にほかならない。

【世界遺産】

世界遺産ゲーム——表象としての「世界」

加藤裕治

1　世界遺産という制度／現象について

通常、世界遺産とは一九七二年のUNESCO（国際連合教育科学文化機関）総会で採択された世界遺産条約に基づき、世界遺産リストに掲載された「世界の人々にとって次世代に受け継がれるべき」文化遺産、自然遺産、またその両者の価値をあわせ持つ複合遺産のことを指す。

現在、世界遺産条約を締結している国は一八六カ国、世界遺産リストに登録されている遺産の件数は文化遺産六八九件、自然遺産一七六件、複合遺産二五件（合計八九〇件）である（二〇〇九年一〇月現在／『世界遺産　年報二〇一〇』東京書籍、二〇一〇年）。日本は一九九二年に世界で一二五番目の条約締約国となり、「法隆寺地域の仏教建造物」をはじめとして、二〇〇九年一〇月の時点で計一四件が登録されている。

世界遺産とは、狭義の意味合いからすれば、国際的な条約に基づく文化／自然遺産の保存を目的とした制度ということができる。

しかし、周りを見渡せば、世界遺産とは一つの制度であることを超えて、多くの人々の関心を引き寄せる社会的現象になっているように見える。ＴＶでは世界遺産をテーマにした番組が多数制作されているし、関連書籍や雑誌の特集も数多く存在する。そして何よりも、世界遺産はパッケージツアーの企画を支えているだろうし、多くの人々の旅行に対する動機付けにもなっている。またそうした消費面だけに留まらず、世界遺産のリスト入りを目指した誘致合戦が様々な地域で行われ、行政や住民らを巻き込みながら、世界遺産リストへの登録をめぐる熱狂的な活動が実施されている。それは、(少なくとも現在の日本において)単に遺産を保存していくという制度の目的を超えた社会的な現象になっているといえる。

つまり、世界遺産とは単に文化行政や制度の問題としてだけではなく、(特に現代の日本)社会における、ある種の文化、歴史、伝統に対する価値観やその意識の変容に密接に関連しているものといえるのだ。ここで、本論が試みたいのは、世界遺産を支えている価値観のありかを考察すると同時に、それがいかにフラットカルチャー的なものであるかを測定することである。

2　文化／自然遺産のツーリズム化

ところで、世界遺産を考えるにあたって、まず、私達の社会において、文化遺産や保存すべき自然景観がどのようなものとして扱われているかについて、ここでざっと概括しておきたい。

既存の研究が明らかにしているように、ある対象が遺跡や遺産として扱われるためには、その対象への価値観の転換が含まれていなければならない。つまりある建築物／自然景観が文化遺産／自然遺産と見なされていくためには、その建築や自然といった対象物が、例えば宗教的な儀礼の場所として信奉されているというような、その固有の場で担っていた役割から切り離されなければならない。そして、それに代わり対象物がその評価性や鑑賞性、あるいは珍しさといった見世物的なまなざしのもとで扱われていくことで、それは遺産化していく(荻野昌弘はこれを「モノのミイラ化」と呼ぶ)。

こうした価値観の転換を端的に説明するとすれば、それはW・ベンヤミンがいうところの「礼拝価値」――その対象が持つその場での固有の価値――が、「展示価値」――伝統や固有の価値とは関わり無く〝見られる〞対象となっていく――に置き換わっていくということになるのだろう。

だから文化遺産／自然遺産とは、重要な保存すべき対象であると同時に、見世物的なものでありうることが、その遺産を遺産たらしめるための条件でもある。その意味で、遺産はツーリズムと親和性が高い。ツーリズムとは端的にいってしまえば、その対象の見世物としての価値を高めるために、その対象がより素晴らしいもので、貴重で、感動するものであることを強調しようとする過剰なイメージの生産と消費のことだ。

こうしたイメージの生産と消費からは、観光地だけでなく、文化遺産や自然遺産であっても逃れられない。というよりもむしろそうした遺産のイメージ化＝見世物化はますます盛んになっている。それは世界遺産であっても例外ではない。日本でもフランスのモン・サン・ミッシェルは盛んにＣＭで使われているし、マチュピチュは〝神秘と謎〟といった記号を繰り返し纏わされ消費されていく。冒頭でも述べたように世界遺産にまつわる消費は限りなく拡大化しており、それはひとことで言えば、遺産の「展示価値」が過剰に肥大化していることだといえよう。

それ故に世界遺産とは、その制度の趣旨（例えば、人類が次世代に受け次がせるべきもの、と規定すること）とは裏腹に、ある種のイメージ消費論の中に浸かり、記号論に取り囲まれている。そうした意味で世界遺産とは、一見すると、ポストモダンの典型的なイメージ論をなぞっているようにみえる。

3　世界遺産の価値を支えるもの

とはいえ世界遺産とは、こうした（ポストモダン的な）イメージ論や記号論に取り囲まれながらも、それとは異なる位相を合わせもっているようにみえる。そして、その位相ゆえに世界遺産の誘致合戦は熱を帯び、また、他の遺産化する制度――例えば、国宝といったもの――とは異なる意味を持ったものとして現れてくる。そこには何かイメージ論ではとらえきれないものがある。

ではその異なる位相とは何か。それは、ある意味で単純な要素なのだが、グローバルの場で決定されたお墨付きを持つことになるという要素が大きく影響している。つまり、グローバルな（国連の）制度――世界遺産条約や世界遺産委員会――による合理的な決定プロセスを経て、世界遺産が決定されるということが、極めて重要なのである。

しかし、それは単にグローバルな制度だから重要であるというだけではない。その決定プロセスがイメージ論の介入を断ち切るかのように作用していることが、まさに世界遺産のオペレーションのポイントとなる。つまり単にイメージを強調するだけでは世界遺産とは認められない、ということを感じさせる制度として、世界遺産は機能しているのである。

世界遺産リストに登録される際には、その遺産や景観自体が世界遺産としての「顕著な普遍的価値をもっているかどうか」といった一〇の評価基準が設定されている(「人間の創造的才能を現す傑作である」など)。またそれと並行して「インテグリティ=完全性（遺産の価値を構成する必要な要素がすべて含まれていること)」や「オーセンティシティ=真正性または真実性（主に建造物や遺跡などの文化遺産がもつ本物の芸術性、歴史的な価値のこと)」の条件を満たしているか、ということが問われる（前出『世界遺産年報』より)。

つまり、こうした基準の導入とそれを厳格に適応させるプロセスは（本当にどれくらい機能しているかということは別として)、例えば自らの地域の遺産を世界遺産に推薦する人々に対して、極めて意識的に、その文化遺産のイメージ的なものを相対化させるまなざしを求めるのである。いわば、世界遺産の制度とは、その遺産の歴史的価値を明確に認識し、それが様々な人々に説明可能でなければならないとする。ここでは極めて高度な再帰的まなざしのもとで、過去や現在の遺産の状況を知の対象として取り扱うことが求められていくのだ。

だから制度的には、ひとまず、神々を祭る宗教的建築物であろうと、またその地域でどれほどの信仰や価値が認められている自然景観であろうとも、そして人類の負の遺産として記憶に残さねばならないようなものでも（アウシュビッツや原爆ドームなど）区別なく、一端、それらは制度のフォーマットや判断基準のフィルターにかけられる。そして、その基準に則り世界遺産とすべき価値をもっているかどうかが、判断されていくということになっている。

これはある種の冒涜的な態度であるとはいえないだろうか。しかし、これは遺産を過度にイメージ化し過ぎてしまうというツーリズム的な冒涜ではない。ここでの冒涜とは、各ローカルの場において、伝統的で、崇高で、場合によっては宗教性を伴うような建築や自然景観であっても、世界遺産の制度の中では、評価基準を満たしている「データや情報性」としてその説明可能性が必要とされてしまうことにある。そこには、その対象に対するローカルな場の人々の思い入れや気持ちなどというものの介在はあまり説得力を持たない。むしろ、遺産を支えている人々や共同体自身がそのグローバル性の根拠を明確に説明できなければ、その遺産はそもそも（世界）遺産としての価値が無い、と判断されてしまうということなのだ。

こうした世界遺産の思想性には、西欧的なイデオロギーが見え隠れもする。例えば松宮秀治は世界遺産の背景に、西欧に脈々とつながるミュージアムの思想があることを指摘している。ミュージアムの思想とは「宗教的な神に変わる近代の新たな神」、つまり「自己の伝統的な神を捨て」「人間とその環境との物的証拠」をカタログ的に収集しようとするものである。そこでは「諸宗教の神々は、新たな価値観のもとで、その価値が再整序される」ことになるという。

こうしたイデオロギーが世界遺産の背景にあることはほぼ確かだろう。しかし、ここで指摘しておきたいのは、その思想性の起源というより、それが引き起こす社会的効果である。世界遺産のまなざしとは「いろいろな神々を一定の基準で等価に見渡すまなざし」によって世界を見まわすことなのである。それ故に、世界遺産とは世界を標準化したまなざし、ローカルな事情に関わることのない、ある意味「誰のものでもない視線」で個々の遺跡を判断していくまなざしとなる。それを一言で言ってしまえば、やはり「展示価値」なのであろう。しかし、世界遺産はこの「展示価値」の根拠を、どこまでも合理的な理解という範疇において、その遺産としての価値を説明しようとすることを徹底する。

言い方を変えれば、これは一種のトレーサビリティ的なものである。つまり世界遺産として保存すべき根拠の明確さを、過去や正当性と参照させつつ、かつそれがグローバルな価値を持つことを〝知として確定〟させていくものだからだ。この視点から法隆寺地域の仏教建造物や、石見銀山も理解され受容されるという等価性。世界遺産へのツーリズムの幻想も、単純なイメージ論の産物ではなく、そうした知の理解から得られるものになっている。このことが世界遺産の世界遺産たる根拠を支えていくのである。

4 世界遺産ゲーム〜遺産のプロモーション〜

しかし、世界遺産が人々にとって、合理的な根拠あるものとして捉えられていかなければならないということは、「合理性(遺産の正当性や世界史的な意義の高さなど)」をアピールしあう、一種の情報的な攻防戦が生じていくことにつながっていく。いわば、文化/自然遺産のイメージを高めるというよりも、いかにグローバルな価値に訴えかけることのできる伝統や正当性、価値を開示することができるかという、より知的なプロモーションのゲームになっていくのである。

例えば石見銀山の登録時のエピソードを見てみればよい。石見銀山の世界遺産登録に関連した人物によれば、当初、石見銀山は地元では先人の文化的営みとして(とはいえ、その人物によれば〝ただの普通の山だった〟ということだが……)保存されていたのだが、遺産登録をめぐる委員会の際に、その文化を世界遺産と見なす根拠として、「環境に優しい(Environmental friendliness)」という「緑の鉱山」という位置づけを与えたというのだ。それにより石見銀山は一気に世界遺産登録へと進むことになったという(以上は朝日新聞二〇〇九年三月二日朝刊参照)。確かに鉱山への植林の歴史はあったのだが、それを現代的なキーワードのもとで文化の〝捉え直し〟をし、それまでの〝マスター〟としての歴史に、新たな〝創られた〟文化的側面を与えることが、石見の世界遺産化へ結び付いたというのである。

ただし、世界遺産に〝創られた〟側面があることは驚くことではないだろう。ホブズボームらが論じているように、多くの伝統が「浅い歴史的起源」から生まれた「伝統の創出」的側面を持っている。世界遺産が世界遺産として評価されるためには、その遺産がそれまでローカルで担っていた伝統から現れる価値だけでなく、「グローバルに向けたこんな貢献も実はあったのだ」という〝伝統の創出〟が行われなければならない。

この世界遺産をめぐる現象の本質とは、「創出」に罪があるということではない。むしろそうした「創出」をプロモートする作業が、如何にも自己プロデュース的というか、ゲーム的で現代的であるということなのだ。

このゲーム的であるということに関して、マクルーハンが次のように定義していたことは興味深い。「……ここでわれわれが注目しているのは、社会全体の伝達メディアとしてのゲームの役割である。ポーカーは、しばしば競争社会の複雑な態度や暗黙の価値の表現だと言われている。ポーカーをするには、的確な判断力、攻撃性、手練手管、相手の性格の冷静な判定といったものが必要とされる」(M・マクルーハン『メディア論』みすず書房)。ここでマクルーハンが指摘しているのは、高度に複雑化した社会の中の伝達ゲームとして重要なのは、他の好奇心を抑え、ポーカーであればエースこそが「最大の善」として追求される態度であるということだ。世界遺産ならばこの最大の善は「規準への適合・インテグリティ・オーセンティシティの証明」ということになるだろう。このゲームの中では、ローカルな場での思いや意味を追求しても世界遺産としては認められない。つまり石見銀山へのそれまでの地元における遺跡に対する想いよりも、グローバルな場所でその正当性を伝達させるためのキーとなる証明（石見銀山では「環境」）をいかに上手くプロモート（＝表出）していくかが、重要になるのだ。

だから、世界遺産という現象は、保存をめぐるイメージの生産をめぐっての攻防戦が戦われる場となる。それは逆に地元にとっては、現代的な開発が閉ざされることにもなる（ドイツのドレスデン・エルベ渓谷は、それゆえ新たな橋の建設をめぐる問題で二〇〇九年にリストから登録をはずされている）。世界遺産のゲームとは、「伝統の創出」の限りないプロモーションなのである。そして、人々はその「伝統の創出」のゲームの集積として並置される世界（遺産）の表象を受け取り、それが世界遺産たる理由として理解され、ツーリズムの〝ネタ〟としても消費されていく。

もちろん、確かにそうした〝ネタ〟は科学的な根拠を持つものではあるだろう。しかし、世界遺産とはそれが科学的かどうかというよりも、そうしたデータ自体をプロモーション的に見せることが、その価値の成立を支える側面を持っているのである。

5　遺産をめぐる価値の相対化と延命のゲーム

さらにこうした世界遺産ゲームは、結論から言えば、各地の遺跡や景観に染み込んでいた価値観、あるいはそうした遺跡や景観の価値を支えていたローカルな場の価値観を相対化させ、その効力を奪取してしまうようにもみえる。いわば、それは潜在的にある種の政治的効果を生産しているようでもある。

例えば、法隆寺のＨＰには、「日本で最初の世界文化遺産／法隆寺」と書かれている。この表記が意味することは、ローカル（日本）な場において、法隆寺の価値が相対的に低下してしまっていることの表明に他ならない。つまり法隆寺は「日本の歴史」にとって重要な遺跡であるという、ローカルな場（ここでは日本）では一応、共通であったはずの価値観が、世界遺産の価値観のもとでは、あまり重要なものではないように見えてしまうのだ。つまり、法隆寺は世界遺産のゲームに巻き込まれたことで、世界遺産というグローバルな位置づけから自らを再定義（＝グローバル的な位置から認められるような伝統性の創出）し、自らのポジションを確認しなければならなくなったのである。

一方、例えば石見銀山は重要な遺跡であったとはいえ、法隆寺と比較してローカルな場において、その歴史的位置付けは相対的に低かっただろう。ところがグローバルな世界遺産のまなざしにより、法隆寺と同等レベルの位置づけへと変容していく。つまりこれは既存のローカルな共同体が不問の前提としてきた価値観を、世界遺産のゲームが、行為遂行的に相対化してしまっていくプロセスが、進行しつつあることを示している。

世界遺産を巡るゲーム＝プロモーションのゲームは、それ故に当事者達の意図とは関係なく、国民国家というローカルな場が支えてきた伝統への価値観を相対化してしまっていく。確かに、世界遺産のゲームは、〝ローカルの神々〟の位置づけを〝シャッフル〟してしまうものであり、だからこそ冒涜の行為でもあるのだ。そうした意味で世界遺産とはローカルな場の価値観を疑わせ、揺り動かすものである。

しかし、それがグローバルな価値観によってローカル（ナショナル）な価値観を徹底的に破壊する行為になりうるのか、というとそれはどうやらそうでもない。例えばある旅行ガイドは「世界遺産白川郷」を「日本の原風景」と紹介する。この何気ない一言は、世界遺産ゲームによる「伝統の創出」というグローバルなまなざしによる価値観の創出が、逆に日本というローカルな場の「原風景」を延命するように作用する例証となっているだろう。

だから、こうした遺産のローカルの場の価値観の〝相対化〟と〝延命〟は、ゆるく相互循環しながら、世界遺産へのまなざしの平面を成立させていく。それはローカルイデオロギーへの賞賛へと行き過ぎることはない。しかし「誰の視線でもない」グローバルのまなざしから、改めてそのローカルな場（＝世界遺産）の価値は確かめられていく。まさにこの両者が共に成立してしまうフラットと名付けるのに相応しい価値観の中で、私達はどんな〝神＝遺産〟も突出することのない世界の像（表象）を眺めることになるのである。

この循環があるからこそ、世界遺産は妙に日本人の心をくすぐる。世界から認められることで急に評価が高まるが、その根底には日本の〝原風景〟がある。この二重の評価が両立することが、とても心地よいものとして感じられるようなのだ。

【デザイン】

ユーザーフレンドリーな情報デザイン：Design of What？

加島 卓

1　平均値の上昇？

興味のない人には、どうでもよいかもしれないが、いつからか書店におけるデザイン棚とコンピュータ棚との境界が消えつつある。これまでデザイン棚と言えば、それなりに著名な国内外のデザイナーの作品集が並び、それらを立ち読みしながら、こっそりと最新の表現を盗み取るような場所であった。

例えば、あるグラフィック・デザイナーにおいて、「かつて六本木のWAVEとABCに行くのは、自分にとっての一種のイベント」であり、「明日のデザインをどうしようかという自分なりに切実な思いを抱きながら、ヒントがABCの洋書売り場のデザイン書にあるような気がして、…（中略）…、自分と同じようにたむろしている人を見ると「こいつも今晩これをパクるのか」と妙な同志感」（鈴木一誌・戸田ツトム「ブックデザインの風景化と言語化をめぐって」『ユリイカ』（三五巻一二号）青土社、二〇〇三年九月）が生まれたという。

ところが、このような書店でのパクリは、急速に部分化されつつある。情報技術機器の急速な普及が、最新情報の入手経路を拡散させると同時に、デザインの制作環境の稀少性も薄め、わざわざ美術教育を経由しなくとも、それを踏まえたかのように振る舞いやすくしたからである。

その典型が、コンピュータのユーザーに「デザイナーでなくたって、かっこいいデザインをしたい！」と訴える『ノンデザイナーズ・デザインブック』（Robin Williams、毎日コミュニケーションズ、一九九八年）である。これは、近接・整列・反復・コントラストといった造形上の文法を「4つの基本原則」として読者に教えてくれるが、そこに先行する美術史的な造形物は示されない。まずは構成要素として読み取られてきたものが、ここでは最初から適用されるものになっているのだ。

こうした傾向は、バージョンアップを繰り返すソフウエアのマニュアル的な要素を孕みながら、『プロとして恥ずかしくないデザインの大原則』(MdN、二〇〇四年)、『デザイン・ルールズ：デザインをはじめる前に知っておきたいこと』(MdN、二〇〇六年)といったルールブックを無数に生みだしている。今や作品集は、アプリケーションの解説書やデザインのテクニック集、レイアウトのネタ帳や素材集・フォント集と横並びというか、量的には圧倒されている。

もちろん、これまでも美術教育に即した技法書の類はあった。しかし、それを必要とする読者の量と質が変わってきたのである。こうして、私たちは予め調律されたバリエーションに従えば、そこそこのデザインで安心できるようになった。しかし、それゆえに、どこまでもほどほどなのである。満たしているようで、どこか満たされないクリエイティビティ。この平均値の上昇に伴う奇妙な感覚こそ、一九九〇年代以降の風景である。本稿は、こうした風景がいかに現象したのかについて述べていこうと思う。

2　情報デザインとわかりやすさ

さて、一九九〇年代以降の美術やデザインを「大学」という舞台において観察すると、一つの動きが見えてくる。人文系の美術批評が届きにくくなった点は、別稿の美大論でも述べたが、実はその分だけ、理工系による開発者が美術やデザインに急接近しつつある(東京藝術大学先端芸術表現科、東京大学大学院学際情報学府など)。というか、プログラムコードを書き、インターフェースを開発する者が、いつの間にか「メディア・アーティスト」を名乗らされている(文化庁メディア芸術祭アート部門)。要するに、これまでは自明だったメディア・テクノロジーの次元が揺らぎ始め、その自明さに依存していた批評による作品の意味づけが吹っ飛んだ分だけ、実直にテクノロジーを開発することがそのまま作品へと漸近しているのである。

このような動きは、当然のように、美術やデザインの見え方を変えていくことになった。いや、より正確に言えば、それなりの参入障壁がある「かのように」振る舞ってしまう不安を蒸発させたのである。だからこそ、多くの人々が参入するようになり、またその分だけ緊張感を欠いたまま、デザインされる対象を拡散させることになった。「なんとかアート」や「なんとかデザイン」の増加は、私秘的なクリエイティビティの相対化に伴う、自主的な境界設定の解除とセットなのである。

それでは、具体的にはどうか。そこで「情報デザイン」という領域が、二〇〇〇年前後に急浮上したことに注目してみたい。というのも、この情報デザインこそ、コンピュータによって多くの新参者を巻き込み、デザインそのものを新しく練り上げていった領域だからである（須永剛司・永井由美子「情報デザイン」『情報処理』（四一巻一一号）情報処理学会、二〇〇〇年）。例えば、一九九九年一〇月には、情報デザインに関する国際会議「Vision plus 7」が東京で開催され、同時期にはウェブサイトのインターフェースや日常におけるコミュニケーションそのものをデザインの対象にしていく新学科が美術系大学に設置されるようにもなった（一九九八年に多摩美術大学情報デザイン学科、一九九九年に武蔵野美術大学デザイン情報学科、二〇〇〇年にはこだて未来大学情報アーキテクチャ学科など）。

なお、ここでの情報デザインとは、どうにでも切り取れる日常世界を「組織化された情報」と捉え、その組み合わせを自覚的に制御することで、私たちの経験を支える関係性を組み替えようとするものである（情報デザインアソシエイツ（編）『情報デザイン』グラフィック社、二〇〇二年。ロバート・ヤコブソン（編）『情報デザイン原論』東京電機大学出版局、二〇〇四年）。これに従えば、新聞・放送・インターネットといったメディアのインターフェースに限らず、人間関係・共同作業の管理・思考のプロセスといったコミュニケーションの在り方までもがデザインの対象と見えてくるという点が、まずは重要である。

こうした情報デザインは、単に平板というよりも、二重の平板さを帯びている。それというのも、そもそも「情報」という名において、あれもこれもと、日常世界が横並びにされているからである（松岡正剛『情報の歴史』NTT出版、一九九〇年）。そして、この無限連鎖の上に、参入障壁が蒸発し始めた「デザイン」が乗っかっている。それゆえ、情報デザインは日常世界の全てに関わると同時に、誰もが関与可能な行為となる。今や「私たちがふだん何気なくやっている行為や見たり感じたりしているモノ・コトのなかに、情報デザインがあふれかえっている」のであり、情報デザインは「いわゆるプロの「情報デザイナー」たちだけの専売特許ではない」。むしろ「情報デザインとは、子どもからお年寄りまで、すべての人にかかわるいとなみ」(渡辺保史『情報デザイン入門』平凡社新書、二〇〇一年)なのである。つまり、「情報」として読み替えられるものは、そのまま「デザイン」の対象にもなるというのが、情報デザインの基本的な認識である。

しかし、これではこの拡散的な展開が否定的に捉えられてしまう。そこで情報デザインは「わかりやすさ」を強調することで、先行するデザインとの差異を語るようになる(須永剛司「デザインが情報と出会った」、情報デザインアソシエイツ(編)前掲書、二〇〇二年。木村浩『情報デザイン入門』ちくま新書、二〇〇二年)。これは芸術としての「美しさ」でもなければ、モダンデザインが追求してきた「使いやすさ」でもない。つまり、天才的な作者と鑑賞者の内密的な交流としての「感動」や、誰であっても同様にユニバーサルな効果が得られる「機能」とは別に、多様で可変的な状況においても個人のニーズに合わせて「理解」されることを重視したのである。

こうして造形上の審級に「理解」を設定した情報デザインは、その先駆者として、建築家で編集者のリチャード・ワーマン(一九五九〜)を設定していく(渡辺保史「情報から経験へ」、情報デザインアソシエイツ(編)前掲書)。なぜなら、彼自身が「情報不安症」という情報の過剰を問題にし、その解消方法として、自覚的な情報の制御を主張していたからである。彼曰く、情報を組織化できる基準は、「①カテゴリー、②時間、③位置、④アルファベット、⑤連続量」の五つであり、「組織化のやり方がちがえば、そこから生まれる理解もちがったものになる」(『情報選択の時代』日本実業出版社、一九九〇年、pp.66-67)。つまり、理解は情報の組み合わせ方に依存しており、情報そのものでは制御できない。それゆえ、より良い理解のためには、情報の組み合わせ方を主体的に制御しようというわけである。

しかし、こうした発想も日常世界の配列が恣意的だとバレてなければ出てこない。実際、彼自身も「体系というものは、理解を保証しない」(同書、p.52)と前提するからこそ、「事実が意味をもつのは、自分が理解できる概念にその事実が関係づけられるときに限られる」(同書、pp.194-195)と文脈の自由度を語れる。つまり、配列の組み替え可能性への気づきは、ある種のイデオロギーや官僚・専門家への疑念とセットである。そうでなければ、個人のニーズを資源にすることもできないし、またそうだからこそ、どうにでも組み替えてしまえる。要するに、決定的な解のなさを先取りしているがゆえに、それがある「かのように」振る舞い、そこからズラすことを面白がれる。このように、情報デザインにおける「理解」の強調は、内在的には「感動」や「機能」との区別なのだが、そのこと自体が外在的には「多様性」をとりあえず肯定していく流れの効果でもあった。

3　デザインの認知科学化

また、このような動きはデザインと認知科学の結びつきを強めることになった。それというのも、そもそも認知科学は、「スキーマ」を扱う心理学や「情報処理過程」を扱う人工知能研究の延長線上にあり、人間の「理解」を研究していたからである（佐伯胖（編）『理解とは何か』東京大学出版会、一九八五年）。つまり感動を重視する近代芸術が啓蒙の美学を、また機能を重視するモダンデザインが刺激と反応の心理学を頼りにしたように、理解を重視する情報デザインは、記憶の構造や情報処理を扱う認知科学を必要としたのである。そしてこれに伴い、認知科学を専門とするドナルド・ノーマン（一九三五〜）が、「思想」として読まれていくことになる。

なお、このようにデザインが「理解」を強調し、さらに認知科学と結びついたのは、デザイン史的にも理由がある。日本におけるモダンデザインは、その機能的合理性を追求しながら、「これでみんなもわかるはず」というコミュニケーションの前提を一九六〇年代まで持っていた。しかし、その徹底は結局のところ「わかる人しか、わからない」という限界に直面し、一九六〇年代末には「わからないまま、わかってもらう」といった反転を招いたのである（加島卓「若者にとって〈感覚〉とは何か」『年報社会学論集』（二二号）関東社会学会、二〇〇九年）。つまり、デザインは芸術との区別において、その固有性を発揮したのだが、その徹底が逆説的に「芸術としてのデザイン」を導いたのである。

こうして装飾や表象の無根拠さに居直ったデザインは、「欲望」を審級にすることで、個別の機能的合理性を無視した珍品を生みだしていく（柏木博『日用品のデザイン思想』晶文社、一九八四年）。こうしたデザインが、「差異の戯れ」としての記号学や現代思想と出会い、面白がられるのはその後である（宇波彰『誘惑するオブジェ』紀伊國屋書店、一九九一年）。したがって、「なにもかも、本来あるべき状態よりもずっと難しくなっていて、たいていの人は対応できない」というノーマンの「いらいらの種」も（『誰のためのデザイン』新曜社、一九九〇年）、こうしたデザイン史的な流れにおいて成立しうる。つまり、デザインにおける「理解」の強調は、無根拠さに居直った芸術としてのデザインの際限なき展開が生み出したのである。

だからこそ、ノーマンは「このひどい製品を作ったデザイナーとメーカー」を問題にして、「ユーザー中心のデザイン」を訴えることができる。それは「ユーザーが何を必要としていて何に興味をもっているかということを基本におく考え方」であり、「製品を使いやすく理解しやすいものにするという点に重点がある」(同書、p.308)。また彼は、製品の「パーソナル化」や「カスタム化」を強調することで、今や「我々は皆デザイナー」だといい、「自らのニーズに役立つように環境を操作する」ユーザーこそ、デザインを最終的に意味づけると展開していく(『エモーショナル・デザイン』新曜社、二〇〇四年)。このように理解不可能なデザインを問題にして、主体をデザイナーからユーザーへとズラした点こそ、ノーマンの一連の仕事の面白さであり、また「理解」を強調する情報デザインにも都合の良い点であった。

とはいえ、デザインにおけるユーザーの重視は、ユーザーも含めた環境のデザインへと滑り込んでいく。なぜなら、認知科学はコンピュータと人間の接点に関心を持ち、知識は人間の頭の中にではなく、相互作用が発生する環境にあると考えるからである(ルーシー・サッチマン『プランと状況的行為』産業図書、一九九九年)。それゆえ、認知科学化したデザインは、モノと人間が相互作用する環境を工学的に制御し、より良い知的経験を導こうと考えていく。今や「デザインは、単なる対象の形づくりではない。デザインは人々の活動の可能性を構築することであり、またそこに生まれる経験の豊かな質を構築すること」なのである(須永剛司「デザインが情報と出会った」、情報デザインアソシエイツ(編)前掲書)。

要するに、ユーザーの自由度も予めデザインされていなければ、何がユーザーに委ねられているのかも知ることができない。こうして認知科学化したデザインは、ユーザーの能動性を先取りすることで、静的な造形物から動的な関係性へと対象を拡張させ、「インタラクションデザイン」という新領域を生み出すことになる(田中泉「人・情報・技術の心地よい対話」、情報デザインアソシエイツ(編)前掲書)。したがって、デザイナーが不要であるかのように語り、またその分だけ個別のニーズを強調すること自体も、予め計算された範囲内での展開に過ぎない。関係性を組み込んだデザインにおいては、ユーザーの主体性そのものが、制御の対象だからである。

4 クリエイティビティから職人へ

このように情報デザインは、ユーザーのニーズを強調し、また誰でもデザイナーになれるということを初期設定にして、メタレベルでのデザインを行っている。それゆえ、所謂「プロのデザイナー」が不要であるかのように語られるが、それ自体が「別のプロのデザイナー」によって制御されてもいる。要するに、デザイナーが不要になったのではなく、デザインの対象が拡張したことに伴い、「プロ」の居場所がズレたのである。

だからこそ、デザインのアプリケーションが次々開発される一方で、それをほどほどに調律するためのルールがバラまかれる。「Flash技術を(ムダに)駆使して、Webに笑いと感動を提供する(ヒマな)奴!」(『Flash職人になる本』翔泳社、二〇〇六年)と居直ることや、動画系ウェブサイトでネタ連鎖的なコミュニケーションに没入していく「N次創作」(濱野智史『アーキテクチャの生態系』NTT出版、二〇〇八年)はこの系であり、そもそもクリエイティビティに強い関心を示さず、「力んではならない」というコードすら見え隠れしている。また、ウェブデザインで言えば、そのためのソフトウェアやプログラムが次々と開発される一方で、私たち自身がウェブデザイナーにさせられていく状況とも言えよう。

例えば、業界誌による調査という限定付きだが、情報デザイン系の学生が就職し始めた二〇〇〇年代後半でも、ウェブデザイナー全体で六割弱の大卒者を総数とした場合の美術系出身者は約二割であり、約四割の文系、約三割の理系に次いで三番目である。また業界全体の約半数が、ウェブの技術を「独学」で身につけてしまう。(「ウェブデザイナー白書(2005-2009)」『Web Designing』毎日コミュニケーションズ)。データの性格上、こうした「見え方」が流通したということ以上は言えないが、それくらい美術系のトレーニングは部分化され、また美術系におけるウェブデザインへの期待も独占的ではない。本気なら、ソフトウェア開発者を目指すだろうし、わざわざ『快適WEBクリエイター生活』(BNN、二〇〇五年)や『WEBデザイナーの歩き方』(技術評論社、二〇〇八年)といった新参者向けのマニュアルを手にすることもないのである。

また、こうした動きの一方で、テクノロジーを開発することは、そのままデザインやアートになりつつある(前川峻志・田中孝太郎『Built with Processing:デザイン/アートのためのプログラミング入門』BNN、二〇〇七年)。いわゆる「メディアアート」は、ヴィデオアートやコンピュータアートにまで遡って語られることがあっても、その方法論となった途端に、簡易なソフトウェアを制作するためのアプリケーション解説書になってしまう（白井雅人・森公一・砥綿正之・泊博雅（編）『メディアアートの教科書』フィルムアート社、二〇〇八年）。また、そこで仕上がった「作品」としてソフトウェアは、その開発者の内面を理解するためというよりも、アーティスト同士の「コラボレーション」や鑑賞者＝ユーザーの「参加」に開かれ、それらの入力結果がさらなる暫定的な作品として出力されていく（MARK TRIBE / REENA JANA, NEW MEDIA ART, TASCHEN, 2006）。そして「アルス・エレクトロニカ（Ars Electronica）」といった芸術祭が、そうした作品にグローバルな評価を与え、それなりに知られていくことになるのだ。

要するに、美術教育を経た作品制作からはテクノロジーが手放されていく一方で、テクノロジーはその実直な徹底の結果として、そのまま作品になってしまうのである。これは例えば、紙やインクといった自明にしやすいメディアを前提にして、個人で緊張感のある「表現」に没入することではなく、不特定多数のユーザーと偶発的なインタラクションを楽しむ、ヒューマン・インターフェースやソフトウェアといったメディアを「開発」すること自体が、そのまま作品制作になっているということである。

デザインの対象の拡張に伴い、プロの居場所がズレたとはこのことであり、またその分だけ、ユーザー自身は想定の範囲内で「表現」へと水路付けられていく。しかし、まさにそうであるがために、わざわざ「力んではならない」というコードが見え隠れし、クリエイティビティには強く依存しない「職人」が増殖するのである。満たされているようで、どこか満たされていないあの感覚は、ここに現象する。

本稿が冒頭で述べた、書店におけるデザイン棚とコンピュータ棚の境界の消失も、こうした動きにおいて捉えられよう。デザインやアートにおけるユーザーの積極的な取り込みは、私秘的なクリエイティビティを無関連化し、またそうだからこそ、その分だけテクノロジーが露見するようになった。ソフトウェアやアプリケーションの解説書がデザイン棚を量的に占めていくとは、こうした動きの効果なのである。このような意味で、私たちはなんとなくデザイナーにさせられていくと同時に、いつまでもデザイナーにはなりきれない（こともわかっている）現在の平板さを漂ってしまうのである。

【ノスタルジア】

ノスタルジア映画をめぐる新たな快楽

角田隆一

1　ノスタルジア映画の隆盛

ノスタルジア映画の代表作として『ALWAYS――三丁目の夕日』（三二億円超・観客動員数二八四万人）を挙げることにおそらく異論はないだろう。たとえ「ノスタルジア」という言葉を知らない相手でも「映画でいえば、『ALWAYS』みたいなもの」と粗っぽく伝えてみればそれなりに話が通じてしまうのである。この『ALWAYS』の成功は、現代社会における回顧的なムードの高まり、そしてとりわけ二〇〇〇年以降着実に勢力を伸ばしてきたノスタルジア映画の存在感をわれわれに改めて強く印象づけた。しかしこの一連のノスタルジア映画に対する評価は必ずしも好意的なものばかりではなく、怪訝な表情を浮かべる向きも少なくない。過度に美化された描写、時代考証の粗雑さ、深みのないベタベタなストーリー……。一体このような映画のどこに惹かれているというのだろうか、甘美な過去へとただ退行しているだけではないか……。これらはノスタルジア映画が否定的に語られる際のクリシェともなっている。

本稿の目的は、このようなフラット・カルチャーとしてのノスタルジア映画の輪郭を浮かび上がらすことである。とはいえ、これらを単に否定的に論《あげつら》うようなことはしない。当時の記憶を持つ者はおろかそれを持たぬ者までも巻き込んで圧倒的な支持を受けたことは紛れもない事実である。これを現代社会の一つの相貌として冷静に受け止め、その内実を慎重に見極めたい。そのために本稿では、『ALWAYS』が多くその性格を集約させているフラットなノスタルジア映画のことを「ストレートなノスタルジア映画」と中立的に設定して、前半ではその特質を検討する。そして後半ではある作品の読解を通じて、ノスタルジア映画をめぐる新たな快楽について検討する。これによって、ささやかながら今日のノスタルジア映画の輪郭に迫ってみたい。

2　ノスタルジア映画の記号性

2・1　「懐かしいあの頃」という記号

　ストレートなノスタルジア映画はとにかく徹底的に「懐かしいあの頃」という記号に満ちている。これまで散々指摘されてきたように、それはおよそ美化されていてほのぼのとしたものであるから、観る者が映画の中に心地良く没入するように誘う。しかしそのようなある種の心地良さを伴いながら、それでもこれがフィクショナルであることを強く意識させるのは、その甘美な「あの頃」の表象を装うために動員されるアイテムがあまりにステレオタイプで、なおかつそれらが過剰に露出してくるからであろう。『狼少女』はそこまで露骨ではないが『１９８０』や『バブルへGO!!』などはその傾向が顕著である。『バブルへGO!!』では建設中のレインボーブリッジ、ワンレン・ボディコン、紺ブレ、有人改札、ティラミス……と舞台に設定された一九九〇年前後の象徴的アイテムが勢揃いする。そして『ALWAYS』では建設中の東京タワー、上野駅と集団就職、オート三輪（ダイハツのミゼット）、ちゃぶ台、初めてのTV（力道山）や電気冷蔵庫……という具合に昭和三三年前後の象徴的アイテムが一年という期間に目白押しで詰め込まれてくる。激動の年であったことを差し引いてもやはり時に滑稽で、時に息苦しい。舞台セットの製作奮闘話やそのディテールへの強いこだわりは数多く伝えられているが、このステレオタイプなアイテムの過剰露出ゆえに、その苦労も空しく「ラーメン博物館」あたりのキッチュさを帯びてきてしまう。

　しかしながらこの特徴こそが、ストレートなノスタルジア映画が行き着く一つの合理的な帰結なのかもしれない。アイテムがそのように記号化されているからこそ、観る者はそれを媒介として、自分主導で都合良くノスタルジックな思い出を引き出すことができるからだ。つまりこの自由な読解や自己投影に摩擦を生じさせるような妙に個別的・特異的な〝密度〟は除かれておいた方が良い。そしてこの空虚に記号化されたアイテムは、いずれかに反応（「キャッチ」）させるために「数打てば当たる」の論理で過剰に散りばめられて映画を埋め尽くしている。こうしてみるとアイテムを散りばめるために映画があるかのようだが、これは必ずしもいいすぎではない。たとえばアイテムを効率良く出現させるために登場人物を行動させることが作品中に良く見受けられるし、また実際のところストレートなノスタルジア映画が、観る者を終始引き込んでしまうような独自性豊かなストーリーを持つことは稀なのである。この意味では、『ALWAYS』が大成功を収めたこととその原作漫画『三丁目の夕日』が断片的なエピソードから成る短編作品であったことは無関連ではないのかもしれない。

2・2　商品化とノスタルジアの「学習」

「懐かしいあの頃」の記号化は、記憶ある者をノスタルジアへと潤滑に接続するとともに、後続世代など「懐かしいあの頃」の記憶を持たない外部者の参入可能性も高める。映画パンフレットやガイドブックなどの関連本では、散りばめられた「キャッチ・アイテム」の解説欄が設けられ、作品中でも不自然さを承知でアイテムに関する説明的な会話を挿入してくるが、この手引きが記憶ある者だけに向けられていないことは明らかだ。もちろんここでなされる手引きは断片的で表層的なものにすぎない。しかしこれに加えて様々なメディアを通じて溢れ出ている歴史表象や商品化された「歴史」の助けを借りれば十分に参入することができる。「懐かしの昭和」などと銘打たれて手際良くパッケージ化された書籍や映像は多数あるし、大手レンタルビデオ店の「おもひで映画館」というコーナーには小津安二郎、黒澤明、成瀬巳喜男らの作品が懐かしむべき昭和の具体的な表象として陳列されている。アイテムがメディア・カルチャーに関わる場合には、積極的に望まずともテレビや有線放送などで繰り返される再放送にて知らずと受容してしまうこともあるし、望めば自発的にコンピレーションの類（全集やDVD‐BOXなど）にアクセスして効率良く一気に消費することもできる。結局のところわれわれは、ある作品を誰かが懐かしみながら受容していることを知った上で、そういうものとして、後からそれらを消費すること――「懐メロ」は好例だろう――が可能なのだ（大塚英志『仮想現実批評』）。このノスタルジアの「学習」とでも呼ぶべき身振りは確かに形式的な模倣にすぎない面もある。その意味ではもちろん両者の経験の相違に留意しなければならないが、しかし現代の高度情報化社会においてはこの身振りと〝真の〟ノスタルジアとの峻別が困難であることもまた同時に指摘しておかなければならない。学習ばかりか「復習」もできる。あるいは幼少期にふれたその時点でリバイバルの作品を大人になってからノスタルジックに思い出すこともできてしまう。そもそもわれわれはすでにして白黒、セピア、粗い画質などをノスタルジックな映像効果として刷り込まれ、学習してしまっているのだ。

　ノスタルジアの記号化と手を結んだこのような商品化と学習は、外部者の参入可能性を向上させて、ノスタルジアをよりいっそう置き換え可能な記号にしていく。「記憶なきノスタルジア」という一見不可解な事態にまさに表われているように、「それは誰にとって懐かしいのか」というこれまで疑いなく自明視されてきた人称的な境界線は今後着実に曖昧なものとなっていくのである。

3　ノスタルジア映画の想像性

3・1　歴史か？ ノスタルジアか？

　ところで、ストレートなノスタルジア映画と「歴史映画」の間に位置づけられるような作品もまた二〇〇〇年以降くらいから増加してきている。『血と骨』、『パッチギ！』、『カーテンコール』、『初恋』、『フラガール』、『オリヲン座からの招待状』などが挙げられようか。健全な動向だと思うが、これらの映画はストレートなノスタルジア映画の一元的に美化される記号性と差異化を図るように、歴史への真摯さのような意識を――程度の差はあれ――携えて、エンターテイメントとの絶妙なバランスを追求している。実話や時代小説などをもとに個別性・特異性を強調し、グロテスクで厳しい歴史的暗部や抑圧されてきた歴史、見過ごされてきた歴史の描写を試みることでオルタナティヴな歴史の提出へ志向するのだ。

　これら近接する映画と比較すると、『ALWAYS』における歴史への独特なスタンスが更に際立つ。『ALWAYS』の仕掛け人であるエグゼクティヴ・プロデューサーは、作品に登場する少年達と同年代の記憶ある世代で、プロモーションでは当時への熱い思い入れを随所に語っている。それにも関わらず、記憶なき世代（昭和三九年生まれ）で、しかもＶＦＸで名を馳せた山崎貴監督に作らせている。美術スタッフも同様に記憶なき世代で、時代考証に小津や黒澤の作品を参考にしたというからわれわれは先に確認した学習的な身振りを喚起してしまうだろう。記憶ある者が記憶なき者に委託し、学習しながらＶＦＸを駆使して製作される――。いうなれば歴史のノスタルジックな構築に、はなから自覚的なのである。続編では冒頭にＣＧのゴジラを登場させているが、これは自らの確信犯的なスタンスとそれに対するエクスキューズを改めて明示化しているのではないだろうか。この確信的な弛緩性を踏まえると、たとえばストレートなノスタルジアとの差異化を強く意識した『力道山』や皮肉に満ちたタイトルがつけられた『ALLDAYS――二丁目の朝日』などが、かりに歴史へのある種の真摯さを賭けて『ALWAYS』を批判的な標的にしていたとしても、両者はどこかすれ違ってしまうのだ。

３・２「懐かしいあの頃」の想像性

歴史へのこの弛緩したスタンスは――ここではその是非を問わないでおこう――、『ALWAYS』がまさにストレートなノスタルジア映画であることをわれわれにはっきりと再認識させてくれる。「懐かしいあの頃」の創出に潔いくらい真っ直ぐに照準を合わせて、これを最優先課題に設定しているからである。「懐かしいあの頃」にマッチするか否かという判断基準がまず先にあり、これに基づいてある特定の時代を舞台として選び、その限りにおいて時代の表象を記号的に磨き上げていく。この優先順位が重要である。極論すれば、選択される特定の時代は「懐かしいあの頃」のためのネタとしてあり、だからこそ『ALWAYS』の製作過程とノスタルジアの学習という身振りが近似化してくるのだ。

このような歴史へのスタンスは当然、時代考証の粗雑さを招く。他を見渡してみても、齟齬をきたすアイテムが混在するパッチワーク状の表象がやはり平然と巷に横行している。しかし歴史ではなく「懐かしいあの頃」の創出が目指されている場合、一体どの程度まで厳密さが求められるのだろうか。そしてその時われわれがすべきことは果たしてなおも作り手の粗放に責任を帰属させて済ませてしまうことなのだろうか。こう問い直さなければならないほどに事態は進行してしまっているようにみえる。これらの緩みをむしろ戦略的に活用するような動向が数多く発見できるからである。かつてF・ジェイムソンがノスタルジア映画の変則例に挙げたような特定の歴史的参照事物を後景化していく方法（「ポストモダニズムと消費社会」ハル・フォスター編『反美学』）も採られる方向性の一つだろう。同時代の設定でありながら「田舎」に舞台を設定したり、「おばあちゃん」という存在をフォーカスすることで「懐かしいあの頃」の効果を調達してくる手法は最近よく見受けられるし（『佐賀のがばいばあちゃん』『ぼくのおばあちゃん』など）、他に、より巧みに懐かしい要素を忍び込ませる優れた例として岩井俊二が絡む諸作品を挙げても良い。いずれにしても、歴史的な特定性を曖昧化させていく傾向は、映画に限らずドラマやCMなどでも近年顕著になってきている。「韓流映画」をノスタルジックに消費すること――あるいは観光業界あたりでちらつく「初めてなのに懐かしい」というコピー！――も容易く受け入れてしまう今日のわれわれは、時間のみならず空間的な特定性もより脱色させた、かつて一度も存在したことのない事物への「想像のノスタルジア」（A・アパデュライ『さまよえる近代』）に対しても十分に反応可能な態勢にあるのだ。

4 ノスタルジアを批判するノスタルジア映画

4・1 『オトナ帝国』の二つの論点

では、これらノスタルジア映画を消費する快楽は一体どこに見出せるのだろうか。これを検討するための手掛かりを与えてくれるのが異色作『クレヨンしんちゃん 嵐を呼ぶ モーレツ！オトナ帝国の逆襲』である。本作品が優れているのは、何よりもまずそのストーリーである。「イエスタデイ・ワンスモア」という組織が作り出した懐かしい世界にハマって退行している大人達をしんのすけら子供達が救出するというもので、まるで今日の状況を見通していたかのようにノスタルジアの流行を喜劇的に主題化し、批判していく。そのための構成も行き届いている。ノスタルジアに耽溺する大人達の様子を描写する過程で作品中にキャッチ・アイテムを散りばめて当時の記憶を持つ者を上手に反応させつつ、同時に、しんのすけら子供達の配置やギャグの盛り込みといった子供向けアニメとして要求される制約を逆手にとって利用し、ノスタルジアをメタ化する観点を〝お説教〟に陥らずごく自然に導入させている。これによって「大人／ノスタルジアへ」対「子供／未来へ」という構図と、おそらく観る者の多くが期待している「過去へと退行していくのではなく、未来へ向けて力強く生きていかなければならない」というノスタルジア批判の通俗的な語り口がきれいに重ね合わされる。

これらの点だけでも十分に優れた作品といえるが、本稿ではもう一つ秀逸な点を付け加えておきたい。それは後半の「ひろしの回想」シーンに関わる。要するに本作品では、これを境にして二つの論点が書き込まれていると捉え直す。一つはいま述べた通俗的なノスタルジア批判という論点(第一の論点)、もう一つはしかしそれを再‐批判するとはいわないまでもペンディングしてしまうような論点(第二の論点)である。このシーンはこれまで「泣き所」(感動のポイント)として幾度も取り上げられてきたのだが、その意味についてはほとんど語られてこなかった。本稿ではこれを明らかにすることで、通俗的な理解が看過してきたノスタルジアの新たな快楽を抽出したい。

4・2　通俗的なノスタルジア批判の宙づり

少年時代に退行していたしんのすけの父親ひろしは、靴の悪臭(現在の「匂い」)を嗅がされて、『失われた時を求めて』のごとく回想を始める。少年時代から現在の家庭を築くまでの人生の軌跡を走馬灯のように振り返り、これによって〝未来へ〟向かって生きていこうと覚醒し、ノスタルジアの誘惑に勝利する……。おそらくこれが後半のストーリーの素直な読解であろう。これで第一の論点が一貫し、通俗的な語り口とも合致するからだ。ところが以下に確認していくように、この読解では様々に収まりの悪い部分が出てきてしまう。しかしそれらこそが第二の論点を構成していくのである。そもそも「ひろしの回想」やその後の戦いが、なぜ観る者の〝泣き〟所になるのだろうか。作品中でもこの疑問点を仄めかす内容が周到に描き込まれている。回想直後そしてその後の戦いでもひろしは泣いている。野原一家の戦いを見守って、同様に〝未来へ〟と覚醒したはずの夕日町の住人もまた肩を落として泣いている。もし本当に第一の論点で作品が貫徹しているのであれば、彼(女)らは〝未来へ〟と壮快に動機づけられているはずなのだ。

これら釈然としない描写は、本作品を作り上げた原恵一監督の葛藤を知れば納得する。原はイエスタデイ・ワンスモアの懐かしい世界が完全に実現されることを望んではいないが、しかし彼らへの共感も隠さない（浜野保樹編『アニメーション監督　原恵一』）。つまるところ、本作品はこの揺れた心情そのままに、イエスタデイ・ワンスモアと〝未来へ〟代表しんのすけのどちらにも決定的な勝利を与えてはおらず、未決のままなのである。実際、映画中に割かれる魅力的な「懐かしいあの頃」の表象に比べ、勝利に導くために賭けられているはずの未来の中身は魅力的であるどころかほとんど描かれていないのだ。未来は力強く動機づけられるような説得力のある輝きを与えられない（そうだったからこそ大人達はノスタルジアの誘惑にとらわれていたはずだったのだが……）。とはいえ過去への退行に再び開き直ることはもう出来ない。ここでひろしは空虚な未来の方をどうにか選択した。正確にいえば、選択せざるを得なかった。これは、〝未来へ〟の力強い覚醒というよりは「諦念」と呼ぶべきものである。しかも過去は美化された分だけ余計に未来をネガティヴな方向へ対照化させて落差（＝喪失感）を生み出しているため、その諦念はひときわメランコリックなものとなっている。それゆえにひろしは涙しているのだ。そしてその諦念は決断というには程遠い消極的なもの――いわば、かりそめの覚醒でしかないから、ひろしは夕日町での戦いでもノスタルジアの誘惑に何度もずるずると引き戻されて、葛藤し続け、泣きながら戦う。その後も作品は最後まで葛藤をだらしなく覗かせている。〝未来へ〟が勝利した後のエンディングにも関わらず、空は夕焼けでＢＧＭに吉田拓郎が使われているのだ。結局、ノスタルジア批判は説得力を持ちえず宙づりにされたままなのである。

5　「切なさ」という新たな快楽へ

監督の原恵一は「切なさ」を描き出すことへの意欲を語っている（前掲書）が、それは「ひろしの回想」シーン以後の描写を通じて、その一つの相を見事に結晶させている。〝未来へ〟動機づけられず、とはいえ過去への退行の不可能性も受け止めざるを得ないひろしの諦念は切ない。ノスタルジアとは、厳密には両義的である。素朴な退行の限りでは甘美だが、遅かれ早かれその不可能性をひとたび認識すれば、それは美化された分だけ余計にメランコリックなものとなるからだ。ひろしの葛藤はこのノスタルジアの両義性の運動をまさしく体現しており、切なさを研ぎ澄ましている。このひろしの姿（諦念と葛藤）は、正確に夕日町の住人そして原監督のものであり、更にはこれらのシーンに〝萌え〟るわれわれのものでもあるだろう。

　このように、通俗的なノスタルジア批判（〝未来へ〟）はひろしに対して有効に機能しなかったが、ＥＸＰＯ'70の一室にて胎児のようにうずくまるその姿はやはりいくぶん退行的ではあった。事実、ひろしにとっての「懐かしいあの頃」はイエスタデイ・ワンスモアによって「二〇世紀博」「夕日町」という形で具現化されており、明確な帰還先があったのである。一方、われわれにとっての帰還先はどうだろう。確認してきた通り、それはますます曖昧化して不明瞭になりつつあるのだった。それでも相変わらずノスタルジアなるもの（想像のノスタルジア）を召喚し続けるわれわれの振る舞いは、従来の理解に基づけばまったく奇異としかいいようがない。したがって、もしこれに退行とは別種の性格をみてとろうとするのであれば、それはおそらく切なさの快楽それ自体をめぐるゲームのようなものではないだろうか。なぜなら想像的に美化された過去を自ら進んで繰り返し求め、そのたびごとにメランコリックに諦念するとは、きわめて強迫的なマッチポンプの構造に他ならない。プレイヤーであるわれわれは、ノスタルジアの両義性から湧出してくる切なさの快楽を享受するために、ノスタルジア映画を通じて自ら喪失感を構築（捏造）している。想像的に美化された過去とはすなわち、実際には失ったことのないもの——少なくとも実際の「喪失」以上のもの——なのだから。

　切なさを彩るための「懐かしいあの頃」の表象は、今後ますます記号化し、想像的に曖昧化しながら、しかし巧妙に洗練されていくと思われる。この動向は、これまでの理解にわれわれが安住し続けることを許してはくれないだろう。われわれはそろそろノスタルジアの通俗的な理解・批判を思い切って突き放し、新しい語り方を本気で模索しなければならない時期を迎えている。

【ライトノベル】「軽い《ライトな》」小説の位相

遠藤知巳

1　ライトノベルの浮上

もともと、西欧近代の言説の諸運動との関連において小説（のテクスト性）を考察するというのが筆者の問題関心の一つであり、その関連で、異端的な小説形式としての探偵小説／推理小説に一定の興味をもってきた。二〇〇〇年を少し越えたころだろうか、国内の推理小説の（と、思っていた）レーベルのなかに、従来のものとはかなり手触りの異なる作品群がぽつぽつ目立つようになっていった。

　名前を挙げれば、秋月涼介、北山猛邦、佐藤友哉、少しあとでは『空の境界』の奈須きのこなど。やはり大きかったのは西尾維新の登場だろうか。あまりにも不自然な名前をもった人物たち、ことさらに人工的な世界設定、信じがたい「解決」形式。それだけでなく、なぜかやたらに「女の子」が出てくる――裏返せば、同世代の男の友人の影がひどく薄い。あるいは、推理＝思考をおしのけるかたちで展開する、しばしば戦闘美少女たちによるバトル描写への傾斜。「名探偵」という古ぼけた超越装置の嘘くささを偏愛してきた日本の推理小説には、ある種の偽悪的な人工性がついて回っているから、たしかにこれらの特徴のある部分は、その延長線上で理解できないこともなかった。ポスト新本格として九〇年代半ばに登場した麻耶雄嵩、京極夏彦、森博嗣らにもそういう匂いはあったけれども、ここまで極端にこれらの要素を自己目的化してはいなかった。どうやら発想や素材をちがうところからもってきているらしい……。

　筆者の視界にライトノベルが浮上してきたのは、そのようにしてである。推理小説畑ですでに知っていた上遠野浩平の『ブギーポップは笑わない』あたりが、筆者が気づかずに手にしていた最初のライトノベルだろう。逆に、本章の議論にしたがって見直せば相当にラノベ的だが、当時はとくに違和感なく推理小説として読んだ米澤穂信のような人もいた。ライトノベル内在的には、少年《ジュブ》少女《ナイル》小説からの系譜を取るのが普通だろうが、『このミステリーがすごい』（一九八八年〜）から『このライトノベルがすごい』（二〇〇四年〜）がスピンオフしたことからも分かるように、筆者のような読書経験の軌跡を共有する人も少なくないのではないか。ライトノベルは、謎の提示と合理的解決によって構造化される推理小説がそれでも小説であることの不思議さの、さらに外を考えることを強いるところがある。多くの作品がジャンクとしかいいようがないのも事実だが。

2　小説と商品性

　新城カズマによると、「ライトノベル」という呼び名は、一九九〇年末までにパソコン通信のニフティ会議室で生まれたものだという（『ライトノベル「超」入門』）。ソノラマ文庫やコバルト文庫がいわゆるアニメ絵を表紙にし、角川スニーカー文庫や富士見ファンタジア文庫が創設された（一九八八年）あとで、従来のジュブナイル小説との差異を指し示すために与えられた（暫定的）名称だったらしい。そして、二〇〇〇年以降、ジャンル名としてマスコミ的に定着していった。すでに述べたように、年間ブックガイド『このライトノベルがすごい』の刊行が、おそらく決定的な分水嶺だろう。ジャンル名のこの後付け性自体が何とも「ライト」なのだ。

　それはたとえば、商品性の論理のあからさまな前景化をもたらす。推理小説では、これはそれほど全面にはでてこない。何しろ「本格」は作るのがしんどい。ぬるいトリックで社会派的な物語を書き飛ばす人でも、売れるからそれなりに「作家」の顔ができる。推理以外の大衆作家もそうだろう。ライトノベルがそうでないのは、「お買いあげいただきありがとうございます／このあとがきを立ち読みしたら買ってください」というせつない後書きが定型化しているのを見ればわかる。ラノベの文庫本は短命だから、つねに書き続けなければならない。ある程度売れている作家で、三ヶ月に一冊ペースというところか。それこそ、バルザック以上の執筆マシンぶりだ。しかし、多くの作品は八千部〜一万部、価格帯は六百円前後だから、これだけ書いてもそれほどは儲からない。作家たちはそれを自発的に引き受けて、明るく自虐する。

「二日後の深夜、電話をかけてきた担当編集者さんは、やけに声が軽かった。／『杉井君、悪いお知らせと残念なお知らせ、どっちを先に知りたい？』／僕は聞こえないように小さくため息をついた。／「……両方いやです」／『あっはっは。最近いい返し方をするようになったじゃない。原稿もその調子でお願い。杉井君は会話文ちょっと弱いからね』／（中略）／『うん。九月刊にねじ込もうと思うから、原稿直しのしめきりが一週間前倒しね』／「……はい？」／『十五日のしめきりが八日になったってこと』／「明日じゃねえか」思わず敬語消滅」（杉井光『ばけらの！』）。作家の年齢もあるだろうが、推理小説（内）の編集者なら「有栖川さん」となるところが、ライトノベルでは「杉井君」なのである。

ライトノベルはしばしば「文字で書いたマンガ」と言われる。じっさい、イラストやメディアミックスなど、実体的にもマンガ（アニメ）と連続しているけれども、市場規模でいえば桁違いである。それは本当は、マンガ（アニメ）ではなくライトノベルを批評することの意味自体を問題化するはずだ。商品性の論理が文字上で踊ることで発生する内輪受けと曖昧な折り返しの感覚が、作品世界の不徹底な閉鎖性と連続する（たとえば、続巻が出るまでは打ち切られたかどうか分からない）。これ自体がかなり特異だろう。マンガ（アニメ）の作者ならば、媚びたり自虐したり自体が端的に無駄になる。売れる／売れないという事実性がすべてを語っているからだ。

3　「萌え」をめぐる揺らぎ

メジャーどころになると女性読者も意外といるものの、ライトノベルの主要な読者層はやはり十代から二十代あたりの若年男性読者だろう。基本的には彼らにとって相当「都合の良い」物語だとはいえる。典型的には、ツンデレやクーデレの美少女（しかも多くの場合複数の）が勝手に向こうから降ってきて、とくに冴えたところもない平凡な中高生の「俺」に、なぜかからんでくる、というパターン。一部女性にはあまり面白からぬ願望／妄想的世界が、あられもなく展開されている。しかし、その男の子的得手勝手さを断罪できるかというと、微妙なところもある。壁井ユカコ『鳥籠荘の今日も眠たい住人たち』、竹宮ゆゆこ『とらドラ！』、野村美月『文学少女』シリーズなど、多くの女性作家がこのジャンルを支えているのも見逃せない。恋愛要素がかなり入ってくる以上当然だともいえるが、ある部分では完全に少女マンガの文法が援用されている。野梨原花南や柴村仁ら、それにとどまらない構築力をみせる作家もいるが。第二に、このジャンルを特徴づけているイラストは、たしかに「かわいい女の子のキャラ」が描けること、つまり男性読者の欲望の備給を最大の眼目としているのだが、少なからぬ女性「絵師」がそこに参入している。人気シリーズの巻末に、同人誌的なノリで「第〇巻刊行おめでとうございます！」と自発的に？イラストを寄せる人も珍しくない。その意味では、意外とジェンダー横断的でもある。

よく論じられている「二次元」性やそこへの「萌え」についても、それなりの揺れがあるように思う。二次元世界が、現実世界では「もてない」人たちの悲しい代理／代償物であると揶揄される一方で、そこに平和に自己充足することのできる、現実よりも良い「脳内現実《アナザー・リアリティ》」だとも主張される。多くの論者がそのどちらか一方を強調して、他方を無視する傾向があるけれども、むしろ、このどちらでもありうることが鍵なのではないか。萌えも同じであり、客観的に配列される諸属性の集合であると同時に、萌える要素や関係性を、テクストの他の部分を無視してまでも自由に選択もしくは発見することで、個人的情緒を投射するふるまいでもありうる。むしろ、代理／代償性と脳内現実の意識的選択とを、そのようなかたちで中途半端につなぐ蝶番が「萌え」だと考えた方がよいだろう。

さらにいえば、完結した別の現実への志向にもたぶん二種類ある。ライトノベル的には、それが重要だろう。若木民喜のマンガ『神のみぞ知るセカイ』には「現実《リアル》はなんてできの悪いゲームなんだ！」という名台詞があるが、それだけではない。「二次元」が映像／画像的なもののまわりを旋回するとき、それはどこか「三次元」との関係において規定されつづける。だが、たとえば『化物語』以降、いわば方法論的にライトノベルを選び直したところのある西尾維新においては、萌えを具体的な映像に還元するのは意外とむつかしい。それはむしろ、萌えている話者の主観の言葉と、それにのっていく書き手の言葉として交叉的に配列されており、言葉のなかにあるとしかいえないものになっている。

4　内閉のなかの開き／「開き」がつくる内閉

事後的なくくりがレッテル化したのだから、ライトノベルはある意味ではジャンルではない。近未来SF、異世界ファンタジー、高校のゆるい日常生活、ラブコメ、バトルやサスペンス、ハードボイルドや軽い推理もの、あるいはこれらの混合形態。意外に多様なタイプの物語がある。ライトノベル特有の新たな「ゲーム的リアリズム」

の所在を主張する人もいるが、その図式に合うものだけを選択的に論じているところがある。

いや、たしかにゲーム的要素は濃厚にあるし、そこに着目することにも一定の意義がある。だからこそ、そこには収まらない要素との関係においてそれを見る必要があろう。同じ時間や状況を繰り返すという設定の導入が、ゲーム的なリセット可能性の出現によって前景化しており、生の有限性や一回性を条件としていた従来の文学に挑戦するものとしてのその「文学」的価値が論じられている。この前提上で考えるなら、むしろ「あたかも一回性が否認できるかのような」ふるまいを一回性のうえに折り畳む想像力の形式が析出されるのではないか。

たとえばバトル展開においては、闘う者たちの身体が過度に傷つけられる、いや機械のように「破壊される」さまが詳細に書きこまれる。マンガでも普通、ここまではしないほどに。その極限においては、最初から「死んで」さえいるだろう（高橋弥七郎『灼眼のシャナ』など）。けれどもその身体は、たいていはあっけなく回復する。あるいは、気絶しない方がおかしいほどの痛みの経験の一人称(的)語りと記憶喪失とが組み合わされる。作風や指向性が対極的な西尾維新の『戯言』シリーズと鎌池和馬の『とある魔術の禁書目録《インデックス》』に共有されている何かがある。限界を越えた苦痛をひどく即物的に描くことで、書き手／読者が痛みをもちうる身体であることを、かえって忘れようとしているかのようだ。痛みの忘却が破壊の反復を可能にするが、同時に、まさにその忘却の劫罰として、繰り返し破壊されるともいえる――自我意識を奪われたシシュフォスのように。

同時に、ゲーム的世界にはほど遠いものも多く登場する。典型的には、地方高校の生徒会や文化部もの。生徒たちと学校の背後や外部にいる黒幕との駆け引きがモチーフだったりする。それもまたゲームといえなくはないが、特有のゆるい空気となだらかに連続するかたちで描かれる。匿名性と犯罪とに連結線を引く推理小説が圧倒的に東京を中心としているのに対し、ライトノベルには明瞭に地方都市性が刻印されている。『涼宮ハルヒ』シリーズの舞台が西宮近辺に設定されているように、どこかの県の平凡な高校が描かれる。異例な転出入や特殊技能といった要素の導入には私立の方が便利なのだが、公立高校が選ばれることが意外と多い（私立の場合にも、財と権力によって社会から隔絶させられた特権的閉域性というほどでもなく、物語のための書き割りの感が強い）。一つには、書き手の多くが東京で作家生活を送るのが難しく、親のいる地元で在住しているからだろう。だがそれだけでなく、「普通さ」に安心する保守性と隠れ権威主義と談合めいた仲間意識とがないまぜになる（公立）高校的な文化が、地方文化そのものの雛型になる。標準語によって脱色されてはいるものの、やはりこれは「地方都市」なのだ――あるいは、まさにそのように透明化されていることにおいて露出する「地方」性がある。

　その意味で、ライトノベルはむしろ、「学校的空間とその外部」を描く小説である。一方には、退屈だがまったりしている仲間との日常、そこで繰り返されるボケとツッコミ、そして恋愛喜劇（や悲劇）があり、他方には、超能力や超科学技術や魔法のファンタジーが、より正確には、それらのインフレ状況が配置される。あるいは、それらは全体として、学校的空間を破壊する外部性をその内部で空想するような想像力の形式を反復しているところがある。そして、書き手の力量が一定値を越えたとき、この外部性がやんわり自律していくのだろう。そしてまた、ファンタジーへと飛翔する高揚と、日常性に帰ってこなければならない苦さとが、同じ重量からなることを、それなりのかたちではあれ出現させる瞬間がある――気前よく加算されるガジェットや抜け穴的条件や次元の多重化のただなかで、ではあるが。

　反実仮想のような願望充足のような、表象であるようなないような、一回性を否認しているようなないないような……。そんな単振動をくりかえしながら、しかしどちらかははっきり決めない。何しろそれは「文学」などではなく、娯楽「商品」にすぎないのだから、決める必要もない。だが、そういう気楽な消費者的態度の背後で、もう少し積極的な意味でも決まらないのだろう。そのことによる快楽（そして、たぶん苦痛も）が作動している。

5　「軽い」小説性のリアルへ

　作品世界の背後設定を緊密にして、問題クリアのルールを構造化すると、作品はゲームに近づく。けれども、世界内的に論理的な解決を至上命題とする推理小説のように、最終的には現実世界に縛られるという条件すら外したところで、あまりにも余剰なく世界を設定すれば、ときに、小説というより、ゲームシナリオを読まされている気分になる。じっさい、奈須きのこや『ひぐらしのなく頃に』で大ブレイクした竜騎士07をはじめとして、ゲームシナリオライター出身のライトノベル作家は少なくないが、たとえば奈須の『ＤＤＤ』など、『空の境界』よりこなれているだけに（野球の論理構造の優れた観察にもなっている)、小説でなさがよく見える。

しかしそれでも、これは「小説」ではあるのだろう。ゲーム的設定を拒否するほどの明瞭な文学的意志があるわけではなく、むしろそこからだらしなくこぼれおちてしまったようなところで、従来とは別種ではあるものの、一種の小説性のようなものが出現する。

たとえば山形石雄『闘う司書と恋する爆弾』。異世界の美女司書が「闘う」だけならもはや驚かないが、恋をするのは、文字通り人間爆弾にされた少年兵士である。『文学少女』シリーズの「食べちゃいたいほど文学が好き」な遠子先輩は、事実、本のページを食べるのだし、食物への味覚を欠いているのに、そのときだけ味が分かる。精神分析的な部分対象なら隠喩にとどまるしかないものが、作品世界の設定を介して、奇妙なかたちで現実化してしまう。そして、そのことに登場人物の誰も驚かない。これは明らかに、近代小説における言語の離散的・多孔的な構成を脱臼させる書き方だが、にもかかわらず、ある種の平板な物質性を喚起するところがある。壊されては復活する肉体の表象も、たぶんこれと関連しているのだろう。

その意味では、十文字青の『薔薇のマリア』が突出している。かなり詳細な背後設定がなされた異世界ではあるが、舞台となる首都エルデンはあからさまにロンドンを思わせる。長さの単位では「メーテル」と「サンチ」。そのじっさいの長さはもちろん不明なものの、読者は1メーテル=1メートルと理解するだろうし、それでまったく不都合のないかたちで物語は進んでいく。「上古高位語《ハイロメオン》」で詠唱される魔法の呪文が「寒磁罪母刹ReuLa外NauRa矛Judas怨氷結酷寒冷獄」、「Dun-bi'afreid'ob-me,bitcth.Ai-wana-jas'treat'u-with-love-laik'-a-baby,heh」などと書かれているのにも笑ってしまう。これは単なる想像力の弛緩ではない。キルヒャーからホフマンに至るまで、秘文字をいかに表象するかは大きな問題だったが、多くの書き手があえて書かないことで回避してきたものを、むしろ妙にサービスよく書き込んだ結果、ロックやラップの歌詞のような言葉の組織化を呼び込んでいるのである。「上古高位語」の魔法世界とは、どうやらこの現実世界らしいのだが。このあたりの平べったさがラノベ流だ。

ついでにいえば、この作品の主人公である赤髪のマリアローズは、慎重な計画性と指揮能力はあるものの、戦闘力や体力は人並みよりかなり下、ただし絶世の美貌の持ち主だと設定されている。どう見ても女性だと思うのだが、同じく超絶した美男子(で人外)であるアジアン(ちなみに黒髪である）に、読むのが恥ずかしくなるクサイ台詞で熱く言い寄られ、年齢不詳の女医師モリーにはしょっちゅうお尻をなでられながら、本人は懲りずに「僕は女じゃない」と言い張って、現在、一八巻まで来ている。「僕っ娘」やトランス《T》セクシャル《S》など珍しくもないこのジャンルで、性別をブランクにしたままずるずる引っ張ること自体興味深い。意図は不明だし、作品内効果も今のところはっきりしない。それだけに、何かが書かれている感じがするのだ。最近ではアジアンの求愛に思わず心が動くのを必死に否認する姿が描かれていて、とりわけ男性読者には、ツンデレを主体の内側からなぞるような、奇妙な受動的ポジションに就かされるという効果をもっている。同時に、「まさかBL小説を読まされているのではあるまいな」というドキドキ感（？）も味わえる。

比喩言語などではない「そのまんま」の脱力感。そのうえでしかし、言葉でしかありえない物語の世界が、微弱なかたちではあれたしかに紡がれていく。あるいはまた、あくまでもベタな関係性の設定のうえでなぞりながら、それをするっとひっくり返す瞬間がある（それがどこまで意志的に維持されるかは別として）。それが「軽い《ライトな》」小説《ノヴェル》ということなのだろう。逆方向からいえば、こうした風潮は、読者がとくにライトノベルと意識せずに手に取っている単行本の世界にも広がっている。たとえば、『図書館戦争』の有川浩や『鹿男あをによし』の万城目学。伊坂幸太郎にしても、かなり薄味の村上春樹であるとも、少しだけ高級なラノベの風情があるともいえるではないか。

そこには、ユーザーフレンドリーな「読みやすさ」指向とブルデューのいうディスタンクシオンの対内／対外維持の必要性とがせめぎ合う、文学市場の事情が介在しているが、ライトノベルと一般小説とのあいだに決定的な差があるようにも見えない。むしろ、ライトノベル性の刻印を引き受けながら、一般小説も共有する脱力した「軽さ」の少し向こう、〈小説〉の側に押し出された場所に、桜庭一樹や上遠野浩平、舞城王太郎、中村恵理加、木村航、新井輝などがいるともいえる。だが、彼らについて語るのは、この枚数では無理なようだ。

III

私的空間の圏域から

公的《パブリック》な圏域は、複数の人々を拘束する、十分に可視化されたルールに基づいて運営されている。そこでは、誰かがそこに関わる、あるいは逆に関わりをやめるうえでの手続きを明確化し、公平と自由を確保するためにさまざまな工夫が凝らされている。厳密にいえば、カバーする領域の性質のちがいによってさまざまなちがいが発生するが。異なる効力をもつルールによって作り出される、さまざまな集団や関係づけの組み合わせが社会であると表現した方がよいだろう。

近代社会は、社会の全域がそのように運営されているはず／されるべきだと考えたがる癖をもっているが、もちろん社会のすべてがこのようであるわけではない。何といっても、家族や恋人（あるいはまた、友人）との関係、そして／あるいは一人で過ごす私的《プライベート》生活がそうだろう。私的な領域で働く論理は、公的なそれとは対照的である。それは利害の合理的計算のかわりに、当事者同士の親密な情緒的結びつきによって成立し、関係の事実的な継続によって拘束される。それだけに、そこからの離脱にはより大きな心理的負担が伴う。その運営は、各々の集団に任されている。言い換えれば、「正しい」関係を客観的に規定できない。あるいは、かりにそういうものがあったとしても、それを規範化する手だてがない。だから、良くも悪くも業績主義的な評価によって動かすことが難しく、それゆえ絶えざる欲求不満の源泉／対象にもなると同時に、そのことが曖昧に流されつづける。

これは、私的であることのもう一つの軸であるプライバシーと密接に関連している。私的な営みは外部に公開する必要がないし、外部からの監視や介入を原則として受けない。外部に対して自らを示す必要がない領域を確保することで、誰かに見られていることをつねに前提としてふるまわなくてはならない世界から一時退避できる。私的生活を支えるために公的活動を行うが、その疲れを癒す（はずな）のは私的生活である。その意味では、私的生活こそが、公的活動を支えているともいえる。

とはいえ、私的なものと公的なものとを峻別し、秘匿されていることの緊張を生きようとするというよりも、ある種あっけらかんとしたかたちで境界が開かれてしまっているところに、むしろ現代的なプライベート／プライバシーの特徴があるのだろう。「個人情報」的なものへの形式的配慮が整備される一方で、公的な表の顔と私的な「素顔」とを、意識的に別物として維持するというやり方自体が少なくなっている。たとえば家族はしつけの場でもあるが、柔らかく相互管理するフォーマットが広がる社会において、私的領域だけを権威主義的にするというのは難しい。大人と子どものあいだですら、所持する情報や権威に大きな非対称性を保つことが成立しなくなりつつある。あえて大人としてふるまうメリットが見いだしにくくなっているともいえる。家族や恋愛がもたらす葛藤がなくなったわけではないが、それを通過することこそが人間的成長の本質であるという古典的人間学が、あちこちで空洞化する。教育も成長もパラメータの単調増加であるかのような語り口のほうが安心できるのだ。

ある意味では、家族や恋人関係がみなそれぞれに特異だからこそ、人々はさかんにそれらについて語るのだろう。自分たちの私的領域はしっかり取り置きながら、お互いの姿をのぞき込む。「正しい」関係などどこにもないことをどこかで知りつつ、理想的なあり方のイメージを流通させてしまう。それほど本気にはしないまま、そうしたイメージと接触し連動することで、それぞれが特異なはずの私的営みは、不思議と似通ってもいる。みんなが求める「個性」ある住まいが、どこか均質的な表情を浮かばせているように。

「対等化する家族」の語り

【家族イメージ】
野田 潤

1 「家族の個人化」と「対等化」

現在、さまざまな語り手によって、家族が変化していると言われている。

家族社会学においては、集団論的パラダイムの限界が指摘されるとともに、一九八〇年代後半から個人を重視する家族論が盛んになってきた。その典型が「家族の個人化」の議論である。目黒依子は『個人化する家族』（勁草書房、一九八七年）の中で、「家族生活は個人にとって選択されるライフスタイルの一つ」になっていくと述べて、家族に対する個人の選択性という側面に注目し、「家族の個人化」概念を提唱した。

爾来多くの論者が個人化について述べてきたが、それが「個人の選択可能性の増大」を含む変化であることはどの論者にも共通する見解である。その中でU・ベックやZ・バウマンらの議論の流れをくむ山田昌弘は、家族の個人化を①家族の枠内での個人化（家族の選択不可能・解消困難性は保持した上での家族形態や規範・行動の選択可能性の増大）、②家族の本質的個人化（家族関係自体の選択・解消可能性の増大）に分け、日本では一九九〇年代以降、①と②が同時進行していると述べた。

これらの「家族の個人化」概念は現在、家族社会学における「近代家族からポスト近代家族へ」という大きな文脈と結びついて通説化し、近代家族の「解体」後の方向性を指し示すものとして、重要な理論的位置を占めるようにもなっている。

ところでこの個人化が語られる際にはもう一つ、しばしば共通して含意されるものがあるように思われる。それは家族成員の「対等化」という問題である。

例えば、家族の個人化は家族内の諸個人の選択性が重視されるようになるものであるため、家族成員それぞれの主体性の尊重につながる、とも言われている(典型的な議論としては家族の民主的な共同選択を重視する家族ライフスタイル論の立場などがある)。また家族の個人化には性役割革命が不可欠とする目黒依子は、個人化家族における夫婦を性分業のなくなった夫婦として描き出す。ベックは夫妻も個人化を「性役割からの解放」と述べ、男女間の不平等の解消と結びつけて論じている。

こうした解釈枠組は、いわゆる従来の「近代家族」が性分業を基盤にしていたこととも無関係ではないだろう。近代家族の解体＝性分業の解体＝家族の対等化、というロジックである。実際、性分業の解体やそれによる夫婦の対等化は、個人化の測定の際に指標として頻繁に使用されている。

このように、家族の個人化という議論の中には、家族内部の諸成員の対等化という問題が、重要な要素として非常にしばしば含みこまれていると言える。

2 「対等化する家族」語りの興隆（一九九〇年代）

それでは一般の人々は、現在の家族の対等性をどのようにとらえているのだろうか。

博報堂生活総合研究所が一九八八、一九九八、二〇〇八年に行った三時点家族調査で、同一世帯内の夫と妻に自らの「現実の夫婦像」を尋ねたところ、「亭主関白」と答えたのは、夫が一九八八、一九九八、二〇〇八年でそれぞれ三七・三%、二七・五%、一七・八%、妻が三九・九%、二八・六%、二四・七%と、いずれも減少の一途をたどっていた。その一方で「友達夫婦」の割合は、夫では三五・一%、三七・八%、四一・七%、妻では四二・五%、四八・三%、四九・三%と、一九九八年以降は男女双方で最多となっている。なお「カカア天下」は夫で二五・六%、三四・八%、四〇・二%、妻で一五・八%、二二・八%、二五・二%と、とりわけ夫の側で著しい増加を示しており、増加率の男女差が大きい。

この「友達夫婦」という言葉自体は、団塊世代の結婚の際に「対等で仲の良い夫婦関係」を指すものとして出現した経緯があり、起源は一九七〇年代にまで遡る。しかしこの調査結果からは、自らの夫婦関係を友達夫婦と考える人々が実際に男女双方で多数派になったのは、一九九〇年代後半頃であることがわかる。

事実、一九九〇年代後半は、こうした「夫婦の対等化」が新しい社会現象として頻繁に指摘された時期である。

『現代用語の基礎知識』には一九九五年に「ワリカンカップル」という項目が登場し、「彼とは対等なのだという強烈な意識」を持つ若い女性の存在が、昨今の社会風俗として指摘された。また一九九九年には「家事を分担し合いながら適度な距離感で結ばれている友達夫婦」という記述が、「連立家族」の説明文中に登場し、「夫婦の間に平等、分担意識が強まっている」との見方が示された。「夫婦の対等化」は一九九〇年代後半以降、現実に起こりつつある変化として、さまざまな局面や語り手・媒体において、頻繁に語られるようになっているのである。

実はこの時期は親子関係についても、同種の語りが出現している。

一九九〇年代半ば以降、「友達親子」という言葉によって、親子関係の対等化という問題が社会的に注目を集めた。朝日新聞オンライン記事データベース検索における「友達親子」の初出は、大阪版が一九九四年一一月七日（「友だち親子の会話おかしい」）、東京版が一九九六年一月七日（「親子・夫婦は『友達』に」）のことである。また『現代用語の基礎知識』では一九九六年に「共遊びファミリー」、一九九九年に「友達親子」という言葉が登場し、「ウルトラマン・シリーズやハイパー・ヨーヨーなどを幼い子どもと仲良く楽しむ若い父親」といった現象が、新しい社会風俗として紹介された。

一九九七年にはベネッセコーポレーション編『季刊子ども学』(vol.14) が友達親子の特集を組んだほか、臨床心理学者の信田さよ子が『一卵性母娘な関係』（主婦の友社）で夫婦・親子双方の友達化を指摘した。信田は本書で現代家族を「かつての親子の上下関係、夫婦の主従関係」が消失して「みんな横並びの仲間・友だちという関係」になりつつあると論じている。近年では岩村暢子が『変わる家族　変わる食卓』（中央公論新社、二〇〇三年）で、一般家庭の詳細な食卓調査から、父親を含む家庭の友達親子化を指摘している。岩村は家庭の食事全体の「子ども化」とともに大人／子どもの境界線がなくなっていると述べ、そこに「子どもの話が理解、共感できる『友達みたいな』親子関係」の成立を見るのである。

3　忘却される非対称性（友達夫婦について）

このように、一九九〇年代後半から夫婦・親子の双方が友達化・対等化しているという見解は、一般の人々やそれに近い語りの中にも確かに見受けられる。では実際に人々の間で生じているとされるこれらの友達化・対等化の動きは、学説が想定するような、諸個人の選択可能性が増大した結果としての対等化なのだろうか。

ひとつ確認しておくと、家事・育児責任や経済責任のジェンダー差は、現在でも非常に大きい。例えば二〇〇六年の共働き夫婦の家事時間（週平均一日あたり）は、妻の四時間四五分に対し、夫が三三分である（総務省統計局「社会生活基本調査」）。また二〇〇八年の育児休業取得率は女性九〇・六％に対し、男性一・二三％である（厚生労働省「雇用均等基本調査」）。二〇〇三年のデータでは、第一子を出生した有職女性（非正規労働者を含む）の六一・一％が一年半後には退職して無職となっている（厚生労働省「出生前後の就業変化に関する統計」）。

このように、家事・育児および経済責任の実態は、今も極めてジェンダー非対称である。ただし各調査ではこの二〇年間で、僅かずつ数値の変化も見られているので（例えば一九九一年の共働きの夫の家事時間は二一分、一九九三年の男性の育休取得率は〇・〇二％だった）、ここからは人々が語る今の対等化が、過去の状況と比較した上での「相対的な」対等化であるという可能性は指摘できるだろう。そのあくまでも「相対的な」変化が、当事者には「友達夫婦」「カカア天下」など、さまざまな読まれ方をされているのである。

さらに言えば、その「相対的な変化」自体も、ジェンダーによって大きく異なっている。新聞紙面上の離婚相談の通時的分析においては、「選択可能性の増大」に当てはまる現象とは、妻希望の離婚に対する許容度の増大に他ならなかった（野田潤「『子どものため』という語りからみた家族の個人化の検討」『家族社会学研究』二〇巻二号）。離婚の決定に際して夫の意向のみが絶対的に重視されていた大正期の状況から、妻の意向が大きく考慮されるようになって行くその後の変化を考えると、「個人の選択性が増大した」という個人化の図式が適用できるのは妻側のみであって、夫側には単純には当てはまらないのである（なお夫の意向は大正期の方が現在よりも肯定されやすい）。「家族の個人化」の内実とは、過去に極めて限定されていた妻の選択可能性が、あくまでも「相対的に」増大したことを指すものと考えた方が良い。

だが、ここで最も重要なのは、「実際は非対称であるにもかかわらず『家族は対等になった』と人々が語るようになっている」、ということである。近年の対等化語りの内実は、数量的・統計的な実態を反映したものではない。むしろ、現実の非対称性が、語りの上ではなぜか見えなくなる一方で、対等化の言葉が増殖しているのである。これは一体、何なのだろう。

4　忘却される外部（友達夫婦について）

非対称性の不可視化は、もう一つの側面からも指摘できる。３で見たのはいわば「家族の枠内での」非対称性だが、そもそも現在の就業データは、「家族関係自体の選択・解消」の後も、元夫婦の間には一般的に少なからぬ非対称性が存在し続けることを示しているのだ。

例えば二〇〇六年度の男性一般労働者を百とすると、女性の一般労働者の平均所定内給与は六七・一でしかない（内閣府「男女共同参画白書」）。二〇〇七年度の非正規雇用者比率は、男性一八・三％に対し女性五三・五％である（総務省統計局「労働力調査」）。離婚後の子は現在八割以上が妻方に引き取られるが、こうした状況下で働くシングルマザーの四九％は非正規雇用であり、母子家庭の平均年収は二一三万円と低く（厚生労働省「全国母子世帯等調査」二〇〇六年度）、ひとり親家庭の貧困率は二〇〇六年で五四・三％と、先進国中でも最低レベルである（厚生労働省「国民生活基礎調査」）。

このように、家族の外部に出てさえも、女性の経済的依存性は変わっておらず、家族関係の解消という選択の結果は、妻と夫で極めて非対称である。その意味からも妻の選択可能性の増大とは、やはりあくまでも「相対的」な増大でしかない。

しかし現在一般で語られている「夫婦の対等化」の言説は、こうした非対称性の問題を明るく忘却し続けている。これらの語りが実際に想定しているのはせいぜい「家族の枠内における」成人女性の発言力の相対的上昇でしかない。「ワリカンカップル」や「家事分担」で語られる対等化は、家族自体の選択・解消可能性まで想定したものなどではなく、それほど根源的なものでもない。人々が「友達夫婦」を語る際に想定している対等性の内実は、もっと平板な、フラットなものである。現実には非対称性が存在しているにもかかわらず、語りの中での「対等化」ばかりが上滑りして行くと同時に、そこでは個人が家族の外部に出る可能性は大して考えられていない。語りの対等性と現実の非対称性が奇妙に並存している——そんな状況が現代の友達夫婦の語りなのである。

一方で専門家の語りはそうした構造を指摘せず、むしろそれに乗ったものであるようにも見える。一般の「対等な夫婦」語りが非対称性や外部の問題を忘却したものである点は、あまり触れられることがない。またベックをはじめ個人化の論者は、家族が完全に個人の選択の対象になったことの根拠を離婚率の上昇に求めることが多いが、その際に離婚後の女性の弱者性が強調されることもほとんどない。その種の問題は個別の文脈では指摘されても、「個人化＝選択性の増大」という語りが出現するなり、その中に埋没して非常に見えにくくなっているように思えるのだ（なお先述の目黒や山田は、経済力のない配偶者には個人化の道が閉ざされているということ自体は指摘しているが、それは最終的には真の個人化の未浸透、あるいは本質的個人化がもたらす弊害として解釈されており、そのことで、結局は「個人の選択可能性の増大」という個人化図式の中に回収されてしまっている）。

このように、構造的な非対称性が実際に観測できるにもかかわらず、現在の「対等化」の物語はそれに蓋をしながら、あるいは言葉の中で無害化しながら、奇妙な平板さで語りの空間に増殖しているように思われる。

5　非対称性と外部の不在（友達親子について）

さらにもう一つ、不可視化されているものがある。それは家族における夫婦関係と親子関係の非対称性である。

これは「妻の」選択可能性の増大をそのまま「家族の」個人化の証左と見なしてきた専門家言説の問題として、まずは指摘できる。家族の変化を妻＝母に代表させるこうしたロジックには、例えば子どもの選択可能性が妻＝母のそれとは違う動き方をするといった視点は、初めから排除されている。

だがこれは専門家の語りだけでなく、家族の当事者間でも起こりうることである。例えば子どもの選択可能性が親と対等とは言えないのにもっぱら親側の視点からのみそれを「対等な友達親子」と呼ぶようなケースに、それは典型的に現れる。

先述のように、信田さよ子は一九九七年の『一卵性母娘な関係』で、幸せで楽しい友達親子の姿を肯定的に描き出した。だが他でもないその信田が二〇〇八年になって『母が重くてたまらない』を執筆したことは示唆的である。信田自身は本書の執筆動機を「不吉な予感があたった」としつつ、臨床の豊富なデータをもとに、見た目は仲のいい親子関係の中で娘を支配する母たちの姿と、その深刻な問題状況を明らかにする。その際に注目すべきは、娘が母の重さに煩悶する一方で、友達親子を実践する母は支配の自覚を持つことは全くなく、「娘が今どれほど苦しんでいるかについて想像も及ばない」という点である。ここで明らかになっているのは、友達親子は見た目ほど「対等」ではなかったという知見であると同時に、友達親子の関係が主観的にどう評価されるかということ自体が、親子で非対称だということである。

U・ベックは『危険社会』の中で、夫婦が対等になった個人化社会において子どもは「最後に残った、取り消すことのできない、交換不可能な第一次関係となった」と述べた。そうである以上、現代の子どもに親からの膨大な期待と関心が集中することは、容易に予測できるだろう。精神科医の斉藤学は『季刊子ども学』(vol.14)の対談記事で、友達親子の対等性について以下のような疑問を投げかけている。

> 少子化時代の子どもというのは、親の慎重な人生タクティクスの中で生まれてきますよね。(中略)いつですか、いつですかみたいに期待されながら、今の子どもは生まれてくる。生む親の方も「今だ」と思って生む。そうすると、子どものほうは、生まれた途端に親の人生設計の中に組み込まれているんだから、容易なことじゃない。なかなか友達どころじゃないんじゃないか。(中略)親の側で友達親子を期待しているけれども、期待される子どもの方はたまったものじゃない。

これは、子どもという存在が不可避的にはらむ選択不可能性とともに、現代の親子関係に特有な非対称性の強烈さを指摘する記述でもある。子どもにとっては定位家族の存在自体が圧倒的に選択不可能なものであるが、出産に対する親の選択可能性が増大してきた現在においては、この非対称性はある方向ではより鮮烈に現れてくる可能性がある。親子の非対称性は、友達親子が語られる現在にあっても、決して消滅している訳ではないのだ。

ここにもやはり、実際には存在する非対称性が「対等化」の語りの中に消されていくという構図が(夫婦の場合と同様に)見受けられる。そして同時に、友達親子の語りが家族関係の解消可能性を(おそらく友達夫婦以上に)全く想定しておらず、「家族の枠内での」ものでしかないということもまた、見えてくる。

6 「対等化」をめぐる家族語りのフラットさ

このように、家族内の非対称性が忘却されながら、その先に外部のない「対等化」の語りが緩く繋がって行く、そんな状況こそが、家族の当事者と専門家の両方の語りに共通するフラットさであると言える。

「対等化する家族」の語りにおいては、現在の夫婦関係と親子関係それぞれがはらむ非対称性は、あたかも不在のように扱われている。あるいはたとえ言及されたとしても、それは「選択可能性の増大」という個人化の図式にたやすく回収されて行く。そこでは「友達」という言葉で端的に示されるように、夫・妻・子といった家族内のポジションの非対称性が消されて行っており、そのことによって「みんなが対等な（仲の良い）家族」という、のっぺりした全体性が立ち現れている。現実の非対称性が見えなくされることによって、平板な「家族」が姿を現す——非対称性を見えなくさせながら、対等化が（過剰に）語られ、演じられる——ここに現在の家族語りに特有なフラットさの構図があると言えるだろう。

そしてまたこのような家族とは、家族の外部に出ることを基本的に想定しない、外部のない家族である。なぜなら「外に出る」という選択肢の存在を本当の意味で考えた瞬間に、私たちは労働市場におけるシングルマザーの圧倒的弱者性に目を向けざるをえないし、そもそも「家族を選ぶ」ための現実的な選択肢をほとんど持ち得ない子どもの不自由さを痛感せざるをえないし、引いては現代の家族が持つ非対称性に気付かざるをえないからだ。

なお、この「外部のなさ」は決して、成人男性とも無縁ではない。例えば、東京・大阪在住の三〇～五九歳を対象とした二〇〇四年の質問紙調査の結果では、「子どもがいる夫婦は離婚すべきではない」という考えに最も強烈に賛成していたのは若い男性であった（賛成の割合は女性五九・五％に対して男性七四・六％、特に一九六六年～七五年生まれの三〇代男性が七七・九％で最多）（「多様化する家族生活に関する調査」、研究代表者・山田昌弘）。

おそらく、家族内の非対称性が忘却されることと、家族の外部が忘却されることは、現在互いに循環している。家族内の非対称性に蓋をし続けておくためには、外部を消しておかなければならないし、また家族内の非対称性が見えなくされているからこそ、外部に出るという選択が潜在的・顕在的に忌避される——「自由で対等な家族」の夢に皆が拘泥し続けるのではないだろうか。

だが、関係の外部が基本的に想定されていないこの種の家族とは、夫婦でも親子でも、関係の外に出られないまま、内閉した強烈な凝集性の中で「選択可能性の増大」をやらなければならない家族である。それはある意味、家族が家族であること自体の拘束性が、よりいっそう前面に出てくる事態でもあるだろう。

非対称性や外部といった「裂け目」を忘却し続けるがゆえに、対等性をめぐる現在の家族語りはフラットなのだろうが、フラットであるということと苦しくないということは、多分、同義ではない。

【子どもへの視線】

おとなしい子ども・やさしい大人――反抗期の変容

元森絵里子

1 「反抗期の消滅」

各家庭が豊かになり、戦後着々と上がり続けた高校進学率が一九七四年に九〇%を超え、貧困や進学格差が目に見える問題でなくなった中、一九七〇年代後半から八〇年代の前半にかけて、家庭内暴力や校内暴力が話題となった。親を金属バットで撲殺したり、学校中の窓ガラスを割ったりするような、激烈な反抗の嵐が吹き荒れた。学校は管理教育で対抗し、そのことがまた反抗を呼んだ。

それから四半世紀。一九八〇年代後半からの「子どもの権利」論の高まりや(日本は一九九〇年の発効に遅れて一九九四年に国連児童の権利条約を批准する)、アカデミズムにおける権力批判の諸思想などとも共振しながら、管理教育は批判されてきた。また、長期化・常態化する不況の中で、若年層の苦境が指摘されて久しく、一概に若者を叱責もできない状況が広がってきた。

そして、二〇〇〇年代に入って、「反抗期がなくなった」ことが指摘され始めている。

深谷昌志は、二〇〇四年にベネッセ未来教育センターが行った「中学生にとっての家族」調査(『モノグラフ・中学生の世界』七七)に基づいて、「反抗期をもたない子どもたち」について報告している(『月刊生徒指導』三五(一)、二〇〇五年)。そこでは、中学生は、七〇・六%が「親は自分のことを理解してくれている」と思っており、大半が「親とうまくいってる」(対父親七七・七%、対母親八七・四%)と回答している一方、親を「超えた」ないし「超えられる」と思えないでいることが明らかにされている。

そこから、家族研究におけるパラサイトシングル論や中期親子関係における親子の依存傾向との関連も示唆されている。

また、深谷の知見も受けたPSIKO編集部の「第二次反抗期はなぜ消滅したのか」(『PSIKO』四五、二〇〇四年)は、反抗期の消滅の原因として、親が反抗対象ではなく模倣対象になったことをあげている。親の側もかつて若者文化と呼ばれたような消費文化を享受した世代となり、子どもと文化を共有するようになっていると言うのである。また、口うるさくしつける時代から、「人に迷惑をかけなければ何をしてもいい」という時代になり、子どもの側も親と傷つかない距離をとる「やさしさ志向」を身につけているとも指摘している。

このように、子どもの反抗期が曖昧になったことは、親子関係の変化、とりわけ、大人がやさしくなったことと関連づけられて説明されるのである。

さらに、本書のキーワードとの関連で言えば、土井隆義が、まさに親子関係の「フラット化」を指摘している(『キャラ化する/される子どもたち』岩波ブックレット、二〇〇九年)。そこで指摘されていることは、単に親と子が仲良しである「友達親子」が増えているということに留まらない。土井が近年の「友達」関係に見出すのは、軋轢を避けた心地よい人間関係志向であり、空気を読んで「キャラ」を演じることに失敗すると(KY《空気が読めない》)、排除されるようなものである。親子の関係もそのような意味で「友達」化しており、「フラット化」しているというのである。そして、土井は、学校教育も、生徒の人格を傷つけないように、従来のように「上から目線」で「指導」をして人格の陶冶を目指すのではなく、生来の個性の発露を「支援」する「サービス」になってきていると言う。また、それらの傾向が、やさしい関係を崩す者(KY)は排除するという排除型社会の心性と関係していることも示唆している。

2　子ども/大人関係の「フラット化」とは

このような、親/子、教師/生徒といった、従来縦の関係によって成り立つとされてきた人間関係が「フラット化」してきており、そこに「やさしさ志向」や「上から目線」を忌避した心地よい人間関係志向が関係している、さらにはそれが社会の変化と関係しているという指摘は、ある面で現実を捉えていよう。

団塊の世代、シラケ世代、新人類世代、団塊ジュニア……といった世代論的な見方をとれば、今は、親・教師が、社会に対する激烈な反抗の嵐を起こした団塊の世代の下の、消費・情報社会を生きてきた世代、さらにはその後の長期化する不況を生きる世代（「ロスジェネ」）となっている。その世代が、大人として子どもを抑えつけなくなっている、もしくは、子どもと地続きの文化を享受しているという説明には一理ある。

学問の世界でも、情報や消費文化が年少者にも簡単に手に入る時代になり、「子ども」が中世のように「小さな大人」化してきたという指摘がされて久しい（ニール・ポストマン『子どもはもういない』新樹社、原著一九八二年）。また、日常的な直感では、従来年少者向けとされてきた文化を大人が享受していたり（「大人買い」など）、青年期の長期化が問題とされたり（「パラサイトシングル」など）、逆にむしろ大人が「大きな子ども」化してきたと感じられることも多いのではなかろうか。子ども／大人をめぐって、差異が平準化してきたという感覚は、時代感覚としてどこかにある。

しかし、前述の深谷昌志やPSIKO編集部の議論は、親が物わかりがよくなった、子どもと親の間で文化的な断絶がなくなったといった点と同時に、子どもが親に依存していることや、大人が模倣対象として子どもの憧れや尊敬の的となっていることを指摘している。子ども／大人の関係は単にフラットになったというわけでもない。大人が「上から目線」をとることは回避され、対等な関係性が望まれる。しかし、同時に、対等なものとして、大人は大人であり、子どもを保護したり導いたり、お手本となったりする役割が期待され続けている。子どもが大人化した、大人が子ども化したと言われながら、子ども／大人の差異はどこかで前提とされている。

したがって、目に見えた大人への反抗が弱まったという指摘（ときには、それとともに、一見問題が見られないのに突然「キレる」子が増えたとか、子どもの抱える問題が反抗という形で表出されなくなり内向化したとかいう傾向も指摘される）は、そう見なす大人の視点において、子ども／大人関係に関する意識のどこが変わり、どこが従来どおりかといった点から考えられるべきであろう。

以下では、定点観測の可能な媒体として、教育学の事典を用い、「反抗期」がどのように定義されているか、すなわち、子どもの大人への反抗がどのようなものと考えられ、それに対して大人はどう対処するものと考えられていたかを追うことを通して、子ども／大人像の変化がいかなるものかを考えたい。

当然のことながら、反抗期という問題を考えるには、学校教育（教師／生徒関係）のみならず、家族（親子関係）

への着目が不可欠である。しかし、家族という私的領域のみに焦点化した事典は少ないため、教育学事典を用い、教育領域を中心とした子どもと大人の関係のイメージを見ることで近似としたい。ただし、教育学の事典といっても、当該項目は、教育学者のほか、心理学者もしばしば執筆しており、教師／生徒関係を論じているものもあれば、より一般的な大人と子どもの関係を論じているもの、親子関係を論じているものもある。

3　反抗期と教育の役割――教育学事典から①

教育学の事典を紐解けば、反抗期（正確には第二次反抗期）とは、そもそも、思春期という身体面での変化とも関係しつつ、親／子や教師／生徒という「大人」と「子ども」の縦の関係が「大人」と「大人」という横の関係に移行する途上の現象であるとされてきた。重要なのは、教育学において、反抗期は否定されるべきものとはされていないということである。反抗期は、大人になる過程で起こる自然なものとされてきた。そして、むしろ、反抗期に対して、親や教育が何をするかこそが重要とされてきた。

比較的早い時期の篠原助市『増訂教育辞典』（宝文館、一九三五年）では、「強情（反抗）」の項において、「教育上、強情とは承認・服従を要求する教師の意志に反対する生徒の特に執拗なる我意を意味す。されど之を単に打ち破らるべき児童の弱点としてのみ見るべきに非ず。その本質には自己を主張せんとする自我の要求、人格の独立性に対する要求、即ち人格の自立への傾向を含み、同時にそは環象に依る自我の損傷に対する一の保護手段たり」（三二六頁）と、反抗が自立と関係することが指摘されている。そして、「児童は一方に於て強情の性質を有すると共に他方、服従の性質を有するものなれば、たんに強情を圧迫するのみならず、服従への傾向を強むる事特に必要なり」（同）と、自発的に規範に従うようにすることこそが教育の仕事とされた。

その後も長らく、「反抗期」は、次のように成長過程に起きる自立の欲求として記述されている。「青年期にはいると生活空間が拡大し、善悪の基準などに関しても、他律的に支配されることを好まず、自主的、自律的に行動しようとするようになる。しかし、まだ独立した社会人としての認識は十分でなく、きわめて理想主義的で、主観性の強い観念にとらわれやすい。かくて、父母をはじめとする成人と意見の一致を欠き、これら成人の考えが青年には通俗的、妥協的とみえるために、それに服せず、自説を固執して構想するようになる」（相賀徹夫編『教育事典』小学館、一九六六年、二八〇頁、詫摩武俊執筆)、「子どもから大人への過渡期で、精神的、社会的自我の拡大、独立した社会人への芽ばえ、などがみられる。これが既成の社会基準とぶつかることから、反抗という形で現れる」(天城勲ほか編『現代教育用語辞典』第一法規出版、一九七三年、四三二頁、宮本茂雄執筆)。

そして、変わらず、親や教育者が指導やしつけを徹底することが、人格形成上肝要であるとされる。「反抗行動によつてあらゆる要求を貫徹し、その手段によれば自分の思う通りに社会関係を動かし得るものと思い込んだ子供たちが、いわゆるあまやかされて育つた『わがまま児』であり、後、強烈な社会的抵抗をうけた場合に、忽ちうちのめされたり、シニズムにおちいつて皮肉屋になつたりする」(豊澤登編『体系教育學大辞典　増補版』岩崎書店、一九五〇年、二二四頁、項目執筆者不明)、「反抗をその根拠にさかのぼって究明し、これを機会として子どもをして自分の欲求にはっきりめざめさせ、自らそれをすじみち立てて達成していくために、知的に、順序立てて具体的に処理できるように導くことが教育の仕事である」(勝田守一編『岩波小辞典教育』岩波書店、一九五六年、一五九頁、項目執筆者不明)。前者においては、自立欲求としての反抗への対処を誤ると社会適応に問題が出ることに警鐘が鳴らされ、後者では、反抗を自立への契機とつなげることが社会創造の道であると語られている。

教育に限れば、そもそも「子ども」とは、「大人」とは異なっているが「大人」になるべきものとして、教育の対象になる。教育とは、「大人」とは異なっているが同じ人間として尊重されるべき「子ども」やその内面をめぐって、ある程度の逸脱を織り込み済みとしつつ水路づけていく営みであり、そのような営みは、近代日本においては一九三〇年代には少なくとも自明となっている(拙著『「子ども」語りの社会学』勁草書房、二〇〇九年)。「子ども」が「子ども」であり、かつ「大人」になろうとする過程で見せる「反抗」に対して、それを織り込み済みにしながらある範囲に水路づけることこそが教育の営みの要であったと言え、さらにそのことが社会の秩序維持や改良への想像力を駆動させることにもなっていた。

「子ども」が「大人」になることは、それ自体で意味を持つのみならず、社会の鍵でもある。そのプロセスとしての反抗期は自然なものであり、それに対処することこそ教育の役割であると考えられてきたのである。

4　教育的視線の変化――教育学事典から②

ところが、事典の記述だけ見ても、一九八〇年ごろから、このような教育的な視線に変化が起きている。「反抗期」は発達の通過点であり、適切な対処が重要であるという従来型の定義も少なくないが、徐々に、もう一歩踏み込んだ記述が散見されるようになるのである。

まず、文化人類学的な知見を踏まえ、反抗期を歴史的・文化的に相対化する視点が書き込まれる。「バンデューラらはその調査結果に基づいて、青年期が反抗期であるというのは神話にすぎず、極端な事例の不当な一般化であると主張しており、また、ミードのサモア島における文化人類学調査によっても、青年期の反抗が必ずしも普遍性をもっていないことが明らかにされている」（細谷俊夫ほか編『教育学大事典（第五巻）』第一法規、一九七八年、五三四頁、藤原喜悦執筆、傍点引用者、以下同じ）。自然で自明なものとされてきた反抗期を、それのない世界を引き合いに出すことで宙吊りにする視点が現れるのである。

次に、教育的処遇を万全に行うべきということを一歩超えて、反抗期に対処する大人の側の自覚を求める記述が見られる。「『思春期から青年期にかけてみられる第2反抗期』においては、男・女意識、人間としてどう生きていくのかを考えるなど、自立への要求が高揚し、既存の権威に反発する。ここで自立への旅立ちを見守るおとなたちの生きかたが問われる」（青木一ほか編『現代教育学事典』労働旬報社、一九八八年、六二九頁、秋葉英則執筆）、「子どもが親離れできる前提は、親が子離れできていることである。（中略）子どもが青年期にはいっても母親が強い一体感をもち続けていると、子どもの親離れは困難になる。相変わらず母親に依存し、その保護を求めているから親への反抗も弱いものになる。この時期にほとんど親に反抗しなかった子どもは、精神的に大人になる時期がかなり遅れる。したがって、社会人になっても適切な適応ができないこともある」（細谷俊夫ほか編『新教育学大事典（第五巻）』第一法規、一九九一年、五四二頁、依田明執筆）。

ここで語られているのはおそらく従来の意味での反抗への対処ではない。大人が教育できる立場にあるということが自明の前提ではなくなり、子どもの自立を促す際に大人が自らの立場を自覚することが求められる。このような語りの背景には、子ども／大人の関係性自体が揺らいでいるという感覚があるのかもしれない。しかし、ここではまだ、その揺らぎは病理として捉えられている。

ところが、ごく最近の事典には、「反抗（期）」を、子どもの態度と大人の視点の関係性において構築されたものとする視点が書き込まれ始めている。「子供は、親の指示に従わなかったり、自己主張することによって自立し、自我を確立していく。この過程で、指示に従わなかったり、自己主張することは大人の側からは〝反抗〟と映る」（中谷彪・浪本勝年『現代教育用語辞典』北樹出版、二〇〇三年、一九〇―一九一頁、森田義宏執筆）、「子どもは自我が芽生えるにつれて、自分独自の意思や感情、欲求があることを認め、親とは違う存在であるという意識をもつようになり、自分の意志に従って行動をしようとする。親がそのような子どもの行動に対して干渉したり禁止したりすると、子どもには親は自分を認めない存在であると感じられる。こういったことから起こる子どもの独自性の主張が周囲には反抗と映るのである」（今野喜清ほか編『新版学校教育事典』教育出版、二〇〇三年、五九三頁、松尾和美執筆）。ここでは、反抗は自然で実体的なプロセスとは捉えられておらず、子どもと大人の視線の交錯する中で現れるものとされている。子どもの反抗を大人が把握して導くという教育（学）が前提としてきた想定が、事典においてすら相対化されつつあるのである。

実際の「反抗と映る」行為がどの程度あるかは別として、事典の定義は、反抗期を人間形成上の不可欠なポイントであり、親や教育が特に取り扱いに注意しなくてはならない時期であるとは、徐々に考えなくなってきているのである。

視点の相対性を自覚した大人とは、従来型の関係性を基準とすれば、やさしくなったということであるし、子どもを尊重するようになったということでもあろう。それに対して、従来どおり自立を促す処遇の必要性を提案する向きもあるが（冒頭の深谷の論調はそうである）、私たちはそのような提案にうそ臭さを感じるようにもなってきている。

「排除型社会」のような時評的な言い回しとあえて結びつけて推論するならば、若年層の置かれた現状を考えれば、いくら人格的に成長し自立したとしても、その後のキャリア形成が困難な状況が続いている。団塊の世代の若者も、管理教育に反抗した中学生も、その先に出て行くべき労働市場は確保されていたのに対して、現代において、成長は社会的地位を保証しない。「子ども」なる存在は、社会の鍵とは言いづらくなってきているのである。子どもの反抗とその先の自立、それを導く大人といった子ども／大人像の揺らぎは、このような社会状況と関係しているのかもしれない。

5　子ども／大人の現在

このように、学校教育を始めとする諸制度が前提としてきた子ども／大人関係は、相対化の視線に曝されている。子どもの反抗を含んだ内面や行動を見守り導くという想定のリアリティは、どこか弛緩している。

とはいえ、学校教育制度はなくならないし、ある年齢まで年少者を保護する家族という制度も簡単には否定されないであろう。子どもを尊重し、大人や教育の権力性を反省する議論が現れ、子どもと大人の関係がどこかフラットかのようなものとなっていっても、学校や家族という制度そのものをなくそうというところまでは論は進まない（もちろん、脱学校論なども唱えられるが、主流派にはならない）。教育で言えば、その営みの暴力性が暴かれながらも、教育は改良されるべきものとして語られ続け、むしろ、キャリア教育や自己選択能力の涵養など、不透明な時代を生き抜く力の育成が教育に期待されている。

反抗期と子ども／大人の縦の関係は、消滅したり揺らいだりしたというよりも、一段脱臼されつつあるのである。「子ども」を扱う制度を社会に組み込まれたものとして自明としながら、従来それを支えてきた「社会」や「大人」「自立」といったリアリティは弛緩している。反抗期の消滅、子ども／大人関係のフラット化と見える事態は、このようなものではなかろうか。

なお、そうなったとき、教育や子育てといった営みは、いくつもの困難を孕むことになろう。子ども／大人が従来持ってきた縦の関係の正統性が弛緩しながら、なおかつ子どもをめぐって大人が働きかけ続けなくてはならないのである。未熟な親の存在や教師の質の問題が騒がれて久しいが、親や教師であることの正統性が揺らぎながら／揺らいでいるからこそ、同時に要求が多様化しその水準も上がっていることも関係していよう。また、子どもの側にとっても、このような大人の態度や社会の状況は、一方でゆるく楽しい子ども時代（学校生活）を享受する態度につながるが、他方で、正統性が自明ではない大人の働きかけや家庭・学校のあり方に息苦しさを感じたときに、それを外部の大人や社会に転化する代わりに、「自分の問題」として内に溜め込むことにもなりうる。昨今指摘される「おとなしい子ども」と「やさしい人間関係」が孕むのは、教師であることと生徒であること、親であることと子であること、大人であることと子どもであることの、このような（外から見たら身も蓋もない、しかし、巻き込まれたら息苦しい）困難でもある。

【子ども文化と大人】

変身ヒーローものを楽しむ「大人」たち

若林幹夫

1　「子ども向け娯楽」としての特撮変身ヒーローもの

怪獣や宇宙人と戦う戦闘部隊の一員がいざとなると銀色や赤色の巨人に変身し、光線を主とする必殺技で敵を倒すウルトラシリーズ。仮面をつけたオートバイのライダーが、怪人たちを相手に超人的な体技や武器を駆使して戦う仮面ライダーシリーズ。そして、赤、青、黄、ピンクなどの色鮮やかなコスチュームをまとった正義の戦隊が、合体すると巨大な戦闘ロボットになる乗り物を操縦して悪の怪人たちと戦うスーパー戦隊シリーズ。これら三つの〝特撮変身ヒーローもの〟のシリーズは、日本のテレビ界を代表する「子ども向け娯楽番組」である(上記のパターンからはずれる作品もいくつもあるが、ここではさしあたり上記のようなまとめで十分である)。

簡単におさらいしておくと、ウルトラシリーズは『ウルトラQ』(一九六六)、『ウルトラマン』(一九六六～六七)、『ウルトラセブン』(一九六七～六八)に始まり、『ウルトラマンティガ』(一九九六～九七)、『ウルトラマンダイナ』(一九九七～九八)、『ウルトラマンガイア』(一九九八～九九)などのいわゆる「平成ウルトラシリーズ」を経て、近年の『ウルトラギャラクシー大怪獣バトル』等に至る四〇年以上の歴史をもつ。仮面ライダーシリーズは『仮面ライダー』(一九七一～七三)に始まり、『仮面ライダーアギト』(二〇〇〇～〇一)から『仮面ライダーW』(二〇〇九～)と続く「平成ライダーシリーズ」まで、やはり四〇年以上続いており、スーパー戦隊シリーズも『秘密戦隊ゴレンジャー』(一九七五～七九)に始まり、近年の『侍戦隊シンケンジャー』(二〇〇九～一〇)、『天装戦隊ゴセイジャー』

（二〇一〇～）と、これも三五年以上の歴史をもつ。そしてこれらの周囲には、類似の巨大ヒーローや変身ヒーロー、戦隊ヒーローものが数多く生み出され、玩具や菓子・食品、映画や雑誌などの関連商品も数多く作られてきた。現代では、こうした派生商品の企画と番組の企画とが最初からリンクしていて、番組は玩具の宣伝という見方もあるほどだ。もっぱら「子ども」向けに作られてきた、これらのシリーズ物を中心とする特撮変身ヒーローもののテレビ番組とその派生商品群を、「子どもの領分」にある「子ども向け娯楽」と呼ぶことは間違いではない。

2　特撮変身ヒーローものを見る「大人」たち

　だが、シリーズ開始から長い年月を経た今日では、これらの番組を核とする「子ども向け娯楽」は、必ずしも「子どもの領分」だけに存在しているとは言えない。これらのシリーズやその個々の番組を取り上げた明らかに「大人」向けの書籍や雑誌、ファンサイトやWikipediaなどでしばしば語られているように、これらのシリーズの作品の提示する世界像や社会像や人間像などが、それらを「子ども向け」を超えた「大人の鑑賞にも耐える作品群」たらしめているといった、内容上の水準のことを言いたいのではない。その気になればどんな子ども向け娯楽でもそうした「深読み」は可能なのだし、「子ども向け」か「大人向け」かが作品のもつ〝深さ〟や、それらがもたらす〝感動〟のような主観的なものによって決められるものでもない。

　ここで注目したいのは、作品世界の「深さ」や「感動」についての記述の厚みと広がりを支えうるような熱心な大人の受け手たちが、今日これらの作品群と派生商品群に関係して存在しているらしいということ、そして番組やその関連商品を企画・制作する側――上に述べたように、今日の番組と関連商品の企画・制作は完全にリンクしている――も、そのような「大人たち」の存在をあらかじめ読み込んだうえで、それらを企画・制作するようになっているらしいということだ。

　たとえば、これらの作品の公式ホームページに設けられた掲示板を見ると、番組の〝そもそものターゲット〟である小学生以下の子どもたちだけでなく、中学生やハイティーン、二〇代、三〇代、さらにはそれ以上の年齢層の男女のファンが書き込んだ、登場人物やそれを演じる俳優たち、スタッフに寄せる熱い応援や、物語を見ての感想・感動の言葉が膨大に並ぶ様を見ることができる。ほんの少しだけ例を引いてみると――

　「最初は「うっわー、ムリあるなー」と思って観始めたンからそれ以上の未婚ないし既婚で自分の子をもたない女性視聴者の視線も織り込むようになり、それが一定の成果をあげてきたからだろう。〝イケメン〟だけでなく、『ウルトラマンダイナ』の山田まりや、『炎神戦隊ゴーオンジャー』の及川奈央などのアイドル系やセクシー系の女性タレント、さらには黒部進（『ウルトラマン』のハヤタ隊員）や藤岡弘、（『仮面ライダー』の本郷猛。ちなみに「藤岡弘、」と現在の芸名は末尾に読点がつく）など、往年の特撮変身ヒーローシリーズの主人公その他の登場人物を演じた俳優たちがレギュラーや準レギュラー、ゲストに配されることがしばしば見られるなど、いまや子どもたちの父親たちをはじめとする、かつて少年時代に自分たちの世代のウルトラマンや仮面ライダー、スーパー戦隊を見た年齢層の「大人の男性」の存在も、これらの「子ども向け娯楽番組」の企画・制作に織り込まれている。

番組のテーマソングも、主演した長野博がメンバーのV6が『ウルトラマンティガ』のテーマソングを歌ったり、仮面ライダーシリーズのテーマソングで相川七瀬やTRFのYU-KI、AAAなどが起用されてオリコンでチャートインしたりするなど、番組から派生した音楽の大人向けの商品展開も、とりわけ仮面ライダーシリーズで活発に行われている。

電王、これがこんなにハマルとは……。ライダーシリーズの最高峰だと思うっス。／最終回、涙ウルウルでしたが、泣いているのを息子に見られないように必死？でした。／……以下略……」（『仮面ライダー電王』の掲示板への四五歳男性の投稿、http://www.tv-asahi.co.jp/den-o/）

「家族みんなではまってしまいました!!／ストーリーも完璧、出ている方々も美男美女だし、歌もカッコよくすべて完璧でした！／シンケンジャーが終わってしまい本当悲しいです……／こんなに夢中になった戦隊物は初めてでした!!／……中略……／終わってしまい本当悲しいです。」（『侍戦隊シンケンジャー』への二七歳の女性の投稿、http://www.tv-asahi.co.jp/shinken/contents/bbs/）

また、本書の「カリスマ、セレブ、イケメン」の章でも少し触れたが、『仮面ライダークウガ』のオダギリジョー・葛山信吾、『仮面ライダーアギト』の賀集利樹・要潤、『仮面ライダーカブト』の水嶋ヒロ・加藤和樹、『仮面ライダー電王』の佐藤健・中村優一など、変身前のヒーローにいわゆる〝イケメン〟俳優を複数起用することが、仮面ライダーシリーズだけでなくウルトラシリーズやスーパー戦隊シリーズでも定番となってきている。それはこれらのシリーズが子どもたちだけでなく、自分の子と一緒にテレビを見る母親たちや、さらにはハイティーこうした「大人」の受け手たちの存在があればこそ、上に述べたような世界像や社会像や人間像をめぐる〝深読み〟や〝感動〟がそれらの受け手を通じて産出され、そのような受け手の存在をも前提とするシリーズの企画・制作が繰り返され、洗練されて、さらなる〝深さ〟や〝感動〟が見出されてゆくというサイクルがそこにはある。こうした「大人」の受け手のなかにはいわゆる「オタク」的なマニアも含まれるけれど、イケメン路線の定着や番組HPの掲示板からは、そうした「オタク」を超えた広範な老若男女が、自分の子や孫と一緒に、あるいはまたひとりで、これら「子ども向け娯楽」を楽しんでいることがうかがえる。

3　「子ども／大人」とはなにか?

特撮変身ヒーローもののこうした「大人」も巻き込んだ展開は、そもそもは「子ども向け」だった番組を「大人の鑑賞に(も)耐える作品」として見出した大人たちが、「子どもの領分」へと越境してきたということなのだろうか。あるいは逆に、「子ども」だけでなく「大人」もターゲットとするようになったことで、番組や関連商品を企画・制作する側が「子どもの領分」から「大人の領分」へと市場を拡張してきたということなのだろうか。

かつては「子ども」向けの番組などまともに見なかった「大人」たちのそれなりの部分が、それらを熱心に見、感動するようになったというのは事実である。かつてであればもっぱら「子ども」を主対象と考えてきた企画・制作側が、「大人」をも重要なターゲットとするようになったというのも間違いではない。だがしかし、こうした「子ども向け娯楽」の「大人」による受容においては、その受容において見出される「大人」というものの存在のあり方の変容が、むしろ重要であるように思われる。

鑑賞者・受容者としての「大人」が「子ども」の領分へと越境してきたという前者の説明も、「子ども向け娯楽」の市場が「子どもの領分」から「大人の領分」へと広がってきたという後者の説明も、乗り越えられる「境界」や、それによって区切られた「大人の領域」と「子どもの領域」、そしてそれらの領域に帰属する「大人」や「子ども」の存在を、あらかじめ所与のもののように語ってしまう。だが、今、特撮変身ヒーローものを見ている「大人」たちは、これらのシリーズが始まり、最初の隆盛期を迎えた一九六〇～七〇年代に「あれはマンガだ」――いわゆる「マンガ」ではない子ども向けの作品に対しても、それを見下す言葉として「マンガ」という言葉はしばしば使われたのだ――とか「下らない」と言って、これらの番組を見下していた「大人」たちではない。その頃、そしてそれ以降の時代に「子ども」としてこれらのシリーズや類似の番組を見たかっての「子ども」たちが今、「大人」としてそれらの番組を見、感動し、涙し、それをウェブ上で不特定多数に向けて語り、そうした「大人」の受け手の存在を企画・制作が織り込むようになったこと。それは、「大人」が「子どもの領分」に越境してきたり、「子ども向け娯楽」の市場が「大人の領分」へと拡張してきたというよりも、かつての「子ども」たちが成長して「大人」になったとき、「大人」というもののあり方が変わったということ、「大人のもの」として受容されたり是認されたりする行為や嗜好が変わり、それによって「大人」と「子ども」を区切り、分節する境界線の位置やその境界の強度が変わり、その線の両側にいる「大人」と「子ども」の関係のあり方が変わったということを示している。

本書の「おとなしい子ども・やさしい大人」の章でも述べられているように、「子ども」と「大人」の区別は文化や社会によって異なる相対的なものだ。歴史家のフィリップ・アリエスが『〈子供〉の誕生』(原著は一九六〇年、邦訳はみすず書房より一九八〇年刊)が西洋近代の子ども観の歴史性を示したように、成長途上の「小さな人間」をどのような存在として理解し、位置づけるかは社会によって異なる。「子ども」とは単に生物的に幼若で未熟な存在なのではなく、そうした存在に文化的・社会的に与えられる位置や意味や処遇なのだ。このように「子ども」を社会的・文化的な範疇として理解することは、人間の成長過程に応じた能力差を否定するということではない。そうした差異を認めた上で、成長過程のどのあたりで、何をもって社会的な位置づけや意味づけや処遇を区分するか/しないかは文化や社会によって異なり、何を指して「幼い」とか「若い」とか「未熟」とかと見なすかも、社会的・文化的な基準によるしかないというのがここでのポイントである。

「子ども」が文化的・社会的存在であるように、『子ども』ではなくなった存在」である「大人」もまた、社会的・文化的に与えられる属性や位置にほかならない。ここで「子ども」と「大人」とカギ括弧をつけて表記しているのも、これらの範疇や、そこに属するとされる人間のあり方が普遍的で本質的なものではなく、社会的・文化的に相対的なものであることを示したいからだ。私たちがほぼ自明視している「子ども/大人」の境界線は、そうした区分の可能なひとつのあり方であるにすぎない。それゆえ、「子ども向け娯楽」と「大人向け娯楽」の区分と重なりはどのようなもので、その中で「子ども」と「大人」はどのようにかかわるのかということも、文化や社会によって大きく異なる。「子供向け娯楽」だったはずの特撮変身ヒーローものを見る「大人」たちの出現は、そうした境界線の移動と、その両側の「子ども」と「大人」のあり方と両者の関係の変容を示しているのだ。

4　再生産とマスメディア、複製メディア

フランスの社会学者ピエール・ブルデューは『再生産』（藤原書店、一九九一年）などの著作で、社会的地位や階級、階層などと密接に結びついた趣味や嗜好などの文化的属性やスタイルが親から子に受け継がれ、それによって地位、階級、階層などが文化的スタイルを伴うものとして継承されてゆく過程を指して、「（文化的）再生産」と呼んだ。大人になって地位や階級や階層の標識となる趣味や嗜好だけでなく、子どもの遊びや娯楽も家庭の階級や階層によって異なるものとして再生産される。他方、二〇世紀の産業社会では、階級・階層を越えて同一の趣味や嗜好が、大衆消費文化の中で再生産されてもゆくわけだ。

「娯楽としてテレビを見ること」は、二〇世紀後半以降の大衆消費社会において成立し、普及し、再生産されていった文化の代表的なもののひとつである。日本でテレビ放送が始まったのが一九五三年、ウルトラシリーズの第一作である『ウルトラQ』が始まったのが先述のように一九六六年だから、〝テレビを見る文化〟は最初にテレビを買った世代から現代の子どもまですでに四世代ほど、特撮変身ヒーローものも最初に子どもとして『ウルトラQ』を見た世代の子どもの世代や孫の世代にいたる二～三世代の間、再生産を重ねてきたことになる。そしてその二～三世代の間に「子ども」と「大人」の境界線が移動し、「大人」であることや、「大人」と「子ども」の関係が変わっていったのだ。

先述のように、特撮変身ヒーローものが始まった一九六〇年代から七〇年代にかけては、それらは「大人」にとっては下らなく、真面目に取るのは少なくとも建前上は憚られるようなものだった。そこには、「子ども向け」のものを真面目にとらないのが「大人」である、という文化があったのだ。同じことは、少年・少女マンガについても指摘できる。その頃、大学生が少年マンガを読むことがスキャンダルのように語られたのは、これから「大人」になろうという〝いい若者〟は少年マンガなど読まないという文化があったからだ。一般に「子ども向け」とされる娯楽は、①少年スポーツやある種のゲーム

のように、「大人」になるにつれて「大人向き」のものへ連続的に繋がってゆくものと、②多くの〝子どもの遊び〟のように、「大人」になるとやらなくなるもの——そうした遊びをしなくなることが「大人」になることと見なされるようなもの——がある。特撮変身ヒーローものも少年・少女マンガも、かつては②に該当するとされていたわけだ。

だが現在、「子ども」と一緒になって特撮変身ヒーローものに夢中になっている「大人」たちは、「子供向け娯楽」を手放さない。特撮変身ヒーローものに限らず、現代では「大人」、とりわけ親である「大人」が自分の子である「子ども」と「子ども向け娯楽」を一緒に、時に夢中になって楽しむことは、むしろ好ましいこととされている。自分の子をもたない大人にとっても、「少年・少女の心」を忘れないこと——「大人」になっても「男子」や「女子」であること！——、つまり自分の中の「子ども」としてのあり方を断念しないことは、社会の中で必ずしも否定されない、むしろどこか好ましいあり方として受け取られるようになってきている。その中で、かつてであれば「大人」になると断念された「子どもの遊び」を、「大人」が「子ども」と一緒に夢中になることが〝恥ずかしいこと〟ではなくなった。それは、「子どもの遊び」を断念するという「大人の文化」——『大人』の生き方」と言ってもいいが、「生き方」もまた文化である——が、継承されなくなったということだ。今日、「大人向け娯楽」であるパチンコに特撮変身ヒーローやアニメのキャラクターが大量に動員されていることも、こうした構図の下にある。

ここで重要なのは、当時も今も、これらの娯楽を「子ども」たちに——そして今では「大人」たちにも——提供しているのは、身近な「大人」ではなくテレビというマスメディアであるということだ。マスメディアの出現以前なら「子ども向け娯楽」の継承のルートは、(a)親などの「大人」から「子ども」へと継承されてゆく場合と、(b)「大人」になる以前の年長の「子ども」から年少の「子ども」へという場合に分けることができたが、二〇世紀になると(c)マスメディアを通じてという経路が、きわめて強力かつ広範な広がりをもつものとして加わった。しかも現代ではさらにヴィデオやDVDといった複製メディアによって、かつて「子ども」だった現在の「大人」たちが一〇~四〇年前に見た番組を、現在の「大人」と「子ども」が一緒に見ることができる。そこでは「大人」も「子ども」もメディアを通じて過去の文化を現在において継承・再生産していることになる。

最初のウルトラマンが登場したとき四歳、最初の仮面ライダーが登場したとき九歳だった私が今、自分の子と一緒に現代のウルトラマンやライダーやスーパー戦隊のテレビや映画を見つつ、かつて自分が見た昭和のウルトラシリーズや仮面ライダーなどについて語るというように、そこでは「親→子」という世代的再生産も行われている。と同時に、「テレビ」というマスメディアが、現在の「大人」たちが「子ども」の頃に見たのと同じシリーズや同趣向の番組を四〇年以上の長きにわたって放送し続けていることや、現在の「大人」が「子ども」時代に見た特撮変身ヒーローものがヴィデオやＤＶＤによって今の「子ども」たちと一緒に見ることができるようになったというマスメディア、複製メディアによる文化の再生産が、そうした世代間再生産を支えている。かくして、現代の番組の〝起源〟に位置する、自分たちが「子ども」であった時のウルトラ経験やライダー経験、スーパー戦隊経験とそれに基づく知識をいわば先行者の利得としてもちながら、自分の子と一緒に現代のウルトラマンやライダーや戦隊を見る「大人」たちは、「「子ども」に対する「先行者」」という「大人」のポジションを手放すことなく、「「子ども」と一緒」に「子ども向け娯楽」を楽しむことができるわけだ。

特撮変身ヒーローものの現在を支えているのは、(α)かつて「子ども」向けの番組を真面目にとらないというかつての「『大人』の態度」が、現代の「大人」――かつての「大人」の子の世代――には文化として継承＝再生産されず、(β)現代の「大人」が「子ども」だった頃に楽しんだ「子ども」の文化が、彼らの子世代へと継承＝再生産されると同時に、(γ)そうした「子ども向け娯楽」の楽しみを現代の「大人」たちが「大人」になっても手放さず、あるいは「大人」になって子や孫の世代と一緒に再発見することで、「子ども」向けの娯楽を「大人」も楽しむものへと変換しつつ再生産しているという、文化の世代的再生産の構図である。「子ども」と一緒に特撮変身ヒーローものを楽しみ、感動し、涙する「大人」たち。「大人買い」という言葉が今日典型的に示すように、彼らは、かつてであれば「子どもっぽい」と言われた楽しみを、「子ども」以上の知識と感情の入れ込みと金銭の注ぎ込みによって自分たちのなかで拡大再生産しながら、その入れ込みの深さによって自分たちを「子ども」からとりあえず差異化している、「大きなお友だち」なのである。

【教育産業】

投資としての教育

秋元健太郎

1　ビジネス系教育誌

今日、教育はどうあるべきかについての議論は活発だが、前世紀の終わりごろからはじまった教育の転換については あまり認識されていない。

明治の御一新から急激な近代化をめざしてきた日本において、公教育は生きるための知恵を教師から生徒へと伝承しつつ、そのつどの国策に適合する国民を訓育する装置であった。しかし今日、学級崩壊やモンスター・ペアレンツというトピックが伝えるように、教育は子どもを国民へと規律・訓練する装置でも、世代間で知を伝承する場でもなくなりつつある。教育は、これまでとは違う何ものかへ変わりつつあるのだ。

こうした今日における教育の転換を端的に示しているのが、「日経 Kids＋」や「プレジデント family」といったビジネス系教育雑誌である。この二誌は、二〇〇六年男性ビジネスマン向け雑誌の臨時増刊号として発行された後、定期刊行物となったものである。その後、同種の「AERA with kids」「edu」といった雑誌の刊行がつづいている。

こうした教育雑誌の特徴は、ビジネスの論理をそのまま教育に転用し、あるゆる瞬間を子どもの社会的上昇のチャンスととらえる点にある。「頭がよくなる玩具50連発！」（プレジデント Family、二〇〇七・二）、「5歳までにやっておくべきこと　10歳までにやっておきたいこと」（日経 kids＋、二〇〇九・二）、「子どもが変わる朝・夕10分の魔法の習慣」（日経 kids＋、二〇〇九・四）、「全国のお買い得私立中学」（プレジデント Family、二〇〇七・一一）、

「東大合格88家族「幼小中高」子育て費用を全公開！」（プレジデントFamily、二〇〇七・三）。

こうした成功の法則を説いた見だしから垣間見えるのは、教育を、ビジネス同様、誰にでもひらかれた成功への扉ととらえる見かたである。いいかえれば、教育を社会的地位を劇的に上げる手段、つまり教育を投資と見なす見かたである。現在、進んでいる教育の変質は、おそらくこの見かたに関わっている。

今日拡がりを見せつつある教育と投資の同一視とは、どうして起こったのだろうか。それは高度経済成長期以来全国に拡がった受験戦争が加熱した結果だとは考えにくい。なぜなら今日の教育熱は、大学への合格のような最終目標をもたないからである。かつて偏差値で序列化された大学は、今日、外部評価や学生の授業アンケートでその教育内容が問われるようになったばかりか、その就職先であらたに序列化されつつある（「得する学歴、ムダな学歴」プレジデントFamily、二〇〇七・一二）。さらに大学卒業後の企業でもまた、英会話や資格取得などのスキル・アップが求められている。このように教育を投資とする見かたは、学歴の獲得にとどまらない拡がりを見せており、受験戦争の延長ではとらえにくいのである。

わたしたちは、投資としての教育がいつ、どのようにしてはじまったか、そして今日の拡がりがいったい何を意味するのかについて知るために、まずひとつの企業の変身物語を見てみたい。それは大手教育系出版であった企業が、分類不能な巨大企業へと転換する過程である。この過程は興味深いことに、八〇年代後半に教育を投資と宣伝した商品の発売から始まっている。

わたしたちはまずこの企業の変身の過程を追うことで、教育と投資の同一視がどのように生まれ、そしてどのように拡がっていったかを見ることにしよう。

2　幼児教育

教育を投資ととらえる見かたが顕在化したのは、八〇年代後半、バブルの時代である。

一九八八年、教育系出版のトップにあった福武書店は、「こどもちゃれんじ」と名づけた幼児向け通信講座を発売する。発売当時の新聞広告は、幼児講座の教材を手にはにかむ気弱そうな三〇代男性の上半身写真と、「父の期待、月９６０円より。」というキャッチ・コピーだった。それは、新しい幼児向け通信講座が平均的な父親のポケットマネーではじめられる手軽な投資であると告げていた。教育を投資とする見かたは、幼児教育という、当時多くの親たちにとって未知の領域で始まった。

この挑戦的な商品は、経営者が創業者の父から長男へと代替わりして、初めての本格的な新商品だった。福武書店の創業者福武哲彦は師範学校を出たが、戦中、教師を辞め、満州に夢をはせた人物だった。敗戦後、いくつかの事業の失敗の後、教師の経験を活かして生徒手帳や独自の模擬試験を発明し、出版事業を軌道に乗せてゆく。そして七〇年代の受験熱のなか、ダイレクト・メールによる勧誘と先生が生徒の悩みを聞く双方向型の通信講座で急成長を遂げ、七九年に売り上げ一〇〇億円を達成する。一九八〇年、福武は「国際化・情報化・文化化」を掲げて教育系出版社から総合出版社への脱皮を図り、ニューヨーク支店を設置し、採算度外視の文学や美術などの文化出版事業に進出した。創業者は、世界制覇を夢みる日本人としての野心と、次代の国民の教育を至上命題ととらえる教師としての良心が同居する昭和の経営者だった。

一九八六年に創業者が急逝すると、その地位を長男總一郎が嗣ぐ。敗戦の年に生まれ、大学の理工系を出て福武書店に入社した二代目は、社内で「校長」として振舞った父のようなメンタリティをもたなかった。社長に就任した二代目は、父が目標とした売り上げ一〇〇〇億円を短期目標と掲げ、後継者としての地位を固めるとともに、企業の引き締めを図る。この一〇〇〇億円達成に向けて開発された最初の本格的な商品が、創業者がシニア教育とともに構想していた、就学前の四才から六才児を対象とする幼児向け通信講座だった。

幼児向けの通信講座は、学齢期を対象とした従来の商品と異なるものにならざるを得なかった。なぜなら幼児に対しては、同社が成功を収めてきた子ども向けダイレクト・メールや、擬似的な教師と生徒関係は適用できないからである。そのため「こどもちゃれんじ」では、つぎのような親と子に分裂した販売戦略があらわれた。

まず教材を使う幼児に対しては、キャラクターを中心にした戦略をとる。同社は七〇年代後半、「キティ」で急成長したサンリオから学んだキャラクター戦略を導入していたが、ここではそれを発展させ、幼児が同一化しやすい二頭身の小動物キャラクターを教材の主人公に据える。そして万博へのパビリオン出展を皮切りに、テレビ・アニメーションの放映、ゲーム会社と共同のアミューズメント・パーク開発、イベントでのぬいぐるみの無料配布などで、多方面からキャラクターの浸透を図った。また教材は、従来の紙媒体に加え、聴覚や視覚に直接訴えかけるカセットテープ、後にはＣＤやＤＶＤといったそのつどの最新のメディアが採用される。教材を受け取る子どもたちに対しては、幼児が知らぬ間に教材のキャラクターに愛着を持ち、遊びと区別がつかないうちに「ちゃれんじ」に入り込む戦略がとられる。

他方、金を払う親に対しては、「父の期待、９６０円より。」のキャッチ・コピーに沿って、それが斬新で割のいい投資だと説得する戦略がとられる。幼児教育ですらよくわからない多くの親たちにとって、目新しい視聴覚教材を併用する「こどもちゃれんじ」の教育効果はまったく未知数である。「こどもちゃれんじ」は、そうした親たちに対してさまざまな権威の科学的な言説を紹介し、高い教育効果が望めることを強調する。受講を決める親たちに対しては、それが割安で新しい教育方法であるがゆえに、高い費用対効果の期待できることを信じさせる戦略がとられた。

こうした二方向戦略の結果、これまで社員と子どものあいだで築かれてきた双方向性は、社員と親のあいだで築かれることになった。それは教材開発が、それを使う次世代の要望よりも、社員と同世代の親の期待に沿うものへ向かうことを意味する。こうした社員と親の双方向性は、親からの要望よりも子どもの立場に立つことを社員に求めた創業者の教育方針から転換するものだった。

「こどもちゃれんじ」は、こうした販売戦略により開講時、目標の二倍にあたる七万人の受講会員数を獲得する。そしてその後も親の期待に沿う教材開発で着実に会員数を伸ばし、対象年齢を生後六ヶ月まで段階的に引き下げることで、二〇〇〇年代に会員数は一〇〇万人を越えた。

投資としての教育は、八〇年代後半のバブルの時代、学齢期以前の幼年期という未知の時期を対象にはじまり、教材開発の方針を子どもの要望に応えることから親の願望をかなえる方向に転換することで拡がっていった。

3　よい生きかた

教育を投資とする見かたが幼児期以外にも拡がるのは、九〇年代後半のことである。

二代目は、来たるべき少子化と社風をあらためるためにＣＩ（Corporate Identity）を導入し、ラテン語を組み合わせた造語「bene（良い）esse（生きる）」を得る。そして、九〇年に一〇〇〇億円の売り上げ目標を達成すると、二代目は、介護など非教育分野への投資、新社屋の建築などと並行して、企業の成長と直結する「よく生きる」の意味を探りはじめる。

二代目は、そのなかで「向上意欲」をもって生きることこそ「よい生きかた」だと思いつく。この「向上意欲」という聞き慣れないことばは、後に「人の一生のバリューを最大化する」と言い直されたことが示すように、少しでも高い社会的価値の獲得を目指す上昇志向のことである。二代目はこの人生観に立って、顧客の上昇志向を満たす能力開発商品を提供することで、自社が利益を拡大し続けるというビジネス・モデルを提示した。

二代目は、このビジネス・モデルを経営全般に浸透させるべく、一九九五年に「ベネッセ・コーポレーション」へと社名を変え、社内改造に着手する。まず年功序列型の給与体系に能力給を導入し、顧客の上昇志向を喚起する商品を開発・改良し、利益率を高めた社員を有能な社員と定義し、従順な社員の改造を図る。また各事業部門の良否を利益率によって判断することとし、文芸部門などを廃止した。さらに成人向けの大手英会話学校の買収や行政の手薄な介護や妊娠・子育ての領域に重点的に投資することで、ゆりかごから墓場まであらゆるひとを「良い生きかた」に引き込もうとする。

二〇〇〇年、同社の主要部門である学齢期の通信講座の売り上げが落ちると、二代目はみずからを企業新生の障害と見なして社長職を辞任する。そして外部から社長を迎え、基幹部門も能力開発商品へと改造した。二代目は、二〇〇六年の雑誌インタビューで、自社こそ将来、どの世界宗教よりも信頼される存在になり得るという世界制覇のヴィジョンを語った。

投資としての教育は、一九九〇年代のバブル後の経済不況のなか、社会的地位の上昇こそ生きる意味だとする人間観を支持する人々に拡がった。二〇〇六年に刊行された新たなタイプの教育雑誌がビジネス雑誌の増刊号だったのは、こうした九〇年代後半に拡がっていく人生観の根本的な価値転換を背景にしてのことだろう。

4 分析

一九八〇年代後半から二〇〇〇年代前半にかけて起こった、一企業の変身物語から明らかになったのは、投資としての教育が幼児の能力開発から始まり、生きかたについての根本的な価値の転換を土台に拡がったことである。それは(1)教育の目的が次世代の人格形成よりも、能力開発になったこと(2)投資としての教育は人生についての価値観の根本的な転換をともなっていることを示している。わたしたちは、投資としての教育についてのふたつの知見から、現在の教育、ひいては現在という時代の洞察を試みてみよう。

⑴能力開発としての教育

教育をおこなう者の関心が次世代よりも自己利益にある場合、教育方針は金を持たない子どもたちではなく、金を持った親たちの願望に沿うよう決められる。そのため、親が子育てを愛情をかけるべき人間形成の場ではなく、金銭をかけるべき能力開発の機会とする場合、教育は悲惨なものになりうる。

たとえば、今の生活を不本意に感じ、それをじぶんや配偶者の社会的地位と関係づける親がいたとする。その親は子どもの頃もう少し勉強していれば今とは違った境遇にいたかもしれないと空想し、じぶんや配偶者によく似た子どもにじぶんたちと似た未来を重ね、目のまえで無心に遊ぶ様子に不安を感じる。そのとき、まわりの親たちや教育産業の「すこしでも早く手を打てば、それだけ将来が違いますよ」というささやきを思い出す。じぶんに巣くった不安を少しでも静めたい親は、家計の許す範囲で希望にかなった能力開発商品を選び、金を支払う。

しかしその商品が、期待したほどの効果を上げないとき、支払った商品への不信と子どもの能力への不安を新たに抱えた親は、以前購入した商品と比べ高い効果が期待できるという少し高価な商品に金を払う……。こうして親たちは子どもへの賭け金を上げてゆく。

ここで見られるのは、不安の変質である。最初子どもの将来への漠たるものだった不安が、投資を通じて、投資を回収しない我が子への不満や子どもの能力を高められなかったじぶんへの不満へと変質する過程である。能力の向上だけを目的に教育投資を続けていくとき、親は子どもやじぶん自身を愛することが難しくなるのである。

能力への投資となった教育は、子どもたちにとっても、学力の伸び悩み以上の不安をあたえる。それは親の期待にどうしても応えられない無力感であり、じぶんの要求を無視しつづけた親たちへの憎悪であり、その憎悪の裏返しとしての強すぎる罪悪感である。子どもによかれと軽い気持ではじめられた能力開発は、子どもの資質を見失うとき、子どもにとって投資額が高まれば高まるほど苦痛な重荷となるのである。

投資としての教育は、教育をおこなう企業や教育機関が次世代への愛情よりも経済利益を優先させ、親が子どもへの愛情よりじぶんの不安を優先させるとき、教育とは名ばかりの、子どもの可能性をつみとるものとなる。言い換えれば、教育は大人たちの願望充足の手段となると、それにたずさわる親子を、社会的価値が上がらない限り人間は生きる価値がないという思いこみに閉じこめる危険性がある。賭けというものが一般にそうであるように、教育が投資としての性格を強めるとき、それに関わる人間の人生を逃れ難い牢獄にする危うさがあるといえよう。

⑵お守りとしての人生観

教育を投資とする見かたは、成長著しい幼児期を対象にした商品として登場した。しかし、こうした見かたが思春期どころか成人期にまで適用されているのは、教育の投資効果を信じてというよりは、人生を価値の増殖過程と見なす人生観を信じてのことであろう。

一企業の変身物語によれば、こうした人生観が拡がったのは、九〇年代後半のことである。九〇年代の後半は、バブル崩壊後の日本経済の低迷、阪神淡路地区での震災や首都の地下鉄での無差別テロの不安によって、生きかたの不安が日本人に意識されはじめた時代だった。また九〇年代後半は、Windows95や携帯電話などあたらしい技術的産物が普及し、従来の経済体制が一挙に改められると夢みられた情報化のはじまりでもあった。社会的上昇こそ生きる意味だとする人生観が拡まるのは、こうした不安で夢見がちな時代のなかである。

バブルの時代に生まれ、九〇年代に拡がった人生観は、生きる意味をじぶんのステータスの上昇に求め、日々の行動基準を費用対効果で測る、恐ろしく平板なものである。しかしこの異様な平板さは、不安への対処という点から考えると、かえって有益な効果をもつ。なぜならそれは、日本国民としての自己同一性が弱まる時代のなかでじぶんは何者として生きていくかという問いや、経済の劇的な転換が叫ばれるなかでじぶんは日々どのような努力をしていけばよいかという迷いから、わたしたちを解放するからである。「今後、世界のなかで日本がどうなるか、経済がどうなってゆくかはわからない。しかし現代が資本主義の時代であり、世界は弱肉強食を原理にまわっていることだけは間違いないから、さしあたりじぶんの価値を確実に高めそうなことを今日からはじめることが賢明だ。どんなことにエネルギーを費やすか、どんなものにどれだけの金を払うか、どんなふうに一日の時間を配分するか、その効率こそ問題だ」。

こうした人生観の効用は、職に就いた者が所属集団の利益を日々の行動基準にするとき、仕事に対する迷いが消え去るのと同じ性格のものである。生の営みを資本の営みと同一視すれば単純な世界が現れ、宗教同様、人生を組み立てる心理的な負担を大幅に軽減してくれるだろう。

ただしこの見かたは、世界宗教とは異なり、ひとを愛する方法を教えない。そのためこの平板な人生観は、人間の日常という領域にとって壊乱的な意味を持つ。

日常という領域は、たがいに気遣い合うことを価値として、実際そう努めることでかろうじて守られる脆いものである。五五年体制下の政府の高度経済成長戦略と財界の消費革命戦略の流れのなかでも、わたしたちが資本主義の世界観を限られた領域に限定できたのはこの日常があり、それを守る努力が日々つづけられてきたからである。しかしあらゆる場面で自己利益を基準に行動するひとが増えれば、そうした日常は崩れ去るだろう。資本の運動と人生の同一視は、個人の心理的不安を和らげるお守りとなる一方、日常という資本への防波堤を崩し、お互いが競争相手となる市場原理を日常化する。

こうした観点から見れば、バブルの時代から情報化の時代にかけて拡がった投資としての教育もまた両義的なものである。つまり教育を投資と見ることは、不安で夢見がちな時代のなかでどのような子どもに育てるか、人間の成熟をどう考えるかといった課題に社会的価値の上昇という単純で明快な指針を与えてくれる。ただしそれは親による投資という行動を通じて、親子共々、他の親や子との競争関係に置くばかりか、次世代を生まれながらに冷厳な世界観のなかに投げ込む危険性がある。

「暴力は、古い社会が新たな社会をはらんだときにはいつでもその助産婦になる。暴力はそれ自体が一つの経済的な潜勢力なのである」(マルクス『資本論』第七編第二四章「いわゆる本源的蓄積」)。

投資としての教育という一見フラットな営みは、私たちが現在これからどんな時代を生きるかを選ぶ分岐点に立っていることを示している。

【建築とブランド】

デザイナーズ・マンションの因数分解

南後由和

1　はじめに

ある賃貸物件検索サイトを閲覧してみよう。エリア、路線などを選択すると、物件の条件が指定できるタブの一覧が登場する。次に、賃料、面積、間取り、建築年数、駅徒歩分数、画像の有無のほかに、オートロック、エレベーター、フローリングなどの「こだわり条件」を細かく指定するよう求められる。そこに「デザイナーズ」というタブが含まれている。他方、街中の不動産屋を訪れると、礼金、角部屋、南向きといった語句とともに、「デザイナーズ」という売り文句が加えられた貼紙が掲示されている。デザイナーズ・マンションというカテゴリーはもはや、ペット相談、楽器相談などと並ぶ、不動産物件における単なるスペックのひとつへと圧縮、還元されているのだ。

デザイナーズ・マンション居住者の過半は、物件探しの時点からそこに対象を限定し、情報収集をしているという（小泉孝・寺田憲弘・橋本歩・和田義一「デザイナーズマンション居住者に対する意識調査——『ブルータス不動産』掲載の東京近郊の賃貸物件を対象として」）。つまり、入居希望者はあらかじめ、雑誌やインターネットを通じて、デザイナーズ・マンションのイメージを抱いている。すぐれてメディア的な現象の産物でもある。なかでも、九〇年代半ばから二〇〇〇年代の一般誌における建築特集の増加が果たした役割は大きい。

2　カタログ系雑誌による普及と定着

時系列にしたがって見ていこう。一九九六年に『BRU-

TUS』の「有名建築家が作った集合住宅情報」特集が人気を博し、九七年、九八年と立て続けに続編が刊行された。九八年には『Pen』が創刊され、同年に「デザイン優先の部屋に住む」、九九年には「男が触発される男の部屋」というタイトルの特集を組んだ。二〇〇〇年には『Memo男の部屋』、『I'm home』、『TITLe』などが創刊され、建築により焦点を当てた『Casa BRUTUS』が月刊化した。従来、住宅・インテリア雑誌は主婦層など女性向けが主流だったのに対して、デザイナーズ・マンションに関する特集は当初、男性誌が牽引した。

　これら一般誌は、所在地、間取り、賃料、外観・内観写真などの情報が掲載され、あたかも不動産広告がバインディングされたカタログとなっているがゆえに「カタログ系雑誌」と呼ぶことができる。当初は、パリ、ニューヨークなど世界各地の集合住宅を「憧れ」として紹介する誌面構成が多く見られたが、九〇年代半ば頃からは、実際に「商品」として選択できる空間としての扱いに移行していったことからもカタログ化の傾向が読み取れる。

　誌面を眺めると、チャールズ&レイ・イームズ夫妻やル・コルビュジエの家具が置かれた書斎、北欧風のインテリアで統一されたリビング・ルームなどがよく目につく。その他にも、こだわりのオーディオ、照明、観葉植物など、「こだわりの連鎖」が蔓延している。「賃貸物件のDCブランド化」と称されることもあるように、デザイナーズ・マンションは、ファッション→インテリアを経由し、他者へ「見せる」ことの快楽の延長として普及した。ただし、それは単なるモノの所有欲求とは異なる。「生活臭さ」を消すため、できるだけモノを部屋に置かないことすら肯定される。モノを置かなくても殺風景に見えないという点において、デザイナーズ・マンションの内部空間自体がすでにインテリアとしての体裁を保っていると言ってもよいだろう。

　特集タイトルに目を向けてみると、「スタイルのある集合住宅に住みたい」(『BRUTUS』一九九八年一二月号)、「スタイルのある部屋を探す」(『marie claire』二〇〇〇年四月号)など、「スタイル」という言葉が頻出していることに気づかされる。所有しているモノの豪奢さが「表現」なのではなく、生活の振る舞い総体(=ライフスタイル)が表現されるべき対象とみなされている(=ライフデザイン)。イームズ夫妻などの家具には、それらを置いておけば、それなりにオシャレに見える安全パイとしての機能がある一方で、有名デザイナーの家具ばかりを「所有」し、それらに生活の振る舞いが従属する側面が際立ってはならない。あくまで、ユーザー優位でモノを使いこなしている(ように見える)か否か、あるいはモノの取り合わせや部屋でいかにレイアウトするかという「編集」の手つきが、スタイルのある/なしの線引きとされるのだ。

モノの所有や消費は階層的な序列やタテの差異を顕示するコードとして機能していない。むしろスタイルは、他者指向と相容れないものとされ、その多様さが「個性」として積極的に享受されている。むろん、スタイルとは事後的に見出されるはずのものであり、カタログ系雑誌では、いわば「スタイル」のヴァリエーションをマニュアルとして用意するという転倒が起きているのだが。

3 因数分解されるデザイナーズ・マンション

ところで、デザイナーズ・マンションがカタログ系雑誌を通じて普及、定着していったのと同時期、建築家でもっとも広く知られることとなった人物は、安藤忠雄である。元プロボクサー、高卒後に独学で建築家となった経歴などの英雄伝的エピソードの一方で、安藤の代名詞といえば、「コンクリート打ち放し」。このスタイルの明解さおよび反復が、大衆にも広く容易に認知された大きな要因だろう。二〇〇一年の『現代用語の基礎知識』には、新語として安藤忠雄、デザイナーズ・マンションが並んで登録されている。この両輪を軸にして、「建築家が設計する住宅≒デザイナーズ・マンション≒コンクリート打ち放し」という回路《サーキット》が前景化していった。

それ以外にも、螺旋階段、ガラス張りのバス・トイレ、メゾネット、間接照明などの諸要素を、デザイナーズ・マンションが持つ「わかりやすさ」の記号として列挙することができる。いわばそれは、ステレオ・タイプとして、これらの諸要素に因数分解できてしまう。画一的なマンションとの差異化として台頭してきたはずが、図らずも紋切り型を再生産してしまっているという皮肉な状況がある。これらの因数のいくつかを備えてさえいれば、デザイナーズ・マンションとして包含されるのだ。無名の建設会社がエントランスなどの「表層」を繕っただけの物件も、不動産検索サイトのデータベースでは、デザイナーズ・マンションとして登録される。

従来の不動産情報誌に比べると、カタログ系雑誌では建築家の顔写真やプロフィールが掲載される機会は増えたものの、多くの読者にとってどこの誰が設計したかはさして重要ではない。当の建築家の実績や権威を気にとめることは稀である。「普通」のマンションとは異なるアリバイとして、デザイナーの「署名」さえあればよい。

実用性を重視するカタログ系雑誌の刊行は、建築批評誌の衰退と入れ替わるようにして増加してきた。このことは、建築家が難解な思想や理念を高みから振りかざしつつ、巨額の資金をつぎ込んで建設された、機能性に欠けて維持・管理コストがかさむ「ハコモノ」に対する不信感からくる反動でもあるだろう。欧米の現代思想を援用し、深い精神性が宿った(ものとされた)ポストモダニズムの建築をハイカルチャーとするならば、雑誌やガイドブックの普及を通じて、建築のサブカルチャー化が進んだと言ってよい。

ここまで、建築をめぐるメディア環境の変化に触れてきたが、デザイナーズ・マンションをめぐる動向は、より広範な政治的、経済的な文脈との連関のなかで推移してきた。そこで次に、各種データを参照しつつ、デザイナーズ・マンションという現象を、居住者、不動産会社、建築家の観点から多角的に明らかにしていきたい。

4　居住者からみたデザイナーズ・マンション

二〇〇五年のデザイナーズ・マンション居住者アンケート調査によれば、居住者の平均年齢は三一・四歳。年齢層は、二五～二九歳が二〇%、三〇～三四歳が三一%、三五～三九歳が一四%と、二〇代後半～三〇代が大多数を占める(浅田朋子「雑誌メディアから見た都市型集合住宅の変容と実態についての考察」)。家族形態は、単身者がもっとも多く、その次に、DINKS(共働きで子どもがいない夫婦)が続く。近年では、単身者複数によるシェアハウスなどの形態も増えつつある。

居住者の職業には、広告代理店、IT、出版関係者のほか、クリエイターなどの「カタカナ職業」に従事している人の割合が比較的高い——デザイナーズ・マンションはSOHO利用されることも多く、「見せる」住居という側面がより重視される。その多くは、「クリエイティブ・クラス」——新しいアイデアや技術、コンテンツを創造する知識労働者層を指し、その所得水準も高いとされる人たち——に該当する(リチャード・フロリダ『クリエイティブ資本論——新たな経済階級の台頭』)。ただし、そのなかにも複数の層があることに注意しなければならない。

というのも、デザイナーズ・マンションは総じて、億ションでもなければ月額家賃が何十万、何百万とする高級物件でもない。居住者には、年収数千万以上の富裕層は数少ない。デザイナーズ・マンションの平均賃料は、十万～十五万円未満の事例がもっとも多く、同地域の相場より約二割前後高い程度である。単身者やDINKSにとっては、少し背伸びをすれば手が届く物件なのだ。賃貸で住み替え可能であるがゆえに、たとえ奇抜なデザインや間取りであったとしても冒険しやすい——そのような間取りの部屋を住みこなしているか否かが「スタイル」のある／なしとして判定されもする。

単身者やDINKSを中心とする居住者の市場が拡大している要因には、初婚年齢の上昇、未婚と離婚の増大、少子化を挙げることができる。戦後日本は「持家社会としての存立」によって駆動してきた。そのなかで単身者は、夫は企業で働き、妻は専業主婦という「男性稼ぎ主モデル」を中心単位に据え、結婚し家族を持つことを前提条件として住宅ローン市場や福利厚生を整備してきた政府の住宅政策の対象外とされる傾向にあった（平山洋介『住宅政策のどこが問題か——〈持家社会〉の次を展望する』）。だが、近年の単身者・DINKS層は住宅を購入すること自体をリスクとして敬遠し、住宅ローンに縛られるより、ライフコースに応じて賃貸を住み替えていくことを選択する傾向が強い。住宅をめぐる時間感覚が圧縮しているのだ。ライフコースの多様化にともない、持家を所有することが「上がり」とされた「現代住宅双六」（『朝日新聞』一九七三年一月三日）の図式は弛緩し、住宅履歴は拡散している。その点で、デザイナーズ・マンションは、前提条件からこぼれ、未婚・晩婚などの滞留層に、賃貸でも一定の満足感を提供する器として機能している。デザイナーズ・マンションは、戦後日本の住宅を拘束し続けた「家族」と「所有」という旧体勢への批判としての側面を持ち合わせ、従来の住宅政策のねじれとして現象してきた（篠原聡子「デザイナーズマンションという戦略——小泉的なるものの成功と限界」）。

5 不動産会社からみたデザイナーズ・マンション

次に、住戸の平均面積を見てみよう。一九九六年〜二〇〇五年の一般誌に掲載された首都圏四二三件のデザイナーズ・マンションを対象とした調査によれば、一九九〇〜九四年／三八・〇七㎡から二〇〇〇〜〇五年／四四・〇五㎡と推移している。九〇年〜九五年までは二〇㎡台の規模の小さいワンルームが多数開発され、九五年以降は、三〇〜四〇㎡以上の住戸が増えた（浅田、前出）。ワンルームを中心とする従来の単身者向けの賃貸より広い。居住者に単身者がもっとも多いことを鑑みると、単身者向け賃貸マンションが充実していないことへの潜在的な不満が積層していたと考えることができる。住宅金融公庫による単身者への融資開始も八〇年代に入ってからと遅れをとっていた。

そのようななか、バブル崩壊は、民間賃貸セクターに大きな変容をもたらした。不動産の資産価値は崩落する一方で、九一年以降の都心部の地価下落や職住近接の選好が相まって、都心回帰や都心居住が進み、賃貸需要が高まった。また、借地借家法改正や政府の新自由主義路線の拡大により、賃貸セクターの規制緩和が進み、市場原理がより一層徹底された。そこで個人家主のなかには自ら所有する土地活用のために、デザイナーズ・マンションを建設する者が現れた。デザイナーズ・マンションは当初、低層で戸数の少ない、オーナー住居併設型のものが多く、希少性とも結びついた。バブル崩壊によるマンション価格の下落と過当競争のなかで、不動産会社やデヴェロッパーは、「売れないものを売る」差別化の道具として、中古マンションのリノベーションを含めた、デザイナーズ・マンションの建設に着手し始めた。

不動産からみて、デザイナーズ・マンションはあくまで「商品」である。住み心地が悪く、回転率が高い住戸も、敷金・礼金などの収益という観点で評価される。と同時に、それは建築家が関与しているという形式的なアリバイによって、「作品」へと昇格する（ように見える）。単なるマンションでは売れなかった商品（建物）に、「作品」（建築）としての意味を担わせることによって、売れる代物になりうる。デザイナーズ・マンションは、売れる／売れないと商品／作品（建物／建築）の境界を曖昧にしながら流通しているのである。

6　建築家からみたデザイナーズ・マンション

続けて、地理的分布に言及しよう。デザイナーズ・マンションは首都圏ほか、大都市部を中心に増加していった。物件数で群を抜く東京二三区内の変遷に関しては、九〇年代は中野区が多くを占め、とりわけ九〇年代後半以降は世田谷区、渋谷区を筆頭に目黒区、港区など二三区内の西側で増えていった。これは広告、IT、ファッションなど、居住者の職種と親和性が高い事務所や会社が、当該区域に集積していることと連関している。

デザイナーズ・マンションのなかには最寄駅からの距離が遠い物件も数多い。また、概して、設備、収納、セキュリティ面などでのスペックが高いとは言えないが、それでも画一的なワンルームや規格化されたnLDKの間取りに飽き足らない人たちにとって、数字やスペックに還元されない「個性」を持ったものとして捉えられる。なかには、数十人の入居待ちが出るような物件もある。

かつてマンションの設計は、建築家にとって積極的に取り組むべき対象となってこなかった。公共施設や大規模商業施設を設計することが建築家の「上がり」とされてきたからである。しかし、バブル崩壊以後、とりわけ若手の建築家にとって、そのような建築物の設計に関与できる道はますます狭まった。マンションの設計は、貴重な機会と位置づけられるようになった。建築家としては、最寄駅からの距離という点以外に、狭小や変形など、敷地面でも不動産価値としてはネガティヴな条件を、巧みな空間構成や動線の配置によって、ポジティヴな条件に読み替える術が腕の見せどころとして問われる。

彼ら／彼女らにとって、デザイナーズ・マンションは自らの理念を反映し、敷地固有の文脈を読み込んだ一回的な「作品」であると同時に、「商品」でもある。不特定多数の居住者を獲得し、交換可能性を担保するとともに、プロジェクトの量や速度に対応するには、常套的なスタイルを反復し、因数分解の対象となる要素を散りばめていくことになりがちである。クライアントの側が常套的なスタイルを欲す場合もある。建築の一回性／複数性の境界が弛緩している。

むろん、デザイナーズ・マンションの設計は、建築家によるものとはかぎらない。建築家のなかには、デザイナーと称されることに気恥ずかしさをおぼえたり、距離を置こうとする者も多い——日本では資格としての建築士と異なり、建築家である／ないの境界自体が曖昧でフラットになりがちだが。また、インテリア・デザイナーのほかに、空間プロデューサーと名乗る人たちや無名の建設会社も果敢に参入してきており、それらがすべて「デザイナー」という名のもとに回収される。デザイナーという曖昧なカテゴリーを流通させることによって、市場としては、より多くの設計主体が参入可能なよう開かれたものとして維持されているのだ。

たとえ建築専門誌において表紙を飾る建築であっても、不動産屋の貼紙では、単にデザイナーズというスペックを与えられるにすぎない。デザイナーズ・マンションという——コンセプト・マンションやデザイン・マンションなどの呼称を包含した——総称のもとでは、ヒエラルキーの頂点にある建築家も、若手で実績がない建築家も、無名のインテリア・デザイナーや建設会社もフラットに並列される。そういう意味では、デザイナーズ・マンションを建築家の設計によるものと認識してしまうこと自体が、その総称が持つ作用のひとつである。言い換えるなら、建築専門誌を中心とする評価軸からこぼれ落ちるような設計主体を救済し、面目一新するよう仕立てる装置として機能している。

7　おわりに

主に九〇年代以降、デザイナーズ・マンションは、バブル崩壊、都心回帰の波及、単身者・DINKS層の増大などと連関しながら台頭してきた。不動産会社は、単身者やDINKSなどをターゲットとして、市場のセグメント化を試みようとした。一般誌も当初、入居者および読者に階層分化別差別化を意識させようと振る舞った。

しかし、因数分解される要素を備えていれば「普通」のマンションでもデザイナーズ・マンションとして扱われていくなかで、居住者には会社員や学生が増えるなど、すでに確固とした階層消費の対象ではなくなりつつある。市場のセグメント領域はだらしなく弛緩してしまっている。デザイナーズ・マンションという呼称自体に「気恥ずかしさ」を覚える者もいるだろう。一般的な「平凡で醜い」物件よりは相対的にましだという理由で、妥協点としてデザイナーズ・マンションに入居する者もいるかもしれない。もはや、デザイナーズ・マンションは居住者にとって「上がり」ではなく、「通過点」にしかすぎない。

とはいえ、呼称自体の消費期限は切れたとしても、それが、これまで建築に関心を持たなかった人びとと建築（家）との距離を近づける「入口」を提供したことも確かである。多くが都心に立地する集合住宅であるという現状に着目すれば、デザイナーズ・マンションは、都市において家族と所有を前提とせずに集住することの多様性を再考する契機を与えてくれるかもしれない。

また、建築界にとっても、デザイナーズ・マンションは、居住者や不動産やメディアというアクターとの接点を増やすことにより、内部／外部、専門家／素人という境界を変容させつつ、多元的な評価軸の導入を促した。点ではなく集合の形態として捉えれば、それらは都市空間を編成、規定する大きな構成要素として立ち現れてくる。作家論や作品論に自閉しがちな建築界にとっても、デザイナーズ・マンションは、都市空間総体というより広域な観点から建築を重層的に捉え返していく契機となるかもしれない。建築界からみても、デザイナーズ・マンションは「通過点」にしかすぎない。

［謝辞］本稿は、筆者が企画監修をしたミサワホーム株式会社Aプロジェクト主催の展覧会「デザイナーズ集合住宅の過去・現在・未来」（二〇一〇年三月）の準備段階で執筆した。本稿の着想にあたっては、東京大学大学院工学系研究科の大学院生を中心とする同展覧会の運営メンバーとの議論が参考になった。また、日本女子大学大学院家政学研究科・篠原聡子研究室からの提供資料を活用させていただいた。

【タワーマンション】

住居と感覚水準——超高層住宅論

貞包英之

1　都市の消費

近年、都市部で六〇mを越えるいわゆる超高層住宅の建設が目立つ。とくに東京では二〇〇八年時点で超高層マンションが四一一棟も立ち並び、湾岸や隅田川沿いではすでに当たり前の風景へ溶けこんでいる。

この超高層住宅のモードは、九〇年代から〇〇年代にかけて東京を中心とする日本の都市を席巻した力を表現することで興味ぶかい。それにはまず世界的に都市を動かした再編の運動との共振がみられる。ニール・スミスによれば世界的に九〇年代以降、スラム的街区を解体し都市の中心部を魅力的な商業地やオフィスとするいわゆるジェントリフィケーション（gentrification）の動きが加速する。その背後にはマネーや人口の国境を越えた移動の拡大やその結果としての全世界的規模での都市の発達があった。サンパウロ、メキシコ、ケープタウン、上海といった世界各地の都市が勃興し、それらが都市間の競争を活発化させる。それを踏まえ都市の競争力を上げるために、従来効率的に使われていなかった（と行政や世界企業からはみえる）場が有益な生産や流通の領域へと組み替えられていったのである。

東京を中心とした超高層住宅の流行も、大きくみればこのグローバルなジェントリフィケーションの流れの一部としてあったといえよう。超高層住宅の流行は八〇年代末に始められる（図1参照）が、それはバブル期の土地開発の計画を引き継ぐだけではなく、都市の競争力上昇を狙う九〇年代以降の行政的施策を踏まえたものであった。都心居住型総合設計制度（一九九五年）・敷地規模型総合設計制度（一九九七年）・建築基準法の改正（一九九七年）・特例容積率適用区域制度（二〇〇〇年）など、容積率を緩和し集積度を上げることを狙う規制緩和がくりかえされ、それを踏まえデヴェロッパーによる超高層住宅への投資が増大した。

とはいえ超高層住宅の建設は世界的なジェントリフィケーションの流れに完全に適合するわけではない。そもそも結果からみれば超高層住宅の建設は、かならずしも都市の競争力の増加につながったとはいえない。超高層住宅は工場・倉庫・商業地の跡地に建てられるケースが多く、つまりそれは旧来の生産的用地を購買の際に一度しか価値を産みださず、他者の利用からも閉ざされた「私有地」へと変えてしまう。この転換に大きく影響したのが東京を典型とする日本の都市の歴史的条件である。平山洋介（『東京の果てに』）によれば九〇年代以降、郊外にフロンティアをみいだすかたちで続けられる東京の拡大が行き詰まりをみせる。それを克服するために都心中心部、それも「空中」が開発のフロンティアとして注目を集めたのであり、それを踏まえ政府やデヴェロッパーの働きかけのもと土地を高度に利用する超高層住宅が次々と建設される。

だとすれば超高層住宅は九〇年代以降の東京の成長の行き詰まりを償ういわば「錬金術」として利用されたといえよう。バブル後に利用価値を失った工場や倉庫、商業予定地をいわば「消費財」へと転換する形式として超高層住宅は利用される。この意味で超高層住宅の建設が都市に競争力をあたえることにどれほど貢献したかは疑わしい。都市の競争力増加は行政的・デヴェロッパー的アリバイにすぎず、むしろ超高層住宅の開発は都市に残る生産的な集積を消費財として切売りすることを本質としていたのではないだろうか。いいかえるならば超高層住宅の建設は都市の生産的ストックを掘り崩す

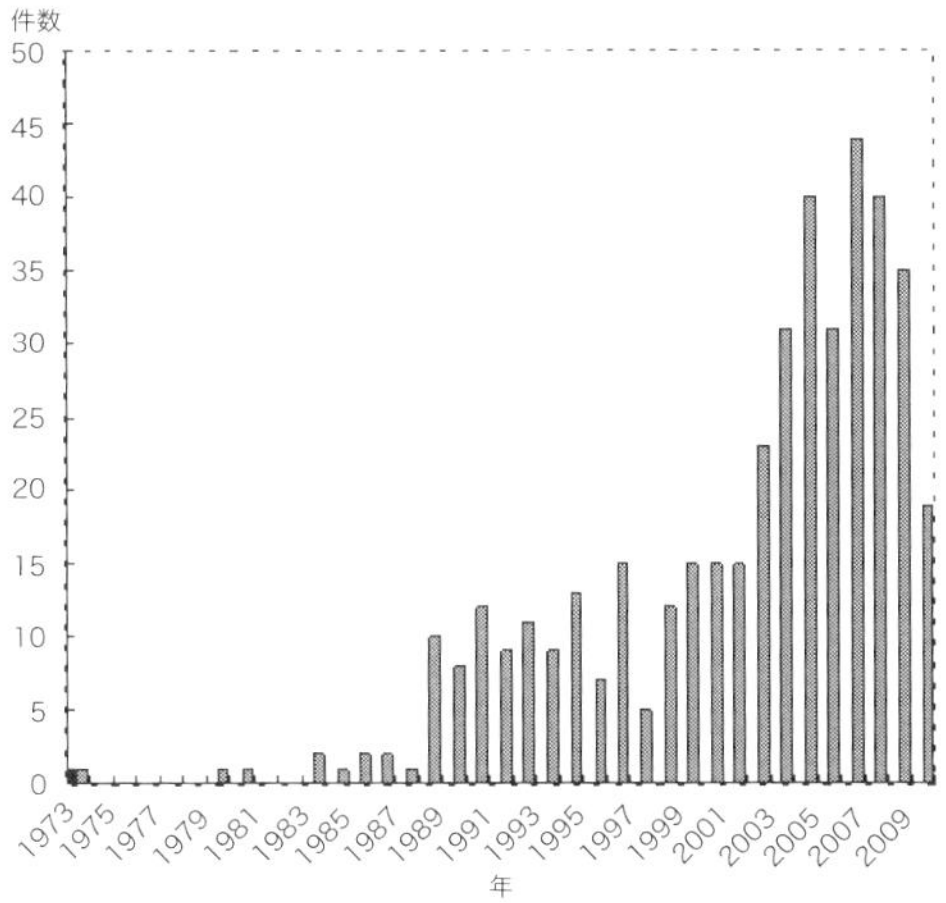

図１　東京における超高層住宅の流行
（『建築統計年報』二〇〇七年版より作成）

あくまで「後ろ向き」のジェントリフィケーションとして働いたものでしかない。この一度限りの商品交換の代償として、都市を再生産するはずの倉庫や湾岸・ＪＲの施設の跡地に超高層住宅がいまではまるで都市の墓標のように立ち並んでいるのである。

2　第二のモード、タワーの大衆化

しかしこれは都市を外在的に規定する行政や企業の論理にすぎず、実際に超高層住宅を購買・賃貸している人びとの論理や倫理については別に考えてみる必要がある。政府や企業の施策を前提としていたとはいえ、ではなぜ大量の人びとが実際に超高層住宅に引き寄せられていったのか。地震や子供の教育の問題が「都市神話」的に不安視されることもあったが、にもかかわらず超高層住宅は大川端リバーシティ（一九八九年）や恵比寿ガーデンテラス（一九九四年）を代表として八〇年代末以降、大きなブームを形成していった。

まず超高層住宅がそれまでの郊外居住に対抗するあらたなモードをつくっていたことを無視できない。その背景として都市の「消費社会」的深化が重要になる。超高層住宅は郊外住宅と異なり、都市の膨大なストックを容易に利用する機会をあたえる。東京を中心に都心部には商業地、文化施設、医療・健康にかかわる膨大なストックが集積していくが、そのストックを最大限利用する機会として超高層住宅は利用されたのである。

もちろん郊外住宅が高度成長以降、そもそも消費生活の拠点として拡がっていったことも事実である。だがそこでの消費がロードサイド・ショッピングモールを舞台としたあくまでジェンダー的、中間階層的な編成の枠内に留められていたことも忘れてはならない。それに対して超高層住宅は都心部居住を可能とすることで居住者総体を巻き込む消費という理想を提示する。「職住」の近接や余暇の増大（という幻想）によって都心部のストックの利用が最大限可能とされたのである。

加えて八〇年代末に郊外住宅にかけられた夢に限界がみられたことも重要となる。高度成長以後、郊外住宅はデザインや配置において「差異」を高進していくことでその魅力を延命してきた。だがベルコリーヌ南大沢（一九八九〜九〇年）の竣工に代表されるように八〇年代末にはその試みに一定の飽和がみられる。それに代わって超高層住宅は眺望や立地、またなにより職場や商業・文化地域に隣接するライフ・スタイルを提示する。そうすることで超高層住宅は郊外住宅には不可能な魅力を示したのである。

この意味で超高層住宅は、①たんに都市の集積を「消費財」として切り売りする「錬金術」的形式には留まらない。それは、②都市を最大限「消費」することを促す生活の拠点として郊外住宅に対するより高級なモードを形成した。

だが他方でそうした特徴が初期の超高層住宅にとくに顕著であったことも忘れてはならない。郊外居住に対抗するモードとしての超高層住宅の魅力は九〇年代なかば以降、むしろ次第に相対化されるのではないだろうか。「眺望」には慣れやすいとしばしばいわれることを別としても、現実に超高層住宅は可処分所得を多くもつことで消費を精力的におこなう人びとばかりを集めたわけではない。CMや広告などの影響からか、超高層の住人にはシングル、またはDINKSの上場企業や外資系企業に務めている高度な職業人(=「パワーピープル」)といった像が想定されることが多いが、あくまでそれは居住者の一部にすぎない。超高層住宅の居住者はむしろ年齢や階層におけるその多様性において特徴をもつ。たとえば『平成一七年首都圏白書』でも超高層住宅の居住者は、「夫婦や、子供のいる家族が約七〇%を占め」、また「世帯主の年齢は、三〇歳代、四〇歳代が半分を占めるが、六〇歳代以上の世帯主も一八%」を占めている。それが示唆する多様な居住者像は、所得や家族構成の面において郊外住宅に対抗するモードとしての超高層住宅の像に一定の制限を加えるのである。

それら多様な居住者の増加は一つに、超高層住宅の高層化や大規模化の進展によっていた。高層化によって上部と下部、日差しや向きなどで住居の差異が増加し、加えて大規模化のなかで成約率を上げるために間取りや価格帯、分譲・賃貸の区分でより多様な住居が準備される。その結果、超高層住宅は郊外団地や新築マンションに較べても家族構成や年齢構成、または「格差」においても幅の広い居住者を呼び寄せる。

さらに九〇年代半ば以降の超高層住宅の立地の拡大が問題になる。当初、東京では港区・中央区(両者で全体の四八%)など都心部に集中していた超高層住宅は、九〇年代後半以降、交通の便がよいとはいえない周縁部、たとえば港区湾岸部、江東区、川口、武蔵小杉にまで拡大していく(貞包英之・平井太郎・山本里奈「東京の居住感覚のソシオグラフィ」『住宅総合研究財団研究論文集三五号』)。この拡散によって超高層住宅は大衆化されるとともに、郊外居住に対抗する都心部での暮らしという意味をそもそも失うのである。

九〇年代後半以降とくに顕著となるこれら高層化・

大規模化、また立地の拡散の結果、超高層住宅は郊外居住に対抗的な消費の拠点としての意味を減らしていく。問題はこの九〇年代後半以降の第二のモードのなかでつくられた超高層住宅が現在、東京の超高層住宅の大きな大部分（九八年以降で七四・四％）を占めていることである。だとすればたんに超高層住宅の魅力を郊外居住に対抗するモードとしての価値ばかりに求めることはできない。それは広告的イメージにすぎず、それらのイメージとすれ違いながら九〇年代なかば以降超高層住宅がなお人びとを引き寄せていく力についてむしろ考えてみる必要がある。

3　感覚水準の高度化

こうした超高層住宅の魅力について考える際、興味深いのは、複数、または一つの超高層住宅の下層から上層までを縦断して似通った居住空間がしばしば実現されているようにみえることである。超高層住宅には往々にして自由度の高い間取りをもち、外部の音や気候の変動から比較的影響を受けない気密性の高い住居がつくられている。一つに「スーパーHRC（高性能・鉄筋コンクリート）」「スケルトン・インフィル」「フラット・スラブ」といった超高層住宅に適用されたあらたな建造技術が遮音性や間取りの自由度、温度の調整の機能などを高めるためであり、加えて居住者・「他者」の出入りを情報的に管理する情報機器の発展も無視できない。それらテクノロジーの深化によって超高層住宅にはそれまでにないほどの「私的」な居住空間が実現される。超高層住宅では多様で格差をもつ人びととの集住や巨大なインフラストラクチャーの管理が求められることで、それまでに誰も経験したことのない大規模な集合的生活が要請される。それに対して「私」的生活の維持を可能にする（という幻想をあたえる）拠点として超高層住宅では独立性の高い居住空間が求められたと一つには考えられる。

だがそれらの機能を越え、超高層住宅の居住空間においてなお特有の「私性」の追求がみられることに注目しなければならない。超高層住宅では往々にして単色的であり、装飾を抑え、モノやゴミが片付けられ、結果として「余白」の多い空間が実現されている。しばしばモダン・リビングと形容されるこの空間構成の原理となっているのは、たんに私的生活の独立といった形式的な機能性を越えた、「快適性」と「安全性（セキュリティ）」にかかわる感覚的質の追求である。「私」を脅かす騒音や色、匂いや寒暖の差、害虫やかさばるモノが慎重に遠ざけられ、その結果、「他者」に制限されないプライベートな居住空間が実現される。超高層住宅で眺望のよい部屋に高い価値があたえられるのも、この「快適性」と「安全性」の追求と深く関係しているのではないだろうか。高層からの眺望は都市や住宅地の真ん中でさえプライベートにふるまう権利を幻想的にであれ保証するのである。

居住空間におけるこれら感覚的場の追求はある意味では「浮薄(フラット)」な現象にみえるかもしれない。その要求は現象的には個人の「自由」を根拠とし、またその「自由」を一律に擁護するものとしてあるためである。とはいえこの自由はたんに主体に恣意的に委ねられているわけではない。超高層住宅ではこの自由が一定の方向を目指すのであり、では一体なぜそうした現象が発生しているのだろうか。

この場合、超高層住宅が位置づく都市の具体的存在について考えてみる必要がある。居住空間に対する嗜好も、集団的にみるとき都市の具体的存在に根ざした一定の必然性をもっていたことがみえてくる。たとえば超高層住宅の住戸はしばしば「ホテルライク」と呼ばれることがあるが、しかしそこでの特有の感覚の水準はホテルの居室だけにみられるものではない。そもそも超高層住宅に住むような人びとが訪れるカフェやレストランや高級ショップ、彼・彼女たちが働くオフィス、選択するクルマや病院などには、モノや身体の周到な管理と排除にもとづく同様の感覚的場が追求されている。宿泊や飲食やショッピングなどの「消費」の場に加え、「労働」や「交通」、「医療」の場も例外ではない。高度な「快適性」と「安全性」を求める場が現代都市には多数内蔵されており、その系列のなかに超高層住宅やホテルの居室も位置づけられる。

もちろん高度な感覚水準が都市のすべてを覆うわけではない。裏道や場末、あるいは通常の住宅空間にはそれを裏切る「ほころび」が数多く姿をみせ、それらを横切っていくことが通常はむしろ「都市」固有の楽しみとなると考えられている。だが他方でこの「段差」や「断絶」を受け入れることができず、それを縫い合わせようとする者が現代都市には一定数、発生している。高層住宅はそれらの人びとに間隙を排除した「シームレス seamless」な暮らしを可能とする。超高層住宅は「消費」や「労働」の場のみならず、「住まい」の場においてさえ高度な「快適性」と「安全性」を提供する装置としていわば都市に拡がる高度な感覚水準の場に橋をかけるのである。

背後から人びとの超高層住宅の選択を規制するこうした都市という社会性の水準を無視してはならない。従来、超高層住宅の選択には個人の経済的判断やステータスへの欲望が強調されることが多かったが、超高層住宅は都市における集団的身体の感覚水準にむしろ相関し、その整合性を調整する商品を比較的安価かつ大量に供給することで大きな人気を集めたと考えられる(図2参照)。

この意味では超高層住宅が東京を中心に流行——〇八年の時点で約半数の超高層住宅が都内に存在していた——していったことも偶然ではない。しばしば東京には既存の建造物をあらたなものに置き換える世界的にみても早い回転が発生しているといわれる。たとえば住宅ストックが更新される理論的な年数を示す「サイクル年数」でも、東京は日本平均を越えためまぐるしい回転を示す(図3参照)。この建造物の更新を一つの根拠として、東京には他の都市に較べ高度化された感覚の場が周密に実現されている。それら総体的な感覚の高度化を踏まえ超高層住宅の流行も発生したと考えられる。

だとすれば超高層住宅を通してみえてくるのは、たんに個としての居住者の自由な選択ではない。現在、東京を中心とした都市にはモノや身体の周到な管理を要請する独自の感覚の場が発展している。超高層住宅の流行はそれら都市における感覚の高度化の展開と、それが一定の人びとの暮らしを世界的にみれば限定された都市の一画へと押し込めているという考えてみればきわめて不思議な「社会的事実」を浮かび上がらせるのである。

4 消費社会の延命

重要なことはこの力の存在をより具体的に分析し、その意味について充分、吟味することである。「快適性」や「安全性」の追求は当たり前のものにみえるかもしれないが、それだけにいっそう深い影響を現代の暮らしに及ぼしていると考えられる。

ではなぜ九〇年代後半にこの高度な感覚の追求が流行したのだろうか。可能性として一つに無視しがたいのは、それが実際に有効だからというものである。危機が実在するかどうかは別としても、現代都市には格差の拡がりや犯罪の増加、環境の悪化、交通事故の増大などに対する少なくとも「不安」がますます拡大している。それに対し「他者」を排除しリスクをコントロールするための最適解として「快適性」や「安全性」が追い求められたと考えても不思議ではない。

だが主体の不安を前提とした説明は不安の存在をただ正当化するものに留まる恐れがある。「快適性」や「安全性」の追求が産みだす積極的な効果、つまりそれが多くの人びとに楽しみをあたえる可能性について考えてみる必要がある。そもそも「快適性」や「安全性」は、両者の追求に物理的な限界がみいだしがたいことで共通の特徴をもつ。超高層住宅に代表される現実の実践のなかで「快適性」や「安全性」の追求はたんに具体的な身体の欲求や現実的な危険に対応するものに留まらない。むしろ既成の身体の限界や具体的な他者の危険の枠内を外れた拡がりをもつことで、それらは特有の特徴をもつのではないだろうか。いいかえるならば「快適性」や「安全性」の追求は、具体的対象に制限されないことでどこまでも興じることのできる自己目的的なゲームを居住者に可能とする。それが貨幣を投下するアリバイとなることで、誰にも迷惑をかけず、社会の規範に反することもない消費の機会を多くの人にあたえるのである。

つまり超高層住宅は「快適性」や「安全性」の追求を通して消費のための安全な動機を集団へ供給し、その結果、それは九〇年代以降の都市における「消費社会」の展開を延命する形式として機能する。こうして超高層住宅の流行の背後には、身体や具体的「他者」といった限界を超え消費を自己目的的に展開していこうとする欲望と、それを住居にまで及ぼそうとする都市のシステム的更新の交錯がみられるのである。

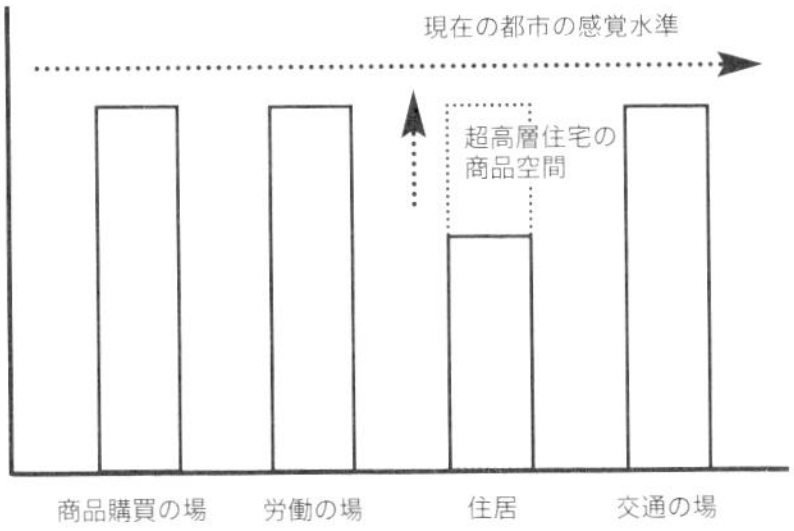

図２　都市の感覚水準の高進

	サイクル年数
東京都	32.1
沖縄県	37.5
神奈川県	39.8
滋賀県	39.9
埼玉県	40.8
（全国）	46.4

2003年

	サイクル年数
滋賀県	38.7
愛知県	39.1
埼玉県	42.5
東京都	43.2
千葉県	43.3
（全国）	52.4

2008年

図３　住戸のサイクル年数の上位五都道府県
（『住宅・土地統計調査』『建築着工統計調査』より作成）

Ⅳ ネット／メディアのなかの文化

フラットな文化様式の多くが、マス・メディアとパーソナル・メディアとが幾重にも分厚く交錯する、現代の特異なメディア環境を土壌にしていることは明らかだろう。メディアによって（誤）表象され、漂わされる社会のイメージや情報は、一つ一つは薄っぺらいものにすぎないが、にもかかわらず、私たちの生活を分厚く取り巻いている。私たちはそうした情報やイメージを、さしあたりは「信じる」ことにしているが（深く疑ってもしかたがないのだ）、信じすぎないでいられる自分をしっかり担保している。そういいながらしかし、やはり嬉々としてつきあってしまう。一方であっけなく受け入れ、他方で適宜取捨選択してもいる。マス・メディア／パーソナル・メディアの配分をなぞるようにして、私たちはそうした微妙な随順のなかを漂流している。

とりわけ注目すべきは、マス／パーソナルを問わず、メディアに媒介されることを自然なものと見なす態度が定着することだ。メディアによって伝達される「情報」の、あるいはメディアによって「情報」がパッケージ化されるというあり方の、この社会における強固な実在性があるからこそ、そこからの個人的な「ずれ」や「こだわり」が出現するともいえる。

インターネット以降、こうした状況はさらに複雑化している。ネットをめぐる議論には、特有のバイアスがかかることが多い。典型的には、多様な人々を自由につなぐその特性が、彼ら彼女らのコミュニケーションを透明化／対等化するだろうという、あのネット民主主義の理想。さらにそれが、既存メディアやコミュニケーションの限界や汚染と対置される。理念と現実とを意図的に混同するような言説が、何度も焼き直されてきた。たしかにネットの大衆的普及は、情報や意味に対する私たちの態度に、複数の地点で小さからぬ影響を与えている。知へのアクセスは驚くほど開放された。見ず知らずの人同士が相互に接続《コネクト》する自由度の上昇も、私たちは享受している。しかしそれは、通常のインターネット論が想定しているよりは、はるかに気持ちの悪い諸効果をもたらしている。

インターネットの普及は、初期のネット共同体が依拠してきた特権的な責任主体の感覚をあられもなく解体する。そのときネットは、むしろ、気ままに使えるが必ずしも信用のおけない、ダウングレードされた（マス・）メディアであるかのように見えるだろう。だが、インターネットの横断性と不定形性は、マス・メディアからもパーソナル・メディアからもずれている。ロボット検索エンジンという仮想化された観察者すら、ウェブのグローバルな広がりの一部しか拾えない。既存メディアのように、その全体の運営に責任をもつ組織があるわけでもない。より正確にいえば、総体が見えないことの意味あるいは無意味自体が、既存メディアの外にあるのだ。

そして、この不定形な網目のうえで、マス・メディアの部分的代理や後追いとマス・メディアを模倣する私的ふるまいとさまざまな規模と範囲の私的コミュニケーションとがうごめいている。メディアを「生温かく」傍観し、そのふるまいを模倣しパロディ化する文化が加速する。ベタなお約束であることを目配せして確認しあいながら、幾重にも上塗りするようにして、メディアがつくる「みんな」と「私」とを気ままにずらす運動が、今日も積み重ねられていく。公式性という安全弁や責任の感覚をいたるところで蒸発させつつ、それでも「メディア」的な想像力が、拡散しつつ続いているのだ。その意味あるいは無意味も、既存メディアの外にある。ネット対既存メディアという思考の配置図に飛びつく前に、この執念深い持続ぶりが何をしているかを考えなくてはならない。

【お笑い】

テレビ的「お笑い」の現在

近森高明

1　昨今の「お笑い」の風景

二〇〇〇年代に入り、戦後何度目かの「お笑い」ブームが到来したといわれる。近年の流行語をみても「グ～！」「そんなの関係ねぇ！」「って言うじゃない…〇〇斬り！…残念!!」など、お笑い芸人によるフレーズが並ぶ。また日々のテレビ画面にも、気づいてみれば無数のお笑い芸人が登場し、ネタ番組でネタを披露したり、バラエティ番組のひな壇に座ったり、情報番組のレポーターをしたりしている。ごく端的に目につく度合いからしても、これほどの種類と量のお笑い芸人がメディア上に姿をみせる時代はなかったように思われる。

こうした状況を生み出すのに寄与した契機のひとつが、一時期の『エンタの神様』(以下『エンタ』)の成功であったのは間違いないだろう(ただし番組内で多数の若手芸人を登場させるという点では、九〇年代に人気を博した『ボキャブラ天国』シリーズや九九年開始の『爆笑オンエアバトル』がブームの下地を形成していたといえよう)。奇抜な格好をして、特定のポーズやフレーズで笑いをとる、キャラ芸人という存在をメディア上に繁茂させるうえで、その番組は強力な増幅器として作用した。さらに昨今の「お笑い」に顕著なのが、ネタのショート化という傾向である。とりわけ『爆笑レッドカーペット』(以下『レッド』)以降、ネタ時間が約一分へと短縮され、このパターンは他の番組でも模倣されてきている(『ザ・イロモネア』『爆笑レッドシアター』『あらびき団』など)。キャラ芸人の簇生とネタのショート化――こうした動向は、一方では「お笑い」ブームを支えると同時に、薄っぺらなウケを狙った芸人が横行する土壌をもたらし、芸としての「お笑い」を衰退させる動きであるとも評される。芸の奥行きがなくなり、反射的な笑いを誘発するだけの頽落した「お笑い」が跋扈しているのだ、と。

こうしたキャラ芸人の繁茂とネタのショート化を特徴とする、近年の「お笑い」の動向を支える要因は何であろうか。テレビ業界に近い者がしばしば指摘するのは、つぎの三点である。①NSCなどの芸人養成システムの確立により大量の若手芸人が輩出され、資源として(使い捨て的に)利用可能な人材が増えたこと。②各番組で制作コスト低減化の必要性が生じ、ギャラが格安な若手芸人の大量起用が有効な選択肢となったこと。③視聴率が分刻みで求められるようになり、短時間のネタを多数詰め込むことで瞬間視聴率を稼ぐ戦略が採用されるようになったこと。だがこれら「現実」的な要因は、当の動向の十分要因ではなく、むしろ事後的説明に用いられる語彙に過ぎないといえる。とはいえ他方、当の事態は番組製作者の「意図」にも還元することはできない。この点を傍証するのが、両番組のかたちが固まるまでの紆余曲折である。たとえば『エンタ』の場合には、もとは総合エンターテインメント番組として始まり、歌やダンスを扱っていたのが、開始半年後から芸人のネタ見せがメインに据えられるようになった。また『レッド』の場合、初回は打ち切りになった番組の代替番組として急遽放送され、不定期特番を経てレギュラーとなっている。しかも当初は「いつもとは違う芸を披露する」というかたちで、本筋の芸とは異なる隠し芸的な扱いである点を明示していたのが、いつしか「いつもとは違う」という断り書きが外され、ショートネタというスタイルが前面にせり出してきた。いずれも当初は脇から入り込んだものが、いつのまにか主流に押し流されてきたという経緯がある。つまり製作者の「意図」は、必ずしも現在の動向を当初から予期したり首尾よく制御しえてはいないのだ。

2 二極的な「お笑い」の構図

だから近年の「お笑い」の動向は、人材や制作費や視聴率といった「現実」にも製作者の「意図」にも還元することはできない。むしろ注目すべきは、これらの外在的要因ではなく、「お笑い」を成立させている内的な構図であるだろう。そうした内的な構図が「現実」や「意図」となかば偶然的に結びあった結果、キャラ芸人の繁茂とネタのショート化を招いたというほうが、事態のより正確な記述ではないだろうか。以下では、番組構成と視聴スタイルの対応関係に注目しつつ、近年の「お笑い」をめぐる構図をトレースすることで、キャラ芸人の繁茂とネタのショート化を特徴とする「お笑い」の現在をめぐるフラットさと、そのフラットさに特有の快楽の所在を照らすこととしよう。そのさい、現行の平板化の動向と並んで注目すべきなのが、一見するとフラットさへの対抗的な動きとみえるもの、つまりは『M-1グランプリ』(以下『M-1』)に代表される「お笑い」の権威化ないしは本格化の動きである。それは、トーナメントという可視的形式のもとで「面白い/面白くない」を評価し序列化することにより、真の「お笑い」の確固たる物差しを示すと同時に、「お笑い」の安易化に歯止めをかけようとする動きである。キャラ芸人などは通用せず、才能と努力にもとづく本物の「お笑い」の力が試されるという信憑が、そのイベントの前提をなしている。それゆえ近年の「お笑い」を支える構図として、『エンタの神様』的なものと『M-1』的なものを二極とする(ようにみえる)構図が浮かびあがってくる。凡百のキャラ芸人が浮き沈みする安易化された「お笑い」と、唯一の頂点を目指し実力ある芸人が切磋琢磨する本格化された「お笑い」――この対立構図をまずは詳しくみておこう。

一方で『エンタ』的なものを構成している基本要素として、キャラ芸人の存在があげられる。キャラ芸人に代表される笑いの様態が「安易」とされる理由は、およそ二つの点にあるだろう。第一に芸/芸人としての安易さ。漫才にせよコントにせよ、ネタを構成する力量(設定の精緻さ、語彙の選択、ボケの巧みさ、等々)とそれを演じるテクニック(声の張り具合、ツッコミのタイミングの適切さ、リズムや間、等々)が必要となる。それらが身体に染み込み、いつでも発動しうる臨戦態勢に入っているのが、従来の芸人の姿であるといえよう。ところがキャラ芸人の場合、外面的なインパクトが唯一の賭金となり、それを奪われると途端に無力になり、素人らしさをさらけ出してしまう。この点が芸/芸人としての安易さとして指弾されるのだ。第二に売れ方の安易さ。キャラ芸人としての売り出しはほとんど相場師的な営みであり、何が当たるかは予測がつかないが、ひとたび上昇気流に乗ればとてつもない速度で価格が上昇する。「売れている」という認知が根拠となってさらに買い手がつくという循環が生じるのだが、しかしピークを過ぎると一挙に価格が下落し、その他大勢に埋もれることになる。一発屋とも呼ばれるゆえんだが、このように実力から遊離した人気のインフレという売れ方が、キャラ芸人が「安易」とされるもうひとつの点である。

他方で、そうした笑いの安易化の流れに抗して、それをいわば垂直方向からせき止めるべく、笑いの権威化を目論む動きがあり、それを代表するのが『M-1』である。島田紳助が企画して二〇〇一年から開始されたそのイベントでは、有名無名の若手芸人が熾烈なトーナメント戦に参加し、賞金一〇〇〇万円のチャンピオンをめざす。そこでは表層的なギャグなどは通用せず、才能と努力にもとづいた、求道的に極められた真の「笑い」が求められると喧伝され、一般にもそのように周知される。独特の緊張感のなか、笑い転げる観客をよそに、島田紳助や松本人志の眉をひそめた鬼のような形相が、その前提の真剣さを画面上で担保している。そうした栄光を求めるトーナメントという形式はまた、容易にある種の物語性を呼び込んでくる。敗者復活からの逆転劇。貧しい下積み時代を経た末の栄光。あるいは実力を認められつつも幾度も接戦を逃してしまう不遇なコンビ。キャラ芸人が蔓延する砂漠化した「お笑い」の地平に、そのようにして『M-1』は、感動のエッセンスを滴らせた物語をもたらす。別の言い方をすれば、そのように超越的な地点から意味を備給することで、とめどなく膨張をつづける「お笑い」の地平に一定の輪郭をもたらそうとするのだ。

3 『M-1』というフラットな序列

なるほど『エンタ』的なものと『M-1』的なものは、「お笑い」の意味論的構図の対立する二極をなしているように思われる。しかしながら、両者のあいだには案外と通底するものがあるのではないだろうか。一方でキャラ芸人やネタのショート化を特徴とする安易な「お笑い」とみえるものも、その番組構成と視聴のありようとの関係をつぶさに観察するならば、そこには独特の膨らみがあり、独自の快楽がそなわっていることが分かるだろう。また他方、求道的に高められた「笑い」を追求すると信憑される『M-1』の空間には、これも目をこらしてみると、拭いがたく平板化の論理がまとわりついている様子が発見できるだろう。まずは後者からみていこう。

『M-1』による「お笑い」の権威化と、それによる安易化の流れのせき止めは、果たして上首尾に達成されているといえるだろうか。なるほど『M-1』の過酷なトーナメントを勝ち抜いたチャンピオンを頂点に、その時点での掛け値ない「お笑い」実力のピラミッドがひとたび形成されはする。しかしそうした序列の意味と価値は、およそ一年を限度とする揮発化の運命をまぬがれない。チャンピオンになったコンビに仕事が一時的に急増するも、やがて需要が減ってくる現象を指して、しばしばいわれる「M-1バブル」という呼び名が、その人気の儚さを象徴しているだろう。そもそも『M-1』とは当初から年に一度の「祭り」に過ぎず、それが安易化の流れを切断するという身振りのもとで依拠しているのは、じつのところキャラ芸人が立つのと同じ、無数の芸人が浮沈するどこまでも延び拡がる「お笑い」の地平にほかならない。とすれば苛烈な勝敗がもたらす序列もまた、どこまでもフラットな序列に過ぎないのだ。別の面からみれば、『M-1』の成功に追随してR-1やキングオブコントなど、趣旨を違えた類似のコンテストが続々と乱立するという状況もまた、いわば「序列化の並列化」を招いてしまっていることで、この序列があくまで平板なものであることを示唆しているだろう。さまざまな小さな感動物語があちこちで出現しては消え、とくに深追いをしない視聴者はそれらを見逃し、かといって残念がることもなくやり過ごす。そうして「お笑い」の地平に意味を備給し輪郭を確定しようとする試みは、自身の振る舞いが複数化することで、その営み自体の意味をすり切れさせ平板化してしまう。

4　ネタ鑑賞バラエティの快楽

そのように『M-1』の試みが自壊しつつある一方、安易化する「お笑い」とみえる動向は、独自の膨らみと快楽を生み出している。この点で注目すべきは『エンタ』と『レッド』において視聴者が強く感応し、制作側がその動向を引き受けて補強していったフレーム、すなわちネタ鑑賞バラエティというフレームである。『エンタ』のプロデューサー五味一男は、『エンタ』は「ネタ番組の形を借りたバラエティ番組」だと衒いなく公言している。つまり、たんにネタを羅列するのではなく、バラエティの演出上の技法をふんだんにもち込み、番組構成はもとより、ネタの台詞へのテロップの付加、笑い声の追加、構成作家などでチームを組んだうえでのネタへの介入、さらにはウケそうな部分だけを切り貼りするネタの編集、等々、まずもって番組という単位をバラエティの技法で組みあげたうえで、その素材として、個々の芸人のネタを適所にはめ込んでゆくという姿勢である。それゆえ同じスタイルの芸であれば（たとえば冒頭の一人語り系や、中盤の客いじり系、エンディングの歌モノ、等々）、視聴者の飽き具合に応じて相互に入れ替え可能なパーツとして芸人を扱うことになる。そうした高度な演出の数々が狙うのが、バラエティ的な「空気」の醸成であり、視聴者のほうもまた個々のネタというよりも、そうした楽しげな「空気」を享受することを求めて番組を視聴する。それゆえ『エンタ』とは個々のネタを面白いものとして素朴に呈示する番組ではない。そうではなく高度に演出されたバラエティ的な「空気」を醸成するネタ＝素材として、個々の芸人のネタを配置し、それによって面白いという「空気」と個々のネタの「面白さ」との、相互昂進する循環を生み出そうとする仕掛けなのである。

いわば芸人のネタをベタに呈示するのではなく、ネタをネタ化するという、バラエティ的論理への「お笑い」の二重化的繰り込みという手法。これを『レッド』はさらに全面展開する。すなわち、たんに個々のネタを並べるのではなく、今田耕司と高橋克実による司会と、芸能人その他の審査員（レッドカーペット会員と呼ばれる）を置き、彼らが個々のネタを鑑賞し、それぞれにツッコミを入れたり感想を述べたりするという体裁をとるのだ。ここでの主体はネタそのものではなく、ツッコミや感想を交わすスタジオの明朗な共同体である。そこで視聴者は直接的にネタをみて笑うのではなく、個々のネタを、それこそバラエティ的コミュニケーションのネタとして他愛のないツッコミやコメントを交わす、おだやかで肯定的なスタジオの笑いに同調しつつ笑う。そうした肯定的笑いを生起させるうえで不可欠な今田のツッコミは、必然的に攻撃性のない無害なものとなる。コンビの一人の動きの奇妙さを指摘したり、私生活のエピソードをバラしたり、ツボにはまったフレーズをくり返したり、等々、ネタの内容に切り込む批評的態度というよりは、芸人のパフォーマンスや人物像をなぞりつつ面白さのポイントを指し示し、と同時にバラエティ的雰囲気にうまく着地させるという、教育と統合をマイルドに果たす（小学校教師のごとき）包摂的態度である。それゆえ今田のツッコミは、よく言われるように「的確」なツッコミというよりも、むしろ「適切」なツッコミなのだ。それは対象の急所をあやまたず射貫く身振りではなく、対象にうまく文脈を与え、笑えるネタという身分を確保させる身振りである。

バラエティ空間のなかにもうひとつ小さな「笑い」の空間を創設し、そのなかに芸人をつぎつぎと並べて鑑賞することで、外部の「笑い」を緩やかに沸騰させる、ネタ鑑賞バラエティというフレーム。このフレームの利点は、まずもって射程が広い点にある。一方ではネタに素直に食いつく昔ながらの小学生や中学生。他方では「お笑い」をマニアックに追求したい一部の人びと。そうした幅広い水準の視聴者を、いずれもほどよく拾っていこうとするフレームであるが、しかし、そのフレームが中心的に狙っているのは、お笑いの文法とコードに高度に習熟しつつも、とくに「お笑い」を深く享受したいとも思っていない若者世代の視聴者であるだろう。彼らは幼少時からテレビに親しみ、バラエティ的コミュニケーションを日常の準規範として生きている。「ボケ」「ツッコミ」はもとより「スベる」「おいしい」「絡みづらい」といった「お笑い」の語彙を用いて、日常のコミュニケーションを反省的に批評し、その達成具合を相互に確認するという行為を彼らは日々くり広げている。そうした視聴者にとって「お笑い」は、享受すべき個別的対象というよりも、諸々の判断や行為をくり広げるさいの前提的環境をなしている。高度な読解能力を身につけながら、さほど深追いをせず食いつきが悪い彼らは、素朴にネタを羅列する番組であったら、軽く眺めて素通りしてしまっていただろう。さして深くは「お笑い」にコミットしようとは思わない（つまりはベタに「お笑い」を追求しようとは思わない）視聴者にとって、しかし、ネタ鑑賞バラエティというフレームは魅力的な快楽を与えた。そのフレームを介して、個々の芸人のネタに軽いツッコミを入れつつ、肯定的な笑いに身を浸すという快楽が発見されたのである。

5　ネット時代の「お笑い」の居場所とは？

芸人のキャラ化とネタのショート化とは、そうしたネタ鑑賞バラエティというフレームが要請する、個々の芸／芸人の最適な処理方法にほかならないだろう。芸／芸人はあくまでバラエティ空間を緩やかに沸騰させるネタ＝素材であればよいのであって、分かりやすくコンパクトであるほどよい。「お笑い」としての成立は、バラエティ空間の側のツッコミが担ってくれるのだから、芸／芸人の側は、ネタがネタであると認知しうる極小のきっかけさえ与えればよいのだ。それゆえ芸／芸人は、極小まで切り刻まれ「お約束」化された記号として呈示されることになる。そうした記号に視聴者は、微弱に反応してもよいし、強い好奇を抱いてもよい。そして興味に引っかかった芸人がいれば、視聴者は、ネットやケータイを介して芸人の情報を調べたり動画をチェックして、その対象に薄くハマることもできる。この場合、番組視聴と情報探索はほとんどシームレスであって、テレビからネットやケータイへ、またその逆へというプラットフォームの移行は、きわめて滑らかに違和感なくおこなわれる。この滑らかな視聴と探索の相互移行からもまた、安易化する「お笑い」に独自の快楽が得られるだろう。好奇の触手を伸ばしたり広げたりして、複数のプラットフォームをまたぎ、視聴と探索を自在に接続することで、テレビ画面上では「お約束」化されている記号に好きなだけ厚みを増すことができるのだ。

テレビというプラットフォームの境界を意識しない、こうした「お笑い」の享受のありようは、テレビと密着した「お笑い」にとって、無視しえないプレゼンスを示しはじめている。動画投稿サイトから人気に火がついて、テレビに登場するようになる芸／芸人の事例も数知れない。たとえば小島よしおはYouTubeの週間視聴ランキング世界五位となった点が注目されてテレビに姿を見せたのだし、芸人コンビはんにゃの〝ズクダンズンブングンゲーム〟は、これもYouTubeでの三〇〇万ヒットをきっかけに、番組でも頻繁に演じるよう求められるようになったという。それゆえネット上の情報探索や動画視聴は、テレビに出た芸人の後追い的な確認行為になると同時に、テレビで注目されていない芸人の先取り的な発見行為にもなりうる。言い換えれば、すでにテレビでキャラ化がほどこされた芸／芸人に薄くハマるための手段にもなれば、まだキャラ化が確立されていない芸／芸人を、ひとつのキャラとして同定する行為にもなりうるのだ。芸人のキャラ化とネタのショート化は、そうしたネット上での動画視聴ともひじょうに相性がよく、むしろネット上の断片的な動画視聴のスタイルをテレビが模倣し、ネタ鑑賞バラエティというフレームに落着させたという面も強い。

このようにテレビの「お笑い」とネットとは、互いに補完し依存しあう関係に入り込んでいるのだが、現段階ではいまだテレビの支配力のほうが強いために見たところ良好な循環が生じている。けれども融通無碍にメディアを移行する「お笑い」のフラットな享受は、テレビというプラットフォームの輪郭を限りなく曖昧にさせ、その支配力をじわじわと解除してゆくだろう。そのとき「お笑い」の居場所はどうなるのだろうか？　現今の「お笑い」ブームを支えているのは確実にフラットな享受であるが、その享受スタイルはテレビというプラットフォームの輪郭を薄れさせてゆく。このジレンマを「お笑い」がどのように生き抜き、自己を維持し続けられるのか――その点にフラットな時代の「お笑い」の運命がかかっている。

【ググれカス】

検索への浅い信頼

菊池哲彦

1　ネット文化の中の「ググれカス」

　インターネット検索一般が、「グーグル」という検索エンジンの固有名によって示されるようになって久しい。グーグルが検索サービスにおける圧倒的なシェア（二〇〇九年九月で七一・〇八パーセント）を誇っている米国では（http://www.sem-r.com/news-2010/20100119140616.html）、二〇〇六年に、「グーグル」が「ネット検索する」という意味の動詞として辞書に掲載され、グーグル社が商標の普通名詞化を懸念していることが報道された。ヤフーの検索エンジン利用者が五割強を占めグーグル利用者は四割を切っている（二〇〇九年一月で三八・二パーセント）日本においても（http://www.nextglobaljungle.com/2009/03/20091_y513g382comscore.php）、グーグルに由来する「ググる」が「ネット検索する」という意味の動詞として定着しつつある。そのような日本のネット文化に現れたことばが「ググれカス」である。

　このことばは、日本のネット・ユーザーのあいだに広まっているネット隠語《スラング》のひとつであり、二〇〇八年版『現代用語の基礎知識』（自由国民社、二〇〇七年一一月刊）に掲載されて話題にもなった。「ググれカス」とは、「グーグルで検索すれば誰でもすぐに分かるようなこと」を掲示板や質問サイトなどで尋ねるようなユーザー（ネット上では「教えて君」と揶揄される）を罵倒する際に使われる隠語《スラング》である。「それぐらい自分で検索しろ、バカ野郎！」というようなニュアンスだと考えておけばよいだろう。

　グーグルに限らず検索エンジンにキーワードを入れ

さえすれば済んでしまうことを尋ねてしまうユーザーの厚顔無恥さにも呆れてしまうが、それを口汚く罵るユーザーも（気持ちは理解できなくもないが）決して褒められるものではない。こうした罵倒が飛び交っているのが現代日本のネット文化の現実なのであるが、ここでは、この現実を嘆くのではなく、この隠語を手がかりにしてこの現実の一側面を描き出すことを試みてみたい。そこから見えてくるのは、「コミュニケーションの品のなさ」というよりも、「知に対する態度の浅さ」である。

2　検索エンジンへの素朴な信頼と知

「ググれカス」と罵倒するユーザーは、自分で調べずに他人に気安く尋ねる厚顔無恥なユーザーに対して優位な位置に立っているように見える。実際、「ググれカス」とは、いい方に品性こそ欠けているが、検索エンジンを使いさえすれば誰にでもすぐに分かることをネット上で尋ねる他力本願のユーザーに対し、「他人に尋ねる前に自分で検索しろ」と、その態度を「たしなめる」ものである。最大限好意的に解釈すれば、かれらは、質問者に対して、「検索しさえすればすぐに分かりますよ」と優位な立場から「助言」しているともいえる。

しかし、罵倒するユーザーと罵倒されるユーザーのあいだの差異はそれほど大きいものなのだろうか。既に述べたように、「ググれカス」という罵倒には「検索すれば求める答えにアクセスできる」という「回答」の意味が含まれている。また、罵倒されるユーザーは、浴びせられた罵倒に対して「そんないい方って」と思いながらも、「助言」に従い自分で検索することによって自分の求める情報をネット上で入手するだろう。

そもそも、掲示板や質問サイトで尋ねること自体、検索エンジンの代わりに他のネット・ユーザーを利用して自分が必要とする情報にアクセスするということでもある。これらの点から考えれば、罵倒するユーザーも、罵倒されるユーザーも、結局のところ、検索エンジンに検索語を入力するなり、他のネット・ユーザーに尋ねさえすれば、「ネット上にある、自分にとって有益な情報にアクセスすることができる」と素直に信じている点で共通している、といえる。その点で、「ググれカス」と罵倒する側は、「自分で実際に検索するかどうか」という差異を根拠に優越感を示しているにすぎないともいえる。両者が共有しているのは、ネット上に自分の求めている情報が必ず存在し、ネットで尋ねるなり検索エンジンを使うなりすればその情報に必ずたどり着けるという、ネット上の情報と検索エンジンに対する「素朴な信頼」である。

現代日本のネット・ユーザーの多くは、自分が求める情報がネット上にあることをなかば自明視してしまっており、しかも、その情報へアクセスした時点で満足してしまう。かれらは、自分がアクセスした情報の信憑性に対しては意外なほど無頓着なのである。たとえば、調査会社メディアインタラクティブ社が実施した二〇〇八年の調査は、そうした無頓着さを示している。この調査によると、日本のネット・ユーザーの八割弱は、検索エンジンによる検索結果の三ページ目までに表示されたリンクをクリックするという(http://japan.cnet.com/research/column/webreport/story/0,3800075674,20371891,00.htm)。ネット・ユーザーたちは、ネット上に流通している情報があまりにも膨大なので、なるだけ多くの情報にアクセスすることを最初から放棄し、検索エンジンが「情報価値が高い」とお墨付きを与えているページランク上位の情報にしかアクセスしない。しかし、かれらは、ページランクが「正しい」と考えているのではなく、すべての検索結果を確認したり、複数の情報をつきあわせて情報の精度を検証するのが「非効率的」だから最初の数ページでクリックして満足してしまうのだ。検索エンジンの普及以来、「アクセスの容易な情報」に対する無頓着な信頼がこんにちのネット文化に広く浸透しているのである。

アクセスの容易な情報に対する素朴な信頼は、ネットの掲示板文化においてしばしば発せられる「情報源《ソース》は？」という問いにも現れている。この問いに対して示される情報源として求められているのは、私的・公的さまざまなネット情報であったり、新聞、書籍、テレビなどのマスコミ情報のような「アクセスの容易な情報」であることが多い。ネット・ユーザーたちは、しばしば、マスコミを「マスゴミ」と揶揄し、その情報操作や偏向的な報道姿勢を批判するにも関わらず、情報源としてのマスコミ情報を素朴に信頼しているのである。それは結局のところ、ネット・ユーザーにとって、それらの情報へのアクセスが容易であるからに他ならない。実際、情報源へのアクセスを容易にするためのリンクや出典の指示が求められる。そして、公的なアクセス可能性が低い情報源の場合は、「自作自演」（おまえがいっているだけだろう）と批判されることになる。ネット情報やマスコミ情報以外にも独自に情報を探し、それらをつきあわせて情報の信憑性を検証しなければならないような情報はネット・ユーザーに求められてはいない。現代日本のネット・ユーザーにとって信憑性の高い情報とは、あくまでも「アクセスの容易な情報」なのである。

しかし、急いで付け加えておきたいのは、ネット・ユーザーにとって「アクセスの容易な情報」とは、結局のところ、ネット上に流通している情報にほぼ等しい、ということである。ネット上のニュースサイトに掲載される「注目ニュース」は、新聞、雑誌、テレビのニュース番組やワイドショーの話題と大差はない(というよりその再掲である)。また、マスコミもネット情報を情報源として積極的に活用している。マスコミ情報は、多くの場合、ネットでアクセス可能なのである。そのため、ネット・ユーザーたちが信頼している「アクセスの容易な情報」は、最終的に、「ネット上に流通している情報」に収斂していくことになる。

もちろん、ネット・ユーザーたちは、自分の求める情報がネットの外部にも存在しうることを十分に理解している。しかし、かれらは、膨大な情報の海の中から自分の求める情報を拾い上げる検索エンジンという情報技術の発達によって、ネット上の情報だけで充分に満足できる情報に到達できるようになった。検索エンジンが導いてくれるネット空間の内部の情報にアクセスした時点でかれらの知的欲求は満たされてしまうので、その結果として、かれらはネット空間の外部に知が存在しないかのように振る舞うことになるのだ。

このように、現代日本のネット空間の中で飛び交っている「ググれカス」というネット隠語《スラング》が示しているのは、検索エンジンによって容易にアクセス可能なネット情報を素朴に信じる、というネット・ユーザーたちの知に対する態度である。かれらの知の探求が、アクセスした情報の信憑性を検証したり、そこからさらに情報を掘り下げていく態度へと展開していくことは稀である(ネット・ユーザーのほとんどは、検索エンジンによる検索結果の上位しか確認しないのだから)。かれらは、ネットの外部にも知が存在することは理解しつつも、検索エンジンでアクセス可能なネット空間の外側にはあたかも知が存在しないかのように、ネットに流通する情報に安易に依存していく。知の根拠が検索エンジンによってアクセスの容易になったネット情報のみに閉塞してしまっている、という意味で、かれらの知に対する態度は「浅い」のだ。

3 ネット文化の中の情報エリート

ところで、ここまで検討してきた、現代日本のネット・ユーザーの知に対する態度の「浅さ」という見方に対して、次のような異論も想定しうる。検索エンジンに代表される最新の情報技術を主体的に使いこなし、ネット情報とネット外部の情報とを活用しながらより深い知へと到達しているネット・ユーザーも一定数存在しており、ネット・ユーザーの知に対する態度を「浅い」と断言してしまうのは早計ではないかと。

中川淳一郎の『ウェブはバカと暇人のもの』が指摘するように、情報技術を主体的に使いこなしているネット・ユーザーは少数派であって、大部分は検索エンジンによって容易にアクセス可能なネット情報を素朴に信頼してしまう大衆的なユーザーである（実際、同書が描き出す現代日本におけるネット文化の大衆的な現実は、「ググれカス」をめぐるエピソードから書き起こされる）。しかし、ネット・ユーザーのほんの一部を占めるにすぎない「情報エリート」を、その少数性ゆえに「例外」として扱ってしまうと「現代日本のネット文化の現実」を捉え損なってしまう可能性が大きい。というのも、情報技術を主体的に使いこなす情報エリートは、ネット・ユーザーとしてはたしかに少数であるが、かれらの情報行動と情報化社会論との親和性の高さゆえ、こんにちのネット文化に言説の面から大きな影響を与えているからである。ここからは、情報エリートと「情報化社会論」との関係からネット文化の現実を検討してみよう。

4　ネット文化の中のＷｅｂ２・０論

情報化社会論の新しいヴァリエーションである「Ｗｅｂ２・０」論は、検索エンジンに代表される新しい情報技術に注目し、それらがもたらす社会の新たな姿を描き出す。Ｗｅｂ２・０とは、情報の送り手と受け手が固定的ではなく流動的であることによって、集合知を生み出し、それをリソースとして新たに生み出された情報を再度集合知へと還元していくような情報技術とそれらから成る情報システム全体を指す（Tim O'reilly, "What Is Web 2.0", http://www.oreillynet.com/pub/a/oreilly/tim/news/2005/09/30/what-is-web-20.html）。このＷｅｂ２・０を象徴するサービスが「グーグル」なのである。

こんにち、Ｗｅｂ２・０論の生産に積極的に関わり、それらの言説を支持しているのは、新しい情報技術を使いこなしている「情報エリート」たちである。かれらが、グーグルという検索エンジンにとりわけ注目するのは、この情報技術が知の再編を推進する可能性を持っているからである。既存の知の体系においては歴然とした情報のヒエラルキーが作用し、参照される機会が多い少数のメジャー情報と、ほとんど参照されることなく埋もれてしまう膨大なマイナー情報というアクセスの極端な不均衡が存在した。グーグルに代表される検索エンジンは、既存の知の体系における情報のヒエラルキーを踏襲して大多数にとって価値のあるメジャー情報へと導くのではなく、その突出した情報技術によってメジャー情報とマイナー情報のあいだのアクセス可能性を均等化し、固有の利用者にとって本当に価値のある情報へと到達することを可能にする。この情報のヒエラルキーの解体と、膨大な情報へのアクセス可能性を高めることが知の再編を推進し、集合知を形成する新たな情報文化を生み出す。Ｗｅｂ２・０論を支持する情報エリートたちは、そういう「新たな社会」への道筋を、ネット空間に流通する膨大な情報とそれらへの効率的なアクセスを可能にする検索エンジン＝グーグルに見出したのだ。

　こうしたＷｅｂ２・０論はたしかに説得力を持っている。しかしそれでも、それに対する違和感は拭いきれない。この違和感は、Ｗｅｂ２・０論が、グーグルの持つ「可能性」を、グーグルの「実際の使われ方」と切り離して、「グーグルがもたらす新しい社会」に短絡してしまっているところにある。中川淳一郎はここに切り込み、そんな「新たな社会」を実現するようなネット利用ができるのは少数の情報エリートであり、圧倒的大多数の大衆の利用状況（「ググれカス」という罵倒が飛び交うような）をみるかぎりそんな社会は実現しえない、と論じたのだった。中川の指摘はおそらく正しい。Ｗｅｂ２・０論を支持する情報エリートも、そのことに気づいている。実際、『ウェブ進化論』（二〇〇六年二月刊）によって、日本における「Ｗｅｂ２・０」の普及に大きな役割を担った梅田望夫は、二〇〇九年六月に、日本のネット文化の現実に対して「残念」と発言し大きな反響を呼んだ（梅田望夫・岡田有花「日本のＷｅｂは「残念」梅田望夫さんに聞く（前編・後編）」http://www.itmedia.co.jp/news/articles/0906/01/news045.html#p）。

　しかしそれでも、Ｗｅｂ２・０論は一向に勢いを失う気配はない。むしろ、クラウド・コンピューティングやツイッターのようなＷｅｂ２・０的なウェブ・サービスの展開に伴い、むしろ勢いづいている。多くのビジネス雑誌は、これらのウェブ・サービスが、情報の蒐集や発信にいかに有効であるか、ビジネス・チャンスを拡大する可能性を持っているかを積極的に論じ、これらのサービスの活用に関する特集を頻繁に組んでいる。最新の情報技術の可能性に対する期待を煽るＷｅｂ２・０論が、その期待を裏切るネット文化の現実を前にしてもその効力を失わないのは、Ｗｅｂ２・０論を含む情報化社会論そのものが、近代産業社会が自身を存続させるために生み出し続けなければならなかった、技術決定論に連なっているためである。技術決定論は「新たな技術が社会を変革する」という「夢」を提供し続けることによって、われわれが生きている近代産業社会の存立を支えている（佐藤俊樹『社会は情報化の夢を見る』第四章）。Ｗｅｂ２・０論は情報化社会論の最新ヴァージョンであると共に、技術決定論の最新ヴァージョンでもあるのだ。

技術決定論は技術の可能性を極大に捉える。Ｗｅｂ２・０論は、検索エンジンのような情報技術を民主的に共有することによって到来する社会像を「来るべき新たな社会」として提示する。そのためにも、技術決定論と同様に、最新の情報技術を積極的かつ最大限に評価していかなければならない。実際には、Ｗｅｂ２・０論の強力な支持層である、情報技術を使いこなすユーザーほど、情報技術の不完全さにも自覚的であるはずだ。たとえば、かれらは、検索エンジンの検索結果として示される数々の情報を素朴に信用していない。むしろ、検索エンジンが「玉石混淆」のネット上の情報を同列に並べてしまうことで、虚実混淆のいかがわしさを露呈させてしまいかねないことを自覚しているだろう。しかし、かれらは、自分たちが生きる近代産業社会を駆動し続けていくために、情報をめぐる不合理な格差や既存の非効率的な制度を乗り越える情報技術の可能性を最大限評価したうえで、情報化社会論という言説の生産に関与していかなければならない。かれらが支持するＷｅｂ２・０論は、ネット情報への情報技術によるアクセスがもたらす「新たな知の可能性」を強調するあまり、あたかも、ネット空間の外部には知が存在しないかのような語りの傾向を強めていく。情報エリートたちは、ネット空間の情報が知の全体ではなく、その外部に知が拡がっていることを十分に理解しているにも関わらず、情報化社会論の言説生産に関与する限り、新たな情報技術がもたらす社会的な効果を強調して語ることになる。その結果、「あたかも検索エンジンによってアクセス可能な情報空間の外側に知が存在しないかのような」語りを生み出し続けることになる。Ｗｅｂ２・０論が想定している「知」は、結果的に、検索エンジンによってアクセス可能な情報のみに限定されているかのように見えてしまうのだ。

5　検索への浅い信頼とネット文化の平板《フラット》さ

現代日本のネット文化を形成するネット・ユーザーは、その検索エンジンをめぐる情報行動において二極化している。「ググれカス」というネット隠語《スラング》が象徴しているのは、検索エンジンの提示する情報を無頓着に信じる、ネット・ユーザーの大部分に当てはまる受動的情報行動であり、その一方で、検索エンジンを主体的に使いこなし、能動的な情報行動を展開する情報エリート的ユーザーも一定数存在する。しかし、検索エンジンをめぐる情報行動のあいだの大きな差異の向こう側に、その差異をも均してしまうようなネット文化の現実が拡がっているのではないか。

大衆的ネット・ユーザーは、「検索エンジンによる情報へのアクセスの容易さ」に素朴に寄り添い、検索エンジンでアクセス可能な情報空間が知の全体であるかのように振る舞ってしまう。エリート的ネット・ユーザーは、対照的に、検索エンジンを主体的に使いこなし能動的な情報行動を展開する。しかし、情報エリートの情報行動を支えるWeb2・0論は、検索エンジンという情報技術が社会を変える可能性を極大視するために、検索可能な情報空間が「知そのもの」であるかのように見せる言説として機能する。

大衆ユーザーと情報エリートのあいだには、検索エンジンに対して、情報行動レベルで素朴に寄り添ってしまうか（ベタ）、言説レベルで結果的に寄り添っているかのように見えるか（メタ）という違いはある。しかし、このベタとメタが「知に対する態度」として重なり合っている。両者とも、ネットの外側の知の存在を自覚しつつも、最終的には、検索の外側に知が存在しないかのように、検索エンジンによって到達可能な情報空間を信頼してしまう。現代日本のネット文化全体に浸透しているのは、検索を安易に信頼してしまうような知への態度の浅さである。日本のネット文化をその平板さにおいて捉えようとするならば、コミュニケーションの様態のような表面的現象だけでなく、それらの背後に拡がっている知に対する態度こそ捉えなければならない。

【動画／二次創作】

ネット時代の映像文化

菊池哲彦

1 映像表現にとっての映像共有サービス

近年、画像共有・動画共有サービス（以下、画像・動画両方を含む場合は「映像共有サービス」）が、インターネット・サービスのなかで注目を集めている。これらのサービスは、情報技術の新たな可能性を論じるWeb2・0の議論とも重なりながら、現在さまざまな側面から論じられている。

まず、もっとも目立つのは、ビジネスに革命をもたらす新たなサービスとして映像共有サービス（特に動画共有サービス）を論じるものだ（たとえば、神田敏晶『YouTube革命』）。従来、映像制作者は、映画制作会社、テレビ局、出版社といった「マスメディア」という配給を支配する組織と連携することによってしか自分たちの作品を広く公開する手段を持たなかった。しかし、映像共有サービスを利用すれば、マスメディアを経なくても、インターネットを利用して、自分たちの作品を広い範囲に流通させることが可能である。また、マスメディアがとりあげない個性的な映像作品や、マスメディアが忘れ去ってしまった過去の映像作品は、ネット上で公開されることによって、それらに対する新たな需要が生み出されている。こうした流れで、映像共有サービスは、これまでの映像流通の構造変化を引き起こし、新たなビジネス・チャンスを生み出しうることが強調される。

もうひとつは、映像共有サービスを、表現活動の回路として肯定的に論じるものだ（梅田望夫のいう「総表現社会」など）。このサービスが、マスメディアと連携しなくても映像作品を広範囲に流通させる回路として機能しうることを踏まえ、映像作家が自身の作品を流通させる可能性を高め、多くの才能が表舞台で活躍する機会を与えられるという見方だ。

こうした議論は、インターネットの情報を流通させる機能を考えれば非常に分かりやすい。しかし、「映像文化」の側面から考えるならば、インターネットによる流通可能性の増大という側面だけでは捉えきれない部分が含まれている。ここでは、映像と「表現活動」の関係に着目し、そのあり方がインターネットとの関係でどのように変化したのかに目を向けてみたい。

2　画像共有サービス：公と私の捻れ

インターネットは、表現活動の回路として積極的な効果を上げているのか。ここでは、画像共有サービスと動画共有サービス、それぞれのサービスにおける表現活動の現状を別々に確認していきたい。

まずは画像共有サービスから見ていこう。画像共有サービスとしては、グーグル系のピカサ・ウェブ・アルバムやヤフー系のフリッカーといったサービスがよく知られている。これらのサービスは、基本的には、制作した画像データ（デジタル写真、CGイラストなど）をネット上のサーバーに保存・共有し、Webブラウザによって画像閲覧を可能にするサービスである。さらに、公開した画像に対してコメントをつけるといったコミュニケーションのための機能も備えているものも多い。最近では、作品公開の場としてインターネットを利用する「Web写真」と呼ばれる写真表現のジャンルが、こうした画像共有サービスを積極的に活用している。

Web写真のような活用に目を向ければ、画像共有サービスは映像作家たちに新たな作品公開の場を与え、表現活動の回路として積極的な役割を果たしているかのように見える。画像共有サービスは、もちろん、作品発表の場としても利用されている。しかし、実際にこのサービスで公開されている画像をみてみると、圧倒的に多いのは、家族や仲間と一緒に撮影した記念写真・スナップ写真の類である。この場合、画像共有サービスは、一緒に写った家族や仲間たちと画像を共有するために利用されている。銀塩カメラの時代であれば、記念写真やスナップ写真のプリントを貼ったアルバムを家族や仲間に手渡していた。デジタル写真の時代には、その代わりに、画像データをネット上に保存して、インターネット環境さえあればいつでもどこからでも閲覧できる画像共有サービスを使う。かつての写真アルバムに代わり画像閲覧に利用されている点で、ピカサ・ウェブ・アルバムという画像共有サービスの名称は象徴的であろう。

画像共有サービスは、実際には、作品を公開して「知らない人に見てもらう」ためというよりも、銀塩写真におけるアルバムのように「知っている人に見てもらう」ために利用されている場合が多い。つまり、そこには、自分の作品をより多くの人に見てもらいたいという「表現」の意識は希薄なのである。むしろ、そこに写った人やその人たちを知っている親しい人たちと、その画像を媒介としてコミュニケーションを図る、という意識が先立っている。知り合いでもない人に家族写真や仲間内のパーティの画像を見せてもあまり積極的な意味はない。親しい人たちのあいだのコミュニケーションのためにこうした画像は見られるのである。これらは、表現活動として公開されているわけではない。

しかし、この「知っている人に見てもらう」私的な画像が、不特定多数の人に開かれたネット上に保存されているという点こそ注目すべき点である。「知っている人（だけ）に見てもらいたい」はずなのだが、そのネット上のアルバムは、不特定多数の人に開かれており「知らない人」も閲覧することが可能なのである。意図しない公開を回避するために、ほとんどのサービスはパスワードによるアクセス制限を設定可能なシステムを採用しているが、手間を嫌って何も設定しないまま（あるいは設定可能なことすら気づかないまま）利用している利用者も少なくないのが画像共有サービスの現状である。

銀塩写真の時代には、私的な写真と公的な写真の流通範囲はほとんど交わることがなかった。私的な写真はアルバムなどに貼られて親密な人たちのあいだで見られ、公的な写真はマスメディアに掲載されて不特定多数の人に見られていた。しかし、このインターネットの時代には、私的な写真が公的な空間に大量に流入（流出？）してきている。不特定多数の人に見られ（たく）ないという前提の私的な映像が、「知らない人」を含んだ公に開かれ実際に閲覧される、という拗れた事態が生じている。

3　動画共有サービ：公開性と表現意識の希薄さ

「知っている人に見られる」ことを前提に利用されている画像共有サービスに比べ、動画共有サービスは公的に開かれることを前提として利用されているようだ。動画共有サービスも、画像共有サイトと同様、動画データをネット上のサーバーに保存・共有し、Ｗｅｂブラウザでアクセスして閲覧する。世界規模で利用されているYouTubeや、ドメスティックではあるが日本国内では大きな支持を得ているニコニコ動画といった動画共有サービスには、「他者」の目を意識して制作され、「知らない人に見られる」ことを前提とした映像が多数投稿されている。

このような特徴を持つ動画共有サイトだが、その筆頭であるYouTubeが注目を集めたきっかけは、過去のテレビ番組の一部、過去のＣＭ、さまざまなプロモーション・ヴィデオといった著作権を侵害した動画が投稿されたことによる。こうした動画が投稿された背景には、マスメディアが扱いにくいこうした映像に対する潜在的な需要があったことと（「あの頃にテレビで見た映像が見たい！」）、こうした映像の再生時間が一〇分以内というシステム的な制限（二〇一〇年七月末から一五分以内に延長された）ともうまく合致していたことがある。また、再生時間の短い動画を自分の好みで選びながら次々と再生可能なコンピレーション的インターフェイスが、断片を組み合わせて消費する現代の「データベース消費」（東浩紀『動物化するポストモダン』七六―七八頁）のスタイルにも適合していたことも、動画共有サイトの普及に一役買っている。

まず、こうした違法動画が多数のアクセスを呼び寄せた。YouTube側は違法データの削除を行うのだが、投稿のペースに削除が追いつかず、違法動画がある程度の期間閲覧可能であったことから、YouTubeはネット・ユーザーのあいだで大きな話題になり利用者を増やしていった。ニコニコ動画など他の動画共有サイトでも、著作権侵害動画の投稿は大きな問題になり削除などの対応がとられているが、これらの動画が一定のアクセスを支えていることはたしかである。これらの違法動画は、もちろん、「表現活動」ではない。これらは、顕示的（見せびらかし的）な動機や「こんな映像知っている？」というコミュニケーション的な動機で投稿されている。

しかし、これらの著作権侵害動画によってその存在が浸透し、利用者が増加してくると、著作権を侵害した動画だけでなく、日常生活の中でのほほえましい場面のような「日常発見ネタ」の動画など、投稿者自らが制作した動画も数多く投稿されるようになる（幼児やペットの動画なども目立つ）。そうした「オリジナル動画」のなかでも注目に値するのは、いわゆる「パロディ動画」である。二五万個の色とりどりのカラーボールがサンフランシスコの坂道を転がる話題のＣＭに触発されて、自宅の階段でカラーボールを転がして撮影されたもの、街中でバスケットボールやサッカーボールを転がしたものなど、多数のパロディ動画が制作され、投稿された。日本でも、人気アニメーション『涼宮ハルヒの憂鬱』や『らき☆すた』のオープニングやエンディングでキャラクターたちがテーマに合わせて踊るダンスを、自分たちで踊って撮影した動画がYouTubeやニコニコ動画に次々と投稿された。特に優れた動画には「GJ！（"Good Job !"の略記）」「神」「ｗ（（笑）を表す）」などの賞賛のコメントが付いて盛り上がり、ネット上でも広く話題となった。オフィシャルな元ネタがあるパロディだけではない。たとえば、米国の二人組が、ダイエットコークの二リットル・ペットボトルにメントス・キャンディを四粒投入するとコークが噴水のように吹き出すという（ある意味バカバカしい）実験を撮影した動画をある動画共有サイトに投稿したところ、他のユーザーがおもしろがって自分たちの「実験」を撮影して投稿し始め、動画投稿の連鎖が生まれて広い範囲で大きく盛り上がった。口の中にメントスを含んだ後にダイエットコークを飲んで口からコークを吹き出すという強者（?）も現れ、コメントで喝采された。

元ネタのパロディ、パロディのパロディ、パロディのパロディのパロディ……。こうした動画による反応が連鎖していく。YouTubeのコメント欄や動画レスポンス機能（ある動画に対して動画で返信する機能）、またニコニコ動画における動画の進行に合わせた疑似同期コメント機能は、投稿者と視聴者の直接的コミュニケーションを可能にし、動画投稿の連鎖を促進する方向で働いた。これらの映像作品は、たしかに投稿者が制作したものなのだが、表現活動として制作されたというよりも、「みんながやっているから」「おもしろそうだから」「自分もやってみたい」という「ノリ」で制作され、このノリの延長で動画が投稿されると、続く動画の制作と投稿の連鎖が生み出されていく。ここで展開しているのは、表現活動というより、二次創作による「コミュニケーション」である。

こうした動画共有サイトの現状は、とりあえず、次のようにいうことができるだろう。動画共有サイトには、表現活動として制作された動画も投稿されている。しかし、閲覧回数が多いのは、著作権を侵害していたり、ノリで制作された「表現意識」が希薄な、二次創作のコミュニケーションを志向する動画である。こうした動画が次々に投稿されネット上で話題になって広まっていく。こうしたコミュニケーション的利用が広がっているのが動画共有サイトの現状である。

4　ネット以前の映像における表現意識

以上で見てきたように、ユーザーたちは、「表現活動の回路」とは違ったかたちで映像共有サービスを利用している。このようなサービスは、表現意識の希薄な映像を拡散させる。しかし、そうした現状を踏まえて、その表現意識の希薄さを嘆くだけではインターネット時代の映像文化を捉えたことにはならない。まず、ネット以前の映像が純粋に表現活動だけを志向していたかどうかを検討する必要がある。

たとえば、写真は、ある時期まで、露光時間（シャッタースピード）調整、絞り調節、焦点調節（ピント合わせ）など、複雑な調整手順を経て撮影されるものであった。そのため、写真撮影は、これらの手順を十分に理解したうえで技巧として「修得」した人びとによる専門的な実践であり、それゆえにそうした技巧を駆使した表現意識と強く結びついていた。一九六〇年代以降、自動露光（AE）カメラやオートフォーカスカメラが実用化されることによって、撮影の複雑な手順が極限にまで単純化され（「ファインダーを覗いてシャッターを押すだけ！」）、専門的な技巧を修得しなくても、誰もがそれなりの写真を撮影できるようになった。写真撮影は、誰もが手軽に行えるものとなり、カメラの低価格化とも相まって、写真撮影を行う人の数も増加していった。こうした写真人口の増加は、「アマチュア写真家」による公的な表現活動を促進し、一九九〇年代には若い女性たちによる表現活動としての「ガーリーフォト」のような新たな写真表現などを生み出したが、他方で、私的な記念写真やスナップ写真として公的な目に触れることのない写真も大量に生み出すことになった。さらに、撮影した写真を現像作業を経ずにその場で確認することを可能にしたデジタルカメラの登場は、全自動カメラ以上に写真人口の増大に貢献しただけでなく、携帯電話などのほかの機械装置との連携によって、日常生活の記録のようなかたちで、必ずしも表現を志向しない私的な写真をさらに生み出すことになった。

動画の分野も同様である。かつて、映画は、写真同様に撮影のための専門的な訓練を要するだけでなく、フィルムが可燃性であったために映写のための技術的習熟も不可欠であった（日本では、かつてはフィルム映写に国家資格や技術認定を必要とした）。一九三〇年代に撮影・映写に関する取り扱いが容易な八ミリ映画が発売されると、さまざまな分野で広く使われるようになり、一九六〇年代後半から七〇年代にかけて家庭にも浸透していった。また、一九八〇年代に入って登場した家庭用ヴィデオカメラは、急速に家庭に普及し、動画撮影をさらに手軽なものにした。動画の撮影・上映の簡易化は、動画映像作品の制作を目指すひとびとにその機会を開いていった。実際、八ミリやヴィデオによる自主映画の制作・上映という表現活動から開始して現在の地位を築いた映像作家も多い。その一方で、動画撮影の家庭への浸透は、表現活動としてだけではなく、子どもの成長記録や家族イベントの記録といった、最初から公開を目指さない私的な動画の撮影も促進してきた。

このように、ネット以前における映像と表現活動の関係を確認すると、映像に関連した複製技術の発展は、表現を志向する映像「作品」の制作だけでなく、表現意識の希薄な、私的な領域に閉じた映像の生産も同時に促進してきた。したがって、ネット以前であれ以後であれ、複製技術が映像による表現活動を促したか否かを問題にしてもあまり意味がない。ここで問題にすべきなのは、映像における表現意識の希薄さが、インターネット時代において、どのようなかたちで現れているのか、である。ここを捉えることがネット時代の映像文化を捉えることにもなる。

5　映像のオリジナリティへの意識の希薄さ

では、映像共有サービスによって流通する映像に端的に表れていた表現意識の希薄さは、インターネット以前の映像における表現意識の希薄さとどのように違うのか。それは「オリジナリティに対する意識の希薄さ」ではないか。「オリジナリティに対する意識の希薄さ」であって「オリジナリティの希薄さ」ではないことに注意しておきたい。表現意識が希薄な映像は、映像制作者の制作意図が希薄なのだから、オリジナリティも希薄にならざるをえない。しかし、複製技術によって生み出される映像においてオリジナリティが希薄（表現意識が希薄）であっても、オリジナリティに対する意識は高い場合がありうる。たとえば、別の映像を模倣する場合、それが模倣である点でオリジナリティは希薄であるが、他の映像の模倣である（オリジナリティが希薄である）ということを自覚している場合にはオリジナリティに対する意識は高いといえる。

映像作品における「オリジナリティに対する意識」がインターネット以前と以後において決定的に変化している。インターネット以前の複製技術の進化（カメラの自動化、八ミリカメラやヴィデオの登場）は、映像を生み出す可能性を、専門的な技巧を身につけた人に限定されない多くの人に開放した。このとき、表現意識の高低（オリジナリティの高低）は別にして、シャッターを押し撮影したのは他ならぬ自分なのだから、映像の起源は自分にあるという「オリジナリティに対する意識」が撮影者にはあるはずだ。

　インターネット以後のデジタル複製技術は、映像を生み出す可能性を開放するだけでなく、映像を生み出すことの意味も変化させた。ネット時代の映像は、デジタルデータとして扱われるがゆえに、オリジナルとコピーの本質的な差異は消失する。デジタル映像は、それゆえに、オリジナルかコピーか、誰が撮影したものかといった映像の起源を曖昧にしたまま、複製と加工を繰り返し拡散していく。また、インターネットに流通する映像には簡単にアクセス可能である。インターネットで入手した映像を「素材」に、デジタル編集・加工を加えるだけで別の映像を生み出すことも容易である。このように、撮影されることなく、既存の映像の加工から別の映像が生み出されるようになったことも、映像の起源を曖昧にする。デジタル複製技術がもたらした、映像のオリジナリティの帰属先の不明瞭さが、インターネットにおける著作権意識（オリジナリティの尊重という意識）の低さとも関係しているように思われる。オリジナリティに対する意識が希薄だからこそ、ネットで入手した、他人が撮影した画像を、自分のブログに掲載したり、画像掲示板や動画投稿サイトに再投稿することに躊躇を感じないのではないか。

　インターネットとデジタル複製技術の時代における映像は、映像を生み出した「作り手」は誰かというそのオリジナリティの帰属先を曖昧にしたまま広範囲に流通していく。そして、映像共有サービスで見てきたように、デジタル映像は、それがどのような「表現」であるかよりも、それがどのようなコミュニケーションを展開していくかが求められる（二次創作のコミュニケーション）。そこでは、コミュニケーションのために、作り手としての「表現意識」はおろか「オリジナリティに対する意識」にとらわれることなく、映像がサラリと生み出され次々に消費されていく。制作物としての深み（表現やオリジナリティに対する意識）を欠いたまま、広く浅く拡散していく映像。平板《フラット》な映像が平板《フラット》に拡がっていくなかで私たちは生きているのである。

【フラッシュモブ】

フラッシュモブと2ちゃんねるオフ

伊藤昌亮

1 パブリック・フリーズの衝撃

二〇〇八年一月三一日木曜日、動画投稿サイト「YouTube」に一本のビデオ映像がアップロードされた。投稿者の署名は「インプロヴ・エヴリホェア」。ニューヨークを拠点に独自の活動を続けているパフォーマンス・アート・グループの名称である。「過去6年間にわたり、インプロヴ・エヴリホェアがニューヨーク・シティーで取り組んできた70以上ものミッションのうちの一つ」とのコメントが添えられたその動画のタイトルは「フローズン・グランド・セントラル」。ラッシュアワーのグランド・セントラル駅を舞台に、「秘密エージェント」と称される二〇七人もの参加者によって繰り広げられた壮大なパフォーマンス・イベントの様子を記録したものであった。

いつものように無数の通勤客や旅行客でごった返しているコンコース。人々はそれぞれ先を急ぎ、巨大なホールの中を縦横にせわしなく行き交う。すると突然、その中の一団があちこちで一斉に動きを止める。あたかもその場でいきなり凍り付いてしまったかのように。ポケットに手を突っ込んで歩きながら停止してしまった者、しゃがみ込んで靴紐を結びながら静止してしまった者、携帯電話を耳に押し当てて談笑したまま凝固してしまった者。手を取り合って歩きながら硬直してしまったカップル、大きなスーツケースを引きずりながら石化してしまった旅行者、床に落とした書類を拾おうとしたところで凍結してしまったビジネスマン。新聞を読みながら、時刻表を見ながら、電光掲示板を眺めながら止まってしまった者、コーヒーを飲みながら、バナナを食べながら、アイスクリームを舐めながら固まってしまった者。雑踏の合間に忽然と現れ出た二〇七体もの不動の立像があちこちに立ち並ぶなかを、何事かと驚いた通行人が怪訝そうに見まわしながら恐る恐る通り過ぎていく。するとに正確に五分後、一同は突然動きを取り戻し、あっけにとられている通行人を後に、まるで何事もなかったかのようにラッシュアワーの人込みの中に散っていった。

YouTubeに投稿されるやいなやこの動画は世界中のインターネット・ユーザーの耳目を集めるところとなる。さまざまなブログで盛んに紹介され、その「クール」さに対して好意的な評価の声が、さらに熱狂的な賛辞の声が次々と寄せられた。アクセス数もたちまち向上し、YouTube全体の動画の中でも屈指の人気を誇るものとして広く認知されるようになる。またさまざまなニュース・サイトやコミュニティ・サイトでも取り上げられ、インターネット上の流行の一つとして広く喧伝されるようになった。

しかしその反響はインターネット上のやりとりにのみ留まるものではなかった。それはまもなくYouTubeやブログの領域から、つまりインターネット上のヴァーチャルな空間から飛び出してよりリアルな場へと、それも世界中のいたるところに開けている場、世界各地の都市の隅々へと広がっていく。つまりニューヨークのグランド・セントラル駅を舞台にインプロヴ・エヴリホェアが実践したのと同様、公共の場で突然一斉に「フリーズ」するというパフォーマンス・イベント、いわゆる「パブリック・フリーズ」を自分たちでも実践してみようという動きが世界中のさまざまな都市へと、そのさまざまな広場、さまざまな街路、さまざまな駅や交差点やショッピングモールへと広がっていく。いいかえればそれはインターネット上の「クール」なコンテンツであることを超え、都市生活における「ホット」なイベントとして世界中のいたるところに広がっていった。

2 フラッシュモブとその系譜

壮大な、とはいえバカバカしい限りのこうしたパフォーマンス・イベントに世界中の人々が熱中し、夢中になるという事態はしかしパブリック・フリーズという特定のレパートリーをめぐってのみ偶発的にもたらされたものではない。パブリック・フリーズ同様、あるいはそれ以上の熱狂と興奮をやはり世界的な規模で巻き起こしてきたレパートリーがほかにもいくつか存在する。
たとえば「モバイル・クラビング」。ロンドン在住のパフォーマンス・アーティスト、ベン・カミンズによって創始されたとされるレパートリーである。「サイレント・ディスコ」「サイレント・レイヴ」などとも呼ばれる。参加者はiPodなどのポータブル・プレイヤーを携えて公共の場に集まり、自分だけにしか聴こえない音楽に合わせて音もなく、しかし激しく踊り狂う。二〇〇三年九月一七日水曜日にロンドンのリヴァプール・ストリート駅で最初の「クラブ」が挙行されて以来、大規模なイベントが世界各地で続々と開催されるようになった。特にロンドンでは巨大な規模のイベントがほぼ定期的に開催されている。

あるいは「ピロウファイト・クラブ」。やはりカミンズによって創始されたとされるレパートリーである。参加者は枕を携えて公共の場に集まり、互いに激しく叩き合う。要するに公共の枕叩き大会である。二〇〇四年一〇月六日水曜日にロンドンのセントポール大聖堂前で最初の「クラブ」が挙行されて以来、大規模なイベントが世界各地で続々と開催されるようになった。特にニューヨークではユニオン・スクェアを舞台に巨大な規模のイベントが毎年定期的に開催されている。

【フラッシュモブ】

ほかにもゾンビの扮装をして低くうめき声を上げ、両腕を前に差し出してよろけながら通りを進む「ゾンビ・ウォーク」、ラッシュアワーの地下鉄の車内に闖入し、いきなり歌ったり踊ったりしながら場違いの大騒ぎを繰り広げる「サブウェイ・パーティー」、人差し指をピストルに見立てて互いに激しく撃ち合い、撃たれたら絶叫したり悶絶したりしながらバタバタと地面に倒れ込む「バン！」など、さまざまなレパートリーが存在する。

こうしたたぐいのパフォーマンス・イベント全般を指すための名称として現在、英語圏の国々を中心に世界中で広く用いられているのが「フラッシュモブ」(flash-mob) なる語である。日本語に直訳すれば「一瞬の群集」「閃光の暴徒」というほどの意味ともなろうこの語であるが、「オックスフォード英語辞典」(OED) の定義するところによればいわばその公式の語義は以下のようなものである。

「インターネットや携帯電話を通じて呼びかけられた見ず知らずの人々が公共の場に集まり、わけのわからないことをしでかしてからすぐにまた散り散りになること」

ニューヨーク在住の人気ブロガー、ショーン・サヴェージの主宰するブログ「チーズビキニ?・」の中で二〇〇三年六月一六日に最初に使用されたとされるこの語、「フラッシュモブ」とはそもそも二〇〇三年六月から九月にかけて、やはりニューヨーク在住の雑誌編集者、ビル・ワジクの主宰する「プロジェクト」というかたちでニューヨークの各所で繰り広げられた一連のパフォーマンス・イベントを指すための名称として独自に考案されたものである。

その後、ニューヨークでのワジクの「プロジェクト」に触発された世界各地の都市の「プロジェクト」の主宰者のもとで同様のパフォーマンス・イベントが続々と開催されるようになるとともにこの名称も定着・普及していく。そしてその翌年、二〇〇四年七月八日に刊行された「コンサイス・オックスフォード英語辞典」第11版に新語として採用・収録されるに至り、ついにこの語はいわば公式に英語の中に位置づけられることとなる。

ただしパブリック・フリーズの主導者であるインプロヴ・エヴリホェアのニューヨークでの活動や、モバイル・クラビング、ピロウファイト・クラブの創始者であるカミンズのロンドンでの活動などはそもそもワジクの活動が開始される前から、いいかえれば「フラッシュモブ」という名称が確立される前からそれぞれ独自に続けられていたものである。たとえばインプロヴ・エヴリホェアはその「ミッション」なるものを、小規模なものを含めればすでに二〇〇一年から、大規模なものに限ってもすでに二〇〇二年から開始している。

それらの活動は二〇〇三年六月以前はもちろんのこと、それ以後もしばらくの間は「フラッシュモブ」と呼び称されることはなかった。しかしワジクの「プロジェクト」を起点とする一連の活動が世界中に燃え広がり、「フラッシュモブ」といういわば新鮮かつ便利な名称が定着・普及していくにつれ、インプロヴ・エヴリホェアの活動の流れを汲むものやカミングの活動の流れを汲むものなどもワジクの活動の流れを汲むもの同様、やはり「フラッシュモブ」という広範な概念の中で一括して扱われるようになった。

つまり「フラッシュモブ」という語は、それを狭義に捉えるとすればニューヨークでのワジクの「プロジェクト」を起点とする一連の活動を指すものであるが、広義に捉えるとすればそれ以前から各地で独自に続けられていたもの、およびその流れを汲むものも含めて、したがってニューヨークでのインプロヴ・エヴリホェアの「ミッション」を起点とする一連の活動や、ロンドンでのカミンズの「クラブ」を起点とする一連の活動なども含めて、二一世紀初頭に世界各地の都市からほぼ同時発生的に立ち現れてきた同様の活動を広範に指すものであると定義されよう。

逆に言えば二一世紀初頭に世界各地の都市から、どういうわけかほぼ同時発生的に立ち現れてきたこれら一連の活動、おそらくはそのあまりのバカバカしさ、くだらなさ、わけのわからなさのゆえにそれまでまともに名指されることもなければまっとうに名付けられることもなく、まとまった名前も持たないままに繰り広げられてきたであろう一連の活動にこの語は一つの名前を、そして一つの概念を与えることとなったわけである。

3　フラッシュモブ以前のフラッシュモブ

こうして成立し、今や世界中のいたるところに浸透するまでになったいわゆる「フラッシュモブ現象」であるが、ではその起点となった活動の拠点がニューヨークやロンドンなどもっぱら欧米の大都市、それも英語圏の国々の大都市に限られていたかというと必ずしもそうではない。いいかえれば現在、インターネット・カルチャーのいわゆるグローバル・スタンダードを先導する立場にあろう英語圏の文化、もしくは欧米の文化の中から立ち現れてきた活動ばかりが「フラッシュモブ現象」の起点となったわけでは必ずしもない。

というのもニューヨークやロンドンにおけるよりもはるかに早い時期から、はるかに熱狂的かつ個性的な「フラッシュモブ現象」をはるかに大規模に生み出してきた地域が実のところ、アメリカからもイギリスからも遠く離れたところに存在するからである。英語圏の文化からも欧米の文化からも切り離されたところ、そのグローバル・スタンダードから孤絶したところに独自の濃密なインターネット・カルチャーを築き上げ、その上に独自の強烈な「フラッシュモブ現象」を開花させるに至った地域、それは日本である。

二〇〇三年六月一七日火曜日、狭義の「フラッシュモブ」、つまりワジクの活動の流れを汲むものとしてのいわば正統的な「フラッシュモブ」の最初の成功したイベントがニューヨークで開催されると、その様子は同日のうちにサヴェージのブログで詳しく報告され、そこを起点に「フラッシュモブ現象」がやがて世界中に燃え広がっていくこととなる。「世界初のフラッシュモブ」としていわば公式に広く認められているものがそれである。しかしそのための記事を書き、「フラッシュモブの生誕」を高らかに宣言した翌日の記事でサヴェージはその三日前の六月一五日日曜日に、したがって「世界初のフラッシュモブ」に先立つこと二日前の時点ですでに東京で開催されていたイベントの様子を大々的に紹介している。「マトリックス・オフ」と名付けられたそのイベントはニューヨークでのイベントに先駆けて開催されたのみならずより大がかりに組織され、より綿密かつ大胆に構成されたものであった。

一三〇人もの大集団が渋谷のスクランブル交差点に集結する。全員が黒いスーツを着て黒いネクタイを締め、黒いサングラスをかけて黒い靴を履いている。映画「マトリックス」シリーズの敵役「エージェント・スミス」の扮装である。横断歩道の手前にずらりと並んだその一団は信号が青になるとともに一斉に歩き出し、じっと前方を見つめながら無言のまま行進する。巨大な交差点が黒づくめの大集団、「スミス軍団」にびっしりと埋め尽くされてしまう。やがて横断歩道を渡り切ると彼らはそこで待ち構えていた三人、やはり黒づくめの「ネオ」「トリニティ」「モーフィアス」の周りを取り巻き、一斉にその三人に襲いかかる。大乱闘が繰り広げられたのちスミス軍団がネオたちの上に覆いかぶさり、真っ黒な塊が一カ所に凝集するが、次の瞬間、ネオの一撃によって彼らは一気に弾き飛ばされ、今度は真っ黒な粉塵が四方八方に飛散する。バタバタと路上に倒れ込み、折り重なったまま横たわる無数のスミス。しかし次の瞬間、一同は突然立ち上がり、一斉に拍手喝采すると、あっけにとられている通行人を後に忽然とその場から姿を消した。

当時、日本では「全国同時多発マトリックス・オフ」と名付けられた一連のイベントがさまざまな都市で立て続けに開催されているところであった。二〇〇三年六月八日日曜日の東京でのイベントを皮切りに翌週の週末、六月一四日土曜日には福岡で、続く一五日日曜日には東京、大阪の二つの都市で、さらにその翌週の週末、六月二一日土曜日には京都、名古屋の二つの都市で、続く二二日日曜日には札幌、新潟、千葉、岡山の四つの都市で、さらにその翌週の週末、六月二九日日曜日には東京で、さらにその翌週の週末、七月五日土曜日には仙台で、続く六日日曜日には京都でそれぞれ大きなイベントが開催された。

その後、半年近くの潜伏期間を経て二〇〇三年一一月にはその第二陣、今度は「全国同時多発オフ・マトリックス」と名付けられた一連のイベントがやはり立て続けに開催されることとなる。一一月一六日日曜日の大阪でのイベントを皮切りに翌週の週末、一一月二三日日曜日には東京、京都、名古屋、さいたまの四つの都市で、続く二四日月曜日には福岡で、さらにその翌々週の週末、一二月七日日曜日には神戸で、さらにその翌週の週末、一二月一四日日曜日には新潟、山形の二つの都市で、さらにその翌週の週末、一二月二〇日土曜日には仙台で、そしてクリスマス・イヴの一二月二四日水曜日には大阪でそれぞれ大きなイベントが開催された。

4　2ちゃんねるオフとその経緯

こうしたたぐいのパフォーマンス・イベントの多くは当時、掲示板サイト「2ちゃんねる」上で企画される「オフ会」として実施されるものという意味で「2ちゃんねるオフ」などと呼ばれていた。2ちゃんねるでのやりとりを通じて知り合った匿名のインターネット・ユーザーどうしが「オフライン」で、つまり実際に互いと対面したり同席したりしながら集合・会合するための場として実施されるもの、というほどの意味である。

ただし通常の「オフ会」の場合とは異なり、そこでは参加者どうしの間で親睦が図られるわけでもなければ交流が持たれるわけでもない。あからさまなコミュニケーションはむしろ慎重に避けられ、ときに厳密に禁じられることさえある。掲示板での議論を通じて取り決められたシナリオに従ってそこではさまざまな「ネタ」がひたすらおもしろおかしく、そして一心不乱に遂行されるばかりである。それがいかにわけのわからないもの、意味不明かつ理解不能なものであろうとも。というよりもむしろそうであるからこそ。

そうした「ネタ」のおもしろさ、というよりもむしろそのバカバカしさ、くだらなさ、わけのわからなさを競い合うことそれ自体を主眼とすることから「ネタオフ」などとも呼ばれ、新たな「ネタ」の開発と実践をめぐって新たな企みと試みが絶え間なく生み出され続ける場であった「2ちゃんねるオフ」、そしてそのための着想と構想が絶え間なく書き込まれ続ける場であった掲示板上のカテゴリー、いわゆる「オフ板」は当時、ありとあらゆるバカバカしい考え、くだらない思いつき、わけのわからない発想の宝庫であった。

「インターネットや携帯電話を通じて呼びかけられた見ず知らずの人々が公共の場に集まり、わけのわからないことをしでかしてからすぐにまた散り散りになること」という説明が「フラッシュモブ」の定義であるとすれば、「2ちゃんねるオフ」とはまさしくそうした定義に合致するもの、それも特にそのバカバカしさ、わけのわからなさ、くだらなさなどの点で、世界各地の都市からほぼ同時発生的に立ち現れてきた同様の活動の中でもおそらく最高度のレベルでその精神と思想に合致するものであったといえよう。

とはいえいわゆる「2ちゃんねらー」のそうした活動がその発生と形成の過程で「フラッシュモブ現象」のコンテクストの中で捉えられたことはなかった。その点、インプロヴ・エヴリホェアやカミンズの初期の活動の場合同様のことであろう。しかし一方でインプロヴ・エヴリホェアやカミンズのその後の活動の場合とは異なり、「2ちゃんねらー」の活動がその発展と普及の過程で「フラッシュモブ現象」のトレンドの中に合流していくこともなかった。というのも「フラッシュモブ現象」が拡大し、いわばグローバルな市民権を手にして世界的な規模のトレンドとなっていくころにはもうすでに、いわゆる「ガラパゴス的」な状況の中で異常なまでの進化を遂げた「2ちゃんねるオフ」はその速すぎた成熟と爛熟の果てにほぼ絶滅してしまっていたからである。

そもそもインプロヴ・エヴリホェアやカミンズの活動のことを考え合わせれば、むしろその同時発生的な出自のあり方そのものが「フラッシュモブ現象」の特徴の一つであると見られる以上、それがどこで生まれたのかを確定することにそれほどの意味があるとは思われない。しかし一方で「2ちゃんねらー」の活動にあらためて目を向けてみるとき、「フラッシュモブ現象」の源泉の一つをそこに求めようとすることもまた一つの興味深い見方ではあろう。実際、「フラッシュモブ現象」の最初期の中心地、いわば「フラッシュモブの最初の首都」がどこかに存在したとすればそれはニューヨークでもロンドンでもなく、実のところ東京であったのかもしれない。たとえそこではそうした活動が「フラッシュモブ」と呼び称されることが後にも先にもなかったとしても。

「フラッシュモブ」という独自の、しかもユニヴァーサルな様式の集合行動に込められているいわばその「無意味さの意味」「無目的さの目的」を、たとえば「フラット・カルチャー」の観点から仔細に探ることももちろん可能であろう。しかしそうするための余地ももう残されていないようである。ここではこうした不可思議な現象が現在、どういうわけか世界的な規模で巻き起こっているという事実、そしてその起点の一つがどうやら日本であったらしいという事実を指摘するのみに留めておきたい。

やおい／BLをめぐって

守 如子

I やおいとBL

「やおい」や「BL（ボーイズラブ）」という言葉が広く知られるようになって久しい。同人文化や雑誌『June』（一九七八年創刊、サン出版）などの影響を色濃く受け、古典文学や海外の文化にも目配りするような女の子たちのひそかな嗜みだった「やおい」は、今や「BL」として書店の一角を占める一般的な存在になった。

広義の「やおい」とは、男性同士の恋愛を小説やマンガなどによって表現した女性向けの作品群のことである。

男性同士をモチーフにした表現の源流は、少女マンガにさかのぼる。萩尾望都や竹宮恵子など「二四年組」と呼ばれる世代の少女マンガ家が少年愛を主題にした作品を描き始めたのは、一九七〇年代頃のことである。

「やおい」は同人文化とともに発展してきた。一九七五年には最初の同人誌即売会（コミックマーケット、コミケ）が開催されている。初期の同人誌即売会に参加したのは圧倒的に女性が多かったという。女性たちによって熱狂的に作られた「同人誌」は、典型的には、アニメやマンガ、小説等における男性キャラクターや男性同士の関係を（時にはアイドルやスポーツ選手など実在の人物の場合もある）、女性たちが自分の手によって表現しなおした作品からなる。その内容は、既存の作品の行間を埋める物語や、パロディ、そしてキャラクター同士の関係を恋愛的な関係に読み替える作品までさまざまである。「やおい」という言葉は、同人誌の作者が、自らの作品を自己満足的な内容であるとして「やまなし・おちなし・いみなし」と称し、その頭文字をとって成立したとされている。現在では、これらさまざまな種類の同人誌の中でも、男性同士の恋愛的な関係が描かれている作品のみが「やおい」と呼ばれている。

「やおい」は、この他に「耽美」という言葉や、やおい商業誌『June』からとった「Juneもの」などさまざまに呼ばれたこともあったが、現在では一般に「ボーイズラブ（ＢＬ）」という呼称が知られている。ただし、現在の地点において言うならば（時期によって呼び名が変わる可能性があるのが現在ホットなジャンルを語る難しさでもある）、「やおい」と「ＢＬ」という語は微妙に使い分けられている。

そもそも「やおい」は、男性同士の人間関係を描いた既存の物語を、同人文化の担い手である女性たちが男性同士の恋愛物語へと書き換える「二次創作」を主とするジャンルとして発展してきた。他方、既存のキャラクターを引用するのではなく、作者の手によって新たに作り出されたキャラクター男性同士による恋愛物語は「オリジナル」と呼ばれている。ジャンルの発展とともに、同人誌即売会やインターネット上で描かれる「二次創作」や「オリジナル」作品だけではなく、プロ作家による商業出版物も爆発的に増加した。九一年に『b-Boy』（青磁ビブロス）や『小説花丸』（白泉社）などの小説雑誌が出版されるなど、さまざまな商業雑誌や文庫・ノベルズが出版されていった。また、九〇年代中ごろからは、『花音』（芳文社、九四年創刊）や『麗人』（竹書房、九五年創刊）などのコミック誌やマンガ単行本が出版されるようになった。商業出版物として描かれる「オリジナル」作品が、「ＢＬ」と呼ばれるようになってきたのはこの頃である。本稿では、商業出版物で描かれるオリジナルの作品群を「ＢＬ」、同人文化における二次創作の作品群を「やおい」と呼び分け、ジャンル全体を語る際には「やおい・ＢＬ」と表記したい。

2　やおい・ＢＬはいかに語られてきたのか：(1)恋愛と性

やおい・ＢＬは、現代日本の女性向けポピュラーカルチャーの中でも、おそらく最も盛んに論じられている対象ではないか。ただし、やおい・ＢＬの論じられ方は、否定的・批判的であることも少なくないように感じられる。否定的・批判的な語りとして、やおい・ＢＬを(1)過剰に性的な表現と捉えている議論や、(2)同性愛差別であるとする批判、(3)このジャンルを楽しむ女性たちを逸脱視する議論などを指摘することができる。以下、順にみていこう。

第一に、やおい・BLは実物以上に性的な表現であると捉えられることがある。しかし、やおいが表現しようとするものは、性ではなく恋愛にあることを忘れてはならない。東園子は、「やおい」とは、「愛のコード」を既存の物語における男同士の絆に適用し、男同士の恋愛関係として捉える解釈ゲームであると論じている。「愛のコード」とは、少女マンガはもちろん、女児向けのテレビアニメをも含む女性向けメディアを通じて学ばれるもので、親密さを感じさせる行動や情動を恋愛感情の表れとして解釈する際の準拠枠となる文化的パターンである（東園子「妄想の共同体――「やおい」コミュニティにおける恋愛コードの機能」『思想地図』五号）。

　やおいの根底にあるのは恋愛関係を読みとく「愛のコード」であって、「性」ではない。もちろん、やおい・BL作品に性的表現が含まれることもあるが、それは現代の若者にとって恋愛と性的行為が結びついているからにすぎない（ただし、これは若者が不真面目になったせいではない。恋愛至上主義がすすみ、より良い・完璧な恋愛結婚を真面目に望んだ結果、一つの恋愛で結婚を決められなくなり、「恋愛と性」が「結婚」と切り離されたとみるのが妥当だろう）。恋愛の実態を鑑みるならば、現在、恋愛を主題とした作品を描くとき性的行為と無関係でいられないのは、少年・青年マンガであれ、少女・女性マンガであれ、やおい・BLであれ、同じである。ただし、注意を促しておきたいのが、やおいやBLに含まれる性的表現は一部の人々が想像しているほどには多くないという点である。

　筆者は現状のBLにおける性表現のあり方の全体像にせまるため、一か月に発行されているBLコミック誌（月刊誌・隔月刊誌のみ）をすべて買い集めてみたことがある（二〇〇八年八月号）。これらに掲載された全ての作品について、性的行為を描くシーンがある作品とない作品にわけてみたところ、そのような作品がほぼない雑誌から、性的行為の描写に重点をおく少数の雑誌まで、さまざまな雑誌がみられることがわかった。また、性的行為を描くシーンのある作品についても、性的行為を描くのは1コマのみであったり、「ほのめかし」であったりする作品から、数ページにわたってそのシーンを描く作品まで多様であった。また、やおいについても、性的行為を描くシーンがある作品は決して多いわけではない。やおい・BLというジャンル全体をポルノグラフィであるかのように扱う議論に出くわすこともあるが、それはまずもって間違いであることを指摘しておきたい。

私たちの社会は、女性たちが性的な表現を受容していると過剰に言いたて、その女性たちを性的な対象としてまなざしたり、女性にのみ無垢性を要求する傾向がある。「女性が楽しむ男性同士の性愛を描いた表現」が「他の読者層に向けた男女間の性愛を描いた表現」に比べて厳しく規制されるようなことになっていないか、私たちは慎重に見守る必要があるだろう。

3 やおい・BLはいかに語られてきたのか：

⑵同性愛差別という批判

やおい・BLへの批判的な視線の第二として、やおい・BLが同性愛差別であるとするような議論を指摘することができる。やおい・BLを楽しんでいるのは、主たるターゲットである女性だけではない。言うまでもないことかもしれないが、やおい・BLを楽しむ男性の読者もいるし、男女どちらについても異性愛者の読者ばかりでない。例えば、私が調査したBLコミック誌『コミックJune』によせられた読者アンケートには、ゲイの読者からの「地方在住のため、気軽に買えるゲイ雑誌が身近にないので、BLはありがたい存在である」という葉書や、レズビアンの読者からの「私は同性同志で付き合ってます！　Juneは身近でとても好きです♡（……っても性別は逆ですが……）」という葉書も見られた。もしかしたら、BLによってゲイの存在を初めて知ることができたり、自己肯定感を得られたりしているゲイやレズビアンの読者もいるかもしれないのである。多様なセクシュアリティの読者にとっても不快でない、よりよい表現であることも確かに必要なことだろう。

やおい・BLを同性愛差別なのではないかとする議論には二つの水準が含まれているように思う。一つはゲイ・アイデンティティをもたない人が男性同士の性愛を表象することそのものについての批判である。たとえば、九〇年代前半、フェミニズム系ミニコミ誌『CHOISIR』において、ゲイ男性の佐藤雅樹が「ヤオイがゲイをよく知らないままに、美化したままでいることこそが差別なのではないか？」と批判し、「やおい論争」がまきおこったことが知られている（佐藤雅樹「少女マンガとホモフォビア」『クィア・スタディーズ'96』七つ森書館）。

このような批判の形式はやおい・BLに特有のものではない。例えば、フェミニズム理論や運動が、文学やポルノグラフィなどにおける男性送り手による女性表象の偏りについて批判してきたことを思い起こすことができる。両者の共通性と相違性については別稿に譲ることにするが、簡単に私の意見を述べるなら、さまざまな人がこれまで以上にさまざまな表現を試みていくことが問題解決への戦略として重要ではないかと考えている。

「同性愛差別」批判のもう一つは、作品中に同性愛を否定するような表現が含まれていることについてである。例えば、溝口彰子は、「ホモフォビックなホモ、愛ゆえのレイプ、そしてクィアなレズビアン」(『クィア・ジャパン』Vol.2、勁草書房)において、やおい・BL作品におけるホモフォビア(同性愛嫌悪)の構造を分析している。溝口が指摘する、やおい・BL作品にみられるホモフォビア表現は主として2つある。①第一に、「俺はゲイじゃない。君だけが好きなんだ」という決まり文句にみられるような、「ノンケ宣言=ゲイ・アイデンティティの忌避」である。溝口は、この表現は男同士では愛しあってはいけないというホモフォビアを全面的に受け入れたうえに成り立っていて、それでもなお愛してしまった主人公の「究極の愛」を描くためのものであると分析している。②第二に、「本物のゲイ」であるとされるキャラクターが、乱交的な化け物として作品内に登場することである。これもまた、主人公の究極の愛のシナリオを強化するための産物であることが指摘される。「ゲイじゃない」主人公が男に恋をすることのありえなさを際立たせるために、「本物のゲイ」というキャラクターが対比的に利用されているわけである。

溝口の指摘についての私の意見を述べるなら、対応策は2つあるように思う。一つは、溝口が指摘する①や②のような「お約束」的表現に頼るのではなく、新しい表現を模索していくことである。「主人公の究極の愛」を表現するためだけにこれらの表現があるのだとしたら、「主人公の究極の愛」を示す別様な表現を模索することもできるはずだ(もちろん、①や②の表現に頼らない作品は現状においても少なくないことを付け加えておく)。

もう一つは、溝口の指摘するような表現をこのジャンルの単なる「お約束」とし、現実と区別していくような態度である。このような態度を、レズビアンでやおい・BL好き(=腐女子)のマンガ家、竹内佐知子のエッセイマンガ『くされ女子!in Deep:百合で腐女子なサチコとゆかいな腐友たち』(二〇〇九、ブックマン社)から見てとることができる(図1)。サチコは、「BLはゲイじゃないもん‼「男なのに好きになっちゃった」からはじまるストーリー!!」としつつも、ゲイの男の子が「腐女子にはすぐカミングアウトするよ!!」「あ、でもオレ腐女子でBL好きだけどリアルはダメって言われるのはヘコむ」と言うと、「たしかに百合好き女子にリアルレズきもいって言われたらムカつく」と答える。もしかしたら、ここで述べられている腐女子の「リアルはダメ」という言葉の含意は、「私にとって好ましいファンタジーは、小説やマンガで表現されたものでなければならず、生身の人間が出演するようなリアルなものではない」ということだったかもしれないが、相手の存在を否定する意味合いで伝えてしまったのだとしたら問題だ。サチコのように、やおい・BLの「ゲイじゃないんだ」という表現を「お約束」として楽しみながらも、レズビアンである自己を肯定し、ゲイの友人と普通につきあっていくこと。やおい・BLの主たる読者・作者である異性愛の人々にとっても、自分が対面する様々なセクシュアリティの友人を傷つけたり、他のセクシュアリティの存在を否定したりしないことが重要であることは言うまでもないだろう。

図１　竹内佐千子『くされ女子！in Deep』（ブックマン社）

4　やおい・BLはいかに語られてきたのか：⑶やおい論

第三に、「やおい論」もまた、過去には「やおい・BL」を楽しむ女性たちを批判的・否定的にとらえてきた側面がある。金田淳子は、「やおい論」の問題構成が、やおいを「病気」や「社会問題」とみなす否定的なものから、近年になってようやく肯定的なものへと変化してきたことを指摘している。否定的な論じ方のパターンとしては、〈やおい・BLは逃避である〉〈女性嫌悪（ミソジニー）を抱く女性がやおい・BLを楽しむ〉〈やおい・BLは男性に対する復讐である〉……といったものがある。このような「当事者を異常・逸脱とみなす問い」（＝「やおいを好む女性とは何者か」）ではなく、女性たちは何を欲望し、何に快楽を覚えているのか、やおいの魅力とは何かを問うもの（＝「やおいとは女性にとって何か」）へと「やおい論」の視点を転換する必要性を金田は示唆する（金田淳子「マンガ同人誌――解釈共同体のポリティクス」吉見俊哉編『文化の社会学』）。

言うまでもなく「やおい・BL」は異常でも逸脱でもない。「やおい・BL」的なものに快楽を覚えているのは、「腐女子」や「腐男子」というアイデンティティをもつ人だけではない。このようなアイデンティティをもたない人であっても、男性同士の関係性に「萌え」を感じることもある。たとえば、ジャニーズファンが「仲の良い嵐が好き」というときにあるものはなんだろう。男性アイドルユニットやグループのコンサートにおいて、アイドル達が体を抱きあった時の女性たちの歓声を思い起こしてほしい。男性同士の親密な関係性を「愛のコード」で読み変えたことのある女性は決して少なくない。

海外に目を転じてみても、同様のことが言える。アメリカにおけるやおいの黎明期の状況を紹介したものとして、小谷真理の『女性状無意識〈テクノガイネーシス〉――女性SF論序説』（勁草書房）がある。アメリカのTV局NBCで一九六六年から放映された『スター・トレック』は、全米に熱狂的なファンを生み、ファンたちは同人誌をたくさん発行した。特徴的なのは、これらのうちで女性ファンたちが作った同人誌は、ヒーローたちの熱い友情・魂の絆を恋愛の文脈に読み替えたもの――男っぽい船長ジェイムズ・カークとヴァルカン星人と地球人の混血の副官スポック、そして軍医マッコイという三者間の関係をロマンス化したものであったという。このジャンルはカークのKとスポックのSをとって〈K／Sフィクション〉と呼ばれ、一九七六～七七年にファン・マーケット上に一気に拡大した。その後、「／小説《スラッシュ・フィクション》」なるカテゴリーで男性キャラクター同士の愛を描くジャンルが流通していったという。

こうしてみると、アメリカにおけるスラッシュ・フィクションと日本における「やおい」はほぼ同時期に立ちあがったジャンルであることがわかる。あえて違いを述べるなら、マンガという表現技法の発達により、日本においては文章だけでなくマンガによってもこのテーマが表現されたという点であろうか。マンガによって、YAOIは、日本の近隣の諸国だけでなく、アメリカ・ヨーロッパなど世界中に広まっていった。先日、筆者が東アジア・東南アジアの各国から日本に留学にきている女性たちとやおい・BLについて語っていた時、みなのあまりの盛り上がりに、一人が「やおいは国境を越える！」と言うということがあったのだが、国境を超えて女性同士が同じもので盛り上がる状況が到来しているのである。「やおい・ＢＬ」の快楽は広い範囲で通用可能なものだといえるだろう。

5 「やおい・ＢＬ」の魅力

さまざまな論者が、腐女子たちがしばしば「ほっといてください」という「批評を拒絶する身ぶり」をすることを論じている（たとえば、石田仁「「ほっといてください」という表明をめぐって：やおい／ＢＬの自立性と表象の横奪」『ユリイカ　総特集ＢＬスタディーズ』青土社、二〇〇七）。ここまでみてきたように、否定的、批判的なやおい・ＢＬ論の多さを振り返ると、私は「ほっといてください」と言いたくなる気持ちはもっともであると思う。なぜ女性たちの快楽は、まず否定的・批判的に語られてしまうのか。そうではなくて、金田淳子のいうように、やおい・ＢＬの魅力とは何か、そこがもっと語られていく必要があるのではないか。

「やおい」の魅力について言うなら、東園子は「心惹かれる男同士の関係についてあれこれ解釈してみたり、他の人の様々な解釈を見て自分の解釈を深めたり、趣味を共有する人と互いの解釈を披露しあって盛り上がる楽しさ」が「やおい」の快楽であると述べている。たしかにこれは、やおいに特有な構造である。東が指摘するとおり、男性アイドルを好きな女性ファン同士の関係は、こうではない場合もありうる。男性アイドルに熱烈にはまっている女性ファンにとって、同じアイドルを好きな女性ファンは、まるで恋人をとりあうライバルのような存在にもなるが、「やおい」における男性キャラクターは、他の男性キャラクターのものであって、どの女性のものでもない。異性愛を排除することによって可能になる、女性同士で好きなものを共有し、盛り上がる楽しさが、確かに「やおい」の魅力の一つであろう。

私自身が考える「やおい・ＢＬ」の魅力の一つを紹介しよう。先に「やおい・ＢＬ」は必ずしも性的表現ではないことを述べたが、その一方で、このジャンルが女性向けの性表現を切り開く母体にもなったことを付け加えておきたい。女性読者に向けて性愛を描いたジャンルとして、「やおい・ＢＬ」以外に、「レディースコミック（レディコミ）」と「ティーンズラブ（ＴＬ）」というコミック誌のジャンルを指摘することができる。「レディコミ」と「ＴＬ」は男女間の性愛を描いたジャンルであるが、このジャンルを切り開いたのは、主に「やおい・

BL」出身のマンガ家であった。「やおい・BL」において男性同士で表現してきたものを、男女に置き換えることによって「レディコミ」と「TL」が作られた。多くの女性の表現者にとって、性を表現したいという気持ちは、男女間の性愛を描くことではなく、男性同士の性愛を描くことに結びついているようであることは興味深い。

なぜ、性を描こうとするとき、男女間よりも男性同士が選ばれるのだろうか？　私はこのことは、やおい・BL作品に対する視点のあり方と関わりがあるように思う。やおい・BLジャンルでは、性行為において能動的な側を「攻め」、受動的な側を「受け」と呼ぶ。二者間で行われる性行為を読者が見るとき、①「攻め」にアイデンティファイする場合と、②「受け」にアイデンティファイする場合、③「攻め」と「受け」の両者を見渡す第三者的視点に立つ場合がありうる。まず、やおい・BLは、主流の性愛表現における「攻め男性と受け女性」というスタイルではなく、「攻め男性と受け男性」という組み合わせによって、「受け男性」を描きだすことに成功したと言えるだろう。また、やおい・BLは、他のジャンルと比べたとき、読者の③第三者的視点を強化しやすいジャンルであるということもできる。なぜなら、やおい・BLにおいては、「攻め」と「受け」の両者が男性であり、主たる読者である女性読者とは性別が異なっているからである。第三者的視点にたつということは、「自分」を表現から引き離し、安全なポジションに置くことである。また、第三者的視点にたつことによって、攻めと受けの両者の快楽を見渡すことができる。これらもまた、やおい・BLの魅力の一つではないか。

一見、やおい・BLは盛んに論じられてきたようにもみえるが、その語りは定型的で一面的なものにすぎなかったのかもしれない。私たちは、その魅力の内実にもっと切り込む必要があるのではないか。

ツンデレという記号

菊池哲彦

1　ツンデレのフラットさ

近年、「ツンデレ」ということばをよく耳にする。ことばの意味内容も含めて後に詳しく検討するが、ツンデレの起源は「オタク」と呼ばれるサブカルチャーにある。もともとはオタクたちのあいだだけで流通するきわめて「限定的」な隠語《スラング》として生まれたツンデレが、現在のように、ある程度一般的に通用するまでその流通範囲を拡大させたことは文化の問題として考察するに値する。

本書の大きなテーマである「フラットな文化」という側面から考えるならば、オタクによる女性の類型化を人格のフラット化としてとらえることもできるだろう。あるいは、ツンデレのような限定的隠語《スラング》が一般に普及していくこと自体を、ある集団内部でのみ通用していたことばが通用範囲を広げていくという意味で「フラット化」現象ととらえることもできるだろう。しかし、「ツンデレ」ということばの普及はそう単純な問題ではない。そのことばの意味内容やそのことばが適用される範囲の変化など、検討を要する複雑な構造を持っている。にもかかわらず、ツンデレということばは、ことばとしての厚みを欠いて広がっているようにみえる。ここでは、ツンデレということばの普及が抱え込んでいる複雑な構造が「フラット」なものとして現れる様相を考えていきたい。

2　ツンデレの起源

まず、ツンデレということばに関する事実確認から始めよう。「ツンデレ」とは、『イミダス2006』(集英社)の記述によれば、「日常ではツンとしているものの、思いを寄せた人と二人きりになると、デレっとすること」とされている(九五八頁)。後に詳しく検討するように、この語の意味には広がりがあるのだが、まずこの定義を基本として押さえておきたい。

このことばの発生は諸説あるようだが、インターネット掲示板「あやしいわーるど@暫定」を発祥とするのが一般的な見方のようだ。ある調査によると、この掲示板において、二〇〇二年八月末に、まず「ツンツンデレデレ」のかたちで使用され、一一月中旬に「ツンデレ」と縮約されて使われ始めたという(冨樫純一「ツンデレ属性と言語表現の関係」http://www.daito.ac.jp/~jtogashi/articles/ togashi2009a.pdf, 一三―一四頁)。この時、「ツンツンデレデレ」と形容されたのは、美少女キャラクターとの恋愛アドベンチャーゲーム『君が望む永遠』(アージュ、二〇〇一年)に登場するキャラクター「大空寺あゆ」に対してであり(なお、『イミダス2006』でもツンデレのキャラクターの典型として大空寺がとりあげられている)、「ツンデレ」が最初に用いられたのも、同ジャンルに分類される『初夜献上』(大熊猫、二〇〇一年)のキャラクター「吉野比咩《ひめ》」に対してである。ツンデレとは、もともとは、ゲーム内での恋愛相手の性格を示し、多くの場合、この性格(を持つキャラクター)にときめく感情(「萌え」)を示すときに用いられる(「ツンデレ萌え」のように)。

その後、このツンデレと呼ばれる性格を持つ女性キャラクターは、マンガやアニメといったゲームの隣接領域のキャラクターにも探し求められるようになる。そこで、美少女ゲームのキャラクターに先行するツンデレ・キャラクターとして、『めぞん一刻』(マンガ版一九八〇―八七年/アニメ版一九八六―八八年)の「音無響子」や『きまぐれオレンジ☆ロード』(マンガ版一九八四―八七年/アニメ版一九八七―八八年)の「鮎川まどか」といったマンガやアニメのキャラクターが遡及的に「発見」されていった。

ここでは、ツンデレということばが、ゲーム、アニメ、マンガという虚構の中に登場する女性キャラクターの性格を示す、オタク文化のなかの隠語《スラング》として生まれたことを確認しておこう。ようするに、ツンデレは、その起源において、通用する範囲がきわめて限定された「サブカルチャー」的なことばとして生まれたのである。

3　女性恋愛文化の中のツンデレ：現実の関係性

オタク文化における隠語《スラング》として生まれたツンデレは、二〇〇五年から二〇〇六年にかけて、一般の用語辞典などでとりあげられるようになる。たとえば、先にも引用した、早い時期にツンデレに言及した『イミダス2006』は、二〇〇五年一一月に刊行されている。また、『イミダス』に続いてツンデレに言及した『現代用語の基礎知識2007』（自由国民社）と『知恵蔵2007』（朝日新聞社）は、ともに二〇〇六年一一月に刊行されている。これらを踏まえて、ツンデレというオタク起源のことばが一般に普及した時期は二〇〇五年前後と考えてよいだろう。その背景には、二〇〇四年の三月から五月にかけてインターネット上で大きな話題を呼び、一一月に書籍化されて大ヒットを記録した『電車男』によって、「オタク文化」が一般に注目されていたことが考えられる。

ここで注目したいのは、ツンデレが一般に普及していく時期に現れた女性雑誌の記事である。一〇代後半から二〇代の女性を対象としたファッション誌『PINKY』（集英社）は二〇〇六年三月号に「ホレさせ最強テク「ツンデレ女」」という記事を掲載しているし、一〇代の少女たちに絶大な人気を誇るファッション情報誌『seventeen』（集英社）は、二〇〇六年九月一日号の「モテキャラづくりしてみようっ」という記事の中で一ページを割いてツンデレをとりあげている。また、厳密には女性誌に分類できないが、高学歴の働く女性を意識した誌面づくりが目立つ『AERA』（朝日新聞社）も、二〇〇五年一〇月一七日号の「電車男の嫌オンナ論」と題された特集記事の中で「負け犬女性に贈る「ツンデレ」指南」という特集内記事を掲載している。

これらの女性読者向けの雑誌記事におけるツンデレへの言及の仕方は非常に興味深い。まず、『PINKY』『seventeen』両ファッション誌の記事は、その記事タイトルからも明らかなように、男性を自分に「ホレさせ」る、あるいは男性から「モテる」ための一種のテクニックとしてツンデレが紹介されている。また、『AERA』の記事は、「恋愛に背を向けるオタク男性たちの気をそれでも引きたいと思うあなた」が「ツンデレ」を実践するための記事という体裁をとっている。ようするに、これらは、読者の女性たちが、男性から「モテる」ためにツンデレを目指そう、という記事なのである。ツンデレは、虚構の女性キャラクターの性格ではなく、現実のなかで女性が男性に対してとる態度へとその意味をズラしている。

　もちろん、これらの記事の執筆者たちが、「ツンデレになればモテる」と本気で信じているかは疑わしい。しかし、本気かどうかは別にして、これらの雑誌記事の中で、ツンデレが、現実の女性が男性に対して自分を魅力的に見せるためにとる戦略として位置づけられていることは注目に値する。これらの記事では、ツンデレは、虚構の中の女性キャラクターの性格類型ではなく、現実のなかで女性が男性に対してとる態度なのだ。こうした戦略を提示されるこれらの雑誌の女性読者たちは、いわゆる「オタク文化」との接点が見い出し難いだけでなく、むしろそれに対して否定的な場合すらある、流行に敏感な女性や高学歴キャリア女性たちなのである。こうした女性たちがオタク文化発祥のツンデレを現実の恋愛戦略として採用するという現象を考える必要がある。

　虚構の中の女性キャラクターの性格類型としてのツンデレは、人前では素っ気なく振る舞いながら、二人きりになると好意をあからさまに示してしまうような大きなギャップをともなう態度である。そして、このような態度が、男性の好意（ときめきの感情＝萌え）を生じさせていた。女性が男性に対してとる態度をツンデレとしてとらえるとき、それは、女性が能動的に好意を示さなくても、男性がまさにそこを好きになるという関係性として現れる。あくまでも、男性から「好かれる」のがツンデレ女性である。このとき、男性と女性の関係性は、男性に対する女性の優位な立場として現れる。この優位性があるからこそ、ツンデレは、オタク発祥の文化でありながら、オタクに対して否定的な態度をとる女性たちの恋愛文化（モテの文化）にも訴求するものがあった。

　アプローチしてくる男性に対して最初は素っ気ない態度（ツン）をとりながら、次第に彼が気になり始める（デレ）というツンデレのパターンは、恋愛のパターンとしては非常に古典的である。しかし、古典的であるがゆえに、多くの女性にとっては「自然」であると同時に「快適」でもあるのだ。だからこそ、女性たちがツンデレをこうしたパターンのなかで解釈することも無理のないことだといえる。実際、後で指摘するように、ツンデレを嗜好する男性文化の中で、ツンデレは全く違ったかたちで消費されているのだが、その内実を知ったとしても、たいていの女性は、それに対して、興味／利害関心《インタレスト》を持たないだろう。女性にとってのツンデレと男性にとってのそれとのあいだにはそれほど距離がある。もっとも、男性のツンデレ消費を男性原理の幻想と断じてしまえば幻想の押し付け合いとなってしまう。男性のツンデレ消費が男性的幻想であるのと同じように、女性のツンデレ消費も女性目線の関係性解釈なのである。

　ともあれ、こんにちの女性恋愛文化を通して、ツンデレは現実の関係性に持ち込まれる。だからこそ、『PINKY』や『seventeen』のようなファッション誌は、ツンデレを恋愛戦略としてとりあげるのだ。

　高学歴キャリア女性を読者として意識している『AERA』の場合は、さらに女性恋愛文化をキャリア女性の価値観と合わせて考える必要がある。キャリア女性の場合、ツンデレという戦略は、「男性に対して素っ気ない態度をとる私」を「男性に見向きもせずに仕事に打ち込んでいる私」に読み替えることで、仕事に打ち込むキャリア女性の価値観とこんにちの女性恋愛文化を直接結びつける。『AERA』がツンデレのパターンとしての「攻めツンデレ」を、「仕事はバリバリできるタイプで、パンツスーツが似合うイメージ」と、典型的なキャリア女性像で描いていることは象徴的だろう。キャリアと女性性の両立を目指す『AERA』の読者にとって、現実の関係性として解釈されたツンデレは、まさに、理想的な自己イメージなのである。

　しかし、ツンデレが現実の関係性に持ち込まれるとき、そこには大きな落とし穴が生まれる。『AERA』の記事では、最後に、「オタクたちにモテようとしてツンデレになろうとした瞬間、もはやそれはツンデレではなくなる」と付言されている。ホレられよう、モテようとしてツンデレな態度をとった瞬間、その「ツンツン」は、男性に好かれるために「装われた」ものとなってしまい、本当の意味でのツンデレではなくなってしまうのだ。したがって、ツンデレは、これらの女性雑誌がいうように「なる」ものでもないし、好意を意図的に示すことなく伝えなければならない点で、現実での成立自体が困難な関係性である。その点で、ツンデレになる事を指南する女性誌の記事は素朴すぎるのだ（『AERA』の記事は、最後の付言に注目すると、ツンデレを現実の関係性としてとらえているように装いつつ、その素朴さを批判しているという深読みも可能である）。

4　関係性の記号としてのツンデレ：男性の幻想

　現実におけるツンデレの成立困難。それは、ツンデレを嗜好する「ツンデラー」とも呼ばれる人びとにとっては自明のことのようだ。かれらは、インターネット上で、「ホレさせテク」としてツンデレをとりあげる女性誌記事を嘲笑する。曰く、「[この記事を]何回見ても何か勘違いしていると思う」「リアルにいたら気持ち悪いの典《ママ》型」など（ともに「日刊スレッドガイド：ツンデレが女性誌に掲載される」http://guideline.livedoor.biz/archives/50656397.html, #16および#170）。ツンデラーたちの嘲笑について考えてみると、ツンデレということばは、おそらく、ツンデレを現実の関係性としてとらえることを超えて広がっている。だから、ツンデラーたちは女性誌におけるツンデレを素朴なものとして嗤い飛ばすのだ。

「現実の関係性を超えるツンデレ」を考えるために、もう一度、ツンデレの意味に立ち返ってみよう。インターネット百科事典ウィキペディアにおける「ツンデレ」の項目は、そう呼ばれるキャラクターの性格について次の三点を指摘している。①「初め（物語開始段階）はツンツンしている（＝敵対的）が、何かのきっかけでデレデレ状態に変化する」、②「普段はツンと澄ました態度を取るが、ある条件下では特定の人物に対しデレデレといちゃつく」、③「好意を持った人物に対し、デレっとした態度を取らないように自らを律し、ツンとした態度で天邪鬼に接する」。この定義には、ここまで踏まえてきた、「人前では素っ気ない態度をとるにもかかわらず、二人きりになると好意が表れてしまうような態度」という記述との明らかな違いがある。①と②は、好意を持つ相手に対する態度がツンからデレへと変化する点でここまでで踏まえてきたツンデレの意味と大きな違いはない。しかし、③は、好意を持つ相手に対してデレが出ないようにツンとした態度になる、ということであり、ツンはデレとともにあると同時にデレはツンによって不可視になっている。

ツンからデレへの変化は、この変化によるギャップが男性たちにときめきの感情を引き起こしていた。男性が女性キャラクターに好意を抱くことで、ツンデレは「男性に好かれる女性」という関係性として現れ、さらにこの関係性には男性に対する女性の優位が現れていた。だから、関係における女性の優位性を現実に反映させ、女性雑誌はツンデレを「ホレさせテク」として取り上げたのだった。

しかし、③において、デレとツンはともにある（はずなのだ）が、ツンによってデレが不可視化されているのでツンの背後にデレがあるのかどうかは本当のところは判断しようがない。しかし、ある態度が「ツンデレ」として現れるには、男性の側がツンの態度の向こうにデレがあると積極的に読み取らなければならない。③がツンデレとして現れるためには、男性と女性の関係は、男性によって解釈されなければならない。このとき、ツンデレは、男性と女性との「関係性」ではなく、男性と女性のあいだの「関係性の記号」として現れる。この関係性の記号は、男性がその記号を「デレ」として解釈してしまえばツンデレとして現れてしまうため、女性のホレさせようとする意図すら介入させない。関係性の記号としてのツンデレにおいては、一方的に解釈する側である男性が圧倒的に優位な立場にいる。というよりも、関係性の記号としてのツンデレは、記号であるがゆえに男性がいかようにも解釈できる、男性の幻想なのである。

しかし、この男性の幻想としてのツンデレは、女性誌のように現実に引き寄せて消費されているのではない。ツンデレを現実の関係性としてとらえる女性雑誌が、この幻想の担い手であるツンデラーたちによって嘲笑されていたことを思い出しておきたい。かれらは、現実の関係性として現れるツンデレをさらに「記号化」することによって、自分たちの幻想を、現実とは切り離された幻想として割り切って消費している。男性によるツンデレの幻想としての消費の背後には、本田透が『萌える男』で指摘するように、男性主導を基本原則とする支配的恋愛文化（アプローチや告白は男性からするのが当然）からの離脱がある。つまり、ツンからデレへの変化を必要とする①や②のタイプのツンデレでは、この変化のために男性の努力が求められるが、③のツンデレでは、男性がツンの背後のデレを勝手に読み取ればよいためこうした努力を必要としない。男性主導を原則とする支配的恋愛文化に疲弊した男性たちが、自分たちの恋愛に対する欲望を満たすために（都合よく）創り出された女性イメージが幻想としてのツンデレなのである。幻想を幻想として消費するからこそ、かれらはツンデレを現実に持ち込もうとする女性誌の素朴さを嘲笑できるのだ。もっとも、この幻想は、関係性としてのツンデレをさらに記号化することで、ツンデレにおける女性の優位性を逆転させたうえで男性のモテたい願望を投影する、ある意味でムシのいい幻想ではあるのだが。

5　肥大化する幻想：ツンデレの現在

以上みてきたように、ツンデレということばは、サブカルチャー的虚構に登場する登場人物の性格類型を示す、通用範囲を限定した隠語《スラング》として生まれた。しかし、同時に、このことばが、サブカルチャーの中でオタク的なときめきの感情（＝萌え）を喚起したことから、そのオタク文化の拡大とともに通用範囲を拡大させていき、その流れの中で文化的な含意を複雑化させていった。

まず、ツンデレという隠語《スラング》は、男性と女性の現実の関係性に結びつけられ、その関係における女性の優位性ゆえに、オタク文化という範囲を超えて拡大していく可能性を持ち得た。しかし、同時に、ツンデレが示す関係性の現実における成立の難しさは、この語を、関係性そのものというよりも、関係性の記号として前景化させていった。このとき、ツンデレは、現実における男女の関係ではなく、ある種の成立し難い関係を男性の視点から構成する都合のいい幻想として消費されている。

そして、このツンデレということばをめぐって、現在生じているのは、この「関係性の記号」としての側面の肥大化である。ツンデレということばは、男性の幻想としてだけでなく、そのことばの使用者（＝私）の都合のいいように関係を解釈できる万能の幻想として、あらゆる関係性に適用され始めている。会社の上司、学校の先生、両親などの権威ある他者が私に厳しい（＝ツンツンしている）のはその厳しさの向こうに「デレ」があるからと勝手に解釈される。さらにいうなら、人間ではない動物や機械との関係すらツンデレとして解釈される。近所の野良ネコは私に愛想が悪いがその本心は私に甘えたいのであり、頻繁にフリーズするコンピュータも私に対する従順さを隠している、というように。あらゆる「他者」との関係が、ツンデレという記号として、読み手（＝私）の都合のいいように解釈されつつある。サブカルチャーを起源とする関係性の記号としては、他者同士の関係を解釈する「カップリング」（「攻《セメ》×受《ウケ》」など）と呼ばれるものもある。関係を解釈する私が関係の当事者であるツンデレの場合は、他者同士の関係を第三者として解釈するカップリングよりも、はるかに「読み手にとって都合のいい」解釈が可能である。この解釈の自由度の高さゆえ、ツンデレという関係性の記号は、その適用範囲を大きく広げているのである。

関係性における他者性を徹底的に記号化し、その関係性を読み手の都合のいいように解釈可能にしたコミュニケーション性の希薄なコミュニケーション。現在、ツンデレということばの流通が示しているのは、こうした表層的《フラット》なコミュニケーションの肥大そのものである。

【ケータイ】

待ち合わせの変容

田中大介

1 待ち合わせ、あるいは社会の起源

あの人と会えるだろうか……。きっと会える。いや、会えないかもしれない……。待ち合わせには多かれ少なかれこうした期待と不安が交錯している。相手が絶対に来ないと知りつつ待ち続ける場合を除けば、人が待ち合わせ場所に行くのは、相手が来ると期待しているからであり、相手が待ち合わせ場所に来るのは、自分もそこに行くと相手が期待しているからである。ということは、相手が来るという自分の期待は、自分も行くという相手の期待に依拠しており、逆もまた同様となる。つまり、待ち合わせの成立は「期待の期待」というかたちで相乗化され、理論上、無限後退していくような不安定な事態なのだ。はたして「会うことはいかにして可能か」。

この待ち合わせにまつわる期待と不安は、「社会秩序はいかにして可能か」という定式で知られ、社会（学）の起源に位置する秩序問題に触れている。秩序問題は、トマス・ホッブズ——「万人の万人に対する闘争」という自然状態と、その解決としての社会契約——を遡及的に経由してタルコット・パーソンズにより定式化された「二重の不確定性」(double contingency) 以来、ニクラス・ルーマンらによって複数のレベルで盛んに議論されてきた。ここでそれら全てに触れることはできないが、さしあたり二重の不確定性とは、ひとことでいえば、他者の行為の成否が自分の行為次第であり、自己の行為の成否が他者の行為次第であるような両すくみのコミュニケーションのことである。待ち合わせがつきつける不安は、このコミュニケーションの本源的な不確定性、すなわち

自明のように感じられている「社会」の底が抜けているかもしれないと告げる囁きのようなものだ。

しかし、私たちは日々、人と会っている。では、私たちは、どのようにしてそうした囁きを振り払って、待ち合わせへと出かけているのだろうか。

普段、何気なく行なっている待ち合わせだが、二つ以上の身体が時と場をあわせるにはそれなりに慎重なコミュニケーションを必要としている。とりわけ現在では、モバイルテクノロジーが浸透するにしたがって、待ち合わせというコミュニケーションが変容し始めている。たとえば、二〇〇七年、地下鉄開通八〇周年のポスターが東京メトロの各駅に貼り出された。そのなかには渋谷ハチ公像を撮った（少なくとも一九八九年以前の）古い写真が使われているものがある。現在とは異なり北を向いたハチ公像の後姿が映し出され、「ケータイがなかったあの頃は、今より、人気者でした」というキャプションがついている。これはどういう意味だろうか。

本稿では、すでに多くが語られているつながり志向のケータイ研究とは異なり、現代の待ち合わせにおいて現れる時間‐空間形態の変容を考えることで、社会の起源と交差するメディア・コミュニケーションの現在を考えたい。

2　待ち合わせと近代

あらかじめ「待ち合わせ」というコミュニケーションを限定しておく。待ち合わせとは、別の場所にいる複数の身体が、それぞれの身体が存在していた場所以外の場所に移動し、場を共有することとする。したがって、待ち合わせは、ある身体が別の身体が所在する空間（住居、職場等）に一方向的に移動する「訪問」とは区別される。つまり、待ち合わせとは、後続するコミュニケーションを導くための「中間」にあり（待ち合わせたらそれでサヨナラというのは特異な状況だろう）、待ち合わせ場所とは、別の場所に存在する複数の身体の「中間地点」ということができる。

さて、待ち合わせという中間的なコミュニケーションは、すべての社会において同じように重要なわけではない。たとえば、限定された活動パターンと閉じた活動範囲で成立する共同体では、集団のメンバーの各身体の所在地や活動の時間的パターンを比較的容易に把握・予期できる。したがって、共同体における待ち合わせの必要性はあまり高くないだろう。

一方、相互の活動内容や活動範囲を把握していない共同体‐間のコミュニケーションにおいては、時間と空間をあわせる待ち合わせが必要になる。諸身体の活動範囲や活動パターンが分化すれば、相互の所在地や活動の時間的パターンの把握・予期が難しい。そのため、個別の活動をする複数の身体が共通の指標をもとに予め時間-空間を合わせなければ、出会いは偶然に委ねられるほかない。つまり、個別の活動に従事する複数の身体が共通参照できる数量として均質化した時間と、離れた場所に存在する個別の身体が共有知識として了解した中間地点——すなわち、クロックタイムとランドマークを用いた待ち合わせが必要となる。それと表裏の関係にあるのが、遅れを逸脱としてまなざす規範と、それに伴って現れる遅れに対するストレス、すなわち「遅刻」という観念の成立である（橋本毅彦・栗山茂久編著『遅刻の誕生』）。したがって、待ち合わせは、各身体の活動領域が個別化するほど拡大し、機能分化した近代の都市や地域において、より自立したコミュニケーション形式として要請される。

3　待ち合わせの近代日本——ハチ公の神話

では、近代の待ち合わせはどのようなコミュニケーションだったのか。日本で最も知られた待ち合わせ場所であるハチ公像を例に考えてみよう。

ハチとは東京帝国大学教授上野栄三郎が飼っていた秋田犬のオスである。ハチは、外出する上野を渋谷駅まで見送り、大正一四年五月、上野が講義中に亡くなった後も、渋谷駅に立ち寄り続けた。上野の帰りを待ち続けるハチの姿は「忠犬」と讃えられる。このハチ公の物語は、昭和七年一〇月四日の東京朝日新聞に「いとしや老犬物語、今は世になき主人の帰りを待ちかねる七年間」という記事が投稿されたことをきっかけにして広がったもので、昭和九年四月には渋谷駅前にハチの銅像が建立された。さらにハチが死亡した昭和一一年以降、毎年、慰霊祭がハチ公像前で行なわれ、ハチ公像は儀礼を通して象徴化されることになる。

ただし、「忠犬＝ハチ公」の神話には異説も存在している。死亡後のハチの胃から焼き鳥串が発見されたことをもって、ハチは駅前で焼き鳥をもらうために渋谷駅に通っていたとする説である。問題は、「忠犬＝ハチ公」説と「動物＝ハチ公」説の正誤ではなく、なぜ「忠犬＝ハチ公」神話がもっともらしいものとして普及したのかだろう。

たとえば、昭和三〇年の読売新聞の記事「ハチ公に変らぬ愛と真心」では、「ハチ公のまわりにはハチ公にかわって昼も夜も常に百人近い真剣なヒトミが改札口のほうをみつめている。〝待ち人〟の来るや来ずや……」（読売新聞一九五五年五月二六日）と書かれ、待ち合わせをする人びとがハチ公に重ねあわされている。

　このハチ公という象徴に仮託されている待ち合わせの意味は、たとえば以下のようなものである。「盛り場のなかの小さな広場／せまい空の下のベンチ／ひと待ち顔は美しく／そして悲しいもの／たとえば　それが／ささやかな約束／あどけないデイト／買い物のおともであっても…／「待つ」ことで人生を知りはじめ／「待つ」ことで老いていくからです」（朝日新聞一九六〇年九月一九夕刊、投書「待ち合わせ」）。この投書の待ち合わせは切なく、美しいものとして意味付けられており、「忠犬＝ハチ公」の物語と通底している。

　これらの言説は、待ち合わせを「待つこと」として捉えている。待ち人が来るかこないかはわからないし、それは待ち続けないとわからない。待ち合わせとは、そうした長い不安と忍耐の時間的経験であり、ハチ公像とは「コミュニケーションの不確定性に耐える受動性」の空間的象徴なのである。ハチ公神話を――少なくとも戦後のある時期まで――もっともらしく思わせていたもののひとつは、待ち合わせの不確定性に耐える「待つこと」のリアリティだったのである。

4　戦後日本とファッションとしての待ち合わせ

　しかし、戦後になるとハチ公神話にも変化がみられる。たとえば、昭和四三年の「忘れられる美談」という記事では、「帰らぬ主人をまって十年間、じっとすわりつづけた〝忠義の物語〟を知る人の数も減ったという彫像維持会の幹事さんの言葉をまつまでもない。（中略）『キミ、あそこでデートの待ち合わせしたことある？』『ない。あそこきらいなの。なぜって？　イヌは、三日飼えば三年恩を忘れないっていうでしょう。わたし、あれがイヤなの。なにが忠犬よ。なれていただけじゃないの。つまり、不潔ってこと』」（読売新聞一九六八年三月二四日）。「待つこと」は美しさではなく、執着とされ、反転する。ハチ公が焼き鳥をもらうために渋谷駅に通っていたという「動物＝ハチ公」という対抗神話は、「なれていただけ」というこの感覚の延長線上にある。

　さらに一九八〇年代になると、「渋谷ならハチ公前、新宿の紀伊国屋前、あまりにも有名な待ち合わせ場所だが、近ごろそうした人待ち場所も変りつつあるようだ。わかりやすい所というだけでなく、ファッション性や遊び心も場所選びの要素になっている。（中略）スタジオアルタという空間そのものがファッション感覚に敏感な若者たちは、道玄坂の『１０９』や公園通りで待ち合わせる」（読売新聞一九八六年六月一〇日、（ ）内は引用者）。

待ち合わせは、ハチ公が担った「悲しみや美しさ」の重い物語から「ファッション性や遊び心」といった軽やかな記号的イメージの戯れへと転換し、待ち合わせ場所は、そうした記号的イメージの演出される舞台として量産される。すでに新宿では、「シンボルがないために、待ち合わせ場所を演出」（朝日新聞一九七八年九月二〇日）し、交通導線を作り出す商業地区の活性化が行われている。ハチ公像に対抗して渋谷駅南口にモヤイ像が設置されたのも一九八〇年である。

複数の身体が滞留できる空間を構築し、ファッショナブルに演出することで、ハチ公以外のどうということのなかった空間が「待ち合わせ場所」として生産される。そして、そうした「空間の生産」のなかで増殖し、拡散していく待ち合わせ場所が「新しい／古い」や「オシャレ／ダサい」といった流行のコードによって意味付けされ、選択されることで、待ち合わせは、不確定性と戯れるコミュニケーションとして消費されていったのである。

5 待ち合わせの現在

さらに、待ち合わせの現在を語る上で重要なのは、ケータイの普及だろう。たとえば、「待ち合わせ場所はもう不要？」（読売新聞二〇〇三年七月八日）、「待ち合わせの目印 ケータイに「参った」」（北國新聞二〇〇六年二月二七日）等、ケータイは、待ち合わせ場所を変容させるメディアとみなされている。

たとえば、ケータイがなければ、目的の人や知り合いがいる可能性が高い「いきつけ」や「たまり場」の知識を事前に共有していることが重要になる。しかし、ケータイでコミュニケーションをとりながら、相互の「中間地点」をその場その場で決めることができれば、そうした「いきつけ」や「たまり場」を共有していなくても、コミュニケーションのなかで事後的に会う地点を指定できる。つまり、待ち合わせ場所は、コミュニケーションをとる過程で事後的に指定できるために拡散する――フラットになるというわけだ。

またケータイは、待ち合わせ場所だけでなく、待ち合わせ地点のフラット化をもたらす。ある調査によれば、ケータイ不所持者は改札口が良く見える場所で待つが、ケータイ所持者は不所持者よりも改札口から遠くの場所で待ち、さらにケータイ使用者になると所持者よりも改札口から遠くの場所で待つ傾向があるという（葛嶋知佳ほか「携帯電話が変化させる空間に関する研究」『日本建築学会学術講演梗概集』五五二五、二〇〇〇年）。

この調査結果は、二つの意味を持っている。ひとつは待ち合わせ場所が「特定の地点」から「面としての街中」へ分散していること、もうひとつは、待ち合わせにかかわる緊張感の緩和である。

ケータイ以前の待ち合わせの場合、待つ人は、来る相手を見逃さないように緊張感をもって改札口を見つめる。その際、待ち合わせの場所は人混みを避け、万が一遅れたらまずお詫びをすることが「待ち合わせのエチケット」（朝日新聞一九七七年二月一七日）だとされた。また、「生活メモ〈待ち合わせ〉事前の申し合わせが大事」（朝日新聞一九七五年一月三日）とされるように、事前の調整が重視される。そのため、待ち合わせにはスケジュール通りの遂行、とりわけ遅刻への緊張感が宿る。しかし、ケータイを用いればスケジュールの再調整が可能になり、エチケットやスケジュールの遵守、そして待ち合わせが失敗するかもしれないという緊張感から解放され、ハチ公神話の「待つこと」の意味論は解消する。

待ち合わせは死語か。最近、真剣に待ち合わせをしたことがあるだろうか。携帯電話（ケータイ）がなかったころは、相手を信じて、ひたすら待ち、待たせる方も必死だった。会えたときの喜び、すれ違いによる切なさ…。待ち合わせ場所に選ばれた駅前や交差点、喫茶店は、人との縁を感じる場でもあった。その重みが今、失われてしまった（新潟日報二〇〇七年一月八日）

6 過程化する待ち合わせ

しかし、ジョン・アーリ（2007,pp.173-174）も指摘するように、メディアによるコミュニケーション可能性の増大は、ミーティング（会うこと）の必要性を上昇させる。だとすれば、ケータイ以後、待ち合わせの「重み」が失われたというのは本当だろうか。

仮に待ち合わせを①時と場の設定、②移動、③到着、④接触で構成されたコミュニケーションとする。

モバイルコミュニケーション以前の待ち合わせであれば、コミュニケーションは①と④の時点で発生する。すると①と④のあいだの期間は相手と接触できないため、いわば「他者不在の感覚」が惹起される。また、待ち合わせの不確定性をできる限り除去するために、スケジュール（目的地・目標時間）を①の時点で厳密に設定する必要がある。そのため、待ち合わせは、スケジュールによって決定された目的地・目標時間に向けて行為を帰属するリニアなものになる。そして、そうしたスケジュールからの逸脱は、待ち合わせの失敗を導きやすいため、遅刻に対する強い罪の意識が発生する。

一方、モバイルコミュニケーション以後の待ち合わせでは、①と④のあいだの②と③の時点でもコミュニケーションできる。そのため、つねに「他者の存在」を確認することができ、他者不在の感覚はそのたびに乗り越えられる。また、その間、スケジュール（目的地・目標時間）は事後的に変更できる。そのため、待ち合わせは、アドホックなコミュニケーションのなかで行為の帰属先を変更できるフレキシブルなものとなる。

ただし、待ち合わせの柔軟化は、遅刻に対する緊張感をある程度緩和できるが、「遅刻の消滅」を意味するわけではない。それは、コミュニケーションのなかでそのつど到着時間を知らせて、実質上、「遅刻」を先送り（「遅刻の遅刻」！）しているだけである。

また、待ち合わせ場所も不要にならない。たとえば、現在のハチ公像前にも大量の人びとが集まっているのはなぜか。まず、移動中にコミュニケーションできるため、相互に所在する可能性がある位置が増加し（「今どこ？」）、また相互に移動することで途中の位置関係の把握は相乗的に難しくなる可能性がある（「え、そっち？」）。さらに待ち合わせ場所の選択肢が多くなると、それらを縫り合わせた中間地点の同定は複雑になる。いきつけやたまり場などの共有に期待できないとすればなおさらだろう。このとき、増大するコミュニケーションの複雑性の縮減のために、わかりやすい有名な場所が希少な共有知識として参照され、選択される。したがって、ケータイ以後も、有名な待ち合わせ場所はなくならない。

いずれにしても、①から④のあいだにあった、来るかどうかわからずに「他者を待っていた」期間が、頻繁なコミュニケーションによって「他者と合わせる」過程にとってかわり、他者不在の感覚が後退する。そして、待ち合わせの時間-空間は、コミュニケーションを包含するハコというよりも、コミュニケーションのなかで事後的に指定される過程化された時間-空間へと変容する。ただし、その結果、コミュニケーションの複雑さが増し、コミュニケーションのズレを調整することに追われるため、他者不在の感覚が——たとえば「返信がない」といった短期的サイクルや「何度も擦れ違う」という身体の不在というレベルで——回帰してくる。いわば私たちは、モバイルメディアによってスケジュールから解放されながら、メディアコミュニケーションに囚われているのである。そして「会うこと」は、メディアコミュニケーションのレベルから、より複雑で強度のある身体性・物質性の感覚をもつものとして遡及的に見出される。冒頭ポスターのハチ公が回顧的に「発見」されたように。

7　待ち合わせの近代／待ち合わせの現在

「待ち合わせ」は、「待つ」と「合わせる」という二つの動詞の結合である。英語でいえば、arrange to meet であり、arrange と meet という動詞の結合になることから考えると、そもそも日本語の「待ち合わせ」という言葉自体、「待つ」ことを強調していることがわかる。ハチ公神話が表現していたのは、〈不確定性に耐える受動性としての「待つ」〉重視の待ち合わせであり、ハチ公像は、事前に共有された中間地点をシンボル化していた。待ち合わせの近代とは、『本当に会えるのか』という期待・不安」と「『会えた／会えなかった』という喜び・失望」の振幅が大きく、そのあいだに何もできないため「待つこと」が非常に大きな意味をもつコミュニケーションのリアリティである。いわばコミュニケーションの呼吸が深い。そのため「待ち合わせ」というコミュニケーションには、大きな感情の揺れが存在することになり、それが出会いと別れの物語として形式化される。ハチ公神話とは、そうした物語のひとつであった。

しかし、ケータイ以後の待ち合わせは、arrange、あるいは「合わせる」を重視する。いわば〈不確定性を縮減しようとする能動性としての「合わせる」〉重視の待ち合わせであり、待ち合わせ場所は、そのつど事後的に指定される過程化された中間地点となる。この待ち合わせの現在は、「『本当に会えるのか』という期待・不安」と「『会えた／会えなかった』という喜び・失望」のあいだにある振幅をリスクとしてとらえ、頻繁なコミュニケーションを通して相互の所在をいちいち確認してリスクを軽減し、そのあいだを埋めようとしている。ただし、コミュニケーションの浅い呼吸を繰り返して不安を和らげようとして、さらにコミュニケーションへの没入を促してしまう。待ち合わせの近代のリアリティが、コミュニケーションの不確定性の前に立ちすくむ待ちぼうけの悲しみ、いわば穴のあいた「社会」のなかで息をとめて耐えているようなものだとすれば、待ち合わせの現在のリアリティとは、その不確定性を縮減するために合わせることに切迫する切なさ、いわば穴のあいた「社会」を埋めようと過呼吸になっているようなものではないか。

【ポップ広告】

ポップ広告のある風景

小倉敏彦

1　氾濫する手書きポップ

最近街の本屋に行くと、新刊書やベストセラーのそばに手書きのポップ（ＰＯＰ）が設置されているのをよく見かけるようになった。「40万部突破！」や「映画……の原作」などのようにマスコミでの話題性を訴えるものもあれば、「のどが渇くほど、泣きじゃくりました。」とか「イヤ〜な事件、イヤ〜な展開　だけど読むのが止められない！」のように店員の個人的な感想が書きつけられたものもあって、興味のない本でもつい手に取ってしまう人は多いのではないだろうか。もちろん書店が新刊書を売り出すために、書評の切り抜きやポスターやサイン本などを掲示することは昔から行なわれてきた。しかし、従業員の自作した宣伝文がこれほど自己主張をし、しかもそれが実際の売り上げまでも左右するようになったのは、一九九〇年代以降のことではないだろうか。

例えば書店のポップがベストセラーに結びついた例としては、テリー・ケイ『白い犬とワルツを』（新潮社、一九九八）と、片山恭一『世界の中心で、愛を叫ぶ』（小学館、二〇〇一）がよく知られている。『白い犬』は、二〇〇一年に千葉県の書店で使われていた「何度読んでも肌が粟立ちます」というポップを、出版社側が複製して各書店に配り、人気に火がついたといわれる。『世界の中心』も刊行当時はあまり話題にならなかったが、書店員のポップと口コミによって徐々に話題となり、最終的に三二〇万部以上を売り上げる大ヒットとなった。こうした現象から、いまや編集者が用意した「帯」よりも書店員の手書きポップのほうが強い訴求力をもっていると指摘する書店関係者もいるくらいだ（『読売新聞』二〇〇四、六・一四）。

他方、書店以外の業態でも手書きのポップを見かける機会はずいぶん増えたように思う。例えば、共に一九九〇年代後半から急速に成長した、書籍店兼雑貨店『ヴィレッジ・ヴァンガード』とディスカウントショップ『ドン・キホーテ』はその代表格と言っていいだろう。どちらの店内にも、大胆に手書きされた文字やイラスト、店員の趣味を色濃く反映した紹介文、ひねりの利いたキャッチコピーなど、私たちがスーパーなどで見かける画一的なポップとはおよそ異質なポップがあふれている。はじめはいかにも奇をてらったように映ったものだが、こうした手作りのポップはいまや、CDショップやドラッグストアから洋服屋やレストランのメニューまで、さまざまな商業施設で見かけるようになっているだろう。

それにしても、こうした手書きポップの日常的な氾濫は一体何を意味しているのだろうか。以下では、手書きポップの多くが客と近い位置から語りかけようとしている点に着目し、これを広告の「口コミ化」と捉えてみたい。そもそもポップとはPoint of purchase advertising（販売時点広告）の短縮語であり、来店者に商品を買わせることを目的とした広告媒体の一種である。しかし、近年ではそうした売り手の意図をストレートに押し出すのではなく、客と同じ目線で作品の感想を述べたり商品の利用法を提案したりするポップがかなり増えている。なかには商品の宣伝そっちのけで、惹句やレタリングの巧みさを誇示したポップも少なくない。それは、話し好きの店主が自身の趣味も交えつつ馴染み客にマイナーな作品や新しいアーティストを紹介したり、友人同士が購入した商品の自慢話や使い勝手について気楽に語りあったりする「口コミ」の雰囲気と似ていないだろうか。

もっともポップは商品を売るために作成される以上、手書きポップの情報も純粋な「口コミ」ではありえない。問題は、なぜ広告であるポップが「口コミ」を擬態するのか、またなぜ私たちはそうした「口コミ風」のポップ広告に〝そそられる〟のか、である。

2　お喋りな広告

日本でポップの普及が始まったのは一九七〇年代の流通業界だと言われる。その主な理由は人件費の削減である。つまり多様な商品を揃える広い売り場において、安価で手軽なポップは店頭販売員による商品説明を代

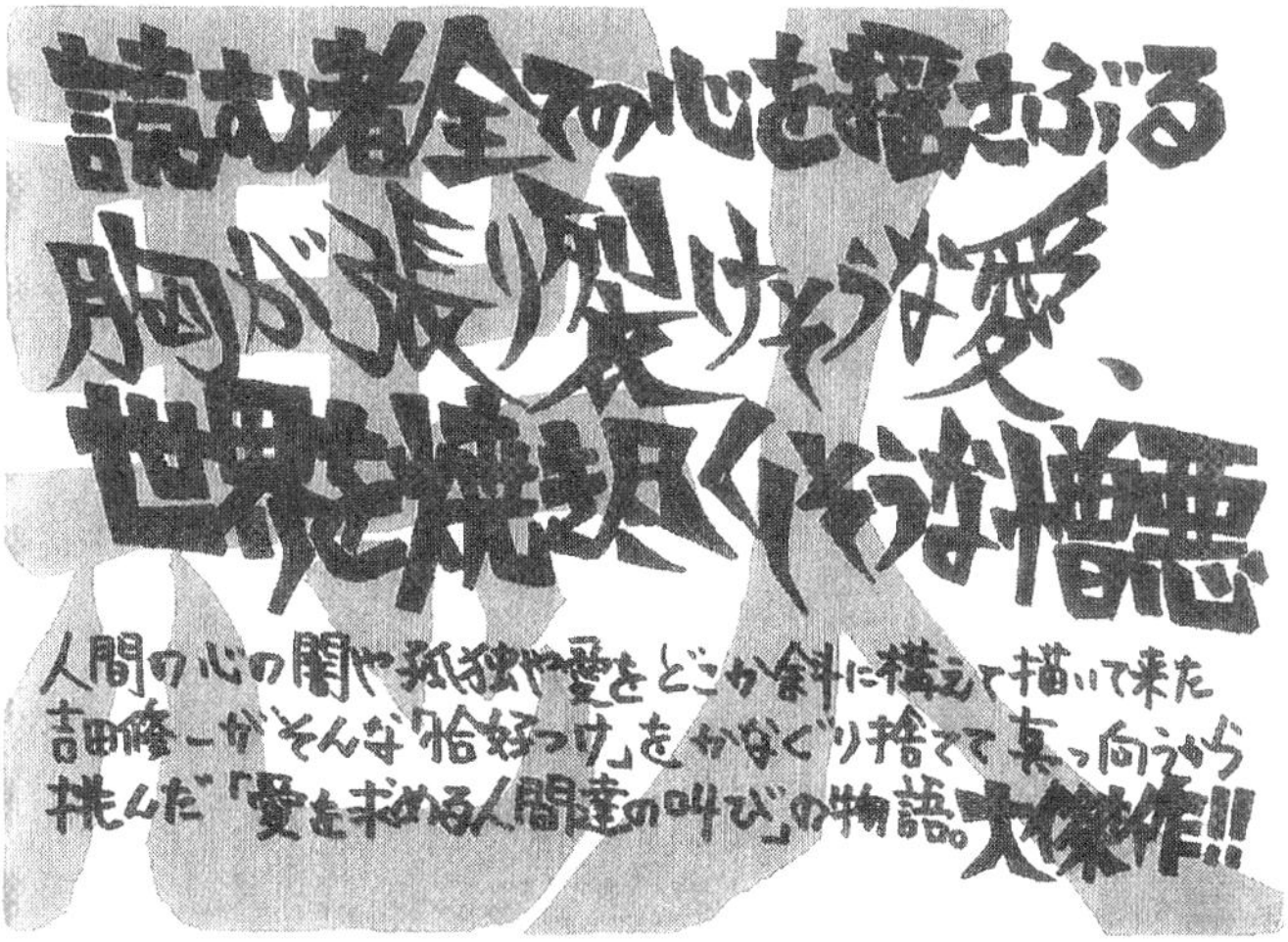

図　書店ポップの例

行するものとして取り入れられたのだ。現在こうした合理化の流れはさらに進み、大手スーパーや家電量販店では手書きのポップに代わり、印刷物や液晶モニタのポップが主流になっている。

　では、チェーン系の大型量販店が機能的で画一的なポップを用いて宣伝の効率化を図るなか、一部の小売店が手間のかかる手書きポップにこだわる理由は何だろうか。業界関係者が指摘するのは、ポップは単なる販売員の代用ではなく、「個性的な店の雰囲気を作り上げる力」を持っており、「POP一つでその商品あるいは店舗の売上を左右する」ということだ（サイト「POP工房」より）。つまりポップは商品の情報を伝えるだけでなく、商品や店舗自体を客に対して親しいものとして提示する役割を託されているのである。

　例えば『ヴィレッジ・ヴァンガード』のある営業責任者は、意表を突いたポップを積極的に採用する理由を「店舗のファン作り」と述べている（『日経MJ』二〇〇五、一一・一二）。一般の店では「どう書けばお客がこの商品を買ってくれるか」だけを考えてポップの内容を工夫するが、『ヴィレ・ヴァン』では「お店のファンになって何度も足を運んでしまうような」「楽しさ、おかしさ」のあるポップを評価しているのだと。こうした姿勢から、例えば「田島昭宇のジャケにピンときたらそのままレジへ欽ちゃん走り！」とか「おかん！これ買って！」といったふざけたポップや、「スペクタクル本屋　ヴィレッジ・ヴァンガード下北沢店　きっと忘れない。君の心にドップラー効果。」とか「店長ブサイク　ナイス害!!　明日も笑顔でお待ちしております。」といった軽薄な店舗紹介ポップも作成されているわけだ。

商品やスタッフの個性化という狙いは『ドン・キホーテ』のポップにも見ることができる。例えば「おもしろくないカサ入りました。」といった自己言及的なポップや、「ナイショの話ですが、……電機では七九八円でした。」といったタレコミポップ、さらに「浮気を目撃！担当セールスの弱みを握りました。口止め料の代わりにその分安く！　ハラハラ特価」のように冗談めいた内幕話を暴露したポップなど、これらの宣伝文は商品の情報をニュートラルに伝えるというよりも、売り場に立つ従業員自身の姿を身近に感じさせるような饒舌さに満ちているだろう。そして例の、拙劣ともいえるクセの強い手書き文字がそのような感覚をさらに強化する。いわば一般的なポップが売り手の存在を隠すために設置されるのに対して、これらの手書きポップは（あくまで客の買い物は邪魔せずに）売り手の「顔」や「声」を浮き上がらせるために設置されているのである。

また、このような遊戯的なセンスは店内の空間にも反映されている。例えば『ドン・キホーテ』がジャングルのような店内レイアウト（狭い通路、乱雑な陳列棚、高く積まれた商品の山）になっているのは、来店者に「宝探し」の感覚を楽しんでもらうためだと言われる。こうした雑然とした空間は、目的が決まっている客にとっては不便なだけだが、当てもなくただ面白い商品との出会いを期待している客にとっては店との距離感を縮める効果を持つだろう。

こうした従業員の「個性」を押し出す手書きポップは、昔ながらの対面方式の接客を紙の上で復活させたものだ、とひとまず言えるだろう。店主が客の目的を聞き出してお奨めの商品を紹介したり、客がその商品を実際に買った店員に感想を尋ねたり、さらには挨拶や冗談を交わしたり、魚の調理法や服の手入れ法を教えてもらったりと、かつてはどこの商店街でもそうしたやり取りが見られたものだ。同じように、手書きポップが「……が好きならこれも読んで（聴いて）みて！」と傾向の似た作家名を挙げたり、商品の中身をイラストで図解したり、軽口を叩いたり、仕入れの事情をそっと洩らしたりするのも、気のない冷やかし客を呼び寄せる「口上」のような役割を果たしていると考えられる。

もちろん対面販売とは違い、手書きポップが発信するメッセージは一方的なものであることも明らかだ。ただポップを重視している店では、売り場の様子をさりげなく観察するなどして、客の反応に常に気を配っているのが普通である。例えば『ヴィレ・ヴァン』などでは署名入りのポップも多く(ベテランの販売員やバイヤーが作成したポップは客の信頼度も高いという)、客の反応が悪ければ何度も書き直させることで、内容が独り善がりに陥らないよう工夫もしているという。一見馴れ馴れしく見えても、ポップを作成する従業員は決して客に自分の趣味を押し付けることはないのである。

直接話しかけられるのはうっとうしいが、まだ自分の知らない面白そうな商品があるならそっと教えてほしい。売り場の都合で不要なものを売りつけられるのは御免だが、信頼のおける店員の口車ならうっかり騙されてみたくもある。手書きポップはそうした微妙な買い手の心理を巧みに突こうとするものなのだ。

3 「口コミ」共同体の幻想

「口コミ」風のポップ広告が訴求力を増していることは、私たちの消費行動が、マスコミや専門家によって権威づけられた情報よりも、自分たちと同じ無名の人びとの「評判」を参照することが多くなっているということと無関係ではないだろう。実際当事者の話を聞いていくと、個性的なポップで人気を集めている店ほど、店員の個性やセンス以上に、客の反応や売り場の「空気」を読む能力が重視されていることが分かる。つまり、素人の手書きポップが増えた背景には、単なる宣伝戦略上の工夫というだけでなく、〝上から目線〟を嫌うようになった消費者の意識変化もあると考えられる。

例えば、出版社が主催する伝統的な文学賞が軒並み低迷しているなか、『このミステリーがすごい!大賞』(一九八九年設立)や『本屋大賞』(二〇〇四年設立)のような一般読者の投票からベストセラーが生まれていることは、そうした匿名の「口コミ」に対する信頼の高まりを表していよう。本屋大賞は全国の書店員が売りたいと思う小説を投票で選ぶもので、第一回受賞作の小川洋子『博士の愛した数式』(新潮社、二〇〇三)は、文庫化されるや史上最速の二ヶ月で一〇〇万部を突破した。この成功によって「本屋大賞受賞(候補作)」は強力な宣伝文句となり、今では多くの書店がポップの文言に用いるようになっている。

また同じように素人の「声」を拡販に利用する試みと

しては、大学生協などで行われている「読書マラソン」がある。これは大学生の読書量を向上させるための啓蒙的なキャンペーンで、本を買った学生がその感想を葉書一枚程度の用紙に書いて提出し、その感想文をポップとして同じ本の帯につけておくものだ。さらにまた、マンガ専門店『とらのあな』では年に数度客から自作ポップを募集するイベントを行っており、全国の店長の投票で優秀作に選ばれると、実際の店舗で採用されることになる。これらの企画は、客同士が互いにお気に入りの商品を勧めあう「口コミ」のより純化された試みと言えるだろう。

もっとも、本屋大賞や『世界の中心』の商業的な成功は出版業界やマスコミの介在なくしてありえなかったということも事実である。いくらインパクトのあるポップを置いたとしても、そこから三〇〇万部のベストセラーが自然発生的に生まれるはずはないし、本屋大賞作品にしても、多くの客は新聞広告やテレビ番組で話題になっていることを知ってはじめて購買意欲をそそられたはずだ。その意味で私たちはマスメディアによって増幅された「みんなの声」を実際の口コミ情報と誤認しているにすぎないともいえる。だからこそ、発行部数の多さやメディア上の話題性もまた、いぜん強力な宣伝文句としてポップに用いられているのだろう。

ポップの曖昧さは、より純粋な「口コミ」形式の購買ガイドと対比させると、よく分かる。例えばネットショッピングやグルメサイトなどで使われている「カスタマーレビュー」を、商品やサービスを実際に購入する前に参考する人は多いだろう。しかし同じ匿名のコメントでも、カスタマーレビューは通常、メタ批評（他の利用者によるレビュアーの事後評価）を組み込むことでその信憑性を担保している。それに対して、ポップはそれが広告であることがあからさまに示されており、そのメッセージを信じるかどうかは客に委ねられている。そしてその信じる根拠も、必ずしもコメントの「深さ」であるとは限らない。手書き文字の生々しさに打たれる客もいれば、丁寧に書き込まれたイラストに関心する客もいるだろう。あるいは、情動的な感想（「泣けた」「笑えた」「一気読みした」）に対する単なる同調から購買意欲をそそられる客も多いはずだ。

カスタマーレビューを成立させているのはレヴュアー同士の相互評価だが、手書きポップのコミュニケーションを支えているのは、売り手・買い手双方のあいまいな信頼感というものでしかない。なれなれしく買い手に寄り添おうとする売り手のスタンスに対して、客はそれを笑って受け流してもよいし、触手を動かされてもよい。そうした生真面目さとは無縁の「ゆるさ」が、むしろ手書きポップの魅力ではないだろうか。

本当に偽りや騙しのない商品情報を得たいなら、カスタマーレビューや口コミサイトを利用すればいいはずだ。閲覧者はそこから自分と似た趣味嗜好のレビューを見つけ、さらに投稿数の多さや平均評価の高さも参考にして、自分の買い物をすればいい。しかし他方で、こうした能動的な作業を面倒臭いと感じる消費者もおそらく多いのではないだろうか。つまり手書きポップの氾濫は、心のどこかで「騙されたい」と思っている客も実は結構いるということを示しているのではないか。正確にいうと、「これは広告です」という自己言及的な合図を認知できるから（ふざけた調子のポップが多いのはそのためだ）、客は安心して騙されようとするのだ。「買ってほしい」という店側の本音を無防備に表わしたようなポップでさえ、客はそれを手の込んだ演出と捉えるかもしれない。おそらく広告というコミュニケーションそのものがこうした「嘘」を折り込んだ上で成り立っているわけだが、手書きポップは、そのもたれかかりの構造を臆面なく露呈するのである。

始めから自分の欲しい商品が決まっているなら、カスタマーレビューを見たほうが有益な情報が得られるかもしれない。しかし、とくに欲しいものもなく、また口コミの真偽を検証するほどの情熱もない客にとって、手書きポップは膨大な商品のなかから一つの商品を選ぶ格好の言い訳を与えてくれるのだ。

4　「人間」の痕跡

手書きポップは、二重の意味で中途半端な広告メディアである。まずメッセージの発信源の中途半端さ。「口コミ」風を装っているが、あくまでも商品を売る立場からのコメントである。専門家の批評とも違うし、カスタマーレビューのような再帰的な評価基準（メタ批評）ももっていない。そもそもポップを作成する「従業員」自体が、単なる素人読者とも職業的批評家ともいえない、中途半端な存在である。彼らは「素人」や「愛好家」の目線で語っているようで、その実、マスメディアの権威にもしばしば寄りかかっている。

同じような中途半端さはポップの「文字」についても言える。ポップの文字は、ワープロなどで出力された画一的な活字とは違うし、書き手の癖がそのまま反映された完全な手書き文字ともいえない。あえて稚拙に書いたとしか思えないようなポップを使用する店舗もあるが、文字の形やサイズや組み方には一定の規則があるのが普通である。手書きポップは規格化された様式からどれほど逸脱しているように見えても、決して不快感を与えるほど乱雑であったり、ほとんどの客が理解できないほど高度なリテラシーを要したりするものではありえない。つまり広告の約束事からは決して逸脱しないのだ。そう考えると、綺麗なレタリングや可愛いイラストなどはそうした売り手の意図をむき出しにしないためのあざとい手段と言えなくもない。実際あまりにも見事なレタリングやイラストが施されたポップを見ると、私たちは白けてしまうものだ。むしろそうしたプロっぽさを売り手自らが回避しようとしているところに、私たちが手書きポップに魅かれる理由があるのではないだろうか。

　つまり手書きポップは、既製品の値札によって平板化した陳列棚に、人間の「声」や「手作り」(温かみ・親近感)の痕跡を加えることで、客と商品との距離を少しだけ縮めようとする試みではないか。同じ体裁の印刷ポップが並んだ陳列棚は、見た目はきれいでも、全商品に特価札が付いているのと同じで、客はかえって商品を選びにくいものである。かといって完全なフリーハンドで書かれた宣伝文もまた、ごちゃごちゃと汚らしいだけで、私たちは商品を手に取る気が起きないだろう。ポップの字体は、表情のない人工的な活字体と、天然の手書き文字との中間に位置する、いわば文化的な文字なのだ。おそらく今の私たちはこうした中途半端な表現形態のなかにこそ、「人間」のリアリティを強く感じとるようになっているのではないだろうか。

　CDショップも新刊書店も、実際には店長や店員の裁量で全ての商品を仕入れているわけではない。販売数が伸びている商品は引き続き発注されるが、伸びなかった商品はあっという間に売り場から消え去る。版元の出版計画に従って、売りたくない商品も続々入荷してくるし、個人的に売りたい商品でも、ベストセラーのスペースを作るために棚から外さなければならないこともある。これはあらゆる種類の小売店が日々直面している現実だろう(その極限的な例がコンビニエンストアだ)。私たちが手書きポップの呼びかけについ応じてしまうのは、そうした資本の論理によって機械的に選別された無個性な商品の棚に、少しでも「人間」の痕跡を残そうとしている無名の人びととの存在を感じとるからかもしれない。

V 言論の多重と平板

イデオロギーという概念が健在だったころ、少なからぬ人々は、何らかの正義に憑依して、神降ろしをするように、さまざまな「べき」論を語っていた。人々が従うべき価値や規範について、外にある正義のコトバに自分を預けて語るとき、人は、その「べき」の対象に自分も含まれうることを往々にして忘れてしまう。同時に、自分を平然と棚に上げるテクノクラートやその予備軍たちのコトバに対する小さくない不審や不信を押し隠しながら、それを現場主義的に受け流すしくみがあって(極限においてそれは、しかつめらしく言挙げする態度自体に敵意を燃やす肉体言語主義へと傾斜していく)、正義のコトバはそのうえを滑走していたともいえる。

冷戦の終焉は、こうした正義の信憑性を、つまり、それに従っていれば社会を自動的に外から眺めることができるかのような、検証されていない命題群の説得力を大いに低下させた。ポスト・イデオロギーの時代においては、人を動かさない、肩肘張った正義のコトバは避けられ、個々の局面ごとに分割された、なめらかで中立的な助言《アドヴァイス》や指示《インストラクション》のコトバに切り替わっていく。同時に、発言の背後にあるかもしれない動機や意図に人々は敏感になる。ネットをはじめとした情報／コミュニケーション環境の多重化によって、かつては隠れていた内幕情報が表に出る機会が増えたこともあいまって、誰かがコトバによって自分(たち)を「情報操作」している可能性が疑われやすくなったのだ。このようにして、「べき」論の繁茂した季節のあとで、「上から目線」をやたらと嫌う等身大の人々の時代が始まった。

しかし、「べき」論が消えたわけではない。秘教めいた教養体系を下敷きにしていた正義のコトバは、多くの場合、とってつけたようなカタカナ語へと取って替わられたが、空虚な理念がさまざまな現場を上滑りしていくという風景は、今でもそんなに変わっていないだろう。昔の正義のコトバのような堅牢感に欠けるものの、それらの用語に一時的に身を預けて「べき」を語ってしまう人がいなくなったわけでもない。それどころか、こうしたふるまいを、もはや知的エリートの傲慢には回収できない。そういう誘惑に浅くさらされる機会は、身近な顔をして、薄く広くこの社会を覆っている。情報／コミュニケーション環境の多重化は、主張する権利を大衆化するが、それは一面では、公的組織なら必須であるはずのチェックがかからないまま、気ままな「べき」論の垂れ流しを許容してしまう。だからこそ、それに対応するように、とりあえず発言の背後動機をあげつらうような態度が、あるいはむしろ、そうすることで発言をその都度相互に無効化しあえるかのような感覚が、かなりの程度まで標準化されて、私たちの日常の意識に入り込むのだともいえる。客観性を装う語りのイデオロギー性を暴露するという、かつてのイデオロギー批判の戦略が、大文字の正義を欠いたかたちで分散化するような情景が、あちこちで展開されるのである。

社会をやっているかぎり、「べき」を語らなくてはならない瞬間は、たぶんなくならない。自分がどこから見て誰に対して語っているのかという立場性を引き受けて語ること、そしてまた、語りが特定の立場からなされている――なされざるをえない――のを前提としつつ、その語りを受け取ることが、コトバを言論にする条件である。すべてを知ることができないのを承知のうえであえて一般化し、語る自分と語られる対象とを切断しなくてはならないことすらあるだろう。ただし、かつてのように、外部のコトバに身を委ねるのでないかたちで。そのためにも、平板な引き延ばしのなかにあるコトバの現在的な位相を見据える必要がある。

【マスコミと言論】

新聞的「言論」の現在形

遠藤知巳

1　戦後社会とマス・メディア

日本社会のメディアは、かなり特異な環境を構成している。マス／パーソナル・メディアの両者がこれほど分厚く絡みあいながら、社会の全域に浸透している場所は、たぶん他にはない。マス・メディアについて見れば、新聞の発行部数は中国に次いで二位。アイスランドとノルウェーに続く世界三位の新聞普及率は、人口規模を考えれば驚くべき数字である。アメリカは日本の一／三、英仏独ですら半分程度かそれ以下しかない。テレビの平均視聴時間は三時間半前後で、アメリカと並び、世界でもつともテレビを見ている国民の一つだろう。ほぼ国産の番組だけでタイムテーブルを編成しているだけでなく（これができる社会はじつはかなり少ない）、アニメ番組を中心に輸出まで手がけている。

ＮＨＫも含めたこのメディア環境は、つよく戦後社会的な条件のもとにある。全国紙としての五大紙の体制は、国家総動員法下の新聞統合を戦後にもちこしつつ、サービスを更新するかたちで定着した。さらに、これら新聞資本が一斉に地上波民放テレビ放送に参入することで、戦後社会的なマス・メディア環境ができあがる。宅配制度に支えられた世界最大規模の「一般紙」、日本全土に「あまねく」電波を届かせるＮＨＫ、それに追随して全国放送網を整備していく民放。戦後社会の制度的基盤が戦争直前にできあがったとする四十年体制論が十年ほど前に流行したが、新聞から始まる戦後的なマス・メディアの構図は、まさにその典型例だといえる。

しかし、周知のように、産業としてのマスコミは現在曲がり角にある。新聞では、総発行部数も一世帯あたりの部数も、ともに九七年以後は逓減傾向にある。テレビ業界も怪しくなってきた。R・マードックによるテレビ朝日株取得問題(九六年)を皮切りに、ライブドア・堀江貴文のフジテレビ買収騒動(〇五年)、その直後には、楽天がTBSの経営参画を試みるなど、新規参入がなかった静態的な産業構造が連続的に揺るがされる。近年では、収益が赤字に転落した局もあると囁かれている。

それと時期を同じくするように、「マスゴミ」への揶揄や批判が、ネットを中心に顕在化する。じっさい、縦割り行政やら官僚主義やら業界内の横並びやら商慣習の障壁やらを正義顔をして批判するメディア企業が、自身のなかにあるそうした要素(典型的には記者クラブと再販制度)には口をぬぐってきたのであり、さらにいえば、口をぬぐっていることに口をぬぐっている。公的に語る場所をもたない人たちからの、「お前が言うな」という嫉妬めいた反感が先鋭化するのは無理もない。典型的に戦後社会的な存在であるマス・メディアが、戦後社会の「監視」や「批判」を担ってきたことにつきまとうさまざまな矛盾が露呈しつつあるのだろう。

だから、ネット論壇やネット・ジャーナリズムが既存メディアに取って代わるだろうと声高に叫ぶ人も少なくない。だが、YouTubeで政治的メッセージを発信して一〇〇万単位のビューを得たとしても、既存メディアはそれをはるかに上回る読者視聴者を日常的に抱えている。また、他の項目でも触れられているように、あれだけ新聞を罵るネット住民たちが、疑わしい発言に対して、アップされた新聞記事という「ソース」を当然のように要求する。公然化しているメディアへの懐疑が、メディアが「信頼」できることを自明視しているのである。

じっさい、世論調査をすれば、新聞やNHKは「信頼できるもの」のかなり上位を占めつづけている。既存メディアに明るい成長の未来図はないが、社会からの保守的信頼が目立って翳っているわけではない。「お前が言うな」というネット住民たちのツッコミは、もっともである場合が少なくないけれども、その向こうにそれ以上の積極的な何かがあるわけでもない。だから懐疑と「信頼」の循環に自足できているともいえる。

その意味で、この社会における「言論」は、新聞的なものの引き延ばしと分散でありつづけている。ネットの書き込みやおしゃべりとの境界を曖昧にしながら、新聞がいまだに「言論」の顔をするしくみがあるともいえる。ニュース番組のワイドショー化や劇場政治にもかかわらず、そこに意外と大きな鍵があるかもしれない。

2　言論・広報・引用

ところで新聞は、いかにして言論機関であるのか。新聞を擁護する側も、批判し、憎悪をぶつける側も、新聞社が強く言論を作る機関であると暗黙のうちに想定しているように見える。もちろん、そういう側面もあるが、それと同じくらい、あるいはそれ以上に、言論を媒介する存在でもある。

媒介されるのが政府や公的組織や企業の公的発表である場合、記事は強く広報性を帯びる。欧米的なジャーナリズムの理念を本気に取る立場には、これは言論形成機能と単なる広報との境界の曖昧さに映るから、署名記事の制度化を提唱したり、記者クラブの横並びの閉鎖性を告発したりするが、少々酷な比較だと言えなくもない。新聞業界が小さい欧米では、ジャーナリストは地道で効率の悪い取材活動をなるべく通信社に外注し、作者性を売りにして渡り歩くしかない。捏造記事スキャンダルの規模と頻度が日本の比ではないのは、作者性の制度化の裏面だろう。そこまでいかなくても、読む人が限られているところでは、多少机上の空論であってもかまわないし、事実誤認も後で訂正すればすむ。新聞が「みんな」のものであるところでは、もともとそうはいかないのである。業界がもし大幅に縮小すれば、日本の新聞記者もライター化していくかもしれないが。

しかし、もっと大きいのは、主張と広報の境目が曖昧だからこそ信頼されてきたということだ。新聞社の無理なタテマエ的「主張」が鋭く槍玉にあげられる一方で、「ソース」としての中立性は妙に通用しつづけているということを含めて。近年では、かなりの記事に署名というか担当者名が入るようになったが（ただし、経済面ではまだ少ない）、読者がそれをとくに意識しているようにも思えない。どこに帰属するやらわからぬ「客観性」への信憑が曖昧に漂うのは、たしかにかなり気持ち悪い風景だ。だが、それをメディアだけのせいにするのは変だろう。メディアと社会は循環しているのである。

第二に、専門家に取材したり、原稿を依頼することで、メディアは彼らの言葉を社会に開く回路となっている。過去の新聞から集中的に繰ってみると、社の主張というより、専門家たちの語りが適宜貼り付けられる、継ぎ接ぎめいた「言論」の空間の方が印象に残る。いわゆる「論壇」そして／あるいはアカデミック・ジャーナリズムもまた、学術的な言説の一部に広く社会的な関心を集める新聞的枠組みを背景としている。それは、「思想」や「言論」に思い入れのある書き手や読み手が期待するよりはるかに平板なかたちで、一般読者がそうした言説に接触することを可能にする舞台だ。アカデミック・ジャーナリズムの閉域が「言論」を占有しているかのようにふるまう「論壇」的身振りと、知識大衆層からさしあたりは切り離された「論壇」の高級性をあてにする新聞と。言説／知識の閉域と全域とを相互依存的に構成しあうようなしくみがある。おそらく、それもまた、広い意味では新聞的なものの引き延ばしの内部事象である。

3　紙面＝言論の継ぎ接ぎ平面

広報性の強い基調のうえでときおり突出する言論的主張と、多様な人々の言論の引用や再録。この両面で、日本の大新聞の紙面は独特のパッチワークとなる。こうした継ぎ接ぎ性の要因は複数的だが、新聞記者の職業的性質から発生している側面が強い。彼／女の職務は、さまざまな事象を取材して、それを報告の言葉にすることだ。そして、取材活動のほとんどの部分は、要するに関係者の話を聞くことから成り立っている。取材内容のクロスチェック（いわゆる裏取り）も同じである。だから、他者の話を引用することとそれを自己の言葉に転換することと、そしてまた、対象の取材とその裏取りのための取材とが、同一平面上にあるように感覚されやすい。さらに、出来事を取り巻く業界的事情や社会的文脈の解説を専門家に求めることも、裏取りと区別しにくい。

たとえば、記事の末尾に誰かの談話を「〇〇教授（課長、さん……）の話」という小見出しでくくり出すという形式。とくに六、七〇年代の新聞はこれを愛用していたが、よく見ると、たとえば係争中の何かについて判決が出たとき、「当然の判断だ」「まったく不当であって許し難い」という「話」が紹介されるといったかたちで、利害の当事者たちの談話をそのまま載せていることが非常に多い。そこに、官庁の施策について記者会見で説明した担当者「の話」や（そこでは、談話が広報へと転化している）、新聞社が問題としたい社会的・政治的事件に専門家「の話」をくっつける（この場合、談話が社の主張を代弁する）というお馴染みの様式が連鎖する、もしくは埋没しているという印象が強い。当事者の語りとメタレベルの解説とを区別する感覚自体がもともと弱いのである。

さらに、記者が知的エリートの集団であるということがそこに加わる。記者から大学教員へというコースがあることからも分かるように、記者の住む意味世界は、アカデミックなそれと同一ではないにしても、近接している。記者は、一方で事態を透明に記述し報告するが、他方で、作者的な言葉の主体として、自ら論説や言論を生産することもある。というか、客観的・中立的に事態を報告することへの戦後日本的な期待のうえで、この二つが切り替わりつづけることが重要なのかもしれない。

この二重の要因によって、紙面は独特の継ぎ接ぎの様相を呈する。とはいえ、そこにも歴史はある。たとえば、朝日新聞で見れば、八五年あたりを転機として利害の当事者「の話」をくくり出すやり方は急減している。それは、当事者でない人の解説やコメントの符丁になっていく。新聞なりにではあれ、言論と報告とを、そして自他の言葉を分節させていくのである。それはマスメディア的反省作用の進行過程でもある（七八年に「紙面批評」を導入したことがその一つの指標だろう）。そうした分節／反省の――あるいはその中途半端さの――現在形を考える必要がある。以下、一九六五年から二〇〇九年までの朝日新聞縮刷版の抜き取り調査（五月）とデータベース検索とを組み合わせながら、この過程を近似してみよう。

4　座談会から「識者」へ

縮刷版をめくっていると、昔の新聞がさかんに座談会形式の記事を掲載していたことに気づく。専門家を集めて語ってもらう（ときには一般読者も）座談会が多かったが、「記者座談会」もある。A、Bなどの符号をつけて匿名で行われるもので、かつてはこれが隆盛していた。たとえば六五年五月では、「春闘の勘定書」（一日）、「発足した民放ラジオのネットワーク」（四日）、「大詰めにきた都議会」（一二日）、「居座り続ける都議会」（一六日）、「参院選　事前運動あの手この手」（一九日）、「汚染都議の生態」（二四日）、「「六月人事」の背景」（二八日）。一月に七本と、かなりの頻度で記者座談会が開かれている。

座談会という形式は、『中央公論』や『改造』など、一九三〇年代の雑誌文化のなかで開発されたものの流入だろうが、新聞におけるその定着は戦後的な現象である。さらに、朝日でも読売でも記者座談会が時期的に先に成立している。朝日新聞が「記者座談会」と銘打った最初の記事は四六年だが、これは「米人記者座談会」なので、実質的には四八年から（もっとも、四五年四月に「巨砲と化す特攻隊基地　陸海航空基地3特派員の座談会」がある）。読売では戦前に三本の「記者座談会」が開かれている。ただし、内容を見ると座談会というよりもインタビューに近く、私たちの知る記者座談会形式としては、やはり敗戦直後のものが一番古い。座談会は五〇年代後半、記者座談会は六〇年代前半に急増しはじめ、どちらも七〇年代前半に頂点を迎える。

座談会は複数の機能を帯びていた。七〇年代までは、

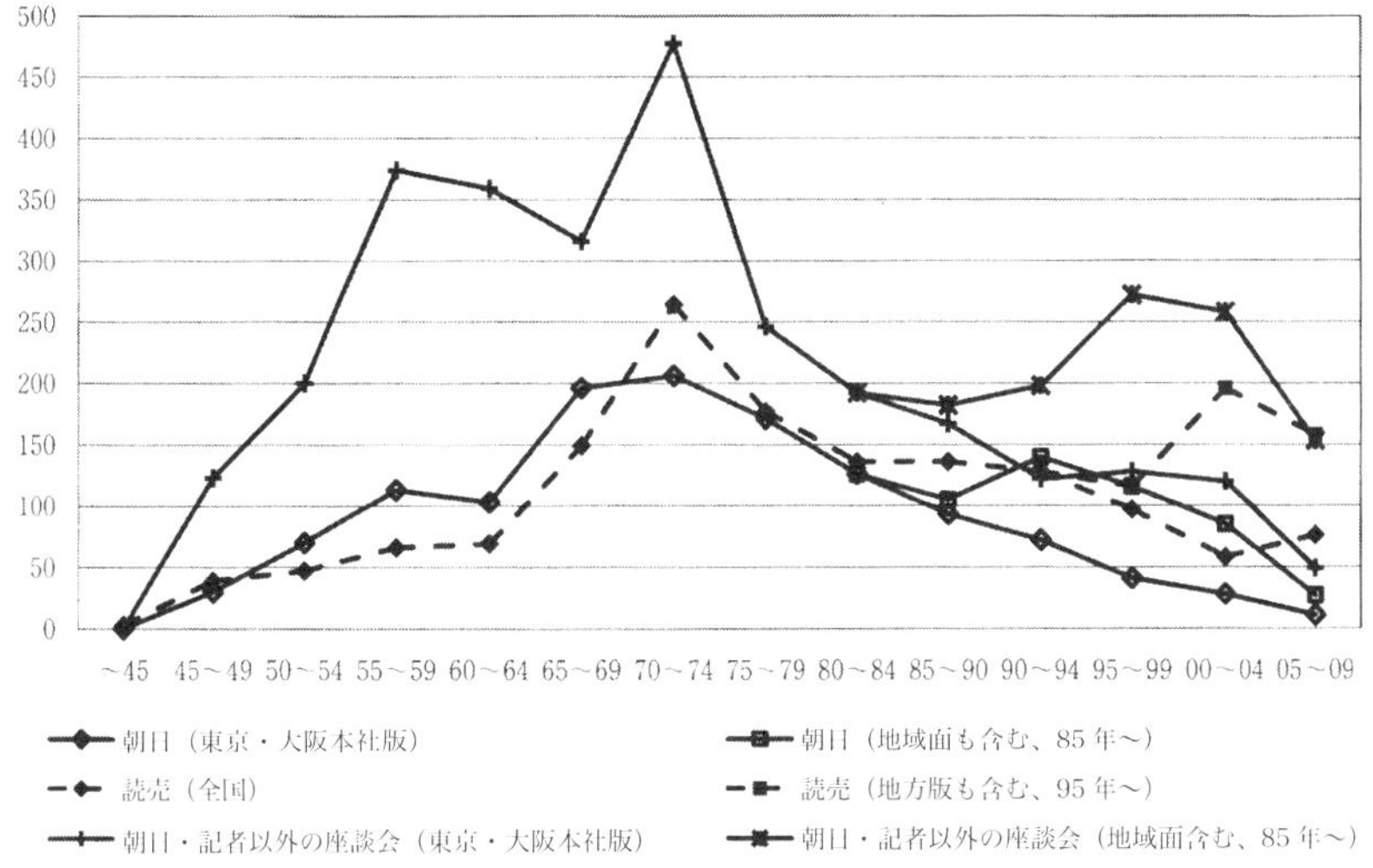

図1　座談会・記者座談会の推移

社会的・政治的事件に付随する専門家談話は一人だけのことが多かった。座談会は発言の複数性がのびやかに出現する数少ない場所だった。第二に、記者座談会は、権力機関や海外へのアクセスが相当限られていた時代において、事情通としての記者の特権性が自明視されていたことを背景にしている。その意味で、記者座談会と専門家座談会の距離は予想以上に近い。時の文部大臣坂田道太らを招いた「中教審教育改革案のねらい」をめぐる座談会に陪席していた「朝日新聞論説委員」の一人が、後の文部大臣永井道雄だったりする（七〇年五月二九日）。

注目すべき事件について記者たちが握っている情報を語り合う座談会は、それをチェックするすべをもたない読者にとって、分かりやすく面白い読み物だったのだろう。作り手側からいえば、記者仲間を集めればそれですむのだから、ネタに困ったときに頼れる便利な手でもあった。しかし、「事情通」であることの相互承認が自動回転すると、単なる「ギョーカイ」のお手盛りと区別がつかなくなる危険もある。じっさい、記者座談会は八〇年代以降は単調減少していく。その跡地を埋めるかのように、署名入り論説記事がそれなりに定着していくともいえる。二〇〇〇年以降になると、芸能・スポーツの年間回顧などの周縁的領域以外ではほぼ姿を消していっ

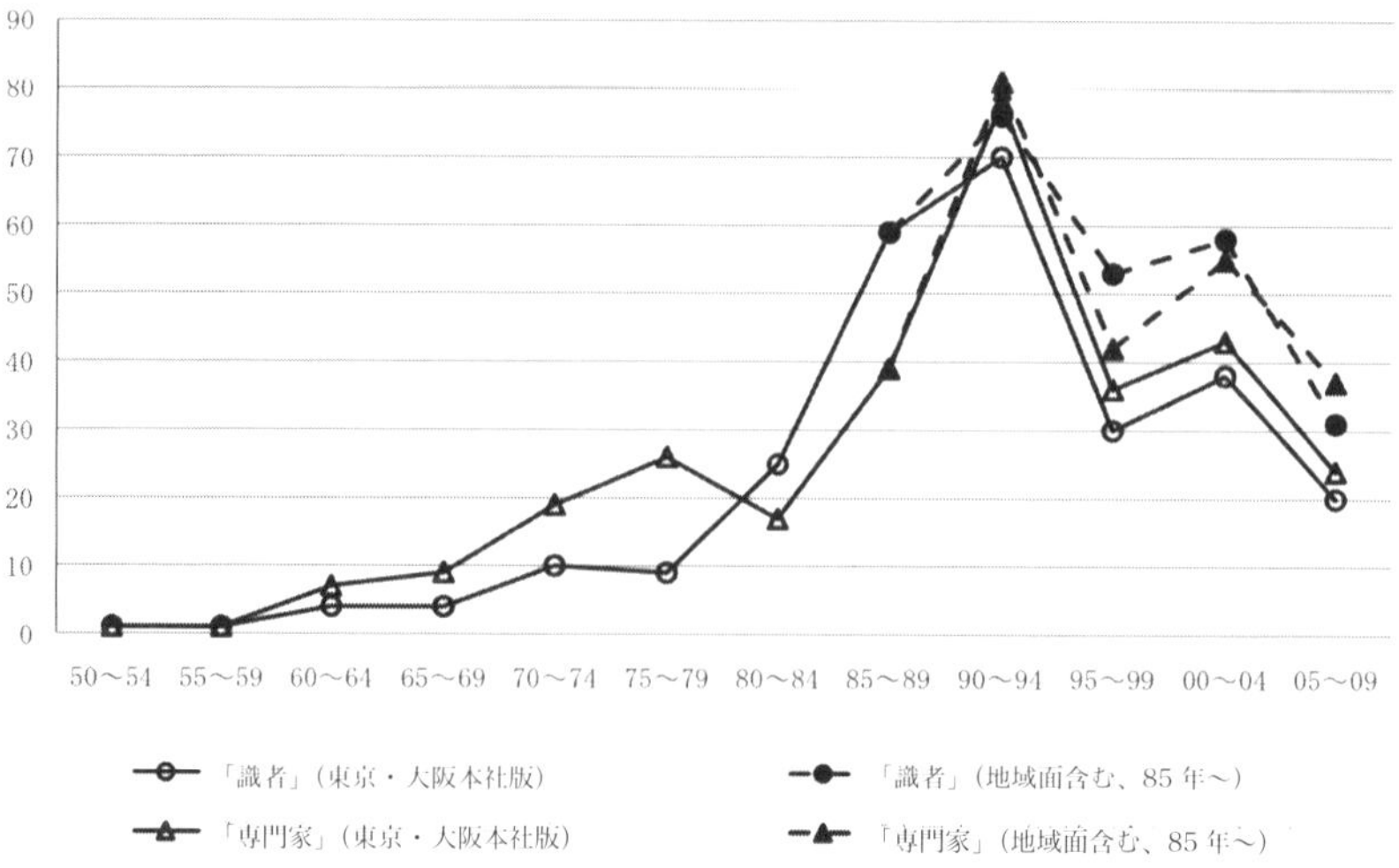

図２　「識者」と「専門家」の推移

た（ちなみに、読売で数があまり減っていないのは、芸能やドラマの記者座談会を熱くくりひろげているためだ）。専門家座談会も、多くは「討論」や「対論」へと衣替えしている。

紙面上での専門家コメントの変化も、座談会が衰退していった一因だろう。誰か一人「の話」によって社の主張を代弁させるという、ある種豪快で、そして貧弱でもある方式は、八〇年代以降少なくなる。複数の人に「話」を聞くことが普通になるし、まがりなりにも両論併記する傾向が次第に定着していく。とはいえ、コメンテーターを複数化させながら、大勢の口が同じようなことを言うところに、むしろ八〇年代的な特徴がある。東京サミット終幕を承けた八六年五月七日夕刊の社会面記事「サミット警備を決算すると」では、中島通子ら五人の談話を載せているが、「人権より国家中心」、「もっと郊外で」、「本当の東京みえぬ」、「誠実な情報が欲しい」、「警備した警官気の毒」と、全員が批判している——サミット報道が過熱していた政治面・経済面（そこでも、多くの専門家のインタビューや分析がある）と「庶民」の社会面とのあいだで、ホンネ／タテマエが貼り合わせになるかのような作り方も八〇年代的だが。

そう考えると、「識者」という記号の定着が興味深い。

この語が新聞でさかんに使われるのも戦後になってからのようだ。よく目にする「識者に聞く」「識者の見方」「識者はこう見る」の使用例を調べると、一九五四年が最初である。これらは、紙面に引用される専門家の語りのごく一部しか覆わないが、まさにそれゆえに、その境界機能を考えることができる。一方で、「識者」は専門家と一般人とを区切っている。他方で、専門家の意見が複数ありうるから「識者の見方」等のくくりが成り立つ。その意味で、いかにも八〇年代的な記号なのだが、使用例が爆発的に増えるのが八九年、五年区切りで取ると九〇年代前半がもっとも多い。「専門家に聞く」等も同じ推移を示す。これは筆者には意外な結果だった。それ以降減少していくことの意味も考えさせられる。「識者」に含意されている「上から目線」が鼻につくようになったのだろうか。それとも、専門家言説が複数化とインフレのなかで擦り切れていったのだろうか。いや、たぶん、この両方が同時並行的に生じているように思えるのだ。

5　新聞／言論の曖昧な現在

　この関連で、専門家言説（研究者だけではなく、リサーチ機関職員や企業人や官僚、ソーシャルワーカー、海外ジャーナリストやＮＧＯ関係者、場合によっては政治家さえ含まれる）が引用された記事の数を調べてみた。(1)文化欄や読書欄、定型的な投稿「論壇」(2)スポーツ・芸能・娯楽欄やその週末別刷版(3)家庭面等の健康相談や身の上相談、読み物的な定期コラム(4)人柄を紹介するインタビュー、回顧録、啓蒙のための専門家起用、これらを除外して、小見出し以上で専門家言説の指示がある記事を記録し、集計する。要するに、さまざま「面」で不定形に現れる専門家言説を見るということだ。人柄とその人の仕事の意義のどちらを伝えることを目的にしているのか、専門家の語りなのか、「語った」という事実を伝える記事なのか、境界はしばしば曖昧になる。見落としもあるだろうから、大まかな推移をつかむものでしかないけれども、推移ははっきりと分かる。

　七五年は六五年の倍（一七→三九）、八〇年代初頭にはさらに増えて六〇前後になり、しばらく一定している。八七、八年から急増し（一一〇と八四）、九一、二年からは八〇年代の倍（一一〇〜一二〇）で安定する。これは現在の新聞と同水準の数字である。この間、新聞は段階的にページ数（と購読料）を増やしてきたが、専門家言説の増加率はそれをはるかに上回る。同じ新聞とはいえないほどだ。八七年から九二年のあいだに現在的な新聞ができあがったといってもよい（両論併記への自意識が認められるのもこの時期である)。しかし、ここでも、じつは二〇〇〇年をはさむ四年ほどが頂点であるのが興味深い。最大値の二〇〇〇年では、現在の約一・五倍(一六五)であり、その後ゆるやかに下がって、九〇年代の位置に戻る。

つまり、座談会(七〇年代前半)→「識者」(八〇年代後半から九〇年代前半)→専門家言説を指示する記事数(二〇〇〇年前後)という三つのピークの果てに、新聞的「言論」の現在がある。それをどう考えればいいのか、二つのことを示唆して、この項を閉じることにしよう。

第一に、「識者」の最盛期につづいて専門家言説記事の絶頂が来るのは、後者が前者と類似したインフレと擦り切れのうえを走っていることを暗示している。しかし同時に、紙面に登場する専門家言説が、このやり方では捕捉できなくなったことも無視できない。とくに小見出し等でくくりださずに、記事内に専門家談話を溶け込ませるという書き方が、八〇年代初頭から目につきはじめ、九五年頃から激増している。専門家を気軽に「使う」という意味では、インフレとも矛盾しない(ついでにいえば、九五年あたりから増えている社会(科)学的な社会評論やコメントは、どうやらこの膨れあがりに棲みついているようだ)。その意味では、九〇年代初頭の新聞と現在とでは、専門家言説の厚みはやはり同じではない。

もう一つ、座談会や「識者」が、ピークをすぎてから地域面に現れるようになる。朝日でいえば、座談会は八九年前後、「識者」は九七年頃から、読売ではそれよりだいたい五年後である。地方への移譲が生じているのだ。四国版と千葉版を同時に読む読者がいないという意味ではかなり数字のうえの話になるが、それを加えた数字を見ると、どちらも二〇〇四年までは、八〇年代後半の水準を保っている。裏返すと、二〇〇五年以降、両者ともに急激に落ち込んでいることが目立つ。

じっさい、図書館で縮刷版をめくりつづけたあと、自宅で新聞を広げると、妙に「薄い」印象を受けるのだ。字の大きさのちがいのせいだけではないと思う。専門家言説を溶け込ませる記事の数え上げは断念したので(見落としをコントロールできない)確言はできないが、引用のごつごつ感が良くも悪くも消えている感じはする。たしかに複数の言説の引用は、記事を読みにくくするから、その意味ではずいぶん親切になったともいえる。

空洞化と拡散。たぶんそこに、新聞的「言論」の現在がある。それもまた、言論的主張と広報性とのバランスを模索する試みの一環だろうからだ。

【ネット言論】

フラットな板と「ウヨサヨ」ゲーム

野上元

1　壇上のテロリスト

今からちょうど五〇年前の一九六〇（昭和三五）年一〇月、当時の日本社会党委員長・浅沼稲次郎（一八九八〜一九六〇）が政治演説会の壇上で右翼の少年・山口二矢（一九四三〜一九六〇）に刺殺されるという事件があった。当然、右翼団体と彼の関係が取り沙汰されたが、すべて自分の意志によるものであり特定の人物による教唆は受けていないと供述し、ほどなく彼は留置先で自殺（自決）する。演説会のさなかの出来事ということで、決行の瞬間の映像や写真も残されており、その一連の行為は世間に衝撃を与えた。残された映像ではためらいなきそのスピードが、写真では日本の伝統芸能にみられるような動きのためが、強調されている。その姿は、例えば沢木耕太郎の『テロルの決算』に描かれたように、命のやりとりにおいて世界の自明性をゆるがそうとする「テロリスト」として記憶されている。

大江健三郎もまた、この直後に事件に想をえて『セヴンティーン』そして「政治少年死す」を書く。けれどもその描き方には、志操堅固なテロリストという人物像が前提されていない。二矢を模した主人公の「おれ」は、学校教師や左派政治家の俗物性を激しく嫌悪しながら、自瀆をし、あれこれと思いをめぐらす日々にある少年である。誇大妄想にとらわれる一方で自らの矮小を嘆き、両者が内面で激しく反射しあっている。こじれた自意識において見いだされてしまう身体が、思想という〈内容〉を得て疾走してゆく。大江の描く二矢では、その政治意識や行動の理解に、思想史的な文脈よりも彼の世間の見え方（＝「セカイ」）やそれに関連する自意識の動きが持ち出されているのである。いってみれば「一七歳《セヴンティーン》の思想と身体のアンバランスに宿るテロリズム」という読解法を社会が発見＝発明した瞬間だったといえるだろう。

いったい二矢は、幕末から続く「テロルの系譜」の早熟な一例だったのか、それとも身体のアンバランスや「生きづらさ」に思い悩む未熟な若者だったのか。「成熟」をめぐる意味論じたいが変化してゆく戦後史にあって、それを特定することはもちろん困難である。ただ少なくとも、彼に対する読解法がこのように二種類用意されたことは、この社会における大きな変化の表れではあった。

錯綜する政治的文脈のなか、二矢作成の暗殺予定リストには保守党政治家の名前もみられた。文字通り「誰でもよかった」のであれば、二矢と二〇〇九年六月に秋葉原の歩行者天国に突入して数多くの通行人を殺傷した若者との距離は（後者をテロリストと解釈する余地を認めさえすれば）意外と近い。ただ現在、名をもってその任をこなす政治家はすでになく（むしろ揶揄の対象であり）、テロリストたろうとしても、「社会」という漠然としたものを相手にするときの徒労が感じられるだけなのである。

2 「板」の上の「ウヨサヨ」

現在、「ウヨサヨ」（≒右翼・左翼）の姿をみたければ、巨大匿名インターネット掲示板「2ちゃんねる」（一九九九年開設）にいけばよい。そこでは、守るべき価値を持っていない「ウヨ」「ネトウヨ（ネット右翼）」（≒右翼）と、目指すべき価値を示さない「サヨ」「ブサヨ（不細工な左翼）」（≒左翼）とが、お互いの存在感をむさぼるように探り合い、延々と批判を繰り返している。毎日、数々のニュースや時事批評、著名人の発言などが引用され、ヘッドラインに誘導された人々が群れ集って、感想や意見が書き込まれる。何かが書き込まれれば、それに対して例えば「サヨ乙（書き込み「おつ」かれさんという揶揄）」、あるいは「ネトウヨ脂肪（＝死亡）」というレスポンスがすばやく書き込まれ、ののしりあいのなかで、議論の深化・進展をみないまま掲示板のスレッドが消費されてゆく。それでよい（だから何？）という「住人」たちが作り上げる哀しくも微笑ましくもある日常が、フラットカルチャーとしての「ウヨサヨ」の現在である。

この掲示板では、匿名であることにより自己同一性の束縛から自由になれる。（こちらの関心の存在だけは執拗に示しながら、コミュニケーションの相手から不可視の存在になり）「批判」というより、むしろある種のユーモアやアイロニーを交えた「ツッコミ」を繰り返す。自らが拠っている価値を積極的に表明することよりはむしろ、相手が信じている価値やそれに基づく表現や行動に「ツッコむ」のである。逆にいえば、ここでは、対象に関する異様に熱心な観察、そして執着が見て取れるわけである。

それゆえ、そうしたツッコミは「ボケ」を強く求める。何かに価値を認めてそれに没入し、単一の世界観を疑いなく維持しているようにみえる人々の言動が、その対象として見いだされやすい。確かに、価値観の多様化した現代社会で何かを信じ続けることは、ある種の強さが必要である一方で、鈍感であることでもある。2ちゃんねるでも、宗教的信仰心や他国のナショナリズム、各種の社会運動、アイドルやヒーロー、カリスマへの熱狂、権威主義や自動化された権力批判など、「世界」がブレない人々の振る舞いがツッコミのネタとして日々発見され続けている。

そしてまた、インターネットの黎明期（パソコン通信文化の末期）、つまり2ちゃんねるのような匿名掲示板がまだなかった頃の一九九五年三月に地下鉄サリン事件があり、その実行者として新興宗教団体が特定され、九〇年代後半以降、「没入」により明快なイメージが与えられるようになったことも重要だろう。政治的立場の選択と、消費文化の享受との境界はぼやけてしまっており、時には宗教的信仰に似たものとしてすらみられ始める。そうした社会において、この事件は、「信者」「教祖」「洗脳」といった用語や、陰謀論的なマスコミ観と結びついた「自作自演」「ねつ造」といった用語を、没入を形容する言葉として大量に供給し、ブレない人々に対するツッコミの技法を洗練化させる機会となった。

例えば、歌手とファンの関係で特に典型的なように、様々な領域における作り手と受け手との関係が、教祖と信者の関係のようにとらえられるようになっている。消費文化の成熟は、可能な選択肢の数を恐ろしく増やしたけれども、信仰のような文化享受は、それらのあいだのささやかな差異を絶対的な「世界」の違いのように見せてしまう。ちょうどその分だけ、他者の没入を観察し、指摘することは、より容易に（そして安易に）なっているのである。

こうした2ちゃんねるのツッコミ文化において、その餌として「ウヨサヨ」が特に選択されがちなのは、やはり一九八九年の冷戦終結によって「保守—革新」を支えていた文脈が大きく変化し、そこで自明化されていたものをある程度、ずらして考えることができるようになったことが大きいだろう。政治的な選択が体系性を失い、流動化して、その相対性が露呈してしまえば、他者のそれは没入として観察できてしまうからだ。冷戦の終結はソ連の敗北・解体であり、左翼的な理想における一つの大きな喪失であった。同時に、喪失に伴う風景の変化が浮かび上がらせたのは、長く続いた冷戦下の保守政権のもとで、現状批判の立場も硬直化し、それ自体が権威となって久しいということだった。端的にいえば、現状批判が制度化すれば、現状維持の補完機能を果たすようになるということだし、そうした自らを点検することなく、なお批判を繰り返すとすれば、そうした立場じたいが権威主義となっているからである、というかたちでネタ化されえるようになったのである。

このようにして、フラットカルチャーとしての「ウヨサヨ」においては、まずは左翼的な理想主義や野党的な立場への居直り、権力やナショナリズムに対する機械的な批判が「サヨ」「ブサヨ」として揶揄の対象となった。「左」寄りとされたマスコミ、そこで発言する進歩的で良心的な知識人たち、あるいは政治家、活動家たちの言動が次々とネタとなったのである。「冷戦・後」という二つ目の戦後が始まり、それまで強固に見えた「戦後」の意味論が融解し様々な価値の組み替えが始まるなかでは、かつての革新は、「守旧派」となりかねない。そうした変化に気づかず、同時代社会のあり方への批判を繰り返すことによって自らの正当性を変わらず主張し続けていることが、何か滑稽あるいは醜悪な振る舞いに見えたというわけである。

もちろん、「サヨ」がこのような形でツッコミの対象として発見されてからもすでに相当な時間がたっている。揶揄があまりに反復され、ツッコミに、ユーモアやずらしの感覚が消失してしまうと、それ自体も逆にボケとして滑稽な観察の対象、揶揄の対象となってゆく。こうして見いだされた振る舞いが「ネトウヨ」として、「サヨ」と同じ地位を与えられ、同じようにネタとされ始めたことで、フラットカルチャーとしての「ウヨサヨ」は、延々とネタを消費してゆく閉じた構造を完成させるわけである。

3 「悲しみのない、自由な空へ」

もちろん、その経緯については、もう少し詳しく述べる必要があるだろう。「ウヨ／サヨ」という区分は、もちろん「右翼／左翼」という区分を下敷きにしたものではあるけれども、その重なりはそれほど自明なものではない。その異同は一体どのようなものなのか。

そもそも「右翼／左翼」という言い方は、議会での席序（議長席からみた右側・左側）から来るもので、それぞれの立場というのはお互いにとって相対的で相補的なものである。数多くある政治的な選択肢を「右―左」というたった一つの軸のなかに配置してしまうのも乱暴な話である。逆に言えば、乱暴ではあるけれども便利なので使われてきたということだ。そうするとここで考えなければならないのは、「右―左」という単線化された理解が生み出す効果のほうである。

二つほど言及しておきたい。まず、「右―左」とは、いわば運動会の綱引きのようなものとして理解することができる。それぞれは、相手の手応え、「自分と反対の立場をとる人がいる」という想定によって自分（の運動）を確認してゆく。「右／左」は何よりも、当事者の主観のなかにあるバイナリコードとして機能するのである。

もう一つは、「右―左」をめぐるそうした綱引きを可能にする、非常にシンプルな観察の態度である。

近代社会は、絶え間ない変動とそれに関する自己観察を展開させてゆく社会である。なかでも社会科学やジャーナリズムの発達にみられるように、変容への感受性や観察技法をたえず鍛えてきた。特に社会科学は、社会変動のメカニズムを明らかにしてゆくなかで、単なる観察だけでなく、変化の方向性や未来を予見したり、さらには、より望ましい変化のために、この流れをコントロールしよう（できる）という設計主義＝「革新」を可能にする。

一方、この変化に抗して、変わらないものや変化によって損なわれてしまったものに価値をおくあり方＝「保守」も生まれる。そして、両者の対立が、お互いの存在感を手がかりとしながら先鋭化してゆく。逆に言えば、変化のない社会、あるいはそれへの感受性に乏しい社会においては、「右／左」は生まれない。

その上で、とくに明治維新以降の近現代日本における歴史的文脈を簡単に追ってみると、まずこの社会では、異なる歴史を歩んできた西洋文化の急速な吸収による短期間での近代国家の建設があり、それに続く帝国主義的な膨張が招いた総力戦、その帰結としての決定的な敗戦そして戦後の経済復興、消費社会の爛熟があった。あまりに急激な社会変動のなかで、何をよき伝統とし守るべきか／何を古く悪しきものとし変えてゆくべきかは、一意に定めることができない。そうした変化に影響をもたらした「西洋」の意味内容も、階級社会の影響を残すヨーロッパ社会から、消費社会をフラットにこなすアメリカ社会へと変わったし、成員の構成においても、大きな民族主義と小さな民族主義とのあいだの振れ幅があって、「保守／革新」のそれぞれに様々なかたちで結びつき、それらがさらに「右翼／左翼」として先鋭化することがあった。争点は多様化するとともに、逆にそれ故にこそ、二項対立への収斂・単純化が望まれたのである。

急激な社会の変化を全ての議論の前提としなければならないこうした歴史のなかで、逆に変わらない歴史的同一性が主張され、政治的資源となった。戦前日本の軍国主義は、総力戦体制の構築において相当多くの要素を社会主義的な国家運営から借用したものの、主張される価値観としては「右」だったのである。ただ、一九四五年の惨めな敗戦によってその選択は失敗とされたのだった。国家を敗戦に至らしめた原因は「右」であるとされ、それへの反省をもとに、戦後、人文社会科学の領域や論壇・知識人のあいだで「左」寄りの主張が真理に近いものとされてきたし、多くの人々の信頼を得てきた。けれどもその一方で、人々は豊かさを求めて、高度経済成長以降、「生活保守」と呼ばれる社会意識を維持して長期保守政権の政治的基盤にもなったのである。両者は表面上矛盾しつつ、その実、安定成長のための複合をなしていた。そして、経済的な豊かさが達成されると、そうした社会を前提にしつつ、それらを支える制度を根本から否定することはせずに、そこでの生活実感や「私」の帯びている素朴な価値観を確実に守りながら、不平等や差別、環境破壊や暴力を憎みこれを変えようとする人々が生まれる。いってみれば、改革は望んでも革命を目指さない穏健な左翼、あるいは、保守的な左翼といえる人々が社会の多数を占め始めたのである。

こうした歴史を持つために、戦後の右翼には、「真の保守」という言い方で自己表現をすることがあった。わざわざ「真の」とつけるのには、この社会の保守が敗戦後、冷戦下の日米安全保障条約に規定された対米従属を肯定し、その維持を旨としていたこと（親米保守）に対する拒否が込められている。また逆に、「左」の立場をヒエラルキー化していた「党」やその教義が硬直化し権威的にみえるようになると、それでは人間解放や革命が果たされないといって、「新左翼」と呼ばれる人々の主張が現れてくる。この両者は、先に述べたような戦後日本における保守と革新の両方を嫌悪し、むしろそれらじたいの自己欺瞞への感受性を高めてゆき、自らの立場を「翼」を拡げるようにして先鋭化していったのである。

4　些事と反復：反抗による同一性の確保？

もちろん、「ウヨ―サヨ」も、こうした「保守―革新」そして「右翼―左翼」の歴史のなかに連続するものにみえるだろう。もう少し詳しくみる必要がある。

例えば、近年の「若者の保守化」言説は、特に2ちゃんねるのようなネット上のやりとりにおいて看取される、活発で過激な「ウヨサヨ」的な議論、なかでも特に「ブサヨ」への激しい攻撃（ツッコミ？）を解釈しようとしてなされたものである。

ただ、それはいかにも古い流儀による読解だったといえよう。そもそも、「若者の保守化」を論じるという以前に、若者の政治意識をめぐる現代史を考えてみれば、少なくとも若者の政治化じたいは不自然なことではない。例えば一九六〇／七〇の若者は「左」に振れて街頭や大学で激しく運動したとされているけれども、その一方で〇〇年代の「若者の保守化」が問題だというのであれば、そこでは、「守るもの」のない若者が走るのは常に「左」であるはず（あるいは、べき）だという前提があることになる。

その前提さえ解除してしまえば、つまり、どちらに振れるべきかという問題を別にしてしまえば、若者が政治に関心を持ち自分の考えを表現すること自体、不自然なことではない。世界がセカイになり、社会が「世間」となってしまう現在においてもなお――それぞれの日常における不満の吹き出し口ではあるにせよ――、無関心によってそれらと接するのではなく、若者がその矮小なる自己を少しでも越えてあろうとする表現の数々として考えることができるはずである。

一九六〇／七〇の若者は、まるで父親の権威に刃向かうかのように、既存の権威に対する巨大な反抗のエネルギーを爆発させたが、ネット右翼とされる若者もまた、匿名の掲示板において、権威化した左翼（＝父親世代？）に対する憎しみをあふれさせている。

ただその目的が、日々の鬱憤を晴らすというだけのことであれば、「権威を斬る、喝を入れる」という娯楽を日々提供し続けている夕刊紙や週刊誌のたぐい（床屋政談からの「けしからん」文化）と変わらない。現代の「若者の政治化」が違和感を持って迎えられるのならば、その前に、一九八〇／九〇的な消費社会・消費文化があるからであった。そこで自明化されていたのは「若者には、『欲しいもの』がたくさんある」という前提である。それに対し〇〇年代の「保守化する若者」は、従来の政治手法によっては組織化しえず、マスメディアによる一元的な影響力によって感化されるような人々でもなく、そしてさらにいま、マスメディア的で粗雑なマーケティングによる把握をもすり抜けようとしているのである。

「左」でも「消費」でもない若者――。彼らは、一九六〇／七〇的な左翼・新左翼、そして一九八〇／九〇的な消費社会・消費文化の鬼子なのであった。

5　ゲームのゆくえと（なかなか）終われない「世界」

以上をまとめてみよう――。2ちゃんねるなどを舞台にして日々繰り広げられるフラットカルチャーとしての「ウヨサヨ」のゲームは、基本的には、「保守―革新」、そしてその先鋭化（ときに単純化）としての「右翼―左翼」の対立に連続するものである。おそらくその当事者達も、それらの対立がたどってきた履歴を相当意識していることだろう。

けれども、「保守／革新」の対立が、むしろ「権威―反権威」、あるいは時に「不純―純粋」を軸に鋭敏となって「右翼（真の保守）」や「左翼（新左翼）」を生み出していったように、「ウヨ―サヨ」もまた、お互いの言動に対する過敏な追及姿勢に共通点がある。ただそれは、攻撃的ではあっても、その不純を批判するのではなく、その世界観のブレなさへの「ツッコミ」という形式をとっている。逆に言えば、「右翼―左翼」を成立させた感受性を、微細な差異を大きく見せてしまう消費社会的な記号消費、そして「信仰（批判）」のモードにおいて継承したのが、「ウヨ―サヨ」だったのである。

ただし、以上のことは、やはり異形のマスメディアとしての2ちゃんねるのうえでなされるものだといえるだろう。一つの近代化の運動が終わり、知識人やジャーナリズムがしつらえてきたような、社会の「全体」をなぞらなければならないという生真面目な「関心」が希薄化している。「全体」を参照することの必要のない社会、自意識のありようが全てを決めるセカイが始まりつつある。そして、おそらくちょうどその分だけ、政治的表現における自己欺瞞や居直りを全て「ウヨ―サヨ」に収斂させてツッコまなければならないという潔癖も薄れてゆくことだろう。

けれども、それらがすぐに消失すると考えるには時期尚早で、2ちゃんねるでも新聞を嫌いつつ、なにかとそれを引用しようとするし、むしろその影響力を大いに評価しているようにみえる。様々な「板」を用意して（要望に応じてそれらを分離・独立させ）、人々の関心の全領域をカバーしようとする生真面目さも持っている。それらはすべて、「日本」や「日本社会」の同一性や単一性を確認し信憑し続けるために必要とされているようにみえるのだ。

2ちゃんねるが体現する最後のマスメディア性が、特に「ウヨサヨ」を焦点としつつ、「日本」という全体への興味（依存?）を、ねじれたかたちでかろうじて維持し続けているようにみえるのである。

【コンプライアンス】

公共性の拡張——コンプライアンスと道徳主義

加藤裕治

1 コンプライアンス化する社会

コンプライアンスは法令遵守と訳され、近年、組織や会社を運営していく上での必須のキーワードとなっている。それは企業活動を適切に行うことを目的として、明確な法令やルールに基づき、法人や従業員が公正に行動することとして理解されている（伊藤真『会社コンプライアンス』講談社現代新書、二〇〇七年など）。

しかし、この言葉が、二〇〇七年にユーキャン新語・流行語大賞の候補語となったのは象徴的である。それは狭義のコンプライアンスの意味合いを超えて、多くの人々に、最近の日本社会の特徴を的確に言い当てている言葉として感じられたのだろう。

おそらく、それは日本の規範意識の変容と密接に結びついていることを示す指標として受けとられたのである。確かにコンプライアンス化の流れは単に組織や会社といった領域においてだけでなく、私達の生活の中にも入り込みつつあることには一定のリアリティがある。さまざまな場所において、私達は公正な規準やルールにもとづいた行動が求められるようになっている。

当たり前のことだが、従来から法令やルールというものは存在している。しかし現在、起きているコンプライアンス化は、そのルール化の広がりや、より詳細に行為を規定し、そして何よりもそれを遵守することの厳密さにおいて、特徴的なものとなりつつあるようにみえる。

例えば禁煙ルールの拡大。かつて公共空間での喫煙は喫煙者のマナーに任されていたといってよい（いや、ほとんど問題となっていなかったかもしれない）。しかし次第に、官庁、駅、路上など、公共性の高い空間で禁煙がルール化され、今では企業のオフィス、また飲食店やカフェなど多くの場所でも禁煙のルールが当たり前のものになっている。また現に、禁煙コーナーでは煙草を吸う人をほとんど見かけないように、実際にこうしたルールを遵守しようとする意識は高まっている（煙草は、このほかに「健康」といったようなテーマも浮上するので本来はより複雑な問題なのだが、ここでは問わない）。また例えば、組織や企業に話を戻せば、ＩＳＭＳ（情報セキュリティマネジメントシステム）といったマネジメントのルールにより、書類を机の上に置きっぱなしにする、といった何気ない行為が重大なセキュリティ違反として禁じられていく。これは些細な話ではあるが、多くの会社や組織が、法令やルールに基づいた行動をとることが求められ、そして実際にそうなりつつあることも確かなのである。

こうしたコンプライアンス化の広がり、それを一言でいえば、官僚制的な態度の拡張といってよいのかもしれない。ここで官僚制的というのは、個々の事情や感情的な意識などに左右されることなくそのルール遵守の一般性を貫こうとする態度のことを指す（これはウェーバーの官僚制の定義の一部である／M・ウェーバー『権力と支配』有斐閣、一九六七年）。つまり、従来なら杓子定規と言われるような態度や行為が、公的な組織や機関内での行動だけでなく、社会の多くの場所での人々の振舞いや行為にも求められ／受け入れられることになりつつあるということである（程度の問題はあるが）。むしろそちらの方が公正で平等だ、というわけである。こうした官僚制的な振る舞いが公共の領域だけでなく、私的な領域にまで求められるようになっていく事態を「公共性の拡張」と呼んでもよいだろう。ともあれ、周りを見渡せば日本社会がそういう時代になってきているように見受けられるのである。

2 世間（道徳）とコンプライアンスの近接？

「コンプライアンス」がユーキャン新語・流行語大賞の候補語であった二〇〇七年に、同じく候補語の中に「ＫＹ（空気が読めない）」がはいっていたことは、非常に興味深い。人によっては、世間と聞くと極めて前近代的なニュアンスを帯びていると感じるかもしれない。しかし、世間の問題はここ数年、この「空気が読めない」と関連しながら注目されてきた。

　世間を研究する佐藤直樹も、高度成長期－バブルを経て、こうした世間は消失するどころか、逆に大きな影響力を私達の社会に及ぼし続けているのではないかと指摘している（佐藤直樹『「世間」の現象学』青弓社、二〇〇一年）。つまり世間の問題は「空気」と名をかえて、現在の私たちに身近なものとして捉えられている（世論について著作を出している演出家の鴻上尚史は世間の流動化が空気を生み出したのではないか、という興味深い指摘を行っている。詳しくは鴻上尚史『「空気」と「世間」』講談社現代新書、二〇〇九年を参照）。

　では世間とは何か？　例えば阿部謹也は「世間とは個人個人を結ぶ関係の環であり、会則や定款はないが、個人個人を強固な絆で結び付けている」「しかし、いきおい漠然としたあいまいな」と定義していた（阿部謹也『「世間」とは何か』講談社現代新書、一九九五年）。

　「世間体が悪い」「世間を騒がせた」「世間に申し訳ない」というように、それは人々の行為の規準となり、かつ道徳的に振舞うことを要求する規範として機能する。しかしそれが明文化されることは、当然ない。だからこそ世間であり空気である。


　ここで着目したいのは、規範意識をめぐり、コンプライアンス化とは全く対極にあるような世間や空気が、同時期の日本社会で注目されている、ということである。逆にいえば、コンプライアンスと世間（空気）が同時期に注目されたということは、その両者をひっくるめた日本社会の規範意識といったものに、何かしらの変化が生じていることへの気づきがあったことを示している。多くの人々がこの変化に敏感に反応したのである。

　実は、こうしたコンプライアンス化する社会と世間の関係は、コンプライアンス研究者の側からも様々に言及されている。例えば郷原信郎は現代の日本社会では、「「法令」の領域が「遵守」の世界のまま拡大し、しかもその周りにある「社会的規範」の領域までが遵守の世界に侵されつつ」あると指摘している（郷原信郎『思考停止社会』講談社現代新書、二〇〇九年）。遵守しろ、という強制ではないが、細かな道徳（モラル）の指摘が多くの場所で見かけられることは確かだ。例えば鉄道会社の各種マナーポスターをはじめ、エスカレーター周りの「小さなお子さんは手をつないで下さい」「走らないで下さい」という注意書き……etc.そうした指摘は切りがない。そして、こうしたマナーは、何となく守られていないとその周囲に微妙な「空気」が流れていく。

　森達也は、こうしたある種の善意の道徳意識や良かれと思う指摘や注意が、次第に肥大化し、人々にその遵守を強いるものへと変化していくことを、日本各地の奇妙なルール（「機内にライターを二個持ち込まないで下さい（一個だけにして下さい）」という航空機の国内線ルールなど）をもとに論じている（『誰が誰に何を言ってるの？』大和書房、二〇一〇年。なおタイトルが秀逸である）。

　このように現在の社会を見回すと、確かに私達の周りは、遵守すべき法令（コンプライアンス）がするりと道徳（モラル）の側に横滑りしたり、逆に道徳の側からの横滑りが、遵守すべき法令となっていくという、境界線の消失のようなものが見出せる。

　どうやら、現代日本の規範意識において、コンプライアンスと世間的で道徳主義的なものは、実は大きく切り離されているというより、むしろ非常に近接している。この近接こそが、現代の日本社会における、ある種の閉塞感を生み出すような要因の一つにもなっているようなのだ。つまりこの閉塞感のありかは、日本社会がこれまであまり直面したことの無いようなコンプライアンス化社会（拡張する公共性）への対応ということだけではない。コンプライアンス化社会の規範意識と世間的な規範意識が、奇妙な形で順接しつつある、ということにあるのかもしれないのだ。規範意識のフラットカルチャーがあるとすれば、コンプライアンス化する社会が拡張しているだけではなく、この二重の規範の奇妙な重なりこそが、フラットカルチャーなのだということができる。

3　法のルールと世間的なものの二重構造

　コンプライアンス化する社会（拡張する公共性）と世間的なものという二重構造の存在。こうした日本社会における規範意識の二重構造は、従来からさまざまに語られており、それ自体はそれほど不思議なことではない。しかしどうやら現在起きているのは、この二つの規範意識の間の距離というべきか、重なりというべきもののバランスが、極めて揺らいでいるのではないか、ということである。

　ここで、こうした日本社会におけるルールの二重構造のあり方に関する重要な論点を提供している、丸山真男の「日本の思想」の議論を参照したい。「日本の思想」は一九六〇年代における日本社会をめぐる議論である。しかし、そこで抽出された日本近代をめぐる制度と心情の二重構造のダイナミクスは、社会における規範意識の二重構造の形式をめぐる興味深い論点を提供してくれる（丸山真男『日本の思想』岩波新書、一九六一年）。

丸山真男は「日本の思想」の中で、「日本における制度と共同体」の関係を「合理化の下降と共同体心情の上昇」という二重性から説明していた。丸山の議論をここでの文脈にあわせれば次のようなことになるだろう。つまり中央の合理的官僚化（冷徹な法令主義）は、トップダウン的に近代的な法令／制度を地方に波及させていく。しかし一方で、地方の側は共同体（むら）の家父長的な人間関係と制裁様式（世間の規範）を、自分達にとっては外部としての中央の法令や制度そのものに反映させていく、そうした往復運動である、と。

こうした、丸山の議論で興味深いのは、法（制度）と世間（共同体）の間には複雑な矛盾があり続けたと指摘している点である。法（制度）は日常生活の現状を省みることなく、突然、既成品として上から降ってくるため、共同体のルール（世間）とソリが悪くなる。しかし一方で、法は共同体の家父長的精神と接合し、どこまでも曖昧に日常生活（共同体の側）に入り込んでいくということにもなるというのである。

ただし一方で、法（制度）が波及していく際、共同体の心情の揺れを温情として汲み取ろうとするため、その尺度（ルールとしてきちんと機能するか）としての厳密さに不十分さが残るという。さらに、世間の側のルールは、それが世間として曖昧なものである限り、時々非日常的な形をとった不満として表出されても、法（制度）というルールに対抗するまでの原理にはならなかった、と丸山は説明する。

こうした丸山の議論を極めて通俗的に解釈すれば、このロジックはある種の日本的とよばれる組織のステレオタイプ的なイメージと接合することも確かだ。例えば会社の部長が部下の日常生活にまで口出しをするが（上司は、あたかも父のようである）、部長はその自分の部下が起こした会社のルール違反には多少目をつぶるときもある。一方、部下も部長のいないところで愚痴はこぼすが、会社＝部長への反抗までには至らない。そういった状況を思い浮かべればよいだろう。

つまり、丸山のモデルからすれば、日本社会の近代化において法（制度）は、共同体からみれば、どこか外側にあるもの、という意識で取り扱われてしまうものであった。つまり、法はタテマエである、という意識が拭い去れなくあったのだ。また逆に共同体＝世間の掟の部分は、その法に曖昧に包摂されつつも、どこかで法（制度）に回収されない世間の抵抗の部分（ホンネ的なもの）が内在していたと説明されるのである。

丸山の議論自体は、こうした共同体からせりあがってくる形にならないホンネとしての実感を、どうやったら主体的な規範的意識へと高めるか、ということを日本社会の問題として語るものであった。

しかし、ここでは、丸山が描き出した日本の規範意識の二重性が、日本においてはあるリアリティをもって存在していたのではないか、ということを、まず確認しておきたい。

4　二重構造の生み出す〝わかりにくさ〟の消失？

現在の日本社会において、コンプライアンス化の流れと世間の関係は、前節の丸山の指摘した二重構造から変容しているのかどうなのか、ということがここで論点になるだろう。

例えば「法令」というものに対する意識。丸山の論点からすれば、それは日本社会において長らく、人々の外側にあるタテマエ的なものであり、日常世界に入り込む際には、世間的な規範の曖昧さや温情的な部分にも配慮するため、どこかで遵守の意識が曖昧になる、という関係であった（例えば、ある年代以前に立てられた個人住宅は建ぺい率の遵守などは結構ルーズである場合が多かったりする。ただし現時点で建築しようとすれば、個人住宅であっても曖昧にはできない）。

こうした社会のあり方は本来、かなり屈折した構造になっており、法と世間意識の乖離という二重構造が明確なために、逆に互い（法と世間意識）の関係を曖昧なままで個別の調整を図る、という規範意識が成り立ってきたということができる。おそらくこれが、白黒をはっきりさせない、日本のルールの〝わかりにくさ〟というステレオタイプにもつながっていたのだろう。

しかし、近年のコンプライアンス化とは、この〝わかりにくさ〟を排除していこうとする流れにもみえる。だから、それは近年目立つ、平等化に対する人々の強力な志向と関係なくはない。つまり調整により、局所的な部分が恩恵を受け、ある部分が恩恵を受けない、ということに対する嫌悪のようなものが広く社会を覆っている。例えば先の会社組織のステレオタイプからすれば、「A君のルール違反を曖昧にする部長の態度を何とかしてくださいよ（みんな平等に）」と部下が言うことで、会社の側や部長の側も「会社のルールの厳守を徹底しましょう」としてルールの遵守が強化されていく（最終的に、誰が不利益をこうむるのかは考えた方がよいのだが……）。

コンプライアンス化する社会は、それゆえ言い方を変えれば、法のタテマエが、真にタテマエとしてきちんと機能しないことへの違和という態度ということもできるだろう。しかし、その際に生じることは、曖昧なホンネ（まあどちらでもいいのでは、とか）が介在する余地を奪っていくということだ。実はこのホンネの部分こそ、丸山が指摘した世間のある種の抵抗の部分（しかし規範意識にはならないもの）であったともいえるのだが、それがコンプライアンス化する社会と世間の中で消失しているようにもみえる。つまり妙に法と世間道徳の相性が良くなってしまっているのだ（逆にいえば、法より大事な道徳意識といったものが、消失しつつあるといえる）。その意味ではこの両者の距離は近接し、二重構造が見えにくくなっているということもできるし、限りなく蒸発しつつあるのかもしれない。

こうした二重構造が見えにくくなるということは「それは正論だと思うよ。でも現実はさ……」という語りを奪うことになっていくといえる。そして現にそれが奪われている気がしないでもない。タテマエが真のタテマエとして機能し始めること。それはそれで一つのフラットカルチャーである。そしてこの過程は、近代化の一つの振舞いであるかのようにみえながら、日本独自のものにも見える。そして、ある程度の世代にとっては確実に、妙に息苦しい社会の到来ともいえるのであり、現に社会がそう現象しているようにみえるのである。

5　そしてこの先はどうなるのか

そして、この先がどうなるのか。正直よくわからない。フラット化するコンプライアンス社会、つまり法制度／世間の二重構造がすっかり蒸発し、法と世間（モラル）が重なり合い溶解したルールが、まさにルールそのものとして機能する超平等ルールの空間が広がっていくのか。あるいはこのフラットな規範空間の〝圧力〟に耐えかねて、やはり二重構造がどこかで回帰し、コンプライアンス化を「タテマエだよな」といえる余地が残る空間、つまり〝日本的な（といわれる）社会〟が残っていくのか、それはよくわからない。

また議論としては、コンプライアンス化する社会のぎこちなさに対する違和感も提出されている。例えば日本的な世間感覚が、西欧的な法のルールに対して本当に重なるのか、といったように。こうした違和感から、「世間様」制という、西欧的な民主主義制とはまったく異なる社会・政治原理を構築できないかということを岡本薫は提案する（岡本薫『世間さまが許さない！』ちくま新書、二〇〇九年）。これは法制度／世間の二重構造の溶解自体を、「世間」が拡大・肥大していると見なした視点から現れる議論ではある。

しかし、この岡本の見立てはやや疑問の余地がある。というのも本論で論じているいるように、現在は世間が肥大化しているというよりも、むしろ公正なルールにより、世間的なものを取りこもうとする意識の方が強いように見える。日本ほど公正なルールにこだわる国は実は他にはないのではないだろうか、というのがここでの見立てである。

また例えば近代的な法制度の日本的受容における誤解を正していこう、という論点もある。例えば丸山真男が指摘したように、制度や法が具体（現実）との緊張関係／限界意識から立ち上がってくるという根源に立ち戻らなければ、ともかく法令を遵守していけばよいという硬直した社会意識を生み出してしまうという反論もある。それはそれで正しい批判である。

いずれにせよ、現在の日本は、規範意識に関して壮大な〝社会実験〟をしているような気がしないでもない。というのもコンプライアンス社会とは、これまでどこまでも私達の行為を規定することに関しては外部（タテマエ）であり続けた法に対し、その法がどこまで世間の代替として機能していくのか、ということを問いかけているようにみえるからだ。しかし個人的には、やはりそれはそれで疲れる、という気がしないでもない。それは世間が懐かしいということではなく、「曖昧さ／そこそこで」という解決が許される社会が背景化し、「白黒つける」社会というものだけが、社会の原理であるような流れが妙に支持されていくからである。

【政治】
選挙カーとツイッターのあいだ

五十嵐泰正

1　選挙カーはなぜうるさいのか

選挙の季節になると、ブログやミクシィの日記に「選挙カーがうるさい」「うるさかったあの候補には絶対に投票しない」「名前を連呼するだけの選挙カーなんて迷惑なだけ」といった投稿があふれかえるのは、すっかり恒例の風景となった。しかし、インターネットで「有権者」の「本音」を垣間見る限り、集票を減らすだけのものにしか見えない街宣車遊説が、何のために旧態依然とした形で行われ続けているのか、惰性という以上の理由を知っている有権者は少ないだろう。

答えは、「選挙カーは、支持者のテンションを上げるために走らせている」もので、少なくとも、「それをうるさく感じる見知らぬあなたのために回しているものではない」からだ。選挙戦術は、匿名の有権者に呼びかけるマス・マーケティング的な空中戦と、顔の見える票を積み上げる地上戦に大別されるが、街宣車遊説は実は地上戦に該当する。街宣車の走行中は名前の連呼「だけ」が許されている公職選挙法の珍妙な規定もあり（ただし、それを完全に守る遊説は不可能だが）、選挙カーといえば候補者名の連呼というのが定番になっているが、ある程度きちんとした戦略と経験を持っている陣営なら、これで浮動票が獲得できるなどとは、さすがに想定してはいない。

街宣車遊説とは、コアな支持者の選挙気分を盛り上げて事務所や集会に顔を出そうかという気分にさせるための戦術であり、あとはせいぜい、支持者の紹介から候補者のことを聞いた新たな潜在的支持者が、聞き覚えのある名前に反応して窓から顔を出すことを期待して行われる。多くの読者には信じられないことかもしれないが、選挙事務所にいると、「選挙カーがうるさい」という苦情の何倍も、「うちの地区に選挙カーが回ってこない、どういうことだ！」というお叱りの電話がかかってくる。集会――そう、これも支持者を固めるための戦術だ――の動員に大きな影響を与える熱心な支持者に、つまらぬ不信感を抱かせることはできる限り避けなければならない。そのため、有力支持者の自宅前を遺漏なく縫って走る一筆書き街宣ルートを作成するための、名簿の「地図落とし」という地味な作業が、公示前の事務所にとっての重要な仕事のひとつとなるのだ。

2　「町内社会」の液状化と「しがらみ」のない政治

　こうした地上戦中心のいわゆるドブ板選挙の基本的な考え方と方法論を、私はごく親しい先輩が区議会議員選挙に出馬することをきっかけに一九九五年から関わり始めた、東京都台東区で叩き込まれた。すなわち、政治とは何よりも名簿の積み上げであると。

　同業組合、消防団、商店会、そして町内会。社会科学的に翻案すれば、選挙とはすなわち、そうした地域の社会関係資本を可視化して資源化する営みである。地方政治の末端である区議たちは、町会や同業組合の幹部層と懇意になって支援を取り付け、入手した名簿をもとに日常的に戸別訪問をかけ、集会に動員し、地域組織の構成員の家族を含めた票を期待する。系列の区議を組織してゆく都議選や国政選挙も、基本的にはこうした手法の積み上げ――縁のある区議の親分（の親分）への投票行動――であり、最終的な得票数は自ずとある程度見えてくる。それまでの二一年間、多くの「無党派市民」と同じく、マスメディア上かせいぜい街頭演説の駅頭、すなわち空中戦の場でしか選挙運動を見たことのなかった私は初め、選挙がマス・マーケティングではないことを知って仰天したが、区議選や都議選の低投票率を考えあわせれば、確かにこれは合目的なやり方であると納得せざるをえないものであった。

　選挙という営みの実像は、玉野和志が言うところの「町内社会」（玉野『東京のローカル・コミュニティ』）の祭りにほかならない。「浅草村」や「上野村」、「石浜村」や「谷中村」といったアーバン・ヴィレッジに「下町っ子」が住む台東区は、都市部としては相対的に、「町内社会」とそれを緩やかに構成する地域の中間団体が健在な地域であり、自民にせよ民主にせよ、選挙では徹底した地上戦を伝統としていた。それはまさにジェラルド・カーティスが一九六〇年代の大分県で観察した「日本の選挙」そのものである。郊外のサラリーマン家庭の出身であり、顔の見える票として組織された家族を持たない私にとって、選挙事務所や個人演説会に出入りすることはおろか、選挙を控えた政治家が戸別訪問してくることや、選挙ハガキ（公選法で定められた一定枚数を、推薦人を明記して選挙事務所から送付する）が送られてくることも稀だったが、「町内社会」ではさして珍しい経験ではない。狭い区内に候補者がひしめく区議会議員選挙の折には、顔なじみの複数の区議に義理立てするために、家族や従業員の票割りに頭を悩ます町会役員や商店主の姿さえ、しばしば見受けられるのだ。

しかし、地付きの住民や自営業者など、地域に関与と関心を寄せざるを得ない人々が主導し、あとはせいぜいPTA活動に熱心な母親層が接点を持つ程度に過ぎない「町内社会」は、激しい流動性に彩られる現代では当然ながら衰退著しい。中曽根康弘が「粘土が砂になった」と評したような、「町内社会」や地域組織が住民の大多数を包含しえず、顔の見えない票が増えていくこの状況は、ごく短期間の劇的な変化ではなく、じわりじわりと用意されたものである。にもかかわらず多くの陣営は、「町内社会」を相手に票を積み上げる地上戦以外に確固とした方法論を持ち合わせていないがゆえに、「有権者」と「顔の見える票」の乖離はますます顕著になり、地方政治の選挙は、地域のごく一部だけが関わりをもつサブカルチャーといった様相を深めていく。しかしそのサブカルチャー的なシーンは、選挙という代表者を選出する正当な手続きを目的としているには違いなく、そこで選ばれた議員や首長が関わる政治的決定は、大多数の「顔の見えない」市民に対しても正当に影響を及ぼす。こうした状況が健全であるはずはなく、旧来型のドブ板選挙はここ二〇年あまり、「しがらみ」を作る政治として盛んに批判されてきた。

そうした「町内社会」の液状化を突く形で、二〇〇〇年代の国政選挙や、マスメディアで注目された一部の地方選挙で猛威を振るい、一般有権者＝無党派層の票を掻っ攫っていったのが、いわゆる「劇場型選挙」である。「下町」台東区も例外ではなく、今までの常識からは首をかしげざるを得ないような票の大移動が、近年起こるようになっている。「総選挙の前哨戦」とメディアに位置づけられた二〇〇九年七月の選挙では、台東区の民主党都議が得票を前回の倍以上に伸ばしトップ当選した。私は区内の名簿＝社会関係資本の束をある程度把握しているつもりだが、彼の都議会での実績が好感されたことを考慮に入れても（しかし、そもそもそれが有権者に知られていただろうか？）、上積みされた一七〇〇〇票もの出所はさっぱりわからない。この選挙結果からは、町会をはじめとした所属する地域組織の推薦や「知り合いの区議の親分」への義理立てからなる基礎票が激減し、ワイドショーが連呼する政権交代への期待に影響される浮動票が優越するという、以前のこの街では考えにくかったような投票行動が一般化したと解釈できるわけだが、「町内社会」が衰退している上に、ある政党が特定の中間団体や社会層の利害を無条件に代弁できなくなってきた以上、当然の帰結である。二〇〇五年と二〇〇九年の衆議院選挙を筆頭に、その合間にあった参院選や大型地方選挙で、二〇〇〇年代の有権者は短期間に尋常ではない振れ幅の「民意」を示し続けた。その原因として得票差をレバレッジする小選挙区制の問題がしばしば指摘されるが、やはり民主党が地滑り的大勝をした前述の都議選は典型的な中選挙区制であり、選挙制度だけにその原因を還元することもできないだろう。二〇〇〇年代を通じてこの国の政治を牽引したのは、民主党でも自民党でも右傾化でも反貧困でもなく、徹底的に進んだ地域の流動化・断片化そのものだったのではないだろうか。前述のカーティスもまさに、二〇〇九年に復刻された『代議士の誕生』に寄せた序文で、民主党政権を誕生させた最大の要因は、日本の地域コミュニティの徹底的な解体にほかならないと喝破している。

こうした状況の中、市区町村議会選挙レベルでも、旧来型の地上戦に頼らない新しい世代の政治家が登場しつつある。顔の見える票を積み上げるための主要ツールであった選挙ハガキや集会を無視ないしは軽視し、繁華街などでの街頭演説を中心とした浮動票対策＝空中戦にエネルギーの大半を傾けるやり方だ。「町内社会」の解体が著しい新興住宅地の住民が大多数を占める自治体などでは、颯爽と初出馬した二〇代の最年少候補や女性候補が市議会選挙のたびに上位を独占するような、ミニチュア版「劇場型選挙」ともいえる現象が生じている。

しかし、彼らがより開かれた民意に基づいた地方政治を作り出しつつあるかといえば、それは少し心許ないと言わざるを得ない。「町内社会」の有力者たる従来型のドブ板地方政治家ならば、いかにそれが限定的な住民層としか向き合えないものであれ、後援会活動や地域の中間団体の会合へ日参することが、地域課題を把握し、有権者の声を吸い上げる機会になっている。それに対して、「町内社会」や特定の中間団体と関わりが薄く、一概に強力な後援会組織を持たない空中戦メインの若手政治家は、確かに幅広い民意を「しがらみ」なく吸い上げる可能性を持ってはいるが、まったく逆に何らの市民の声にもほとんど触れないまま無為な四年間を過ごしてしまい、清新さ＝年齢の若さという資源を食い潰して得票を大きく落としていくケースも存在する。「しがらみ」のない地方政治家には本来、公正な利害調整能力と地域に密着した政策立案能力が期待されているわけだが、少なくとも市区町村議会レベルでは、そうしたものを備える政治家を育成するノウハウがほとんど蓄積されていないので、単に個人の資質頼みとなってしまうのが現状だ。

3　ネット選挙は地方政治を変えるのか

そうした中で、民主党政権がネット選挙解禁の方向性を示していることにも後押しされ、インターネットを介した双方向的な政治活動への期待が高まっている。確かに、選挙期間中のブログの更新まで、文書・図画の頒布に当たるとして規制する現行の公職選挙法の規定（第一四二条）は、あまりにアナクロに過ぎる。そもそも公選法が図画頒布を規制する立法意図は、無制限にチラシなどを刷ることによって選挙に金がかかり過ぎることを防ごうとするものなのだから、施行当時は想像だにしなかったインターネットという最も安価な広報手段は積極的に認めてゆくべきだし、それは地方選挙においても、政治家を目指す人材の流動化と有権者の参加意識の一定の向上をもたらすだろう。

しかし、インターネットは何がしかの能動性を前提としたメディアだ。何らかの情報を集めようという明確な意思を持って検索しない限り、その情報にたどりつくことはない。ブロゴスフィアやツイッターは確かにアジェンダ・セッティング機能や解釈機能を持っているが、それも何がしかの意思を持って特定の方面へアンテナを張っていたり、フォロワーに登録したりしていない限り、何らかの政策に関する議論や情報がディスプレイ上に表示されることもない。テレビという受動的なメディアでアジェンダが作られる国政ならいざ知らず、投票率がなかなか三〇％にも達せず、若年層に限れば一〇％台でしかないような地方選挙において、上記のような特性を持つインターネットというメディアが、積極的な政治参加に道を開く環境を整えてゆくとは考えにくい。

地方政治家がブログやツイッターといったフラットなメディア（津田大介『Twitter社会論』）で積極的に情報発信をする動きは、今後ますます盛んになっていくだろう。しかし有権者が、そうしたネット上の情報に触れ、争点となっていることを把握し、投票所に足を運んで「適切な」投票行動をする気になるかどうかは、現実的には、リアルで知り合いの地方議員のフォロワーやマイミクシィになっているか次第ということになるのではなかろうか――候補者が「美人すぎる」ことで「祭り」にでもならない限り。地域におけるweb2.0的なものの活用は、「町内社会」のつながりの再活性化に寄与する可能性は高いが（近年盛んな地域情報化論の多くはそういう文脈だ）、そこからまったく外れている人たちを地方政治のシーンへと包摂する契機にはなり得ない。結局のところ、ネット選挙が全面的に解禁されてもなお、「町内社会」と完全に無縁に生きている有権者に対して何が今回の地方選挙で争点になっているのか伝えるため、いや、そもそも地方選挙があることを周知させるために候補者が取りうる最も有効な手段は、旧態依然としたものであり続けることになりそうだ。ますます購読者数が減りつつある新聞への折込チラシか、九〇%がゴミ箱へ直行するビラのポスティング（しかし、ポスティングお断りのマンションが過半を占めつつある）か、朝晩の駅頭での街頭演説（ただし、「標準的な」ライフスタイルを送っている有権者の耳にしか届かない）か。もしくは、大半の有権者の投票に行く気分を削ぎ落としながら、選挙の季節の到来を告げる選挙カーか。

　この段階から一歩進んで、さらに本質的なネット社会の政治のあり方に関する議論も、ここにきて盛んになっている。その中心にいる東浩紀は、ネットというインフラが普及した現代においては、個々の政策に関して人々がネット上で勝手に行う「つぶやき」をテクノロジーによってフィルタリングすることで、政策単位の直接民主制の実現が可能になるのではないかと構想している（http://togetter.com/li/399、朝日新聞二〇〇九年一二月二〇日オピニオン欄等を参照）。東らしく、社会がフラット化したことを与件として、そこでうまく回転するアーキテクチャを構築しようとする方向性である。その世界では、マニフェストとしてパッケージ化された政策を提示する政党が役割を失うだけでなく、人格的な代理人としての政治家も不要になり、先に述べたような政治家育成の問題も回避される。

　ただしこのアイディアにしても、結局は地域課題への関心の絶対量の少なさという前記と同様の理由から、地方政治ではあまり機能しないかもしれない。将来的には世代間のデジタル・ディバイドが解消されることを考慮に入れるにしても、市区町村レベルのアジェンダでは、ネット上に転がっている「つぶやき」の絶対量自体がごくごく限られる。それなりの規模の自治体の市議選や市長選の最中でさえ、2ch のスレッドは一日にせいぜい一〇や二〇レスしか伸びていかないし、まともに選挙の争点を論じたブログのエントリなど片手にも満たないのが現状だ。ネット上で基礎自治体の政策に関する「つぶやき」は、結局のところ地域課題に特段の関心を持ち、かつネット環境と親和的な人々、すなわち既存の「町内社会」と関わりのある人々のそのまたごく一部の生産物でしかなく、旧来のドブ板政治家が拾ってこれる民意の範囲の縮小版となってしまうだろう。

もしネットを通した政策決定過程への参与の実効性を追求して、フラット化した社会に適合的なように政治システムのほうを変えようとするならば、個別政策についての十分な量の「つぶやき」がネット上に生成しうる程度に大きな範域で、参加のアリーナを確保しておくことが望ましいことになる。現代のコミュニケーション技術を駆使した直接民主制は、従来イメージされてきたようなポリスのアゴラが舞台として適しているわけではなく、多様な関心を持つ人々が大規模な言論空間を形成したときにこそ機能する確率が高くなるからだ。そのためには、有権者の居住地を唯一の参加の根拠として、基礎自治体から国家へと積みあがっていく現在の政治参加のシステムを抜本的に変え、広域行政に一元化することが必要になるかもしれない。言うなれば、小さな選挙区で限られたイシューを争い、あとは候補者の「人格」に仮託する間接民主制から、広域でのロングテールの直接民主制へ。こうした文脈の中で、たとえば道州制に関する議論も、あらたな意味合いを帯びて浮上する可能性がある。

確かに魅力的なビジョンである。ただし、私たちが空間的な意味でも真に「フラット」な社会に住んでいるのならば。しかし、居住という偶然を契機としてある空間を共有する人々は、その空間性に由来する問題もまた共有せざるを得ない現実に拘束されている。人々の関心を喚起しないほどに狭い範囲の地域なら、そんな行政単位での政治などなくなってしまっても差し支えないはずだと断じることは、さすがに危険だろう。そして、ここまで論じてきたとおり、基礎自治体レベルでのアジェンダ・セッティングに関しては、ネットというインフラの持つ直接的な効果は限定的なものであり、政治参加の前提となる地域課題への関心を喚起するためには、やはり活発な「町内社会」の存在が必要とされてしまう。日本の文脈ではいかにそれがズブズブのものに見えようとも、ロバート・パットナムが繰り返し強調してきたように（パットナム『孤独なボウリング』）、ある地域において民主主義をうまく機能させるには、社会関係資本の蓄積が重要な鍵を握っているのは確かなのだ。

4　おわりに

どうやら、「顔の見える票」と「有権者」との乖離という現実に対して、問題とすべきことの所在は、地方政治のあり方そのものからはズレたところにありそうだ。やはり焦点となるのは、閉鎖的なまま立ち枯れてゆこうとしている既存の「町内社会」を、いかに開かれた〈町内〉＝地域コミュニティに再編していくかという、古くて新しい課題だ。フラット化した社会にもいまだローカルな政治が必要であるのなら、いきなりフラットなテクノロジーで乖離を媒介しきれるものでもなく、フラットな社会の中に何らかの帰属意識に担保された凸凹をつけてゆく作業に、いったんは向き合う必要があるというわけだ。地域に関わる必要もないタワーマンションの住民に地域への貢献を促し、いかなる既存の社会的つながりでも捕捉できない、木造アパートの単身フリーターをも包含するような〈町内〉を、いかに構想できるか。小さなコミュニティの萌芽を、地域課題への解釈共同体ともなり得る中間集団として育て、それらが緩やかにつながる場としての〈町内〉をどう作っていけるか。

この過程にこそ、インターネットというフラットなメディアは、大きな威力を発揮することになるだろう。小さな親密圏のつながりを活性化（たとえば、ミクシィ上での同窓生や店舗の常連客でのコミュニティの形成）させ、それらを緩やかにつなげるプラットフォームを、新たな〈町内〉としてネット上に構築（上記のような多数の親密なコミュニティがリンクする「まち」コミュニティの形成）することは、すでにさまざまな地域で活発に行われてきている。この方向を推し進めてゆく形で、十分に多様な住民層を包含する〈町内〉をネット上に構築しえたとき、そこで地域課題の喚起や選挙関連情報の周知を有効に行うことも可能になり、空間的に狭い行政区画の課題に関する「つぶやき」の絶対量も増えてくる。ここにおいてはじめて、既存の「町内社会」としか向き合えていなかった／とは向き合えていたドブ板政治よりもはるかにマシなものとして、基礎自治体レベルでの直接民主制も現実味を帯びてくるはずだ。

フラット「化」の語り方

北田暁大

0 はじめに

おそらく本書は社会学と呼ばれる学的領域の言葉に寄り添う形で、フラット・カルチャーについて論じていく、という趣旨で編まれているのだと思うが、社会学にもいろいろある。私がなんとなく身につけてしまったタイプの社会学は、「平板な文化」を考えるとき、「平板である／でない」という区別が／を介してどうコミュニケートされるか、という分析課題を真っ先に思い浮かべる。フラットな対象が確固とした形で存在していて、それを社会学の方法、理論に基づいて観察・分析する、とは考えない。社会構成員がどのような形で、いかなる規準を使ってフラットである／ないという区別を用いたコミュニケーションを営んでいるのか、そういうカテゴリーの使われ方を分析の課題とするわけだ。

そのようにしてフラットなものを考えていこうとするとき、どのような問題や課題が浮かび上がるだろうか。以下では、特に「フラット「化」」という、時系列的配列に重点を置く記述様式に焦点をあわせて考えていくこととしたい。

1 フラット「化」の語り方

最初に確認しておきたいのは、ある文化事象・社会事象がフラットであるといわれるとき、いわば文法的に「フラットでない」ものや事柄が想定されているということである。「フラットである」の対照項である「フラットでない」ものの内実がどのように意味づけされるかは多様でありうる（「奥行きがない」「深みがない」）が、重要なことは、フラットである／ないという区別の一項をとり上げると、同時に意識的にではないにせよ、もう一つの項もとりあげることになる、ということだ。「……は美しい」というとき、私たちの念頭には美しくないものが明示的に思い浮かんでいるわけではないが、〈美しくない・ではない〉という形で美しくなさにも関与してしまっている。同様に、「フラットである」というときには、「フラットでないもの・ではない」というように間接的な形で、「フラットでないもの」を想定している。ほとんど当たり前のことであるが、このことは、「フラットである」という意味づけが、「フラットでないもの」との関係性において把握されうるものであり、したがって、両者を比較する観察者の視点を必要とする、ということを意味している。

「フラットであること」の画定はしたがって、「フラットでないこと」との反照関係を比較観察する者が準拠する認識枠組みに依存する。自明の理ではないか、と思われるかもしれないが、こうした視点をとることは実際の文化社会学の記述において、わりと効いてくる。

たとえば、批評や文化社会学などでよく言及されるベンヤミンの「アウラの凋落」という議論がある。これは素朴に読むと、複製技術の発達によって、芸術作品からかつてあったアウラ——「どれほど近くにであれ、ある遠さが一回的に現れているもの」——がそぎ落とされていく、と解釈できるが、そうした「かつてあったアウラが、複製技術で消えていく」という図式は、アウラというものを相当実体視しないと成り立たない。

社会学者の中村秀之は、ベンヤミンの議論がアウラ論ではなく、アウラの凋落論であったことに着目し、同時代の認識としてのアウラの凋落（フラット化）の「社会的条件」を主題化するなかで、その反照項としてアウラが呼び出されている、という解釈を提示している（中村「飛び散った瓦礫のなかを」）。実体としてかつてあったアウラが消えてしまった、という疎外論ではなく、アウラ／アウラの凋落という区別の同時代的な観察であった、ということだ。凋落のほうがわりと具体的に描かれているのに対して、アウラのほうはきわめて漠然とした抽象的な表現で記述されていることを考えると、この解釈には説得力がある。ベンヤミン解釈に立ち入る資格も勇気も私にはないが、ベンヤミンを受けた中村の議論は社会学的にはとても納得できる。

かつてアウラを奪ったとされる写真も、別の視点からすれば、デジタルメディアによってアウラを奪われている、といえなくもない。アウラ（失われた一回性）＝フラットでないものは、アウラの凋落＝フラット化を観察する比較認識の枠組みのなかで観察される。ベンヤミンの解釈は措いておくとして、社会学的な観点からするならば、もっとも重要な課題は、「フラットでないこと」を非歴史的に特定できる性質として捉えることなく、「フラットである／ない」という区別をなす当事者が準拠する認識枠組みを観察していく、ということになるだろう。そうした方向性をとった場合、いくつかの記述様式に留保をつける必要が出てくる。

ひとつは、歴史的な疎外論である。フラットである／ないという半ば論理的な区別を、「フラットでない昔／フラットな今」というように時間軸上に展開していく論法である。これは実際に当事者レベルでの人気の高い論じかたで、「かつてあった古き良き共同性が産業化の進展で失われ、人間関係が表面的になった」という社会評論から、「自分たちが若い頃はもっと広いジャンルの音楽を聴いていたのに、最近の奴らはＪポップしか聞かない」といった中年の愚痴にいたるまで、反復的に語られ続けている。もちろん、そのすべてが間違っているというわけではない。しかしこの論法を社会学的に構成するためには、観察者が準拠する比較の枠組み自体が明示されなくてはならない。自分がいかなる意味で言及対象のフラットさを捉えているのか、比較されている対象は同一の事柄についてフラットである／でないといわれているのか、そしてそもそもその対象の選びだし方は適切か。このあたりを統制しないと、フラット化の議論は、素朴な当事者信憑に留まり続ける。

もう一つ、歴史的疎外論を否定して、フラット化そのものに高い価値を見いだす論法もある。消費文化論やある種のポストモダニズムが採用することの多い議論の様式である。たとえば筆者は、『広告都市・東京』という本のなかで、「都市の脱舞台化」という話をしている。渋谷という街は、七〇―八〇年代には、物語的な奥行きを与えられPARCOの舞台装置として構成されていたが、九〇年代以降、物語的な奥行きを失い、「相対的に大きな情報アーカイヴ」となり、脱舞台化していった、と。この分析は、今でもある程度有効であると考えているが、振り返ってみても、「脱舞台化」＝アウラの凋落の認識からスタートし、遡及的に八〇年代以前の渋谷を描き出すという構図になっている。そのために、七〇年代の渋谷を知る人たちからは「そんなに完璧に舞台化されていなかった」という反論を頂いた。それはつまり、「脱舞台化」に照準する筆者が逆説的に「かつての渋谷」を過剰に「舞台的」なものと捉えてしまっていたことを意味する。「…化（…lization）」という表現は、そういう危うさをもっている。凋落を描きだすために、凋落以前に過剰なアウラをまとわせてしまう。そしてそのアウラが消えていくことを「解放」として捉えたりする――これは、大きな物語の崩壊を肯定的に論じるポストモダニズムの方法論の一つである（マクドナルド化、ファスト風土化と表現すると結論が批判的になる）。ポストモダニストのほうが、モダニスト以上にモダニズムの頑強さを主張するという少々捩じれた光景がままみられるのはそのためだ。脱舞台化のような表現がダメだというわけではない。ただ、それはそのままでは歴史疎外論を反転させたものになってしまうわけで、そうならないためには、観察者が準拠する比較の枠組みが明示され、方法的に制御されなくてはならない。歴史疎外論とフラット「化」論は、コインの裏表の関係にある。

「…化」という見取り図は、このようにクリアすべきいくつかの難点を抱えている。もちろん、だからといってフラット化の分析が不可能である、ということではない。フラットであることがフラットでないこととの対照において有意味化する、ということを踏まえたうえで、どのようにフラット化を描き出すことができるだろうか。この問いは本当はあらためて立てられるようなものではなく、社会学がその誕生期から取り組んできたものであったと私は考えている。社会関係の平板化と平板化を拒む何かとの相互関係を理論化すること、それは社会学の重要な課題の一つであった。

2　解体論と個人化の相互上昇関係

佐藤俊樹は、批評や評論で社会学の理論が「解体論」――価値が多元化し、社会統合が難しくなった、という歴史図式――の構図として援用されることを指摘し、そうした文体の妥当に疑義を提示している（佐藤「サブカルチャー／社会学の非対称性と批評のゆくえ」）。

一つには、サブカルチャー論においてよく使われる「かつてはある程度共有されていた価値の体系が、Aのためにp年頃崩れた」という見取り図が、異なる時代を扱ったものでも、何度も繰り返し援用されえてしまうということ自体が、その見取り図の説明理論としての妥当性を疑わせる、ということがある。Aには産業化、都市化、情報化など色々な変数が代入可能であり、図式自体は一種の方程式のように自明化されてしまっている。一〇〇年単位の変化を説明すると同時に一〇年単位、さらには一年単位の変化までも網羅的に説明できてしまえる、というのは、その理論の普遍性を指し示すというよりは、理論の適用が観察者の採る時間的スコープに大きく依存しているということを示している。そんなに何度も繰り返し解体している社会というのは、いったい何者なのだろうか。

もう一つ、解体論を反証するようなデータも存在するということもある。佐藤もいうように、情報化や都市化のなかで若者の人間関係が希薄化している、という議論が成り立ちえないことは、社会学の若者研究のなかでは常識化している。むしろ、若者の友人志向はここ三〇年以上の間にますます高まっている(国民生活に関する調査など)。フラットなサブカルチャーの受容層は、たしかに時代時代の若者が中心となることが多いが、フラットなものとして観察されるメディア技術や文化が、若者のリアルな関係性をフラット化させたという事実はなさそうだ(あと単純に、時代の変化[全ての世代の変化]を世代の変化[若者の変化]と混同して論じるケースもある)。仮に何かの文化事象のフラット化をいえたとしても、それを社会関係のフラット化に結びつけるのは難しい。サブカルチャーを若者と結びつけて考える場合は、この点も留意する必要がある。

佐藤は図式の反復性の問題を指摘しつつ(第一の論点)、第二の論点をその図式自体への反証(の一つ)として挙げている。私もその見解に賛同するが、ここではこの二つの点の関係を少し別の角度から考えてみたい。佐藤がいうように、解体論の図式はそれこそテンニースまで遡ることのできる社会学のお家芸であるが、個人的な関係性(親密性)の上昇というのもまた、社会学の伝統的な話法の一つである。むしろ、解体と親密化という一見相反する「化」の相互関係を問う、というのが重要な社会学の課題の一つであった。ここではルーマン派社会システム論の議論をベースにごく簡単に説明しておきたい。

システム論の基本前提——むろんこれ自体理論的・経験的に検討されるべきものであるが——は、近代社会における機能分化と社会構成員の包摂/排除のあり方の近代的変容である。(1)身分や階層などでヒエラルヒー的に分化していた成層分化から、法、経済、芸術、教育、政治……といった様々な行為領域が分出する機能分化社会へと移行する。(2)機能システム間には上下関係はなく、各機能システムは、全体社会を俯瞰する超越的審級なしに、自律的に作動する。(3)構成員はもはや、地域社会や家族、出自、あるいは、超越的審級により、自分と社会とのかかわり方を確証する（つまり包摂される）ことができなくなる（排除）。したがって、(4)構成員は、出自などにとらわれることなく、全ての機能システムにアクセスできるが、同時に自らの自由な選択において社会とのかかわり方を構成していかなくてはならない。それが自由で平等な尊厳を持つ「個人Individuum」である。(5)機能システムの分化を維持するためにも社会は、「生き方」「社会とのかかわり方」を機能システムとのかかわりにおいてそのつど自由に選択する「個人」を必要とする。

　かなり粗いまとめではあるが、注意しておきたいのは、こうした見方において、「かつてのフラットではない包摂的人間関係が、近代化において失われ、孤立した個人が投げ出された」という疎外論の構図がとられていないことである。重要なのは、ルーマンがデュルケームにそくしていうように、「個人と社会との関係は増幅の関係（Steigerungsverhältnis）にある」ということだ。「フラットでない人間関係↓フラットな人間関係」という単純な希薄化があったのではない。「むしろ社会こそが、ますます増大する分化の進化論的プロセスによって、諸個人の個人性を上昇させ、したがって個人主義の「制度化」に配慮しなければならなくなる」（Luhmann: Gesellschaftsstruktur und Semantik3）。つまり、個人の個人性、人格の代替不可能性（かけがえのなさ）は、機能分化した社会の要請において制度化される。機能分化の構造的条件が、個人に自らにかかわる事柄を自由に選択するよう要請するのであり、それにより、メンバーにとってのプライベート、親密性の構築はより重要性と深み、そして代替不可能性を与えられることになる（個人化は親密性志向と反するものではない）。

　「近代化はかつてあった人々の伝統的共同体を壊し、孤立した個人を生み出した」「大きな物語が解体し、価値が蛸つぼ化した」――そうした解体論は、基本的に、「フラットでないもの」の凋落を観察することにより、「フラットでないもの」を事後的に構成する当事者言説であるとみてよい。「フラットではない」奥行きのある「個人」が、自らの人間関係・社会関係を貧しいものと捉え、孤立する個人というテーマに苦悩するなかで、「フラットでなかった」過去の社会を記述する。そうしたねじくれた当事者記述(フラットである／ないの観察)がいかなる社会的条件において可能となったのか――それがルーマンの問いであり、また彼がオマージュを捧げるデュルケームの問いであった。

　このように社会学は、機能的文脈での代替可能性（フラット）と人格的接触の濃厚化の可能性（フラットでないもの）の同時性を問題化してきた。個人であることは、包括的な社会からの包摂を断念し、機能システムとのかかわりあいを通してその都度、社会とのかかわりを自ら見出していかなければならないことを意味するのであり、必ずしも社会からの疎外を意味しない。自由で平等な個人という抽象的なロジック（人権）による全包摂テーゼを「西洋の人間主義の欺瞞」とし、個人化を疎外とする描き出し方自体が、機能分化の構造的条件としての「個人の個人性」への信憑を増幅させる「フラットでない／フラットな社会関係」という区別の効果であるともいえるだろう。「フラットである／ない」という当事者の（一次）観察に乗っかるのではなく、そうした観察が準拠している比較の基準点を測定し、そうした一次理論が生み出されるメカニズムを分析すること。ルーマンの個人化論はそうした試みの一つである。佐藤の指摘する解体論の反復性と、解体論を反証するかにみえる親密性志向の高まりは、そうした観点から、ある程度包括的に説明することができる。

　これと関連して、近年の若者文化、メディア研究の知見も挙げておこう。中村功は、大学生調査のなかで、携帯メールを頻繁にやりとりする若者は、孤独ではないが、孤独耐性が弱い傾向にある、と指摘している。携帯メールによる個人的な繋がりを強く求める人たちは、リアルな人間関係も活発で孤独感も低いのだが、孤独を恐れる度合いが高い。若者の友人関係の濃密化は様々なところで確認されているが、同時に、「人間関係が希薄化している」という希薄化論を受け入れる二〇代の割合が増えているというデータもある（二〇〇六年五月『読売新聞』世論調査）。人間関係、親密圏が充実している「にもかかわらず」、希薄化論・解体論という社会の見取り図を受け入れる、ということは十分にありうることだ。重要なのは――メディアの悪影響等に還元することなく――「にもかかわらず」の部分を「であるがゆえに」「と同時に」として説明しうる分析枠組みを構想することである。「フラット化」言説を反証するのも大切な仕事だが、人びとが「フラットである／ない」をいかなる観点から、どのような時間的スコープをとって比較しているのか、その比較作業はいかなる社会的条件のもとで反復的に提示されることとなっているのか、それをあきらかにすることも重要な（そして伝統的な）社会学の課題の一つである。疎外論でも未来学でも、そしてメディア批判でもない、社会学固有の思考の知的資源を私たちは最大限に活かしていく必要がある。

ただ面倒なのは、A・ナセヒがいうように「社会学は個人化現象を単に記述しているのではなく、その現象に名前とそれに即した理論像を与えている」(Nassehi: Geschlossenheit und Offenheit) ということである。つまり、社会学自体が「社会的行為者の個人性にもかかわらず社会的なものはいかにして可能なのか」という問題に対する一つのリアクションであるかもしれない――社会学自体が「フラットである/ない」という一次理論の生産当事者である――ということだ。

歴史疎外論やポストモダン的未来学をどれだけ回避しようとしても、「…化」という解答の形式設定そのものが、一次理論と二次理論の境界線を危うくしてしまう。先にも述べたように「…化」論は、分析者の時間的スパンのとり方に強く依存する(客観的なスパンのとり方というものを確定することもできない)ため、スパンの切り出しの時点で当事者信憑に乗りかかってしまうことが少なくない(戦後、六〇年代、昭和三〇年代など)。もちろん、だから「…化」という説明構図はダメだ、ということにはならない。ただ、「一次理論を観察し、そうした理論が生み出されるメカニズムを二次的に分析する」という作業の難しさ、一次理論と二次理論の関係の捩じれは、ある程度考えておく必要があるだろう(むろん自戒を込めていっている)。分析者が内在する現在に近づけば近づくほど、分析者の対象に対する知識が豊富であればあるほど、この点はクリティカルになってくる。現在に近いほうが資料は多くあり、証人も多数いる。対象への知識があればあるほど細かな差異がわかる。それは強みなのだが、対象と適切な距離をとるという点でときに弱みにもなりうる(情報産業では数年、数か月単位で革命が起こったりする)。フラット・カルチャーの社会学というのは、おそらくその強みと弱みのあいだを綱渡りする試みなのである。

【社会学／「社会学」】

背中あわせの共依存　あるいは「殻のなかの幽霊《ゴースト・イン・ザ・シェル》」

佐藤俊樹

1　科学と擬似科学の境界線

現代のフラットさを語る上で、そしてこういう書き手で語る以上、どうしても欠かせない題材がある。社会学そして「社会学」だ。この十数年の日本語圏でフラット化を最も推し進め、またそれによって推し進められた言説群はこれかもしれない。

どうも二つの社会学があるらしい。そういう認識は今では多くの人がもっていると思う。大学などの高等教育機関で教育研究されている社会学と、雑誌や一般書、ラジオやTVで語られる「社会学」だ。

アカデミックな社会科学の周辺や外部に、擬似《パラ》社会科学的な言説が出現するのはめずらしくない。経済学者／エコノミストの区別もそうだ。関わる人数やお金の額でいえば、こちらの方が圧倒的に大きい。戦前の「日本主義」思想や戦後のマルクス主義も、今から見れば疑似科学だった。マスメディアを通じた反省性をもつ近代社会には、多かれ少なかれ見出される現象なのだろう。

その延長上で考えれば、九〇年代以降の社会学／「社会学」の隆盛も、社会、いや正確にいえば「社会」への反省的な眼差しの産物だといえる。二流の学問だった社会学がそのくらいには信憑されるようになった。その証しでもある。反省には十分な距離が必要だが、遠すぎれば反省の結果が届かなくなる。社会学と「社会学」はその両面を、ちょうど機能分化する形で受け持ってきた。

それゆえ、生きた現実への関心を喪った象牙の塔《アカデミズム》として社会学を批判するのと、大衆受けをねらったジャーナリズムによる俗悪化として「社会学」を批判するのとは、同じくらい正しく、同じくらい誤っている。二つは同じ反省的な眼差しが生み出す観察であり、裏と表である。

2　区別をめぐる微視《ミクロ》と巨視《マクロ》

大きくいえば、現代の社会学／「社会学」も、そんな風に位置づけられるのだろう。

フラット化のつねとして、こうした鳥瞰的な結論は決してまちがいではない。社会学／「社会学」にかぎらず、どんな事象に関しても、少し距離をおいて眺め渡してみれば、それなりに妥当な結論が得られる。そういう形で、お手軽な距離をとれるのもフラット化の一つの姿だ。

だからこそ、もう一歩踏み込んで考えた方がいいのだろう。もう少し複雑で、そして私たち自身を巻き込んでいる事態として。

例えば、もし「社会学」が社会学を無意味な化石だと考えるのであれば、「社会学」を名乗る必要はない。別の名前をつけた方がすっきりする。

ところが現実はそうではない。社会学者の固有名詞や術語、例えば「ニクラス・ルーマン」や「コミュニケーションシステム」は「社会学」にとっても不可欠なアイテムになっている。語る人間もそうだ。大学教員かその候補者であること、それも旧制大学や旧帝大クラスであることが、今もなお「社会学」を語る上で重要な資格要件になっている。

反対に、もし社会学が「社会学」を俗悪な評論だと考えるのであれば、そのことを外部に明確に発信すべきだ。混同されるのは百害あって一利なし、なのだから。

ところが現実にはそうならなかった。学会の内で「あれは社会学ではない」「あの人は社会学者ではない」と語られても、外部には明言されなかった。黙殺のつもりかもしれないが、「社会学」の方が有名である以上、無視は黙殺にはならない。消極的な承認になる。「意図せざる結果」を探究課題の一つにしてきた社会学が、その点に無自覚だったとはいえないはずだ。

だとすれば、社会学と「社会学」は単純に対立しているわけではない。ちがった形であれ、どちらも「／」の境界線がないかのようにふるまってきた。少なくとも外部からはそう見えることを黙認してきた。その点で、この区別は経済学者／エコノミストとはちがう。

たぶん、だからこそ九〇年代以降の日本語圏で、二つは同じ固有名を共有してきたのだろう。それに対して、経済学者とエコノミストは、英語ではどちらも“economist”になる。そこには、それぞれの社会での「社会」を反省する様式のちがい、その対称性と非対称性がうかがわれるが、それはおいておく。

同じ科学／擬似科学の境界線といっても、働き方はちがう。そこでは、線引きをめぐって微細で微妙な駆け引きがたえず演じられる。ときには、ちがい自体も消去されたり、強調されたりする。例えば、社会学からすれば、社会学／「社会学」と経済学者／エコノミストの区別を区別しないこともありうる。それによって、無視が消極的な承認であることを見えなくできるからだ。あるいは、「社会学」からすれば、経済学者／エコノミストの区別と区別することで、自分たちこそが本当の社会学だと主張することもできる。

線引きに賭けられていたのは、そんな具体的で、切実で、あえていえば少しせこい立ち位置の駆け引きだ。その動きの集積をやはり少し距離をおいて平均化してみれば、「社会」への反省的な眼差しとそれへのさらなる反省、みたいなものを見出すこともできる。だが、それを区別をめぐる形式的な演算のようにとらえて、「反省的な眼差しが境界線を産んだ」と結論するのは、少し待った方がよい。それによって自分自身のふるまいを、その痛さとイタさを隠してしまい、フラット化に自ら一歩踏み出すことになるからだ。

3　過剰説明と社会学

では、社会学と「社会学」はどうちがうのか。

二つの社会学があるという見方は、現在ではほぼ共通了解になりつつあると思うが、どこで具体的な線が引かれるかは決して明確ではない。両方にかかる人もいるだろうし、「自分は社会学だが、あの人は「社会学」」と勝手に線引きしている人もいる。こんな文章を書いている私も、その一人かもしれない。少なくともそうでない保証はどこにもない。

だから、具体的な人名ではなく、論理の方から接近してみよう。どういう条件をみたすと、社会学が「社会学」になってしまうのか。

その鍵は「過剰説明 over-explanation」にある。文字通り、説明が過剰なのだ。それは主に二つの面で現れる。

一つは適用範囲の広大さだ。なんでもかんでも、特定の図式や「理論」で説明してしまう。自らの議論の適用限界や反証可能性を明示しない。

もう一つは論理の飛躍の隠蔽だ。いうまでもないが、論証に未完成の部分があるのはあたりまえである。探究の営みはつねにそういうものだ。だが、それを飛躍がないように装えば、説明できていないことを説明できていることにしてしまう。これも適用限界や反証可能性を明示しないことにあたる。

それこそ社会学の教科書に出てきそうな、ごく常識的なとらえ方だが、こう考えただけでも社会学と「社会学」がかなり連続的なことがわかる。

一方で、少なくとも他の社会科学に比べて、社会学は適用可能な範囲が広い。社会に関わること全てに適用できる。この点で、社会学の一般理論はつねに「社会学」に近い位置にある。

もう一方で、少なくとも経済学に比べて、社会学の理論は公理論的な体系化が進んでいない。数理社会学の用語でいえば、形式化が弱い。何を前提に置いて、どんな論理で、どんな命題を導き出したのか。そのプロセスがあまり明示されない。わかりやすい症例は、数理モデルをメタファーに使いたがる癖だろう。そうすることで、自分の議論もあたかも論理演繹的であるかのように見せようとする。

要するに、社会学はもともと「社会学」に近い。実際、昔はもっと渾然一体だった。むしろ、なぜそれが社会学と「社会学」に分かれたのかを考えた方がよい。

一つの理由は、社会学が「社会学」から遠ざかったことだろう。構造機能主義の検証をはじめ、この十数年で、遅ればせながら、論理的な形式化が進んだ。何かが説明できるようになったわけでないが、何が説明できていないかはかなり明確になった。

つまり、社会学から「社会学」が分かれた、というより、社会学の方が脱「社会学」化していった。だとすれば、これもまた、二流の学問だった社会学が信憑性を獲得する過程に根ざしているわけで、社会学と「社会学」の背中あわせの新たな形といえる。

しかし、それだけならば、「社会学」は社会学の抜け殻でしかない。現在の状況はそうではない。「社会学」の方がはるかに有名で、社会学以外の人には「社会学」の方が社会学に見えている。そんな事態がおきている。

4　ネタとしての「社会学」

その理由は、社会学の外部に求められるのではないか。身も蓋もなくいえば、社会学以外から「社会学」への需要が高まった。例えば、さまざまな出来事を一つの図式でわかりやすく「解説」する。そんな過剰説明的な言説が強く求められるようになったのではないか。

先ほど述べたように、社会学はずっとそういう性格を色濃くもっていた。だからその種の言説にとって、便利な供給源、手軽なネタ元になった。一九九〇年代以降の「社会学の時代」、いや『社会学』の時代」はそうやってつくりだされた。

主観的な回顧になるが、私自身、「社会学」が目立ち始めたとき、強い違和感、もしくは苛立ちじみた感覚を覚えた。何で今さら誇大理論なの？と訝しく思った。

「ルーマン」という記号でもそうだ。八〇年代後半から九〇年代にかけて、ルーマンの著作では、コミュニケーションシステム論への転回が進んでいた。当時の私は、そこで何が起きているか、簡単なイメージすらもてていなかったので、ただ漠然と「ルーマンのシステム理論はさらにわからなくなったなあ」と感じただけだったが、そのことに特に違和感は覚えなかった。何が説明できないかは明確にする方向へ進んでいるとしたら、わからなさは増大するはずだからである。

だからこそ、わかりやすい「ルーマンのシステム理論」が語られ始めたときは、奇妙な感じがした。オートポイエーシス論ぬきに、複雑性の縮減理論だけが語られるのは、まるで映画のフィルムを逆戻しで見る気分だった。時間の流れが逆転したみたいだった。

外部からの需要が高まったのではないか、という推測は、私自身のそんな記憶と感覚に根ざしている。だから、もちろんこれも仮説であるが、そう考えると、フラットさにとっても興味ぶかい論点が一つ浮かび上がる。

もともと社会学は過剰説明になりやすい。裏返せば、過剰説明は社会学にとっても自然な姿の一つである。それゆえ、「社会学」が過剰説明であることも気づかれにくく、それで「社会学」の信憑性が失われることも少ない。事実、社会学からの批判の的にされたのは、表面的な言葉づかいや個人的利害の方だった。「既存の知識を新奇な言葉で言い換えただけだ」とか「有名になりたかったのだろう」といった形で。

それに対して、社会学の外部からは、「社会学」が過剰説明であることはもっと見えやすい。「国家や法や経済についてろくな知識もなしに」、あるいは「象牙の塔の住人のくせに」「社会全体が語れていると思っているイタい人たち」。そういう見方が自然である。

にもかかわらず、過剰説明が求められたとすれば、過剰説明であること自体に積極的な意義があったのではないだろうか。過剰説明は過剰説明だと気づかれずに受け入れられたのではなく、むしろ過剰説明として需要され、受容されたのではないか。言い換えれば、「社会学」は真理として受け取られたのではない。戯画として、戯画だからこそ、受け入れられた。ベタに信じられたというより、ネタとして消費されたのではないか。

この辺りの線引きは本当に微妙になる。「社会学」を真の社会学だとベタに信じていた人も少なくなかったはずだ。特に、正常科学化《ノーマル・サイエンス》が進み、科学／疑似科学の区別が身近でなくなった理工系の分野の人には、そう映っただろう。ただ、それでもこんな風に私が思うのは、「社会学」の語り手だけでなく、他の立場から言及する人々の側にも、二つの境界線をめぐって、明瞭な思考停止点があったからだ。

わかりやすい「ルーマン」自体は悪いことではない。単純化した概説はきっかけとして大切だ。だが、その先、わかりやすい「ルーマン」をこえて、わかりにくいルーマンへ関心が向くことはなかった。「コミュニケーションシステム」でも、あの、頭の痛いオートポイエティックなシステム定義はほとんど出てこない。日本語で読める翻訳書も解説書もすでにあったにもかかわらず、だ。

5　わかりやすさの位相

そこには、いくつかの力学が働いていたように思う。

一つは、わかりやすい図式がそれ自体として強く求められていた。複雑な世界だからこそ、単純化したからくりの形で説明してくれるものが欲望された。そういう形での「複雑性の縮減」が求められていたわけだ。

もう一つは、「社会学」の方があつかいやすかった。例えば、批評や現代思想が社会を語る際には、何らかの形で社会学や「社会学」の説明を無効化する必要がある。倒す相手は易しい方がよい。わからないルーマンにつきあうより、わかりやすい「ルーマン」を批判したり、材料したりする方が安上がりだ。

この二つも実は背中あわせになっている。本来ならば、社会学の外の人にとって、わかりにくいルーマンも、わかりやすい「ルーマン」も、無理に語る必要はない。ただ自分の議論をすればよい。

ところが現実にはそうしなかった。沈黙ではなく饒舌が、語らないことではなく、語りつづけることが選ばれつづけた。大学を学部で卒業した人ならともかく、文系の大学院教育を経た人間ならば、科学／擬似科学の境界線があることをよく知っている。にもかかわらず、「社会学」を社会学だと考えているのか、社会現象だと考えているのか、曖昧にしたまま、それこそ便利に語ってきた。ベタとネタの円環までも便利に使ってきた。

そこにあるのは、わかりやすさへの欲望だ。読み手としても、語り手としても、沈黙を選べない。「わからない」

といえない。だからこそ、「社会学」を便利に使うことをやめられなかった。そして、そのさらに裏側には、もう一つの背中あわせがあると思う。

この辺になると私自身も共振してくるので、いろんな意味で、推測というより憶測になる。私の方が過剰説明になっている可能性もまぬかれないが、あえていえば、「社会学」は一見すごいがどこか嘘くさい。その嘘くささは安心感でもあったのではないか。だからこそ「社会学」は広く受容され、消費されたのではないか。

そこに見えているのは、社会学や「社会学」の実像ではない。現在の私たちがかかえる欲望の、もう一つの顔だ。私たちは、わかりやすいが嘘くさい「図式」や誇大理論に騙されているのではない。そういうものだとどこか気づいていて、それらを求め、消費しつづけている。わかりやすさへの欲望とは、そういう欲望なのだ。

わかりやすい「図式」や誇大理論で、世界や社会を便利に見渡す。そういう視界に依りかかりながらも、その嘘くささゆえに、それらに自分自身が完全に呑み込まれることも避けられる。だからこそ、過剰説明だと知りながら、もしかすると知っていることすら知りながら、そして、知っていることを知っているという反省の装いで二重三重に自分の安全圏を確保しながら、わかりやすい「図式」や誇大理論を消費しつづける。

ここにもある種の反省的な眼差しが見出されるが、これはもはや理念的近代の無限遡行する主体とはちがう何かだろう。何重もの防御壁によって自己すらも減衰させながら、減衰させることで究極の安全を手にしようとする。そんな姿を私は「殻のなかの幽霊《ゴースト・イン・ザ・シェル》」と呼びたくなるのだが、そんな浅さと軽さの海を私たちは漂っている。

いろいろな事象を便利に説明してくれる「図式」や誇大理論は、世界をフラットに見る視線である。そのフラットな視線の背後には、幾重かの襞にくるまれたフラットさへの欲望がある。もしかすると、その欲望を見たくないからこそ、私たちはフラットな視線を欲するのかもしれない。

6　浅くて深い海のなかで

そうした欲望の中身にまで踏み込んでいくと、社会学／「社会学」の背中あわせにも別の面が見えてくる。わかりやすさへの欲望に応えてきたのは「社会学」だけではない。「社会学」を無視してきた社会学もまた、そうすることでこの欲望に応えてきたのではないだろうか。

あえて深い／浅いというメタファーを使えば、ごく表層的な水準でも、もちろん社会学と「社会学」の間には共犯関係がある。「社会学」が社会学からアカデミズムの衣装を借りていただけではない。専門的な学術という意味境界に守られていても、いや、守られているからこそ、社会学は人気という外部の環境因子には積極的に対応できない。その一方で、教育機関としての大学は、つねに教育市場の需要の変動にさらされている。一八歳人口が減りつづける状況下では、なおさらそうだ。

簡単な話、社会学と「社会学」が混同されることで、「社会学」の人気に底上げされる形で、学生たちから興味を向けてもらえたり、注目してもらえる。社会学にとっても、それは決して悪い状況ではなかった。

しかし、そんな、それこそ社会学的な意味での潜在的機能は表層にすぎない。わかりやすさへの欲望は、たぶんもっと深く、現代の私たちを浸している。

この欲望があるかぎり、「社会学」は社会学でもありつづける。なぜならば、社会を知りたい、社会を見たいという人々の思いに現に応えているのは、「社会学」の方だからだ。専門的な学術という境界の内部にどれほど守られていても、その思いから完全に切り離された瞬間に、社会学することもオタクの一種になってしまう。

言い換えれば、社会学と「社会学」はたまたま混同されたのではない。わかりやすさへの欲望の下では、「社会学」を社会学へ読み換える積極的な力が働きつづける。この欲望が零度になれば、社会学もまた存在しえない。

そういう意味でも、社会学はわかりやすさへの欲望に巻き込まれている。その内部にいる以上、沈黙は消極的な承認をこえて、より積極的な共犯へたえずずれこんでいく。社会学は「社会学」にさまざまに寄生しつつ、その嘘くささを保証する安全装置としても働く。二つの背中あわせとは、そんな事態なのだろう。

フラットについて語る意義はおそらくそこにある。浅さと軽さの海では、誰も中立的な存在になりえない。岸辺で戯れているかぎりでは浅くも軽くも見えるこの海は、全ての人を否応なくのみこむ底なしの深さと、タールのような重さとを隠しもっている。

その海に沈みたくなければ、抗いつづけるしかない。沈黙でも饒舌でもなく、わかりやすさへの欲望が塗りつぶしていったさまざまな事物の襞をもう一度蘇らせ、ときには浅さそのものも論じながら、言葉を紡いでいくしかない。フラットを生きるというのは、きっとそういうことなのだろう。

文献一覧

I　社会の風景

【カフェ】

Oldenburg, Ray (1999) *The Great Good Place: Cafes, Coffee Shops, Bookstores, Bars, Hair Salons and Other Hangouts at the Heart of a Community*, 3rd ed., New York: Marlowe and Company.

磯村栄一『人間にとって都市とは何か』日本放送出版協会、一九六八年

川口葉子『東京カフェマニア』情報センター出版局、二〇〇一年

沼田元氣・堀内隆志『ぼくの伯父さんの喫茶店学入門』ブルース・インターアクションズ、二〇〇一年

高井尚之『日本カフェ興亡記』日本経済新聞出版社、二〇〇九年

【ユニクロ】

鷲田清一『ちぐはぐな身体——ファッションって何？』筑摩書房、一九九五年／ちくま文庫、二〇〇五年

F・モネイロン『ファッションの社会学——流行のメカニズムとイメージ』白水社、文庫クセジュ、二〇〇九年

吉見俊哉『都市のドラマトゥルギー——東京・盛り場の社会史』弘文堂、一九八七年／河出文庫、二〇〇八年

難波功士『族の系譜学——ユース・サブカルチャーズの戦後史』青弓社、二〇〇七年

G・ジンメル「大都市と精神生活」一九〇三年／『橋と扉』居安正訳、ジンメル著作集12、白水社、二〇〇四年／『ジンメル・エッセイ集』川村二郎編訳、平凡社ライブラリー、一九九九年

【ショッピングセンター】

パコ・アンダーヒル『なぜ人はショッピングモールが大好きなのか——ショッピングの科学ふたたび』鈴木主税訳、早川書房、二〇〇四年

北田暁大『広告都市・東京——その誕生と死』廣済堂出版、二〇〇二年

吉見俊哉・若林幹夫編『東京スタディーズ』紀伊國屋書店、二〇〇五年

吉見俊哉『都市のドラマトゥルギー——東京・盛り場の社会史』河出文庫、二〇〇八年

若林幹夫『郊外の社会学——現代を生きる形』ちくま新書、二〇〇七年

【ファストフード・ファミレス】

Ascher, François 2005. *Le mangeur hypermoderne*. Odile Jacob.
スパング、レベッカ『レストランの誕生』（小林正巳訳）青土社、二〇〇一年
小菅桂子『近代日本食文化年表』雄山閣、一九九七年
大衆食の会＋遠藤哲夫『大衆食堂の研究』三一書房、一九九五年
原田信男『江戸の食生活』岩波現代文庫、二〇〇九年

【ネットカフェ】

Urry, John, 2007, *Mobilities*, Polity
岩田正美『社会的排除』有斐閣、二〇〇八年
ユルゲン・ハーバーマス『公共性の構造転換　第二版』細谷貞雄・山田正行訳、未来社、一九九〇年
水島宏明『ネットカフェ難民と貧困ニッポン』日本テレビ放送網、二〇〇七年
亀山俊朗「「優雅なパラサイト」から「ネットカフェ難民」へ」（『都市住宅学』第六二号、二〇〇八年）

【東京】

遠藤知巳「オウム事件と九〇年代」岩崎稔他編著『戦後日本スタディーズ③』紀伊國屋書店、二〇〇八年
磯田光一『思想としての東京』講談社文芸文庫、一九九〇（一九七八）年
多木浩二『都市の政治学』岩波新書、一九九四年
内田隆三『国土論』筑摩書房、二〇〇二年
若林幹夫『郊外の社会学』ちくま新書、二〇〇七年

【自動車】

フリンク『カー・カルチャー』秋山一郎監訳、千倉書房、一九八二年
W・ザックス『自動車への愛――二十世紀の願望の歴史』土合文夫・福本義憲訳、藤原書店、一九九五年
ロラン・バルト『神話作用』篠沢秀夫訳、現代思潮社、一九六七年
三本和彦『クルマから見る日本社会』岩波新書、一九九七年
小沢コージ『クルマ界のすごい人12人』新潮新書、二〇〇八年

【IT企業】

Allen Steele, *Sex and Violence in Zero-G*, Meisha Merlin Publishing, 1999.
G・ハリー・スタイン『宇宙観光がビジネスになる日』飛永三器訳、三田出版会、一九九七年
堀江貴文『「希望」論』サンガ、二〇〇九年
『クーリエ・ジャポン　未来を変える夢のテクノロジー』講談社、第五巻八号、二〇〇九年八月

【カリスマ、セレブ、イケメン】
石田佐恵子『有名性という文化装置』勁草書房、一九九八年
マックス・ヴェーバー『支配の社会学Ⅰ』世良晃志郎訳、創文社、一九六〇年
ダニエル・ブーアスティン『幻影の時代』後藤和彦・星野郁美訳、東京創元社、一九六四年
ピーター・デイヴィッド・マーシャル『有名人と権力』石田佐恵子訳、勁草書房、二〇〇二年
デイヴィッド・リースマン『孤独な群衆』加藤秀俊訳、みすず書房、一九六四年
【大学教育】
小泉真理『ジンクホワイト』祥伝社コミック文庫、二〇〇七年
信濃川日出雄『ファイン』（全四巻）小学館ビックコミックス、二〇〇七年
手羽イチロウ監修『ムサビ日記』武蔵野美術大学出版局、二〇〇七年
椹木野衣『増補 シミュレーショニズム』ちくま学芸文庫、二〇〇一年
多木浩二・藤枝晃雄（監修）『日本近現代美術史事典』東京書籍、二〇〇七年
【スピリチュアル】
堀江宗正「メディアのなかのカリスマ」国際宗教研究所編『現代宗教 二〇〇八』秋山書店、二〇〇八年
石井研士『テレビと宗教』中央公論新社、二〇〇八年
見田宗介「近代の矛盾の『解凍』――脱高度成長期の精神変容」『思想』一〇月号、二〇〇七年
芹沢俊介『「オウム現象」の解読』筑摩書房、一九九六年
島薗進「聖の商業化――宗教的奉仕と贈与の変容」島薗進・石井研士編『消費される〈宗教〉』春秋社、一九九六年

Ⅱ フラットな快楽

【J-POP】
見崎鉄『阿久悠神話解体』彩流社、二〇〇九年
難波功士『族の系譜学』青弓社、二〇〇七年
東谷護（編）『ポピュラー音楽へのまなざし』勁草書房、二〇〇三年
東谷護（編）『拡散する音楽文化をどうとらえるか』勁草書房、二〇〇八年
烏賀陽弘道『Jポップとは何か』岩波新書、二〇〇五年
【クラシック音楽】
宮本直美『教養の歴史社会学――ドイツ市民社会と音楽』岩波書店、二〇〇六年

中村紘子『コンクールでお会いしましょう』中央公論新社、二〇〇三年
渡辺裕『聴衆の誕生——ポスト・モダン時代の音楽文化』春秋社、一九八九年
渡辺裕・増田聡ほか『クラシック音楽の政治学』青弓社、二〇〇五年

【アート】

美術手帖（編）『現代アート事典』美術出版社、二〇〇九年
新美康明『日本人は世界一間抜けな美術品コレクター』光文社、二〇〇八年
大野左紀子『アーティスト症候群』明治書院、二〇〇八年
瀬木慎一『社会のなかの美術』東京書籍、一九七八年
菅原教夫『現代アートとは何か』丸善ライブラリー、一九九四年

【ヴィレッジ・ヴァンガード】

菊地敬一『ヴィレッジ・ヴァンガードで休日を』リブリオ出版、一九九七年
永江朗『菊地君の本屋』アルメディア、一九九四年
Abraham Moles, 1971, *Psychologie du Kitsch*, Denoël/Gonthier.（万沢正美訳『キッチュの心理学』法政大学出版局、一九八六年）
Jane & Michael Stern, 1990, *The Encyclopedia of Bad Taste*, Harper Collins.（伴田良輔監訳『悪趣味百科』新潮社、一九九六年）
Peter Ward, 1991, *Kitsch in Sync : A Consumer's Guide to Bad Taste*, Plexus.（毛利嘉孝訳『キッチュ・シンクロニシティ』アスペクト、一九九八年）

【カルチャーセンター】

山本思外里『大人たちの学校』ちくま新書、二〇〇一年
歌川光一「カルチャーセンター研究史」『生涯学習・社会教育学研究』三三、二〇〇八年
全国民間カルチャー事業協議会『民間カルチャー事業白書』一九八九年
全国民間カルチャー協議会『カルチャーエイジ』一九九〇年〜（継続中）
経済産業省経済産業政策局調査統計部『特定サービス産業実態調査報告書　平成17年カルチャーセンター編』二〇〇六年

【検定】

石田佐恵子・小川博司編『クイズ文化の社会学』世界思想社、二〇〇三年
キャリアアップ研究会『できるビジネスマンのための「本当に使える」勉強法』洋泉社、二〇〇九年

坂井克之『脳科学の真実――脳研究者は何を考えているか』河出書房新社、二〇〇九年
中村一樹監修『すごい検定２５８――趣味に！仕事に！脳トレに！』テクスト、二〇〇八年
「みんなの検定」委員会編『ニッポンの検定１００選』ポプラ社、二〇〇八年

【世界遺産】
W・ベンヤミン「複製技術時代の芸術作品」浅井健二郎編訳、久保哲司訳『ベンヤミンコレクションＩ』ちくま学芸文庫、一九九五年
E・ホブズボウム、T・レンジャー『創られた伝統』前川啓治・梶原景昭他訳、紀伊國屋書店、一九九二年
松宮秀治『ミュージアムの思想』白水社、二〇〇九年
荻野昌弘編『文化遺産の社会学』新曜社、二〇〇二年
J・アーリ『場所を消費する』吉原直樹・大澤善信監訳、法政大学出版局、二〇〇三年

【デザイン】
情報デザインアソシエイツ（編）『情報デザイン』グラフィック社、二〇〇二年
ドナルド・ノーマン『誰のためのデザイン』野島久雄訳、新曜社、一九九〇年
ルーシー・サッチマン『プランと状況的行為』佐伯胖監訳、産業図書、一九九九年
白井雅人・森公一・砥綿正之・泊博雅（編）『メディアアートの教科書』フィルムアート社、二〇〇八年
Matthew Fuller (ed), *SOFTWARE STUDIES*, The MIT Press, 2006.

【ノスタルジア】
大塚英志『仮想現実批評』新曜社、一九九二年
ハル・フォスター編『反美学』勁草書房、一九八七年
A・アパデュライ『さまよえる近代』門田健一訳、平凡社、二〇〇四年
浜野保樹編『アニメーション監督　原恵一』晶文社、二〇〇五年

【ライトノベル】
東浩紀『ゲーム的リアリズムの誕生』講談社現代新書、二〇〇七年
榎本秋『ライトノベル文学論』ＮＴＴ出版、二〇〇八年
一柳廣孝・久米依子編『ライトノベル研究序説』青弓社、二〇〇九年
前島賢『セカイ系とは何か』ソフトバンク新書、二〇一〇年
新城カズマ『ライトノベル「超」入門』ソフトバンク新書、二〇〇六年

III　私的空間の圏域から

【家族イメージ】

Beck, Urlich & Elisabeth Beck-Gernsheim, 2001, *Individualization: Institutionalized Individualism and Its Social and Political Consequences*, London: Sage.

目黒依子『家族社会学のパラダイム』勁草書房、二〇〇七年

野々山久也『論点ハンドブック家族社会学』世界思想社、二〇〇九年

山田昌弘「家族の個人化」『社会学評論』216: pp.341-354、二〇〇四年

信田さよ子『母が重くてたまらない――墓守娘の嘆き』春秋社、二〇〇八年

【子どもへの視線】

ベネッセ未来教育センター『モノグラフ・中学生の世界 vol.77』二〇〇四年

土井隆義『キャラ化する／される子どもたち』岩波ブックレット、二〇〇九年

元森絵里子『「子ども」語りの社会学』勁草書房、二〇〇九年

ニール・ポストマン『子どもはもういない（改訂版）』新樹社、二〇〇一年（原著一九八二年）

広田照幸「『子どもはもういない』のか？」『教育には何ができないか』春秋社、二〇〇三年

【子ども文化と大人】

フィリップ・アリエス『〈子供〉の誕生』杉山光信・杉山恵美子訳、みすず書房、一九八〇年

ピエール・ブルデュー『再生産――教育・社会・文化』宮島喬訳、藤原書店、一九九一年

長谷正人・太田省一編著『テレビだョ！全員集合――自作自演の１９７０年代』青弓社、二〇〇七年

『Official File Magazine ULTRAMAN』vol.1-10、講談社、二〇〇五年

『KODANSHA Official File Magazine 仮面ライダー』vol.0-11、講談社、二〇〇四年

【教育産業】

福武哲彦『福武の心　ひとすじの道』福武書店、一九八五年

フロイト「ある幻想の未来」『フロイト著作集３』人文書院、一九六九年

ベネッセ・コーポレーション編『ベネッセ・コーポレーション 1955-2005』ベネッセ・コーポレーション、二〇〇五年

マルクス『資本論』大月書店、一九七二年

Melanie Klein, *Love, Guilt and Reparation And Other Works 1921-1945 The Writings of Melanie Klein*

Volume1 ,The Free Press:New York, 1984.

【建築とブランド】

浅田朋子「雑誌メディアから見た都市型集合住宅の変容と実態についての考察」日本女子大学大学院家政学研究科住居学専攻二〇〇五年度修士論文、二〇〇六年

Florida, Richard L., 2002, *The Rise of the Creative Class: and How It's Transforming Work, Leisure, Community and Everyday Life*, Basic Books.（リチャード・フロリダ『クリエイティブ資本論――新たな経済階級の台頭』井口典夫訳、ダイヤモンド社、二〇〇八年）

平山洋介『住宅政策のどこが問題か――〈持家社会〉の次を展望する』光文社新書、二〇〇九年

小泉孝・寺田憲弘・橋本歩・和田義一「デザイナーズマンション居住者に対する意識調査――『ブルータス不動産』掲載の東京近郊の賃貸物件を対象として」『日本建築学会技術報告集』No.19、pp.231-236、日本建築学会、二〇〇四年

篠原聡子「デザイナーズマンションという戦略――小泉的なるものの成功と限界」『新建築』二〇〇六年八月号、pp.55-61、新建築社

【タワーマンション】

大谷由紀子・瀬渡章子・中迫由実・伊藤美樹子「大阪市の超高層マンションにおける居住者の住宅選択と居住経験」『住宅系研究報告会論文集　四』二〇〇九年

貞包英之・平井太郎・山本理奈「東京の居住感覚のソシオグラフィ：超高層居住をめぐる総合的調査に準拠して」『住宅総合研究財団研究論文集』三五号、二〇〇九年

ニール・スミス「ジェントリフィケーションは卑劣な言葉なのか」（若松司訳）『現代思想』三三（五）、二〇〇五年五月

花里俊廣・篠崎正彦・佐々木誠・山崎さゆり・伊藤俊介・渡和由・上北恭史「空間類型にもとづく集合住宅住戸の変遷に関する研究：個室分離型から居間中心型への移行」『住宅総合研究財団研究論文集』三四号、二〇〇八年

平山洋介『東京の果てに』ＮＴＴ出版、二〇〇六年

Ⅳ　ネット／メディアのなかの文化

【お笑い】

太田省一『社会は笑う』青弓社、二〇〇二年

荻上チキ『社会的な身体――振る舞い・運動・お笑い・ゲーム』講談社、二〇〇九年

須田泰成監修『笑論――ニッポンお笑い進化論』バジリコ、二〇〇八年

山中伊知郎監修『テレビお笑いタレント史』ソフトバンククリエイティブ、二〇〇五年
ラリー遠田『この芸人を見よ！』サイゾー、二〇〇九年

【ググれカス】
ジョン・バッテル『ザ・サーチ――グーグルが世界を変えた』中谷和男訳、日経BP社、二〇〇五年
アレクサンダー・ハラヴェ『ネット検索革命』田畑暁生訳、青土社、二〇〇九年
中川淳一郎『ウェブはバカと暇人のもの――現場からのネット敗北宣言』光文社（光文社新書）、二〇〇九年
佐藤俊樹『社会は情報化の夢を見る――［新世紀版］ノイマンの夢・近代の欲望』河出書房新社（河出文庫）、二〇一〇年
梅田望夫『ウェブ進化論――本当の大変化はこれから始まる』筑摩書房（ちくま新書）、二〇〇六年

【動画／二次創作】
東浩紀『動物化するポストモダン――オタクから見た日本社会』講談社（講談社現代新書）、二〇〇一年
濱野智史『アーキテクチャの生態系――情報環境はいかに設計されてきたか』NTT出版、二〇〇八年
神田敏晶『YouTube革命――テレビ業界を震撼させる「動画共有」ビジネスのゆくえ』ソフトバンククリエイティブ（ソフトバンク新書）、二〇〇六年
菊池哲彦「デジカメの文化」井上俊・長谷正人編『文化社会学入門』ミネルヴァ書房、二〇一〇年
佐々木俊尚『ニコニコ動画が未来を作る――ドワンゴ物語』アスキー・メディアワークス（アスキー新書）、二〇〇九年

【フラッシュモブ】
アルベルト・メルッチ『現在に生きる遊牧民（ノマド）――新しい公共空間の創出に向けて』一九九七年、岩波書店

【やおいとBL】
東園子「妄想の共同体――「やおい」コミュニティにおける恋愛コードの機能」『思想地図』5号、二〇一〇年
金田淳子「マンガ同人誌――解釈共同体のポリティクス」佐藤健二・吉見俊哉編『文化の社会学』有斐閣、二〇〇七年
永久保陽子『やおい小説論――女性のためのエロス表現』専修大学出版局、二〇〇五年
堀あきこ『欲望のコード――マンガにみるセクシュアリティの男女差』臨川書店、二〇〇九年
溝口彰子「ホモフォビックなホモ、愛ゆえのレイプ、そしてクィアなレズビアン」『クィア・ジャパン』Vol.2、勁草書房、二〇〇〇年

【ツンデレ】
赤坂真理『モテたい理由――男の受難・女の業』講談社（講談社現代新書）、二〇〇七年
東浩紀『動物化するポストモダン――オタクから見た日本社会』講談社（講談社現代新書）、二〇〇一年
本田透『萌える男』筑摩書房（ちくま新書）、二〇〇五年
【ケータイ】
Manuel Castells, Mireia Fernandez-Ardevol, Jack Linchuan Qiu, and Araba Sey, 2007, *Mobile Communication and Society*, MIT Press.
Urry, John. 2007, *Mobilities*, Polity.
鷲田清一『「待つ」ということ』角川選書、二〇〇六年
ロバート・レヴィーン『あなたはどれだけ待てますか』忠平美幸訳、草思社、二〇〇二年
橋本毅彦・栗山茂久編著『遅刻の誕生　近代日本における時間意識の形成』三元社、二〇〇一年
【ポップ広告】
菊池敬一『ヴィレッジ・ヴァンガードで休日を』リブリオ出版、一九九七年
梅原潤一『書店ポップ術　グッドセラーはこうして生まれる』試論社、二〇〇六年
梅原潤一『書店ポップ術　グッドセラー死闘篇』試論社、二〇一〇年
北田暁大『広告の誕生――近代メディア文化の歴史社会学』岩波現代文庫、二〇〇八年
山根一眞『変態少女文字の研究――文字の向こうに少女が見える』講談社文庫、一九八六年

V　言論の多重と平板

【マスコミと言論】
上杉隆『ジャーナリズム崩壊』幻冬舎新書、二〇〇八年
小林弘忠『新聞報道と顔写真』中公新書、一九九八年
竹内洋『丸山眞男の時代』中公新書、二〇〇五年
中馬清福『新聞は生き残れるか』岩波新書、二〇〇三年
星浩・逢坂巌『テレビ政治』朝日新聞社、二〇〇六年
【ネット言論】
絓秀実『１９６８年』ちくま新書、二〇〇六年
北田暁大『嗤う日本のナショナリズム』ＮＨＫ出版、二〇〇五年

浅羽通明『右翼と左翼』幻冬舎新書、二〇〇六年
大江健三郎『性的人間』新潮文庫、一九八五年
太田省一『社会は笑う』青弓社、二〇〇二年

【コンプライアンス】

丸山真男『日本の思想』岩波新書、一九六一年
森達也『誰が誰に何を言ってるの？』大和書房、二〇一〇年
中島義道・加賀野井秀一『「音漬け社会」と日本文化』講談社学術文庫、二〇〇九年
作田啓一『価値の社会学』岩波書店、一九七二→二〇〇一年
佐藤直樹『「世間」の現象学』青土社、二〇〇一年

【政治】

ジェラルド・カーティス『代議士の誕生』山岡清二・大野一訳、日経BP社、二〇〇九年
ロバート・D・パットナム『孤独なボウリング』柴内康文訳、柏書房、二〇〇六年
玉野和志『東京のローカル・コミュニティ』東京大学出版会、二〇〇五年
津田大介『Twitter社会論』洋泉社、二〇〇九年

【「社会と個人」の現代的編成】

中村功「携帯メールと孤独」『松山大学論集』14（6）、二〇〇三年
中村秀之「飛び散った瓦礫のなかを」内田隆三編『情報社会の文化2』東京大学出版会、一九九八年（『瓦礫の天使たち――ベンヤミンから〈映画〉の見果てぬ夢へ』せりか書房、二〇一〇年）
Nassehi,Armin: *Geschlossenheit und Offenheit*, Suhrkamp.2003
Luhmann,Niklas: *Gesellschaftsstruktur und Semantik3*, Suhrkamp.1989
佐藤俊樹「サブカルチャー／社会学の非対称性と批評のゆくえ」『思想地図』vol.5、NHK出版、二〇一〇年

【社会学／「社会学」】

遠藤知巳「オウム事件と九〇年代」、『戦後日本スタディーズ3』紀伊國屋書店、二〇〇九年
大塚英志『更新期の文学』春秋社、二〇〇五年
北田暁大『嗤う日本の「ナショナリズム」』、NHK出版、二〇〇五年
佐藤俊樹「サブカルチャー／社会学の非対称性と批評のゆくえ」、『思想地図』5号、NHK出版、二〇一〇年
ニクラス・ルーマン、馬場靖雄訳『近代の観察』法政大学出版局、二〇〇三年

あとがき

もちろん、社会学は現在のこの社会のみを対象とすべきだ、などということはない。むしろ、現代社会を真に問うためにも、その問いのなかで自明視され、もしくは密輸入されている諸要素を解除する方法論的迂回／反省をいくつもかける必要があるとも考えられる（個人的なことをいえば、西欧近代の探究が本筋である筆者にとっても、研究の比重は圧倒的にそちらの側にかかっている）。

しかし、そうはいっても、「いま」のアクチュアリティをとらえることに対する関心が、人を社会学に向かわせているのはたしかだろう。じっさい、私たちは、そうした好奇心をやんわり刺激されながら生きている。現代社会のしくみを手っ取り早く把握したい。そこにさえ着目しておけば、事象の流れがつかまえられるような便利な指標や法則がほしい。ついでにいえば、周りの人よりちょっと先んじられれば、なおお得だ。あるいはまた、なんとなく見知っている、場合によっては自分自身も少々はまっている現象が、いかにしてそのように生じているか、背後にある事情の解説を聞いて納得したい……。こういった欲望に呼応し、煽り立てる言葉が、さまざまな回路を通してあふれかえる。出来事や現象を特定の社会的文脈に結びつけて論じる文章が、「○○の社会学」などと銘打たれているのもよく目にする。書き手が社会学の専門的な訓練を受けているかどうかは、あまり関係がないらしいが。

たしかに現代は「社会」の時代であるようだ。ただし、ある種独特の様態において。たとえば、かつての国家主義《ナショナリズム》における「国家」のように、人々がつねにそれを意識して自分の行動を決める、あるいはその前に拝跪しさえする（と期待される）超越的実体の位置に、現在の「社会」があるとはいえないだろう。「社会」などと口にする以上は、そして／あるいは真面目に社会を生きるつもりならば、――「国家」に対してと同一にではないにしても――むしろ積極的にそうあるべきだという考え方もありうるが、いずれにせよ、それはこの社会の現状からはほど遠い。「社会」をめぐって、浅い問いが次々に生まれては、すぐに浅い答へと回付され、浅く納得されて忘れられていく。それが不思議にも思われていないことが、むしろ特徴的なのである。もちろん、その傍らでは、物言わぬ社会的実践が積み重なってもいるのだが、このサイクルもまた、もはや断ち切りがたいかたちで私たちの社会の某かを構成しているかのように。ある意味で、「社会」とは、多様な局域的営みが思い思いに根を下ろしている領野のうえに、大して本気でないかたちでコーティングされている記号のようなものにすぎず、それを一枚めくれば、局域の充実を生きることの生活的実感《リアリティ》や、局域の持続をあてにした無邪気な「消費者」的権利主張が、良くも悪くも素朴に広がっている。他方で、にもかかわらず、「社会」が、あるいはその反対物としての「社会」の不在や崩壊という「危機」が、なぜか求められつづけているともいえる。

現代社会をあつかうのであれば、何よりも、このような浅さの機制を問わなくてはなるまい。裏返せば、そうしないままに専門的な社会学理論を援用しても、あまりうまくいかないだろう。理論が無意味だからではない。社会全体を総合的に説明すると称するかつての巨大理論の幻影が破れたあとの社会学においては、観察が及ぶ範囲を決める手続きが必然的に複雑化するし、かつ、それはつねに暫定的なものとなる。たとえばそれは、どこからどこまでを「データ」と見なすことにするかということとも連動する。「データ」として解釈する視線から独立して、生のデータなるものはないのだから、観察はつねに観察される事象の——暫定的——（再）定義と同時成立する。こうなると、特定の事象の観察から得られた結果を安易に一般化して、他の事象に応用しにくくなる。そうしたことも含めて、現在の社会学理論は、社会を内部観察することの意味をめぐって展開してきているが、これを直接的に主題に据えれば、多くの読者にはついていけないものになる。他方で、何らかの経験的な事象をできあいの社会学理論で説明するという、よく見られる啓蒙のスタイルは、しばしば事象のリアリティを殺してしまう。理論が観察の範囲／対象の暫定的画定とかなり同型的に成立していることが消されるからである。

むしろ、局所の具体性に即して、その領域を一つのまとまりとして構成している論理を取り出し、この論理が関係する諸領域のそれといかにして連関しているかを考えるべきだろう。右で述べたように、それは観察において所与の「局所」を微妙に設定し直すことでもあるのだが、そうした記述をいくつか重ねれば、現在の社会学における理論的課題との接続を維持しつつも、局域が浅く併存する現代のアクチュアリティを浮かび上がらせることができるのではないか。そんなことを考えながら、この本を編んだ。

＊

とはいえ、二〇〇八年の年末に、せりか書房の船橋純一郎氏から、社会学関連で何か一冊企画してほしいと依頼された時点で、すでにそこまで考えていたというと、少々後付け的すぎる説明になってしまう。正直にいうと、ここまで多くの項目と執筆者とを集めることになるとは、当初はまったく想定していなかった。職場の同僚である近森高明にまず声をかけ、船橋氏を含めて何度か打ち合わせをしているうちに、思い切って通常の論集よりも項目を増やそうという話になり、序論を書き、項目および執筆者のアイデア出しのためのブレーンストーミングを、有志を集めて何度か行い……、という具合に、あれよあれよというちに企画がふくらんでいった。書き手とうまく折り合いがつかなかったり、伝手を探っても適任者が見つからなかったりして、断念せざるをえなかった項目はいくつもあるが、最終的には、四一項目、執筆者三〇名という大所帯になった。それぞれが執筆構想を報告しあう研究会を、かなりの人たちが参加して、昨年の夏に二日連続で開催したりもした。項目／執筆者のとりまとめに関しては、秋元健太郎と加島卓の両氏のご尽力がとくに大きかった。

とりわけ、最初から最後まで良識ある補佐をしてくれたのが近森氏である。この間の企画立案等は基本的に筆者が行ったものの、彼の支えがなければ、作業はここまで円滑に進まなかっただろう。

＊

多くの人が親しんでいる文化形象を拠点に取ると、イメージしやすいという利点はあるけれども、既知のことがらを単になぞるだけに終わる危険もつきまとう。これは現代社会論に特有のジレンマである。「私しか知らない社会現象」というものは定義上存在せず、少なからぬ人たちがすでに何らかのかたちで認知している対象をあつかう。しかし、知られていることを確認するだけでは社会学の存在意義はない。じっさい、それらの現象について、人々のあいだで流通している漠然としたイメージが正確であるとはかぎらないが、「彼らはみな騙されており、私だけが真理を知っている」というかたちで、真偽論をもちこんで決着させることができない。

これらを一挙に解決できる方策はない。どのような手法の組み合わせによって比較的うまく調停するか、そこにはいろいろなやり方がありうるが、最終的にはやはり、現象を丁寧に見て、なるべくリアリティを損なわない言葉を当てていくしかないのだろう。そのようにして書くなかで、とかく易きに流れがちな説明図式を多重的にずらしていくこと。たぶん、そのとき書き手は、その人なりに、観察において所与の「局所」を設定し直すようなことをやっている。執筆者諸氏には、何よりもそういうことをお願いした。この人数規模で研究会を開いたのもそのためだし、それ以外でも、多くの執筆者たちと、原稿の中身についてメール等でやりとりをした。数えたわけではないが、議論メールの総計は原稿用紙でおそらく三〇〇枚前後くらいにはなるのではないか。特定の視角を共有するためではなく、書き手が対象にどのように言葉を当てているか、その肌理を見ながら、その論考のもつ可能性の地平を一緒に考えてみる。それもまた、編者として、書かれたテクストに言葉を当てていくような作業だったのだと思う。

ともあれ、これらの論考が各執筆者に帰属する作品であることはいうまでもない。個々について、上記のような目標がどの程度達成されているかは読者の判断を待つべきだが、ほとんどの項目が、それだけで一冊書けそうな主題をめぐって、限られた紙数のなかで精一杯詰め込んで論じている。気になる項目だけでもいいから、できれば読み飛ばさずに、ゆっくり読んでもらえれば、と願っている。

最後に、これだけの人数になると、編集作業も等比級数的に煩瑣になる。船橋純一郎氏およびせりか書房編集部には、いろいろお手数をおかけした。記して感謝したい。

二〇一〇年九月

遠藤知巳

教授。子ども観と教育の社会学的考察、社会意識、歴史社会学。著書に『「子ども」語りの社会学——近現代日本における教育言説の歴史』、『語られない子どもの近代——年少者保護法の歴史社会学』（共に勁草書房）。

近森高明（ちかもり　たかあき）
1974年生まれ。慶應義塾大学文学部准教授。文化社会学、都市空間論。著書に『ベンヤミンの迷宮都市』（世界思想社）、『無印都市の社会学』（共編、法律文化社）など。

加藤裕治（かとう　ゆうじ）
1969年生まれ。静岡文化芸術大学文化政策学部准教授。メディア論、文化社会学。著書に『[全訂新版]現代文化を学ぶ人のために』（共著、世界思想社）、『無印都市の社会学』（共著、法律文化社）など。

角田隆一（つのだ　りゅういち）
1974年生まれ。横浜市立大学国際総合科学部社会関係論コース准教授。文化社会学、メディア論、映像文化論。共著に『歴史と向き合う社会学』（ミネルヴァ書房）、『無印都市の社会学』（法律文化社）、『いのちとライフコースの社会学』（弘文堂）など。

野田 潤（のだ　めぐみ）
1979年生まれ。日本女子大学等非常勤講師。家族社会学。著書に『平成の家族と食』（共著、晶文社）、論文に「『子どものために』という語りから見た家族の個人化の検討——離婚相談の分析を通じて（1914~2007）」（『家族社会学研究』20巻2号）など。

秋元健太郎（あきもと　けんたろう）
1972年生まれ。東海大学非常勤講師、大学——大人のための人間学講座主催。現代社会論、歴史分析。論文に「ニュータウンの夢——アクチュアルな生の様式の社会学的分析」（博士論文）、著書に『未明からの思考』（共著、ハーベスト社）など。

南後由和（なんご　よしかず）
1979年生まれ。明治大学情報コミュニケーション学部専任講師。社会学、都市・建築論。著書に『文化人とは何か？』（共編著、東京書籍）、『都市空間の地理学』（共著、ミネルヴァ書房）、『路上のエスノグラフィ』（共著、せりか書房）など。

菊池哲彦（きくち　あきひろ）
1969年生まれ。尚絅学院大学総合人間科学部准教授。社会学、都市研究、メディア研究。著書に、『歴史と向きあう社会学』（共著、ミネルヴァ書房）、『記憶と記録のなかの渋沢栄一』（共著、法政大学出版局）など。

伊藤昌亮（いとう　まさあき）
1961年生まれ。成蹊大学文学部教授。デジタルメディア論、社会運動論。著書に『フラッシュモブズ』（NTT出版）、『デモのメディア論』（筑摩書房）など。

守 如子（もり　なおこ）
1972年生まれ。関西大学社会学部准教授。ジェンダーとセクシュアリティの社会学。著書に『女はポルノを読む——女性の性欲とフェミニズム』（青弓社ライブラリー）、論文に「マンガ表現学の視点から見たやおい」（『ユリイカ』vol.44-15）など。

小倉敏彦（おぐら　としひこ）
1970年生まれ。立教大学非常勤講師。コミュニケーション論、文化社会学。著書に『赤面と純情』（廣済堂出版）、『コミュニケーションの社会学』（共著、有斐閣）など。

野上 元（のがみ　げん）
1971年生まれ。筑波大学大学院人文社会系准教授。歴史社会学。著書に『戦争体験の社会学』（弘文堂）、『カルチュラル・ポリティクス1960/70』（共編著、せりか書房）、『戦争社会学ブックガイド』（共編著、創元社）など。

五十嵐泰正（いがらし　やすまさ）
1974年生まれ。筑波大学大学院人文社会系准教授。都市社会学。共編著に、『みんなで決めた「安心」のかたち』（亜紀書房）、『常磐線中心主義（ジョーバンセントリズム）』（河出書房新社）など。

北田暁大（きただ　あきひろ）
1971年生まれ。東京大学情報学環准教授。社会学、メディア論。著書に『広告の誕生』（岩波書店）、『嗤う日本のナショナリズム』（NHKブックス）など。

佐藤俊樹（さとう　としき）
1963年生まれ。東京大学大学院総合文化研究科教授。比較社会学、日本社会論。著書に『近代・組織・資本主義』（ミネルヴァ書房）、『桜が創った「日本」』（岩波書店）、『意味とシステム』（勁草書房）、『社会学の方法』（ミネルヴァ書房）など。

執筆者紹介

西野淑美（にしの　よしみ）
1973年生まれ。東洋大学社会学部准教授。都市社会学、場所の社会学。著書に「釜石市出身者の地域移動とライフコース」（『希望学3　希望をつなぐ』共著、東京大学出版会）、「『住まいの見通し』はなぜ語りづらいのか」（『〈持ち場〉の希望学：釜石と震災、もう一つの記憶』共著、東京大学出版会）など。

中村由佳（なかむら　ゆか）
1979年生まれ。一般企業に勤務する傍ら、ファッションの文化社会学研究に従事。論文に「ファッションと若者の現代像」（羽渕一代編『どこか〈問題化〉される若者たち』恒星社厚生閣）、「ポスト80年代におけるファッションと都市空間」（関東社会学会『年報社会学論集19号』）。

若林幹夫（わかばやし　みきお）
1962年生まれ。早稲田大学教育・総合科学学術院教授。社会学、都市論、メディア論。著書に『〈時と場〉の変容』（NTT出版）、『郊外の社会学』（ちくま新書）など。

宇城輝人（うしろ　てるひと）
1967年生まれ。関西大学社会学部教授。社会学、社会思想史。著書に『変異するダーウィニズム』（共著、京都大学学術出版会）、論文「労働と個人主義」（『VOL』2号、以文社）。

田中大介（たなかだいすけ）
1978年生まれ。日本女子大学人間社会学部専任講師。社会学、都市論、モビリティ論。著書に『希望の社会学』（共著、三和書籍）、『無印都市の社会学』（共著、法律文化社）など。

平井太郎（ひらい　たろう）
1976年生まれ。弘前大学大学院地域社会研究科准教授。社会学。共著書に『地域おこし協力隊』、論文に「人口をめぐる問題系」、「地域が地域を評価することは如何に可能か？」、“Current Debate on the Condominium Management System in Japan”ほか。

深澤 進（ふかさわ　すすむ）
1971年生まれ。淑徳大学経営学部兼任講師。社会意識論、現代社会学。論文に「柳田国男における標準語の問題」（『成城大学共通教育論集』第6号、成城大学共通教育研究センター）、「柳田国男の島論と孤島」（『未明からの思考』共著、ハーベスト社）など。

青山賢治（あおやま　けんじ）
1974年生まれ。フェリス女学院大学非常勤講師。アメリカ研究、消費社会論。論文に「アメリカン・フロンティアの成立条件」（『社会学評論』64-4）、「アメリカ西部にかんする言説の系譜学的分析」（『国際交流学部紀要』16）など。

加島 卓（かしま　たかし）
1975年生まれ。東海大学文学部准教授。メディア論、社会学、デザイン史・広告史。著書に『〈広告制作者〉の歴史社会学』（せりか書房）。共編著に『文化人とは何か？』（東京書籍）など。

貞包英之（さだかね　ひでゆき）
1973年生まれ。山形大学学術研究院准教授。消費社会論、歴史社会学。『消費は誘惑する　遊廓・白米・変化朝顔』（青土社、2015年）、『地方都市を考える――消費社会の先端から』（花伝社、2015年）など。

阿部勘一（あべ　かんいち）
1971年生まれ。成城大学経済学部教授。社会経済学、消費社会論、メディア論。著書に『拡散する音楽文化をどうとらえるか』（共著、勁草書房）、『アート・プロデュースの現場』（共著、論創社）など。

田代美緒（たしろ　みお）
1985年生まれ。東京大学大学院総合文化研究科博士課程中退。現代社会論、音楽文化論。論文に「クラシック音楽の女性演奏家」（加島卓・南後由和編『文化人とは何か？』共著、東京書籍）など。

杉平 敦（すぎひら　あつし）
1983年生まれ。社会学、都市学、美術、ほか。論文に「住居における『プライヴァシー』の意義」（『関東都市学会年報』11号）、「日常への執着」（『相関社会科学』22号）など。

清水 学（しみず　まなぶ）
1966年生まれ。神戸女学院大学教授。文化社会学。著書に『思想としての孤独』（講談社選書メチエ）、『文化社会学への招待』（共編著、世界思想社）など。

元森絵里子（もともり　えりこ）
1977年生まれ。明治学院大学社会学部准

編者紹介

遠藤知巳（えんどう　ともみ）
1965年生まれ。現在、日本女子大学人間社会学部教授。近代社会論、言説分析、メディア論、社会理論。
著書に『情念・感情・顔――「コミュニケーション」のメタヒストリー』（以文社、2016年）。共著に『ミハイル・バフチンの時空』（せりか書房、1997年）、『イメージのなかの社会』（東京大学出版会、1998年）、『言説分析の可能性』（東信堂、2006年）など。訳書に、ジョナサン・クレーリー『観察者の系譜――視覚空間の変容とモダニティ』（以文社、2005年）。

フラット・カルチャー――現代日本の社会学

2010年10月29日　第1刷発行
2016年 4月25日　第3刷発行

編　者　遠藤知巳
発行者　船橋純一郎
発行所　株式会社せりか書房
　　　　東京都文京区千石 1-29-12 深沢ビル
　　　　電話 03-5940-4700　振替 00150-6-143601
　　　　http://www.serica.co.jp/
印　刷　モリモト印刷株式会社
装　幀　加島 卓

ISBN978-4-7967-0298-0